Two Scoops
of
Django

Two Scoops of Django: Best Practices for Django 1.8

by Daniel Roy Greenfeld, Audrey Roy Greenfeld

Two Scoops of Django: 모범 사례로 배우는 Django(장고) 테크닉

초판 1쇄 발행 2016년 8월 12일 **3쇄 발행** 2022년 7월 11일 **지은이** 대니얼 로이 그린펠드, 오드리 로이 그린펠드 **옮긴이**
김승진 **펴낸이** 한기성 **펴낸곳** (주)도서출판인사이트 **편집** 송우일 **제작·관리** 이유현, 박미경 **용지** 월드페이퍼 **출력·인쇄**
에스제이피앤비 **후가공** 이지앤비 **제본** 서정바인텍 **등록번호** 제2002-000049호 **등록일자** 2002년 2월 19일 **주소** 서울시
마포구 연남로5길 19-5 **전화** 02-322-5143 **팩스** 02-3143-5579 **이메일** insight@insightbook.co.kr **ISBN** 978-89-
6626-184-0 93000 책값은 뒤표지에 있습니다. 잘못 만들어진 책은 바꾸어 드립니다. 이 책의 정오표는 http://blog.
insightbook.co.kr에서 확인하실 수 있습니다.

프로그래밍 인사이트

대니얼 로이 그린펠드 · 오드리 로이 그린펠드 지음 | 김승진 옮김

인사이트

바치는 글에 대해

말콤 트레디닉은 우리에게 단순히 장고 코어 개발자 또는 『Two Scoops of Django: Best Practices for Django 1.5』의 리뷰어가 아닌 그 이상의 존재였다.

대니얼은 2010년 여름부터 말콤 트레디닉과 함께 작업을 했었고 개인적으로 그를 처음 만난 건 2010년 장고콘(DjangoCon)에서였다. 말콤은 재미있고 매력적이면서 동시에 예리한 통찰력을 가진 사람이었다. 하지만 매우 신사적이기도 해서 우리는 그를 만나자마자 바로 가까운 친구가 될 수 있었다.

2012년 우리가 첫 파이콘 필리핀(PyCon Philippines)을 공동으로 준비하고 있을 때였다. 파이콘 필리핀이 열린다고 말콤에게 알리자마자 말콤은 바로 그의 참석 의사를 알려왔다. 콘퍼런스에서 그는 인상적인 강의를 두 개나 했으며 즉석으로 장고 튜토리얼을 종일 진행해 주었다. 또한 필리핀 지역 커뮤니티가 타갈로그어(Tagalog), 타우수그어(Tausug), 세부아노어(Cebuano) 등 필리핀에서 쓰는 언어로 장고 번역을 하도록 장려하고 적극적으로 이를 진행하기도 했다.

이 콘퍼런스 후에 우리는 장고의 모범 사례에 대한 책을 쓰기 시작했다. 기술적인 리뷰를 해 줄 친구와 동료들을 모았는데 말콤 트레디닉이 그중에서 가장 적극적이었다. 그는 우리의 멘토이자 우리가 좀 더 깊고 충실한 내용을 쓸 수 있도록 우리를 다독이고 격려해 주는 사람이었다. 그는 이러한 일들을 레일스(Rails)와 해스켈(Haskell) 팀의 리더 일을 동시에 수행하면서 진행했었다. 그는 진정한 다중 언어 구사자였던 것이다.

이 책을 쓰는 데 말콤의 도움과 지도가 절대적인 만큼 우리는 그에게 이 책의 저자로 함께하면 어떻겠냐고 제안했다. 그는 "Two Scoops"라고 부르면 저자가 세 명이 될 수 없는 것 아니냐는 농담으로 웃어 넘겼었다. 두 번째 책에서도 책에 대한 저작자 표시를 같이하자고 제안했지만 마다했고 대신 자신의 이름을 언급해 주는 정도만으로도 충분하다고 했다. 그는 사람들이 자신의 참여를 알아주는 정도만을 원할 뿐이며 단순히 리뷰만 한 것은(그는 단순한 리뷰 정도라고 자신을 낮추었다) 우리의 노력에 대한 기여(contribution)일 뿐이라고 이야기했다. 결국 우리 둘은 앞으로 낼 책에서는 강제로 조용히 그를 공동 저자로 넣을 계획을 세우기에 이르렀다.

이렇게 여러 달의 작업을 거쳐 2013년 1월 17일 우리는 첫 번째 판을 출간했다. 말콤은 이 책 작업에서는 물러나 있었지만 여전히 우리와 연락하며 지냈다. 파이콘 US 2013에 말콤이 참석하지 못했는데, 그 당시 우리는 그를 언제 다시 볼 수 있을지 확신할 수 없었다.

그리고 두 달 후인 2013년 3월 17일 말콤이 세상을 떠났다.

우리가 말콤을 안 지는 3년이 좀 안 되었지만 그는 우리 삶에 큰 변화를 일으킨 사람이었다. 우리는 커뮤니티에서 말콤에 대해 우리가 겪은 것과 비슷한 이야기를 많이 들었다. 그는 세상의 수없이 많은 이들에게 친구이자 멘토였던 것이다. 그가 우리에게 남긴 마지막 교훈은 코드나 저술 이상의 것이었다. 그는 우리에게 친구, 가족, 멘토, 스승이 얼마나 중요한 존재인지 절대 잊지 말라는 교훈을 주고 갔다.

옮긴이의 글

2010년 4월, 나는 iPlant Collaborative(http://iplantcollaborative.org)라는 NSF(National Science Foundation, 미국 국가과학재단)의 식물학(plant science)을 위한 사이버 인프라스트럭처(cyber infrastructure)를 구축하는 프로젝트에 참여 중이었다.

당시 실험적으로 작은 규모의 클라우드 환경을 만들어 보는 시도를 하기로 했는데 시작은 8대의 물리 서버에 가상 머신을 구동할 수 있는 하드웨어를 갖추고 이를 서비스화해 보는 것이었다. IT 전문가가 아닌 일반 생물학자들이 좀 더 편리하게 클라우드를 이용할 수 있게 하려고 사용자 친화적인 웹 사이트를 통해 클라우드의 기능을 제공하기로 했고, 이를 위해 여러 도구와 웹 프레임워크를 검토해 보았다. 2주간의 고민 끝에 최종적으로 장고를 이용하기로 했고 그해 4월 23일 장고를 이용하여 첫 hello world를 웹에 띄웠다.

나는 이 프로젝트를 'Atmosphere(대기권)'라 이름 짓고 혼자서 웹의 프론트엔드, 백엔드 그리고 클라우드를 관리하기 위한 내부 컨트롤러와 스케줄러를 개발하기 시작했다. 당시 Atmosphere는 매우 실험적이어서 그렇게 큰 기대를 받는 프로젝트는 아니었다. 따라서 최소한의 인력(나 혼자)으로 프로젝트를 개발하게 됐다. 그리고 정확히 한 달 하루 뒤인 5월 24일 라스베이거스에서 열린 iPlant Collaborative 콘퍼런스에서 나는 장고를 기반으로 구축한 Atmosphere를 대중에게 선보였고 정식 서비스를 콘퍼런스 한 달 뒤부터 시작한다고 선언했다. 1년 반 뒤인 2011년 12월, 우리는 물리 서버 64대에 클라우드 환경을 구축하고 텍사스 슈퍼컴퓨터 센터에 더 많은 공간과 하드웨어를 확보하여 좀 더 많은 이들이 Atmosphere를 통해 클라우드 서비스의 혜택을 받게 할 계획을 논의하게 되었다.

매우 실험적인 프로젝트로 혼자서 시작해야만 했던 프로젝트가 한 달 만에 콘퍼런스에서 발표할 정도가 되었고, 1년 반 만에 8대의 클러스터된 서버에서 64대의 클러스터된 서버로 성장했으며, 수년이 지난 오늘날까지 iPlant Collaborative 프로젝트의 중추 서비스로 지속적으로 운영, 서비스될 수 있었던 것은 모두 다 장고가 제공하는 개발 환경의 강력함과 직관성이 없었다면 힘들었을 것이다. "장고: 기한을 맞추기 위한 완벽주의자를 위한 웹 프레임워크(Django: The Web

Framework for perfectionists with deadlines)"라는 슬로건을 다시 한번 증명한 개인적인 경험이며 이보다 더 좋은 방법으로 장고의 우수성을 남에게 알릴 방법은 없지 않을까 생각한다.

2012년부터 나는 뉴욕의 Thing Daemon Inc.에서 인프라와 데브옵스(DevOps) 업무를 맡아서 하기 시작했다. 처음 장고로 hello world를 찍었던 순간부터 fancy.com이라는 서비스를 오늘날까지 발전시켜 오면서, 개발자로서 혹은 데브옵스 멤버로서 장고와 많은 시간을 같이 했다.

나름 오랜 시간 동안 장고와 함께해 온 사람으로서 이 책을 번역하면서 참으로 깊은 동감과 자아 성찰을 경험했다. 그 어떤 책을 볼 때보다도 고개를 자주 끄덕였으며 동시에 그 어떤 책보다도 나 자신이 부끄러웠고 얼굴이 빨개지기도 했다. 그만큼 이 책의 내용이 상당히 실무 경험에 기반을 두었으며 장고 개발자라면 누구나 겪었을 일과 누구나 한 번은 저질렀을 법한 실수와 치부를 정확히 짚어주고 있다.

이 책은 장고를 이제 막 본격적으로 접하려는 개발자에겐 앞으로 만나게 될 여러 문제를 미리 맛보는 내용이 될 것이고, 이미 어느 정도 프로젝트를 경험한 사람에겐 자신의 경험에 대한 깊은 공감과 다음 프로젝트에 대한 큰 지침서가 될 것이다. 비단 장고의 구조와 프로그래밍 실천 방안뿐 아니라, 실무 경험에 기반을 둔 환경 설정 방법들, 배포와 보안, 지속적 통합 그리고 아무리 강조해도 지나치지 않는 테스트 방법론까지 다른 책에선 드물게 다룬 부분까지 짚고 넘어갔다. 사실 장고를 잘한다는 것은 장고의 기본 라이브러리를 잘 알고 그것을 능숙하게 이용하는 것 이상으로, 장고의 개발 문화를 이해하고 이를 실천하는 것이라고 생각한다. 이 책은 장고의 라이브러리 이용에 대한 저자들의 경험으로부터 나온 여러 조언과 장고 개발 문화에 대한 실천 방법론을 정확히 다루고 있다.

장고 개발자라면 누구나 공감할 내용을 다룬 책을 번역할 기회가 주어진 것에 대해 매우 감사히 생각하며, 이책을 번역하는 데 도움을 많이 준 송우일 편집자님께 감사의 말을 전하고 싶다. 우리나라에서 아이티 서적을 출판하는 환경이 그다지 여유롭지 않음에도 그간 수고해 주신 노력에, 한국인 개발자로서 크게 빚을 지지 않았나 생각한다. 앞으로 하시는 일에 큰 성과가 있었으면 한다.

2016년 7월 방콕에서
김승진

차례

지은이의 글

2006년 봄, 나는 미국 항공우주국(NASA)에서 개발 기간이 몇 주가 걸릴 자바 기반 RESTful 웹 서비스를 구현하는 프로젝트를 하고 있었다. 그러던 중 상사가 하루 자리를 비운 어느 날 저녁, 난 그 서비스를 파이썬으로 한 시간 반 만에 구현해 버리고 말았다.

그리고 나니 파이썬을 애용하고 싶은 마음이 마구 들었다.

난 장고를 웹 서비스의 웹 프론트엔드로 이용하길 바랐지만, 관리자는 "장고는 이제 겨우 버전 0.9x라서 실제 프로젝트용으로 아직 미흡하다"라는 이유를 들며 비공개 소스 기반의 소프트웨어 스택을 쓰기를 원했다. 난 동의할 수 없었지만 적어도 코어 아키텍처가 파이썬으로 이루어졌다는 사실에 나름대로 만족했다. 당시에 장고는 매우 최신의 변방 기술이어서 오늘날 사람들이 Node.js를 불안해하는 것과 같은 그런 상황이었다.

거의 9년이 지난 후, 장고는 전 세계적으로 매우 성공한 기업들(인스타그램, 핀터레스트, 모질라 등)과 여러 정부 기관(나사 등)에서 이용하는 성숙하고, 강력하며, 보안성이 뛰어나고, 매우 안정적인 프레임워크로 성장하였다. 관리자에게 장고를 이용하자고 설득하는 것이 이젠 더 이상 어려운 일이 아니게 되었다. 설득이 어렵다면 장고를 이용하는 다른 직장을 찾는 것 또한 매우 쉬운 일이 되어 버렸다. 나는 지난 8년간 장고 프로젝트를 하면서 개발 속도를 높이는 동시에 기술적 부채(technical debt)를 최소한으로 하는 새로운 웹 애플리케이션 제작 방법을 배울 수 있었다.

이 책을 쓴 목적은 바로 내가 그동안 습득해 온 것들을 다른 이들과 나누고자 하는 것이다. 내 지식과 경험은 코어 개발자들이 해준 충고, 그간 내가 저지른 실수, 다른 이들과 나누어 온 성공, 그리고 수많은 내 기술 노트로부터 차곡차곡 쌓아 온 결과다. 물론 이 책이 내 견해를 중심으로 쓰였다는 것을 인정하지만 동시에 많은 장고 커뮤니티 리더들이 이와 같거나 매우 비슷한 방법을 이용하고 있음을 알아주었으면 한다.

이 책은 바로 개발자 여러분을 위한 것이고 이 책을 즐기기를 바란다.

— 대니얼 로이 그린펠드(Daniel Roy Greenfeld)

2005년 MIT 대학원 수업에서 처음으로 파이썬을 접했다. 4주가 좀 안 되는 기간 동안 학생들에게 데비안(Debian) 리눅스가 설치된 HP 아이팩(iPaq)을 이용하여 MIT 스테이터(Stata) 센터 각 방의 길을 안내해 주는 음성 조정 시스템을 만드는 과제가 주어졌다. 당시 난 파이썬에 대한 경외심에 가득 차 있었고 왜 세상의 모든 프로그램을 파이썬으로 만들지 않는지 궁금할 뿐이었다. 당시 조프(Zope)를 이용하여 웹 애플리케이션을 제작하려고 했지만 상당히 애를 먹은 기억도 있다.

몇 년이 지난 후 실리콘밸리의 기술 스타트업에 발을 담고 있을 당시 난 회사에서 C로 그래픽 라이브러리를, C++로 데스크톱 애플리케이션을 작성하고 있었다. 그러다가 직장을 그만두었고 그림과 조각을 시작하게 되었다. 곧 여러 전시회에 작품을 출품하기 위해 미친 듯이 그림을 그렸고, 140명이 동시에 참가하는 전시회를 공동 기획하게 되었다. 또한 여러 전시회의 장소를 개축하고 정비하는 일 또한 맡게 되었다. 너무나 많은 일이 한번에 몰려들고 있음을 깨달았다. 어찌됐든 최적화가 필요한 순간이 되었던 것이다. 자연스럽게 나는 파이썬을 이용하여 내 작품의 일부를 처리하는 스크립트를 작성하기 시작했다. 이렇게 나는 파이썬이 얼마나 재미있는지 다시 발견하게 되었다.

구글 앱 엔진과 슈퍼해피데브하우스(SuperHappyDevHouse)의 많은 친구들 그리고 실리콘밸리의 해커톤 문화 덕에 나는 장고에 관심을 가지게 되었다. 그러고 나선 다양한 프리랜서 프로젝트와 여러 동업 관계의 프로젝트에서 장고를 이용하면서 장고가 얼마나 강력한지 깨달았다.

아직 장고의 강력함을 알기 전, 파이콘 2010에 참석해서 지금의 남편인 대니얼 로이 그린펠드를 만나게 되었다. 우리는 제임스 베넷(James Bennett)의 "Django In Depth" 튜토리얼의 마지막 부분에서 만났으며 그렇게 시작된 인연이 이 책을 출판하기까지 온 것이다.

장고는 단순히 웹 프레임워크 역할 이상의 즐거움을 내 인생에 가져다주었다. 이 책에서 내 목표는, 우리가 널리 이용하는 장고 개발 기술이지만 (적용 후) 기록되지 않고 쉽게 잊어버리는 부분에 대해 세밀한 가이드라인을 제공하는 것이다. 그렇게 해서 장고 웹 프레임워크를 프로젝트에 이용하면서 겪는 여러 난관을 훨씬 쉽게 건너뛰고 더 많은 즐거움을 경험할 수 있게 하는 것이다.

— 오드리 로이 그린펠드(Audrey Roy Greenfeld)

들어가는 글

지난 수년간 장고를 이용하면서 우리가 익힌 여러 방법, 비법, 그리고 미처 정식으로 문서화하지 못한 팁 등을 정리하는 것이 이 책의 목적이다.

이 책을 쓰면서 우리는 스스로를 중요한 정보를 남기는 서기라고 생각했으며 다양하고 일반적인 지식을 간단한 예와 함께 기록했다.

이 책에서 추천하는 기술적 내용

공식 장고 문서처럼 이 책은 장고 이용 방법을 여러 시나리오와 코드 예제를 들어 설명했다.

반면 장고 문서와는 달리 이 책에서는 특별한 코딩 스타일, 패턴, 라이브러리를 직접적으로 언급하고 추천하고 있다. 코어 장고 개발자들 또한 우리가 선택하고 추천한 패턴, 스타일, 라이브러리에 대해 일부 또는 많은 부분에 찬성할 것이라고 생각하지만, 한 가지 명심해야 할 것은 이 책에서 제시하는 내용은 장고를 수년간 이용하면서 쌓아온 우리들의 주관적인 추천 사항이란 점이다.

이 책 전반에 걸쳐 우리는 우리가 최고의 방법이라 생각하는 실천법과 기술들을 옹호하고 있으며, 특별한 도구와 라이브러리에 대한 우리의 선호 또한 나타냈다.

우리가 보기에 안티 패턴이라 생각되는 것에 대해서는 일반적으로 널리 쓰이는 방법이라 할지라도 부정적인 입장을 나타내기도 했다. 부정적인 입장을 나타낼 때는 대부분 최대한 공손했고 동시에 그 제작자들의 노고에 존경을 표했다. 아주 드물게 우리가 해당 사항에 대해 그다지 예의 깊고 공손할 수 없는 경우가 있었는데, 이는 여러분이 그러한 내용 때문에 위험한 함정에 빠지는 것을 막기 위해서였다.

우리가 제시하는 방법들이 진정한 정도가 될 수 있도록 정말 깊은 고민과 생각을 한 후 그 내용을 추천했다. 우리가 정말 존경하는 장고·파이썬 코어 개발자들에게 냉혹하고 까다로운 비판을 요청했으며 그 결과를 겸허히 수용했다. 여느 기술 서적보다 더 많은 기술 리뷰어에게 책의 리뷰를 부탁했고 여기서 나온 문제점을 해결하기 위해 엄청난 시간을 할애했다. 물론 그럼에도 불구하고 빠진 부분이나 실수가 있을 가능성은 언제나 있다. 또한 여기서 우리가 설명한 것보다 더 좋은 방법이 존재할 수도 있을 것이다.

우리는 이 책을 계속 반복해 읽어 보며 개선하는 데 최선을 다했다. 이 책에서 설명한 방법에 동의할 수 없거나 더 나은 방법을 알고 있다면 이 책의 좀 더 나은 발전을 위해 여러분의 의견을 제안해 주기를 공손히 부탁한다. 우리에게 연락할 수 있는 최선의 방법은 https://github.com/twoscoops/two-scoops-of-django-1.8/issues를 이용해 이슈를 남기는 것이다.

책의 내용을 개선하는 방향에 대한 의견을 제시하는 데 주저하지 않았으면 하며 우리는 건설적으로 여러분의 피드백을 고려할 것이다. 정오표는 http://www.2scoops.co/1.8-errata에서 찾아볼 수 있다.

왜 『Two Scoops of Django』인가?

대부분의 다른 사람들처럼 이 책을 쓴 우리도 아이스크림을 매우 좋아한다. 매주 토요일이면 근심 걱정 다 접어 두고 아이스크림을 맘껏 먹었다. 우리끼리 비밀이지만 토요일 저녁이 아닐 때도 가끔 아이스크림을 즐긴다!

그림 1 근심 걱정을 다 날려버리자!

우리는 새로운 맛의 아이스크림을 시식해 보는 것을 좋아하고 이전 것들과 비교해 새로운 아이스크림에 어떤 장점이 있는지를 토론한다. 그러다가 모든 맛의 아이스크림에 대해 이런 토의 내용을 정리, 관리하고 동호회 사이트로도 충분히 이용할 수 있도록 샘플 장고 프로젝트를 만들기로 했다.

우리가 정말 좋아하는 맛의 아이스크림을 찾으면 마치 읽고 있던 기술 서적에서 유용한 코드 한 토막을 발견했을 때처럼 미소가 지어졌다. 이 책의 목적 중 하나가 바로 독자들에게 이렇게 맛있는 아이스크림을 발견했을 때처럼 미소를 짓게 할 내용을 선사하는 것이다.

그래서 아이스크림에 빗대어 이 책을 구성했다. 이럼으로써 우리에게 좀 더 와닿는 코드 샘플을 제공할 수 있었고, 책을 쓰는 데 매우 큰 재미를 얻을 수 있었다. 이 책 이곳저곳에서 과한 아이스크림 비유를 보더라도 우리를 너그럽게 이해해 주었으면 한다.

시작하기 전에

장고를 처음 시작하는 사용자라면 이 책이 약간의 도움은 되겠지만 많은 부분에서 어려움을 겪을 수도 있을 것이다. 이 책은 일반적인 초보자용 튜토리얼은 아니다. 이 책을 최대한 잘 이용하려면 일단 파이썬을 이미 알고 있어야 하며, 최소한 장고 튜토리얼(https://docs.djangoproject.com/en/1.8/intro/tutorial01)의 첫 여섯 쪽은 숙지하고 있어야 한다. 객체 지향 프로그래밍 경험도 매우 도움이 될 것이다.

이 책은 장고 1.8과 파이썬 2.7.x/3.3.x를 기반으로 했다

이 책의 내용은 장고 1.8 시리즈에 가장 잘 맞게 쓰였으며 장고 1.7에는 약간 맞지 않는 내용이 있을 것이다. 기능적으로 잘 작동한다는 보장은 할 수 없지만 적어도 이 책 내용의 대부분은 장고 1.0 버전 이후에 대해 어느 정도 그 내용이 맞는다고 할 수 있다.

파이썬 버전에 대해 이야기하자면 이 책은 파이썬 2.7.x와 파이썬 3.3.x에서 테스트되었다.

우리가 이 책에서 언급한 개발 방법, 코드 예시, 라이브러리를 포함한 어떤 내용도 구글 앱 엔진(Google App Engine, AGE)과 호환되지 않는다. 이 책을 구글 앱 엔진에 대한 참고서로 이용하려 한다면 여러 문제에 봉착할 것이다.

각 장은 독립적으로 이루어져 있다

앞 장의 내용에 기반을 두고 하나하나 내용을 구축해 가는 튜토리얼과는 달리, 이 책은 개별 장을 독립적으로 구성하였다.

프로젝트에서 실제로 작업을 하는 도중에 특별한 주제에 대해 각 장을 참고로 이용하기 편리하도록 책을 구성했다.

각 장에 실린 예들은 완전히 독립적이다. 책의 예제들이 하나의 프로젝트로 합쳐지도록 튜토리얼처럼 구성되지 않았다. 여러 다양한 코딩 시나리오에 도움을 주기 위한, 독립된 유용한 코드 조각 모음으로 코드 샘플들을 다루어 주었으면 한다.

이 책에 이용된 관례

다음과 같은 형태의 코드 블록이 이 책 전반에서 이용되었다.

✓ 예제 0.1

```python
class Scoop(object):
    def __init__(self):
        self._is_yummy = True
```

코드 조각들을 간략하게 하기 위해 때때로 우리는 주석과 줄 간격에 대해 PEP 8 관례를 무시하기도 했다. 코드 샘플은 http://www.2scoops.co/1.8-code-examples에서 찾을 수 있다.

특별히 "절대 따라하지 말라!" 코드 블록은 다음과 같은 형태로 되어 있으며 여러분이 피해야 할 나쁜 코드의 예를 나타내고 있다.

⚠ 나쁜 예제 0.1

```python
# 절대 따라 하지 말라!
from rotten_ice_cream import something_bad
```

우리는 이 책에서 다음과 같은 인쇄 규칙을 이용했다.

- 코드와 주석에는 고정폭 글꼴을 이용
- 새로운 용어나 중요한 단어에 대해서는 볼드체를 이용

글상자들은 메모나 경고, 팁, 일화들을 싣는 데 이용했다.

반드시 알아야 할 사항

팁 글상자에서는 유용한 조언들을 찾을 수 있을 것이다.

위험한 함정

경고 글상자에서는 흔히 일어나는 실수나 함정을 피하는 방법을 찾을 수 있다.

📦 **유용한 패키지 추천**

현재 장과 연관된 유용한 서드 파티 패키지에 대한 메모와 파이썬, 장고, 프론트엔드 패키지에 대한 일반 사항들을 실었다.

'부록 A: 이 책에서 언급된 패키지들'에서 이 책에서 다룬 추천 패키지 목록을 모두 볼 수 있다.

	대니얼 로이 그린펠드	오드리 로이 그린펠드
코코넛 아이스크림이 질리는가?	아니오	예
지금 가장 먹고 싶은 아이스크림은 무엇인가?	우브(Ube)	쿠키와 크림

저자들의 아이스크림 선호도

또한 여러 내용을 손쉽게 요약하기 위해 직관적인 표를 이용했다.

핵심 개념

장고 프로젝트를 개발할 때 우리는 항상 다음 개념을 머리에 담아두고 작업한다.

단순 명료하게 하라(Keep It Simple, Stupid)

항공 역사를 통틀어 가장 유명하고 많은 작업을 남긴 비행기 설계 엔지니어인 켈리 존슨(Kelly Johnson)은 이미 50년 전에 이와 같이 말했다. 수백 년 전 레오나르도 다빈치 또한 "단순함은 곧 고도의 정교함이다"라고 같은 맥락의 말을 남겼다.

소프트웨어 프로젝트를 구축할 때 불필요한 부분들은 새로운 기능을 추가하거나 기존 기능들을 유지 보수하는 데 큰 방해가 된다. 단순함의 법칙을 적용하되 바보 같은 가정으로 너무 단순화된 구현을 하지는 않도록 주의하자. 이러한 개념은 종종 "KISS"라는 축약형으로 쓰이기도 한다.

모델은 크게, 유틸리티는 모듈로, 뷰는 가볍게, 템플릿은 단순하게

어디에 코드를 넣어야 할지 결정할 때 우리는 항상 "모델은 크게(Fat Models), 유틸리티는 모듈로(Utility Modules), 뷰는 가볍게(Thin Views), 템플릿은 단순하게(Stupid Template)"라는 규칙을 따른다.

우리는 뷰와 템플릿을 제외한 다른 부분에 더 많은 로직을 넣는 방법을 추천한다. 그렇게 함으로써 얻는 결과에 매우 만족스러울 것이다. 코드는 좀 더 깔끔해지고, 문서화도 더 잘될 것이고, 중복되는 부분은 많이 줄어들 것이며, 마지막으로 재사용 측면에서 훨씬 유용해질 것이다. 템플릿 태그와 필터는 가능한 한 최소의 로직을 포함하고 있어야 할 것이다.

다음에서 이러한 내용들을 다루었다.

- 모델은 크게: 6.5 거대 모델 이해하기
- 유틸리티는 모듈로: 29.2 유틸리티 모듈들을 이용하여 앱을 최적화하기
- 뷰는 가볍게: 16.3.3 비즈니스 로직을 API 뷰에서 분리하기
- 템플릿은 단순하게 I: 13.9 미니멀리스트 접근법을 따르도록 한다
- 템플릿은 단순하게 II: 14장 템플릿 태그와 필터

시작은 장고 기본 환경으로부터

우리는 코어 장고 컴포넌트 대신 다른 대안 템플릿이나 다른 종류의 ORM 또는 비관계형 데이터베이스를 도입하기 전에 장고 기본 환경에서 먼저 시스템을 구현해 본다. 이렇게 기본 환경만으로 구현했을 때 문제가 생긴다면 발견된 모든 문제점을 우선적으로 해결하고 난 후 코어 장고 컴포넌트들을 다른 것들로 교체한다.

'18장 장고 코어 모듈을 교체할 때 주의점'을 참고하기 바란다.

장고의 디자인 철학을 이해하도록 한다

장고 디자인 철학에 대한 문서를 보면 장고에서 특별한 제약과 도구들을 제공하는 이유를 이해하는 데 큰 도움이 된다. 따라서 주기적으로 장고 디자인 철학에 대한 문서를 읽어 보기를 추천한다. 다른 프레임워크처럼 장고는 단지 뷰를 제공하는 도구 이상의 것이며 합리적으로 시간 내에 프로젝트들을 합치고 관리하는 데 큰 도움이 되는 디자인의 한 방법인 것이다. https://docs.djangoproject.com/en/1.8/misc/design-philosophies

12팩터 앱

웹 기반 애플리케이션 디자인의 통합 전략인 12팩터(Twelve-Factor) 앱 방법론은 많은 숙련된 장고 개발자와 코어 장고 개발자들 사이에서 최근 인기를 끌고 있는 주제다. 확장 가능하고 배포 가능한 앱을 만드는 방법론으로 충분히 읽어 볼 가치가 있는 내용이라고 생각한다. 일부분은 이 책에 담은 내용과 매우 일치

하며 웹 기반 애플리케이션 개발자라면 누구나 읽어 볼 만한 내용이다.

http://12factor.net(한국어 문서는 http://12factor.net/ko/)을 참고하기 바란다.

집필 철학

우리는 이 책을 쓸 때 독자와 우리 자신에게 가능한 한 최고의 내용을 제공하기를 원했고 이를 위해 다음 원칙을 정해 이를 따랐다.

최고의 내용 만들기

최고의 내용을 만들기 위해 우리는 최선을 다했고 이를 위해 모든 내용에 대해 검증을 거쳤다. 우리가 잘 모르는 내용에 대해선 전문가들에게 질문하기를 꺼리지 않았고 여러 전문가로부터 온 대답과 충고를 잘 혼합해 이 책으로 만들었다. 그것만으로 충분하지 않을 때는 우리 스스로의 해법을 강구해 여러 분야의 전문가에게 검증을 요청했다. 어마어마한 양의 일이었고 이런 노력의 결과가 여러분에게 즐거움을 줄 수 있기를 바란다.

이 책의 현재 판(장고 1.8)과 이전 판(장고 1.6) 사이의 변경 내용이 궁금하다면 다음 링크에서 변경 내용에 대한 짧은 목록을 찾을 수 있다.

• http://www.2scoops.co/1.8-change-list

커뮤니티와 오픈 소스, 도움을 준 분들에 대한 감사

작업 내용에 대해서는 우리가 저작권을 가지긴 하지만, 이 책의 모든 내용이 우리에게서만 나온 것은 절대 아니다. 장고, 파이썬, 여러 오픈 소스 소프트웨어 커뮤니티의 재능 있고 창의적이며 훌륭한 개발자들이 없었다면 이 책은 존재하지도 않았을 것이다. 우리의 스승, 멘토, 그리고 정보의 소스가 되어 준 여러분을 기억하기 위해 최선을 다했고 가능할 때마다 여러분의 기여를 밝히기 위해 최선을 다했다.

독자와 리뷰어들에게 귀 기울이기

이 책의 이전 판에서 우리는 정말로 많은 독자와 리뷰어로부터 엄청난 양의 피드백을 받았다. 그 덕분에 우리는 이 책의 질을 한층 더 높일 수 있었고 우리가 가능하리라 생각하지도 못했던 수준까지 이 책의 질을 끌어올렸다.

이에 대한 답례로 우리는 이 책의 뒷부분에 우리에게 제안과 피드백을 남겨준 사람들을 기록해 그 기여에 감사를 표하고자 한다. 또한 이 책으로 전 세계 여러 개발자의 삶이 나아지도록 함으로써 우리가 진 이 빚을 갚으려고 한다.

의문 사항, 코멘트 또는 이번 판에 대한 피드백이 있다면 다음 깃허브 주소의 이슈 트래커에 이슈를 남겨줌으로써 여러분의 의견을 같이 나누어 주기를 바란다.

- https://github.com/twoscoops/two-scoops-of-django-1.8/issues

이슈와 수정 사항 공개하기

아무리 광범위하고 세밀한 리뷰를 거쳤다 하더라도 세상에 완벽한 것은 없다. 따라서 우리는 이슈와 수정 사항을 깃허브 저장소에 공개했다.

- https://github.com/twoscoops/two-scoops-of-django-1.8

1장

코딩 스타일

이번 장에서 이야기하려 하는 표준 코딩 스타일 가이드에 조금만 주의를 기울인다면 언젠가 반드시 여러분에게 큰 도움이 되리라고 확신한다. 아마도 이번 장의 내용을 그냥 건너뛰려는 사람도 있을 것이다. 하지만 속는 셈 치고 이번 장을 꼭 읽어 보기를 바란다.

1.1 읽기 쉬운 코드를 만드는 것이 왜 중요한가

코드의 특성은 한번 작성되면 여러 번 읽힌다는 것이다. 짧은 시간에 짠 한 문단의 코드 블록이라도 디버깅하는 데는 몇 분 또는 몇 시간이 걸리기도 한다. 또한 그렇게 만들어진 코드는 수정이나 변경 없이 오래 지속된다. 바로 어제 썼든, 10년 전에 썼든 간에 일관된 스타일로 쓴 코드는 모든 이에게 유용한 정보가 된다. 코드가 가독성이 좋고 이해하기 쉬우면 이리저리 흩어진 퍼즐을 짜 맞추는 작업을 덜 해도 되므로 개발자의 뇌가 덜 피곤해지고, 프로젝트 규모에 상관없이 유지 관리가 쉬워지며, 프로젝트를 개선하기 위한 작업 또한 훨씬 수월해진다.

다시 이야기하자면 코드는 최대한 읽기 쉽게 만들어야 하며, 이를 위해서는 어쩔 수 없이 노력이 수반되어야 한다.

- 축약적이거나 함축적인 변수명은 피한다.
- 함수 인자의 이름들은 꼭 써 준다.
- 클래스와 메서드를 문서화한다.
- 코드에 주석은 꼭 달도록 한다.

- 재사용 가능한 함수 또는 메서드 안에서 반복되는 코드들은 리팩터링을 해 둔다.
- 함수와 메서드는 가능한 한 작은 크기를 유지한다. 어림잡아 스크롤 없이 읽을 수 있는 길이가 적합하다.

이러한 절차의 궁극적인 목적은 여러분이 한동안 잊고 지낸 코드라도 어느 순간 다시 보았을 때 바로 얼마 전에 작업하던 내용처럼 쉽고 빠르게 그 내용을 이해하기 위한 것이다.

함축적이고 난해한 함수명을 피하길 바란다. balance_sheet_decrease처럼 그 의미가 설명이 되는 함수 이름이 bal_s_d와 같이 함축적이고 난해하게 쓴 이름보다 이해하기 더 쉽다. 짧게 씀으로써 몇 초 정도 타자 시간은 아낄 수 있을지 모르겠지만 결국 그런 것들은 몇 시간 또는 며칠을 허비하게 되는 기술적 부채로 여러분에게 다가올 것이다. 그런 기술적 부채를 미리 막을 수 있다면 타자치는 데 몇 초 정도 시간을 더 써서 변수명을 길게 풀어 쓰는 편이 충분히 가치 있는 일일 것이다.

1.2 PEP 8

PEP 8은 파이썬 공식 스타일 가이드다. PEP 8 코딩 관례를 읽어 보고 숙지하기 바란다. http://www.python.org/dev/peps/pep-0008
PEP 8에선 다음과 같은 코딩 관례들을 다루고 있다.

- 들여쓰기에는 스페이스를 네 칸 이용한다.
- 최상위 함수와 클래스 선언 사이를 구분 짓기 위해 두 줄을 띄운다.
- 클래스 안에서 메서드들을 나누기 위해 한 줄을 띄운다.

장고 프로젝트의 파이썬 파일들은 모두 이 PEP 8 관례를 따르도록 하자. PEP 8 가이드를 숙지하는 데 어려움을 겪는다면 타자와 동시에 자동으로 이 가이드를 확인해 주는 코드 편집기용 플러그인을 찾아서 이용하자.

숙련된 파이썬 프로그래머가 장고 프로젝트 안의 파이썬 파일들에서 PEP 8에 위배되는 다량의 파일을 발견하게 된다면, 바로 뭐라고 하지는 않겠지만 해당 소스의 개발자에 대해 결코 좋은 인상을 가질 수는 없을 것이다.

> **!** **현재 프로젝트의 기존 관례를 함부로 바꾸지 않도록 한다**
>
> PEP 8 스타일은 새로운 프로젝트에서만 적용하기로 한다. 이미 PEP 8이 아닌 다른 관례를 따르고 있는 기존 장고 프로젝트에 참여 중이라면 그냥 기존 관례를 따르도록 하자.
>
> 기존 관례를 따를지, 기존 관례를 깰지에 대한 고민에 관해서는 PEP 8의 "A Foolish Consistency is the Hobgoblin of Little Minds"를 참고하기 바란다.
>
> · http://2scoops.co/hobgoblin-of-little-minds

> **▱** **코드 품질을 위해 flake8을 이용하자**
>
> 타헥 지아데(Tarek Ziadé)가 처음 개발을 시작하여 현재 PyCQA 그룹이 관리하는 flake8은 프로젝트를 할 때 코딩 스타일과 코드 품질, 논리적 에러를 점검하는 데 매우 유용한 도구다. 로컬 개발 환경이나 지속적 통합 환경에서 꼭 이용하기 바란다.

1.2.1 79칼럼의 제약

"농담이 아니라 정말로 난 여전히 화면에 80칼럼 제약이 있는 콘솔에서 작업을 한다."
- 베리 모리슨(Berry Morrison), 이 책의 이번 판 모든 장을 리뷰해 준 시스템 엔지니어

PEP 8에 따르면 한 줄당 텍스트는 79글자를 넘어서는 안 된다. 이는 텍스트 줄 바꿈 기능을 지원하는 텍스트 편집기나 많은 개발 팀에서 코드의 이해도를 떨어뜨리지 않는 수준의 줄 길이이기 때문이다.

특정 팀에서만 사용하는 프로젝트라고 한다면 이 기준을 99글자까지 늘릴 수 있다. 단 '특정 팀에서만'이라고 이야기했듯이 오픈 소스가 아닌 프로젝트에만 해당하는 이야기다.

이를 정리하자면 다음과 같다.

• 오픈 소스 프로젝트에서는 79칼럼 제약을 반드시 지킨다. 경험상 프로젝트의 기여자나 방문자들은 이 줄 길이 제약에 대해 끊임없이 불평할 것이다.
• 프라이빗 프로젝트에 한해서는 99칼럼까지 제약을 확장함으로써 요즘 나오는 모니터들의 장점을 좀 더 누릴 수 있다.

이와 관련하여 다음 글을 한번 읽어보기 바란다. http://www.python.org/dev/peps/pep-0008/#maximum-line-length

> 💡 **코드 줄 길이에 대한 애머릭 어거스틴의 견해**
>
> 장고 코어 개발자인 애머릭 어거스틴(Aymeric Augustin)은 다음과 같이 말했다. "79칼럼에 맞추려고 변수나 함수 또는 클래스 이름을 줄여서 짓는 것은 허용될 수 없다. 수십 년 전 하드웨어를 기준으로 만들어진 말도 안 되는 숫자를 지키기보다는 읽기 쉽고 의미 있는 변수명을 만드는 것이 더욱 중요한 일이다."

1.3 임포트에 대해

PEP 8은 임포트(import)를 할 때 다음과 같은 순서로 그룹을 지을 것을 제안하고 있다.

① 표준 라이브러리 임포트

② 연관 외부 라이브러리 임포트

③ 로컬 애플리케이션 또는 라이브러리에 한정된 임포트

우리는 장고 프로젝트를 할 때 다음과 같은 순서로 임포트 문들을 구성한다.

√ 예제 1.1

```
# 표준 라이브러리 임포트
from __future__ import absolute_import
from math import sqrt
from os.path import abspath
# 코어 장고 임포트
from django.db import models
from django.utils.translation import ugettext_lazy as _
# 서드 파티 앱 임포트
from django_extensions.db.models import TimeStampedModel
# 프로젝트 앱 임포트
from splits.models import BananaSplit
```

 이렇게 임포트 문에 대해 주석을 달 필요는 없다. 예제의 주석들은 예제를 설명하기 위한 것일 뿐이다.

장고 프로젝트에서 임포트 순서는 다음과 같다.

① 표준 라이브러리 임포트

② 코어 장고 임포트

③ 장고와 무관한 외부 앱 임포트

④ 프로젝트 앱('4장 장고 앱 디자인의 기본'에서 더 자세히 다룬다) 임포트

1.4 명시적 성격의 상대 임포트 이용하기

코드를 작성할 때 코드들을 다른 곳으로 이동시키거나 이름을 변경하거나 버전을 나누는 등의 재구성을 손쉽게 할 수 있도록 구성하는 것은 매우 중요한 일이다. 파이썬에서는 명시적 성격의 상대 임포트(explicit relative import)를 통해 모듈의 패키지를 하드 코딩하거나 구조적으로 종속된 모듈을 어렵게 분리해야 하는 경우들을 피해 갈 수 있다. 장고 또한 파이썬의 한 패키지이므로 당연히 명시적 성격의 상대 임포트의 혜택을 볼 수 있다.

명시적 성격의 상대 임포트를 좀 더 쉽게 이해하기 위해 몇 가지 예를 들어보겠다.

얼마나 많은 아이스크림을 먹었는지(와플콘, 슈가콘, 케이크콘 등 다양한 콘이 있다고 가정한다) 기록하는 장고 앱을 만들었다고 가정하고 그중 한 부분을 인용해 보겠다.

불행히도 다음 코드를 보면 하드 코딩된 임포트 문을 포함하고 있다. 물론 이는 그다지 권하고 싶은 방법은 아니다.

⚠ **나쁜 예제 1.1**

```python
# cones/views.py
from django.views.generic import CreateView
# 절대 따라 하지 말라!
# 'cones' 패키지에 하드 코딩된
# 암묵적 상대 임포트가 이용되었다.
from cones.models import WaffleCone
from cones.forms import WaffleConeForm
from core.views import FoodMixin
class WaffleConeCreateView(FoodMixin, CreateView):
    model = WaffleCone
    form_class = WaffleConeForm
```

물론 '콘' 앱 자체는 아이스크림 프로젝트에서 문제 없이 잘 작동한다. 하지만 하드 코딩된 임포트 문들은 이식성 면에서나 재사용성 면에서 문제가 된다.

- 얼마나 디저트를 먹었는지 기록하는 새로운 앱에서 '콘' 앱을 재사용하려 한다면 어떻게 해야겠는가? 이럴 경우 이름이 서로 충돌되어 이름을 변경해야 하는 경우가 생긴다(예를 들어 장고 앱에 'snow cone[1]'이라는 이름의 디저트가 이미 있을 경우가 되겠다).

---

1 (옮긴이) 스노우콘(snow cone)은 샤베트 스타일의 얼음 디저트인데, 아이스크림으로 볼 수도 있고 디저트로 볼 수도 있다.

- 어떤 이유에서 앱의 이름을 바꾸어야 할 상황이 생겼을 때는 어떻게 해야 할까?

하드 코딩된 임포트 문을 이용했을 때 단지 앱의 이름을 바꿈으로써 모든 것이 해결되지는 않는다. 단순히 이름을 바꾸는 것 이외에도 모든 임포트 문을 일일이 확인해서 해당 임포트 문을 수정해야 하는 번거로운 작업이 요구된다. 단순히 앞의 예제 코드에서는 일일이 임포트 구문을 바꾸는 것이 그렇게 어려운 일이 아니긴 하지만, 실제 우리가 프로젝트에서 만나게 되는 코드들과 앞의 예를 비교하면 앞의 예는 지극히 단순화된 경우일 뿐이다. 게다가 실제 프로젝트에서는 추가적인 유틸리티 모듈까지 잔뜩 딸려 오게 된다. 따라서 명시적 성격의 상대 임포트를 무심히 스쳐 보내서는 안 되는 것이다.

자, 이제 이 하드 코딩된 임포트 구문을 포함하고 있는 좋지 않은 예제를 명시적 성격의 상대 임포트를 이용한 예제로 바꿔 보자.

✓ **예제 1.2**

```
# cones/views.py
from __future__ import absolute_import
from django.views.generic import CreateView
# 'cones' 패키지 상대 임포트
from .models import WaffleCone
from .forms import WaffleConeForm
from core.views import FoodMixin
class WaffleConeCreateView(FoodMixin, CreateView):
    model = WaffleCone
    form_class = WaffleConeForm
```

전역/외부 임포트에 대해 로컬/내부 임포트가 지니는 또 하나의 장점은 파이썬 패키지를 하나의 코드 유닛화할 수 있다는 것이다.

💡 **'from __future__ import absolute_import'를 이용하자**

파이썬 3에서는 임포트 문에 큰 개선이 이루어졌다. 이러한 개선은 다행히 파이썬 2.7 버전에서 from __future__ import absolute_import 문을 통해 이전 버전으로도 호환이 가능하게 되었다. 파이썬 3을 이용하지 않더라도 이런 유용한 기능을 이용할 수 있게 되었으며 이를 통해 뒤에 설명할 상대적인 임포트 문의 이용이 가능해지게 된다.

다음 표에서 각기 다른 파이썬 임포트 유형과 장고 프로젝트에서 언제 어떤 임포트를 이용할지 요약해 보았다.

코드	임포트 타입	용도
`from core.views import FoodMixin`	절대 임포트	외부에서 임포트해서 현재 앱에서 이용할 때
`from .models import WaffleCone`	명시적 상대	다른 모듈에서 임포트해서 현재 앱에서 이용할 때
`from models import WaffleCone`	암묵적 상대	종종 다른 모듈에서 임포트해서 현재 앱에서 이용할 때 쓰지만 좋은 방법은 아니다.

표 1.1 임포트: 절대 vs. 명시적 상대 vs. 암묵적 상대

명시적 성격의 상대 임포트를 이용하는 습관을 길러 두기 바란다. 이용 자체가 간편하며, 상대 임포트를 이용하는 것은 초보 개발자든 경험이 꽤 있는 개발자든 간에 모든 개발자에게 좋은 습관이다.

> 💡 **PEP 328과 PEP 8은 서로 충돌하지 않나?**
>
> 파이썬 창시자이자 BDFL(Benevolent Dictator For Life)[2]인 귀도 반 로섬이 쓴 다음 이메일을 참고하기 바란다.
>
> • http://2scoops.co/guido-on-pep-8-vs-pep-328

다음 글도 한번 읽어 보자. http://www.python.org/dev/peps/pep-0328

1.5 import *는 피하자

우리가 짠 99%의 코드는 각 모듈을 개별적으로 임포트하고 있다.

✓ **예제 1.3**

```
from django import forms
from django.db import models
```

절대 다음과 같이 하지 말자.

⚠ **나쁜 예제 1.2**

```
# 안티 패턴: 절대 따라하지 말 것!
from django.forms import *
from django.db.models import *
```

그 이유는 다른 파이썬 모듈의 이름공간들이 현재 우리가 작업하는 모듈의 이름공간에 추가로 로딩되거나 기존 것 위에 덮여 로딩되는 일을 막기 위해서

---

2 (옮긴이) 자비로운 종신 독재자라고 번역되기도 한다. 소프트웨어에서는 프로젝트 창시자 또는 여러 의견과 논란이 있을 때 마지막 결단을 내리는 사람을 가리키며 소수의 오픈 소스 개발 리더에게 주어지는 칭호다.

다. 이럴 경우 전혀 예상치 못한 상황이 발생하거나 심각할 경우 큰 재앙이 야기되기도 한다. 이와 관련하여 특별히 예외가 되는 경우가 '5장 settings와 requirements 파일'에 나와 있다.

앞의 나쁜 예를 한번 보자. 장고 폼 라이브러리와 장고 모델 라이브러리 둘 다 CharField를 가지고 있다. 이 두 라이브러리를 암묵적으로 로딩함으로써 모델 라이브러리가 폼 버전의 클래스를 덮어써 버린다. 이러한 현상은 파이썬 내장 라이브러리와 다른 서드 파티 라이브러리들의 중요한 기능들을 덮어쓰는 원인이 되기도 한다.

❗ 파이썬 이름 충돌

같은 이름으로 두 개의 모듈을 임포트한다면 다음 경우와 같은 문제에 봉착하게 된다.

⚠ 나쁜 예제 1.3
```
# 안티 패턴: 절대 따라하지 말 것!
from django.forms import CharField
from django.db.models import CharField
```

---

import * 구문은 마치 아이스크림 가게에 아이스크림 콘 하나를 사러 와서 서른한 가지 맛 전부를 무료로 맛보게 해달라는 염치 없는 손님과 같다고 볼 수 있다. 한두 개 정도의 모듈만 이용하기 위해 전부 임포트할 필요는 없다.

또한 손님이 큰 접시를 가져와 모든 종류의 아이스크림을 한 주걱씩 담아 갔다고 한다면 그 손님은 곧 그에 따른 전혀 새로운 문제에 봉착하게 될 것이다.

그림 1.1 아이스크림 가게에서 import *로 구매한다는 것

1.6 장고 코딩 스타일

이번 절에서는 장고 공식 가이드와 공식은 아니지만 일반적으로 널리 통용되는 코딩 스타일을 다루어 본다.

1.6.1 장고 코딩 스타일

장고 스타일을 이야기하지 않을 수 없다. 장고는 내부적으로 PEP 8을 확장한 장고만의 스타일 가이드라인을 가지고 있다.

- http://2scoops.co/1.8-coding-style

이 내용은 공식 표준에서는 논의되지 않았더라도 프로젝트를 진행하면서 마주치는 장고 커뮤니티의 여러 코드에서 일반적으로 통용되는 사항들이다.

1.6.2 URL 패턴 이름에는 대시(-) 대신 밑줄(_)을 이용한다

밑줄을 대시 대신 이용한다. 파이썬다울 뿐 아니라 통합 개발 환경과 텍스트 편집기에 최적화된 스타일이다. 여기서 말하는 URL은 웹 브라우저에서 우리가 쓰는 진짜 URL 주소가 아니라 url()에 인자로 쓰이는 이름을 이야기하는 것이다.

url 이름으로 대시(-)를 이용한 바람직하지 않은 경우는 다음과 같다.

⚠ 나쁜 예제 1.4

```
patterns = [
    url(regex='^add/$',
        view=views.add_topping,
        name='add-topping'),
]
```

url 이름으로 밑줄이 이용된 바람직한 경우는 다음과 같다.

✓ 예제 1.4

```
patterns = [
    url(regex='^add/$',
        view=views.add_topping,
        name='add_topping'),
    ]
```

여기서 우리가 이야기하는 것은 url()의 이름 인자다. 브라우저에 쓰이는 주소 URL이 아니다. 주소 URL에서 대시를 쓰는 데는 전혀 문제가 없다(예. regex='^add-topping/$').

1.6.3 템플릿 블록 이름에 대시 대신 밑줄을 이용한다

URL 패턴 이름에서 밑줄을 이용한 것과 같은 이유로 템플릿 블록을 정의하는 이름을 만들 때도 밑줄을 쓰자. 좀 더 파이썬답고 좀 더 편집기에 최적화된 방법이다.

1.7 자바스크립트, HTML, CSS 스타일 선택하기

1.7.1 자바스크립트 스타일 가이드

공식 스타일 가이드가 있는 파이썬과는 달리 자바스크립트는 공식 스타일 가이드가 없다. 대신 개인과 회사 등에서 만들어 놓은 비공식 스타일이 다양하게 존재한다.

- "idiomatic.js: Principle of Writing Consistent, Idiomatic JavaScript". https://github.com/rwaldron/idiomatic.js
- Pragmatic.js 스타일 가이드. https://github.com/madrobby/pragmatic.js
- 에어비앤비(Airbnb) 자바스크립트 스타일 가이드. https://github.com/airbnb/javascript
- Node.js 스타일 가이드. https://github.com/felixge/node-style-guide
- "Code Conventions for the JavaScript Programming Language". http://javascript.crockford.com/code.html

앞에 나열된 스타일 가이드 중 장고와 자바스크립트 커뮤니티 사이에서 합의된 조합은 없다. 따라서 자신이 선호하는 것을 선택한 후 이용하면 된다.

하지만 특정 스타일 가이드를 포함한 자바스크립트 프레임워크를 이용한다면 그 해당 스타일 가이드를 따르도록 한다. 예를 들어 ember.js는 ember.js만의 스타일 가이드가 따로 있다.

📦 JSCS 코드 스타일 린터(linter)

JSCS(http://jscs.info)는 자바스크립트의 코드 스타일을 점검해 주는 도구다. 앞서 나열한 몇몇 스타일 가이드를 포함하여 여러 자바스크립트 스타일 규칙을 포함하고 있다. 또한 여러 텍스트 편집기용 JSCS 플러그인도 존재하며 걸프(Gulp)와 그런트(Grunt) 태스크 러너를 위한 JSCS 태스크도 있다.

1.7.2 HTML과 CSS 스타일 가이드

- @mdo가 쓴 HTML과 CSS를 위한 코드 가이드. http://codeguide.co
- "idomatic-css: Principles of Writing Consistent, Idiomatic CSS". https://github.com/necolas/idiomatic-css

> **CSScomb**
>
> CSScomb(http://csscomb.com)은 CSS용 코딩 스타일 포맷 도구다. 사용자가 정해 놓은 설정에 따라 CSS의 일관성과 CSS 프로퍼티들의 순서를 검사한다. JSCS와 마찬가지로 CSScomb도 텍스트 편집기와 브런치(Brunch)를 포함한 태스크·빌드 도구의 플러그인이 존재한다.

1.8 통합 개발 환경이나 텍스트 편집기에 종속되는 스타일의 코딩은 지양한다

통합 개발 환경의 기능에 기반을 두고 프로젝트의 기본 뼈대와 구현을 결정하는 개발자들이 종종 있다. 이럴 경우 원래 개발을 시작한 개발자와 다른 개발 도구를 이용하는 개발자들이 프로젝트 코드를 서로 이해하는 데 큰 어려움을 겪게 된다.

항상 주변의 개발자들이 여러분과 같은 도구가 아닌 다른 도구를 이용한다고 가정하기 바란다. 또한 메모장이나 나노(Nano) 같은 매우 기본적인 기능의 텍스트 편집기를 이용하는 사람도 작업 내용과 코드 위치를 금방 찾을 수 있게 프로젝트 구조를 투명하고 명료하게 해 주기 바란다.

일례로 이렇게 통합 개발 환경에 종속적으로 개발된 코드의 경우, 통합 개발 환경 이용에 매우 제약이 있는 개발자가 템플릿 태그를 살피거나 소스 코드를 찾는 데 매우 많은 시간을 소비하게 된다. 우리는 이런 경우에 대비하여 널리 통용될 수 있는 작명법인 <앱_이름>_tags.py를 따르고 있다.

1.9 요약

이번 장에선 우리가 선호하는 코딩 스타일과 우리가 그 코딩 스타일을 선호하는 이유를 다루었다.

우리가 사용하는 코딩 스타일을 따르지 않더라도 일단 일관된 코딩 스타일을 정한 후 일관성 있게 따르는 것이 매우 중요하다. 여러 스타일이 섞여 있는 프로젝트의 경우 개발자가 실수할 확률이 더 높아질 뿐 아니라 개발이 더뎌지고 유지 보수에 상당한 애를 먹게 된다.

2장

최적화된 장고 환경 꾸미기

이번 장에서는 장고를 이용하는 중급 또는 고급 개발자를 위한 최적의 로컬 환경 세팅에 대해 다룬다.

2.1 같은 데이터베이스를 이용하라

일반적으로 많은 개발자들이 범하는 실수는 자신의 로컬 개발 환경에서는 SQLite3를 이용하고 실제 운영 환경에서는 PostgreSQL(또는 MySQL)을 이용하는 것이다. 단순히 SQLite3나 PostgreSQL의 경우를 이야기하려는 게 아니라 두 개의 다른 데이터베이스가 똑같이 작동한다는 가정 아래 데이터베이스를 이용할 때 나타날 수 있는 상황 전반에 대해 이야기하려고 한다.

개발과 운영 환경에서 다른 종류의 데이터베이스 엔진을 씀으로써 우리가 겪었던 문제를 이야기해 보겠다.

2.1.1 운영 데이터를 완전히 똑같이 로컬에서 구동할 수는 없다

운영 환경 데이터베이스 엔진이 로컬 개발 환경 데이터베이스 엔진과 서로 다를 때, 로컬 환경에서 구동하기 위해 운영 환경 데이터베이스의 완벽한 복사본을 가져올 수 없다.

물론 운영 데이터베이스에서 SQL 덤프를 해 와서 로컬 데이터베이스 환경에 이전할 수는 있다. 하지만 그렇게 데이터베이스 익스포트와 임포트를 했다고 두 개의 데이터베이스가 완전히 같은 복사본의 데이터를 가지고 있다고 볼 수는 없다.

2.1.2 다른 종류의 데이터베이스 사이에는 다른 성격의 필드 타입과 제약 조건이 존재한다

데이터베이스 종류가 다르면 각 필드 데이터 타입에 대해 저마다 다르게 작동한다. 물론 장고 ORM은 이런 차이를 극복하려고 하지만 그러기엔 이러한 편차가 꽤 벌어져 있다.

어떤 개발자들은 SQLite3를 로컬 개발 환경에서, 그리고 PostgreSQL을 운영 환경에서 이용할 때 장고 ORM이 이 두 데이터베이스 간의 차이에 대해 알아서 처리할 것이니 너무 고민할 필요가 없다고 생각한다. 하지만 결국 SQLite3는 엄격한 타이핑이 아니라 동적이고 느슨한 타이핑을 지원하므로 문제에 봉착하게 된다.

물론 장고 ORM이 여러분의 코드가 SQLite3와 좀 더 엄격한 타입으로 서로 작용하게 해 준다. 하지만 개발 환경에서 발생한 폼과 모델 사이의 문제는 운영 환경으로 가기 전까지는 발견되지 않으며(테스트를 통해서도 발견되지 않는다) 아마 복잡한 쿼리라도 로컬 환경에서 문제 없이 처리될 것이다. SQLite3는 여러 엄격한 규칙을 그다지 개의치 않기 때문이다. 하지만 운영 환경으로 가면 PostgreSQL이나 MySQL 데이터베이스가 로컬 환경에서는 전혀 본 적이 없는 제약 조건 에러(constraint error)를 뱉어 낼 것이다. 로컬 환경에 운영 환경과 같은 데이터베이스 엔진을 구축하기 전까지는 이 문제를 재현하는 데 매우 큰 어려움이 따를 것이다.

대부분의 문제는 프로젝트가 개발 환경보다 더 엄격한 타입을 가지고 있는 데이터베이스에서 실행되기 전까지는 발견되기 어렵다. 일단 이러한 버그가 발생하면 그때서야 비명을 지르며 로컬 개발 환경을 올바른 데이터베이스로 셋업하면서 스스로를 자책하고 좌절할 것이다.

💡 **최고의 조합 = 장고 + PostgreSQL**

우리가 아는 대부분의 장고 개발자는 PostgreSQL을 선호한다. 개발, 스테이징, QA, 운영 환경을 다 통틀어서 말이다.

운영 체제 종류에 따라서 다음 중 한 방법을 선택할 수 있다.

- 맥: 맥용 원클릭 인스톨러(http://postgresapp.com)
- 윈도우: 윈도우용 원클릭 인스톨러(http://postgresql.org/download/windows/)
- 리눅스: 패키지 매니저를 통해 설치하거나 다음 링크의 방법으로 설치할 수 있다: http://postgresql.org/download/linux/

PostgreSQL은 경우에 따라 설치할 때 약간의 작업이 추가로 필요할 수도 있다. 하지만 충분히 그럴 만한 가치가 있는 데이터베이스 엔진이다.

2.1.3 픽스처는 마법을 부리지 않는다

로컬 데이터베이스와 운영 데이터베이스 사이의 차이를 없애기 위해 **픽스처** (fixture)를 쓰면 되지 않느냐고 반문할 수도 있을 것이다.

물론 픽스처는 단순히 하드 코딩된 간단한 데이터 세트를 생성하는 데는 좋은 도구다. 때때로 개발 환경에서 이용하기 위해 운영 데이터베이스 환경에서 가짜 데이터 세트를 미리 추출할 필요를 느낄 때가 있다. 특히 개발 초기 단계에서 말이다.

하지만 픽스처는 한 데이터베이스 엔진에서 다른 데이터베이스 엔진으로 큰 크기의 데이터 세트를 이전하는 데는 그다지 신뢰할 만한 도구가 아니다. 도구 자체가 그런 목적으로 만들어지지 않았기 때문이다. 픽스처의 기능을, 운영 환경의 데이터를 이전하기 위해 기본 데이터를 생성(dumpdata/loaddata)하는 데이터베이스 도구 중 하나로 오해하지 말기 바란다.

2.2 pip와 virtualenv 이용하기

그간 pip와 virtualenv를 이용하지 않았다면 이제부터는 이 둘에 친숙해질 필요가 있다. 이 둘은 장고 프로젝트에서 사실상의 표준이고 장고를 이용하는 대부분의 회사에서 이 둘을 매우 의존적으로 이용하고 있다.

pip는 **파이썬 패키지 인덱스**(Python Package Index)와 그 미러 사이트에서 파이썬 패키지를 가져오는 도구다. 파이썬 패키지를 설치하고 관리하는 데 이용한다. easy_install과 비슷하지만 더 많은 기능을 가지고 있고 virtualenv를 지원하는 것이 핵심 기능이다.

virtualenv는 파이썬 패키지 의존성을 유지할 수 있게 독립된 파이썬 환경을 제공하는 도구다. 한 개 이상의 프로젝트를 동시에 진행하고 있을 때 프로젝트마다 각각 다른 버전 번호의 라이브러리들이 서로 충돌을 내고 있는 경우 이상적으로 이용할 수 있는 도구다.

장고 1.7로 프로젝트를 하는 도중 장고 1.8로 다른 프로젝트를 동시에 해야 하는 경우를 생각해 보자.

- virtualenv(또는 종속성 관리를 위한 다른 대체 도구)가 없다면 두 프로젝트를 왔다 갔다 하면서 매번 장고를 재설치해야 할 것이다.
- 이러한 것이 별로 대수롭지 않게 생각된다면, 실제 장고 프로젝트 하나에는 관리해야 할 최소 수십 개의 의존적인 라이브러리가 있다는 것을 상기하고 다시 한번 생각해보기 바란다.

pip는 파이썬 3.1.4 이후 버전부터는 파이썬에 기본으로 내장되어 있다. 설치 방법은 다음 링크에서 찾을 수 있다.

- pip: http://pip-installer.org
- virtualenv: http://virtualenv.org

💡 **virtualenvwrapper**

더그 헬맨(Doug Hellman)이 시작한 virtualenvwrapper를 추천한다. 맥 OS X과 리눅스용은 virtualenvwrapper가 있고, 윈도우용은 virtualenvwrapper-win이 있다.

virtualenvwrapper 없이 virtualenv를 이용한다면 상당히 괴로울 것이다. 매번 가상 환경을 구성하기 위해 다음과 같은 긴 명령을 입력해야 하기 때문이다.

√ **예제 2.1**
```
$ source ~/.virtualenvs/twoscoops/bin/activate
```

virtualenvwrapper를 이용하면 다음과 같이 간단히 입력하면 된다.

√ **예제 2.2**
```
$ workon twoscoops
```

virtualenvwrapper는 pip와 virtualenv에 최적으로 매치되는 협업 도구로 번거로운 작업을 쉽게 해 주긴 하지만 반드시 필요한(없어서는 안 되는) 도구는 아님을 밝혀둔다.

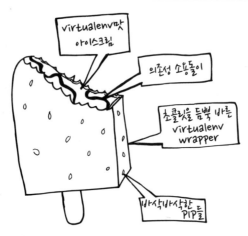

그림 2.1 막대 아이스크림 형태로 그려 본 pip, virtualenv, virtualenvwrapper

2.3 pip를 이용하여 장고와 의존 패키지 설치하기

장고 공식 문서는 다양한 장고 설치 방법을 설명하고 있다. 우리가 추천하는 방법은 pip와 requirements 파일을 이용하는 것이다.

간단히 이야기하면 requirements 파일은 설치하려는 파이썬 패키지에 대한 쇼핑 목록이다. 이 파일에는 각 패키지 이름과 설치를 원하는 버전이 담겨 있다. pip를 이용해서 이 파일에 나열되어 있는 패키지들을 가상 환경(virtual environment) 안에 설치할 수 있다.

이 requirements 파일을 통한 설치와 셋업은 '5장 settings와 requirements 파일'에서 다루겠다.

> 💡 **PYTHONPATH 설정하기**
>
> 명령행과 환경 변수에 이미 익숙하다면, virtualenv의 PYTHONPATH를 설정함으로써 django-admin.py를 여러 작업에 사용할 수도 있다.
>
> 또한 virtualenv의 PYTHONPATH를 현재 디렉터리와 최신 버전의 pip를 포함하도록 설정하고, 현재 프로젝트의 최상위 디렉터리에서 `pip install -e .`를 실행하면, 현재 디렉터리에서 패키지를 수정 가능한 상태로 설치할 수 있다.
>
> 설정 방법이 익숙하지 않거나 절차가 복잡해 보인다면 걱정하지 말고 manage.py를 이용하면 된다.
>
> 추가로 다음 글을 읽어 보면 도움이 될 것이다.
>
> - http://hope.simons-rock.edu/~pshields/cs/python/pythonpath.html
> - http://docs.djangoproject.com/en/1.8/ref/django-admin/

2.4 버전 컨트롤 시스템 이용하기

버전 컨트롤 시스템은 리비전 컨트롤 또는 소스 컨트롤이라고 부르기도 한다. 장고 프로젝트를 시작할 때 코드의 변경 내용을 기록하려면 반드시 버전 컨트롤 시스템을 이용해야 한다.

위키백과에 다음과 같이 각기 다른 버전 컨트롤 시스템을 비교한 페이지가 있다.

- http://en.wikipedia.org/wiki/Comparison_of_revision_control_software

여러 도구 중에서 **깃**(Git)과 **머큐리얼**(Mercurial)이 장고 개발자들 사이에서는 일반적으로 가장 인기 있고 널리 쓰인다. 깃과 머큐리얼 모두 브랜치를 생성하고 변경 사항을 병합하는 데 매우 편리한 기능을 제공한다.

버전 컨트롤 시스템을 이용한다면 단순히 로컬 카피만 이용하는 것이 아니라 백업을 위한 호스팅 서비스 또한 이용하는 것이 그 핵심이라고 할 수 있다. 호스팅 서비스로 우리는 깃허브(https://github.com/)와 비트버킷(http://bitbucket.org/)을 추천한다.

2.5 선택 사항: 동일한 환경 구성

개발자의 노트북에서 잘 작동하던 프로젝트가 운영 환경에서는 제대로 작동하지 않을 수도 있다. 로컬 개발 환경이 프로젝트의 스테이징, 테스트, 운영 환경과 똑같다면 어떨까?

운영 인프라 환경이 만여 대의 서버로 구성되어 있다면 개발을 위해 또 다른 만여 대의 서버를 구성해야 하니 운영 환경과 정말 똑같은 개발 환경이란 불가능할 수도 있다. 그래서 우리가 '똑같은'이라는 말을 할 때 이를 '가능한 한 똑같이'라고 생각하기로 하자.

그렇다면 적어도 다음 사항들에 대해서는 환경 문제를 충분히 극복할 수 있다.

- 서로 다른 운영 체제: 개발은 맥이나 윈도우에서 이루어지고 운영 환경으론 우분투(Ubuntu) 리눅스가 이용된다면, 장고 앱이 로컬에서 구동되는 것과 운영 환경에서 구동되는 것 사이에는 큰 차이가 있다.
- 서로 다른 파이썬 셋업: 사실대로 이야기한다면 인정하진 않겠지만 많은 개발자와 시스템 관리자 들이 지금 자신이 어떤 버전의 파이썬을 쓰고 있는지 때론 오판하거나 헷갈리는 경우가 있다. 왜일까? 파이썬을 제대로 설정하고 그 셋업을 완벽히 이해하는 것은 절대 쉬운 일이 아니기 때문이다.
- 개발자와 개발자 간의 차이: 큰 규모의 팀에서는 개발자들 각각의 셋업 간 차이에서 오는 문제로 인해 디버깅에 많은 시간이 소비되기도 한다.

동일한 개발 환경 구성을 위해 가장 흔히 이용되는 방법에는 베이그런트(Vagrant)와 버추얼박스(VirtualBox)가 있다.

2.5.1 베이그런트와 버추얼박스
베이그런트는 재생산이 가능한 개발 환경을 생성, 설정, 관리하는 데 쓰는 대중적인 도구다. 베이그런트의 큰 장점은 버추얼박스(또는 다른 VM 도구들)와 쉽게 연동된다는 점이다.

개발용 노트북 컴퓨터가 OS X인데 반해 운영 프로젝트 설정은 우분투에 종속된 환경이라면 베이그런트와 프로젝트의 Vagrantfile을 이용하여 가상의 우분투 개발 환경을 로컬에서 빠르게 구성하고 프로젝트를 위한 모든 패키지 설치와 세팅을 빠르게 끝낼 수 있다.

- 프로젝트 개발 팀원 모두에게 똑같은 개발 환경을 제공
- 생성된 로컬 개발 환경의 설정을 스테이징, 테스트, 운영 환경과 비슷하게 설정

반면 다음과 같은 단점이 있다.

- 대부분의 경우에는 필요하지 않는 기능들까지 제공되어 복잡성이 더해진다. 운영 체제 레벨까지 고려해야 할 필요가 없는 좀 더 단순한 프로젝트의 경우엔 이러한 가상화 환경을 적용하지 않는 편이 더 편리하다.
- 구형 개발 기기들의 경우 가상 기기를 돌리는 것 자체가 큰 속도 저하를 가져온다. 구형 기기뿐 아니라 신형 기기라 할지라도 가상화 때문에 작지만 무시할 수 없는 정도의 부하가 나타난다.

🔲 **도커 컨테이너를 이용하여 독립 환경 만들기**

도커를 이용하는 것은 VM에서 개발하는 것과 흡사하다. 단지 좀 더 가벼운 환경이라는 점 정도가 다르다. 도커 컨테이너는 호스트 운영 체제를 나눠 쓰는 것이지만 컨테이너 각각이 독립된 프로세스와 메모리 영역을 쓴다. 더 나아가 AUFS(advanced multi layered unification filesystem)를 이용하는 도커는 처음부터 빌드되는 게 아니라, 기존 스냅샷과 델타(변경된 내용)로부터 빌드되기 때문에 그 속도가 상당히 빠르다.

이벤트브라이트(Eventbrite)의 아키텍처 팀은 VM의 프로비저닝 속도를 높이기 위해 도커와 베이그런트를 같이 이용하고 있다. 도커는 빠르게 진화 중이지만 아직까지 실험적인 기술로 인식되고 있다.

2.6 요약

이번 장에서는 동일 데이터베이스 엔진을 개발 환경과 운영 환경에서 이용하는 것과 pip, virtualenv, 버전 컨트롤 시스템에 대해 알아봤다. 이 도구들은 장고

프로젝트뿐 아니라 파이썬 소프트웨어 개발 전반에 걸쳐 일반적으로 이용되는
도구들이기에 반드시 익혀 두어야 할 소중한 기술들이다.

3장

어떻게 장고 프로젝트를 구성할 것인가

프로젝트 레이아웃은 코어 장고 개발자들 사이에서도 여러 의견이 분분하다. 이번 장에서는 우리가 이용하는 방법이면서 일반적으로 가장 널리 쓰이는 방법에 대해 이야기하겠다.

> 📦 **장고 프로젝트 템플릿**
>
> 우리가 이용하는 템플릿을 포함해서 장고 프로젝트를 시작하는 데 도움이 될 만한 두 가지 프로젝트 템플릿을 소개하겠다. 우리가 프로젝트를 시작하면서 장고 프로젝트를 구성하는 데 이용하는 두 가지 도구다.
>
> • 이번 장에서 이용하는 템플릿: https://github.com/pydanny/cookiecutter-django
> • 또 다른 쿠키커터(cookiecutter) 템플릿 목록: https://www.djangopackages.com/grids/g/cookiecutters/

3.1 장고 1.8의 기본 프로젝트 구성

startproject와 startapp을 실행하면 생성되는 기본 구성을 한번 살펴보자.

√ 예제 3.1

```
$ django-admin.py startproject mysite
$ cd mysite
$ django-admin.py startapp my_app
```

앞의 명령어를 통해 생성된 프로젝트 구성은 다음과 같다.

✓ **예제 3.2**

```
mysite/
    manage.py
    my_app/
        __init__.py
        admin.py
        models.py
        tests.py
        views.py
    mysite/
        __init__.py
        settings.py
        urls.py
        wsgi.py
```

장고의 기본 프로젝트 구성에는 몇 가지 문제점이 있다. 튜토리얼용으로는 유용하지만 실제 프로젝트에 적용해 보면 그다지 유용하지 않은 부분들이 발견된다. 이번 장의 나머지 부분에서 그 이유를 알아보자.

3.2 우리가 선호하는 프로젝트 구성

django-admin.py startproject 명령을 이용하면 삼단(three-tiered) 방식에 기반을 둔 구조가 생성되며 우리 또한 이를 기반으로 프로젝트를 구성한다. 우선 앞서 내린 명령을 통해 생성된 내용을 깃 저장소의 루트(root)로 이용되는 디렉터리 안으로 모두 옮긴다. 우리가 만든 구성의 최상단부는 다음과 같다.

✓ **예제 3.3**

```
<repository_root>/
    <django_project_root>/
        <configuration_root>/
```

각 레벨을 자세히 살펴보자.

3.2.1 최상위 레벨: 저장소 루트

최상위 〈repository-root〉/ 디렉터리는 프로젝트의 최상위 절대 루트다. 〈django_project_root〉 이외에 README.rst, docs/ 디렉터리, .gitignore, requirements. txt, 그리고 배포에 필요한 다른 파일 등 중요한 내용이 위치한다.

저장소는 아이스크림이
녹는 것을 방지한다.

우린 언제 어떻게
코드가 녹아
버릴지 모른다.

그림 3.1 저장소가 중요한 이유

💡 **장고 구성에는 다양한 방법이 있다**

어떤 개발자들은 <django_project_root>를 프로젝트의 <repository_root>로 구성하기
도 한다.

3.2.2 두 번째 레벨: 프로젝트 루트

두 번째 레벨은 장고 프로젝트 소스들이 위치하는 디렉터리다. 모든 파이썬 코드
는 〈django_project_root〉/ 디렉터리 아래와 그 하부 디렉터리들에 위치한다.

　django-admin.py startproject 명령어를 이용할 때 명령어를 저장소 루트 디
렉터리 안에서 실행하면 생성된 장고 프로젝트가 프로젝트 루트가 된다.

3.2.3 세 번째 레벨: 설정 루트

〈configuration_root〉 디렉터리는 settings 모듈과 기본 URLConf(urls.py)가 저
장되는 장소다. 이 디렉터리는 유효한 파이썬 패키지 형태여야 한다(__init__.
py 모듈이 존재해야 한다는 의미이기도 하다).

　설정 루트 안의 파일은 django-admin.py start-project 명령으로 생성된 파일
의 일부다.

그림 3.2 삼단 구조 구성

3.3 예제 프로젝트 구성

일반적인 예제로 간단히 아이스크림 평가 사이트를 만들기로 하자. 서로 다른 맛의 아이스크림과 서로 다른 브랜드를 평가하는 아이스크림 평가(Ice Cream Ratings) 웹 애플리케이션을 만든다고 가정하는 것이다.

프로젝트 구성은 다음과 같다.

✓ 예제 3.4

```
icecreamratings_project/
    .gitignore
    Makefile
    docs/
    README.rst
    requirements.txt
    icecreamratings/
        manage.py
        media/ # 개발 전용!
        products/
        profiles/
        ratings/
        static/
        templates/
        config/
            __init__.py
            settings/
            urls.py
            wsgi.py
```

이 구성에 대해 한 단계 더 들어가서 보면 〈repository_root〉인 icecreamratings_project/ 디렉터리 안에 다음과 같은 파일들과 디렉터리가 있다. 표로 만들어 보면 다음과 같다.

파일/디렉터리	설명
.gitignore	깃이 처리하지 않을 파일과 디렉터리(이 파일은 버전 컨트롤 시스템마다 다르다. 예를 들면 머큐리얼은 .gitignore 파일 대신 .hgignore 파일을 쓴다)
README.rst와 docs/	개발자를 위한 프로젝트 문서들이다. '23장 문서화에 집착하자'에서 더 많은 내용을 다루겠다.
Makefile	간단한 배포 작업 내용과 매크로들을 포함한 파일이다. 복잡한 구성의 경우에는 인보크(Invoke), 페이버(Paver) 또는 패브릭(Fabric) 등의 도구를 이용한다.
requirements.txt	장고 1.8 패키지를 포함한 프로젝트에 이용되는 파이썬 패키지 목록이다. '21장 장고의 비법 소스: 서드 파티 패키지들'에서 더 다루도록 한다.
icecreamratings/	프로젝트의 <django_project_root>

표 3.1 저장소 루트의 파일과 디렉터리

누구라도 프로젝트를 한눈에 알기 쉽게 구성되었다. 이러한 방식이 개발자뿐 아니라 비개발자들과 함께 일하는 데도 편리하다는 사실을 발견했다. 예를 들어 디자이너를 위한 디렉터리가 루트 디렉터리 안에 생성되는 경우도 있었다.

많은 개발자들이 디자이너를 위한 디렉터리들을 〈repository_root〉와 같은 레벨에 만들기도 한다. 물론 문제가 되는 건 아니지만 우리는 프로젝트들을 좀 더 구분 지어지게 만들기를 바랐고 따라서 이와 같은 구성에 도달하게 되었다.

〈django_project_root〉인 icecreamrating_project/icecreamrating 디렉터리 안에 다음과 같은 파일과 디렉터리를 만들었다.

파일/디렉터리	설명
config	프로젝트의 <configuration_root>로 프로젝트 전반에 걸친 settings 파일, urls.py, wsgi.py 모듈들이 자리잡는 곳이다(settings 파일들에 대한 구성은 '5장 Settings and Requirements Files'에서 더 다루겠다).
manage.py	manage.py 파일을 이곳에 위치시킬 경우에는 manage.py 파일 안의 내용을 수정하지 않은 상태에서 이용하기 바란다('5장 settings와 requirements 파일' 참고).
media/	개발 용도로 이용되는 디렉터리다. 사용자가 올리는 사진 등의 미디어 파일이 올라가는 장소다. 큰 프로젝트의 경우 사용자들이 올리는 미디어 파일들은 독립된 서버에서 호스팅한다.
products/	아이스크림 브랜드를 관리하고 보여주는 앱
profiles/	이용자 프로필을 관리하고 보여주는 앱
ratings/	이용자가 매긴 점수를 관리하는 앱.
static/	CSS, 자바스크립트, 이미지 등 사용자가 올리는 것 이외의 정적 파일들을 위치시키는 곳이다. 큰 프로젝트의 경우 독립된 서버에서 호스팅한다.
templates/	시스템 통합 템플릿 파일 저장 장소

표 3.2 장고 프로젝트 파일과 디렉터리

> **정적 미디어 디렉터리 이름 관례**
> 앞의 예에서 우리는 (사용자가 개별적으로 올린 콘텐츠가 아닌 파일을 위한) 미디어 디렉터리(static media directory)를 static/이라고 공식 장고 문서의 이름을 그대로 따랐다.
> 이를 assets/ 또는 site_assets/라고 바꾸려고 한다면 STATICFILES_DIRS 세팅에 해당 정보를 업데이트함으로써 디렉터리 이름을 바꿀 수 있다.

3.4 virtualenv 설정

아마 지금쯤 프로젝트나 프로젝트 하위 디렉터리 그 어디에도 virtualenv 디렉터리가 존재하지 않는다는 사실을 눈치챘을 것이다. 물론 착오로 잊어버린 건 아니니 걱정하지 말기 바란다.

이 아이스크림 프로젝트의 virtualenv를 생성하기 좋은 장소는 모든 파이썬 프로젝트의 virtualenv를 통합하여 모아 놓은 독립된 또 다른 공간이다. 우리는 작업하는 프로젝트의 작업 환경을 하나의 디렉터리에 넣고 여러 프로젝트를 또 다른 큰 디렉터리에 넣어 관리하기로 했다.

그림 3.3 여러분의 아이스크림이 자유롭게 수영할 수 있도록 제작된 독립적인 환경

예를 들면 맥 OS X이나 리눅스에서는 다음과 같다.

✓ 예제 3.5

```
~/projects/icecreamratings_project/
~/.envs/icecreamratings/
```

윈도우에서는 다음과 같다.

✓ 예제 3.6

```
c:\projects\icecreamratings_project\
c:\envs\icecreamratings\
```

~/.virtualenv/ 디렉터리를 기본값으로 이용하는 virtualenvwrapper(맥 OS X 또는 리눅스)나 virtualenvwrapper-win(윈도우)을 이용하고 있다면 virtualenv 의 위치는 다음과 같다.

✓ 예제 3.7

```
~/.virtualenvs/icecreamratings/
```

💡 **의존성 확인하기**

지금 이용 중인 virtualenv 환경에서 어떤 버전의 라이브러리가 쓰이는지 알아보려면 다음 명령을 내린다.

✓ 예제 3.8
```
$ pip freeze --local
```

virtualenv의 내용까지 버전 컨트롤 시스템에 넣어서 관리할 필요는 없다. 프로젝트에서 이용되는 패키지 정보는 requirements.txt 파일 안에 정의되어 있고, virtualenv 디렉터리 안의 파일들은 손대지 않을 것이기 때문이다. requirements.txt 파일은 반드시 버전 컨트롤 시스템으로 관리해야 한다는 것을 꼭 명심하기 바란다.

3.5 startproject 살펴보기

장고의 startproject 명령은 기본적인 장고 프로젝트 템플릿을 생성하고 바로 프로젝트 개발을 가능하게 해 준다. 『Two Scoops of Django 1.6』에서는 startproject 명령이 생성해 주는 구성을 최대한 유지하면서 django-twoscoops-project라는 템플릿을 생성했었다.

『Two Scoops of Django 1.6』에서 제작한 장고 템플릿은 이번 장의 앞 부분에서 이야기한 모든 내용을 충족하는 표준 템플릿의 역할을 충실히 해 주었다. 하지만 프로젝트에 독자들의 의견이 반영되고 복잡하게 발전해 가면서 우리가 원하는 이상적인 장고 1.8 프로젝트의 구성 템플릿을 구현하다 보니 기존 장고 템플릿의 한계점을 느끼게 되었고 좀 더 강력한 프로젝트 템플릿 도구를 필요로 하게 되었다.

이번 절에서는 쿠키커터(cookiecutter) 템플릿이라는 우리가 제작한 장고 프로젝트 템플릿을 소개하려고 한다. 물론 대중적으로 이용되는 다른 템플릿 대안도 이야기할 것이다.

❗ django-twoscoops-project는 이제 어떻게 되나?

장고 1.8용으로 django-twoscoops-project를 업데이트하는 대신에 우리는 cookiecutter-django를 좀 더 발전시켜 나가기로 했다. django-twoscoops-project는 더 이상 업데이트되지 않고 장고 1.6 버전으로 남을 것이다.

django-twoscoops-project를 더 이상 업데이트하지 않고 cookiecutter-django를 발전시키기로 한 이유는 다음과 같다.

- django-twoscoops-project는 실제 프로젝트에서 우리가 이용하기에 이젠 너무 기초적인 구성이 되어 버렸다. 일단 우리 스스로가 더 이상 django-twoscoops-project를 이용하지 않고 있다. 동시에 이 책 이전 판 독자들을 위해 django-twoscoops-project를 기본 상태 그대로 업그레이드 없이 유지하기로 했다.
- 실제 현업에서 쓰이는 장고 프로젝트 템플릿에 맞추고 훨씬 더 유연한 확장성과 편의를 추구하기 위해 대니얼이 cookiecutter-django를 제작하기로 결론을 지었기 때문이다.

3.5.1 쿠키커터로 프로젝트 구성 템플릿 만들기

우리가 만든 장고 프로젝트 템플릿을 이용하려면 쿠키커터라는 가벼운 명령행 도구가 필요하다. 쿠키커터는 장고 프로젝트 구성을 위한 발전된 형태의 프로젝트 구성 템플릿 도구다.

쿠키커터의 작동 내용을 살펴보면 다음과 같다.

① 우선 쿠키커터는 여러 질문을 통해 각종 설정 변수의 내용을 물어본다(예: project_name에 들어갈 내용).

② 그런 후 입력된 값들을 기반으로 프로젝트 표준 코드 구성에 필요한 파일들을 제작한다.

파이썬 2.7과 3.3 이상 버전에서는 쿠키커터 공식 문서에 나온 설명대로 쿠키커터를 먼저 설치해야 한다.

> **쿠키커터에 관한 오드리의 회상**
>
> 2013년에 나만의 파이썬 패키지 코드 구성안이 필요해서 쿠키커터를 처음 만들었다. 처음엔 파일 경로와 파일 콘텐츠가 동일한 템플릿 프로젝트였고 단순한 아이디어였다. 하지만 어쨌든 계속 프로젝트를 진행해 나갔다.
>
> 그리고 이제 쿠키커터 템플릿은 파이썬, C, C++, 커먼 리스프, 자바스크립트, LaTeX/Xe-Tex, 버크셸프베이그런트(Berkshelf-Vagrant), HTML, 스칼라, 6502 어셈블리, 그 외 다수의 언어를 위해 제작되어 있을 정도로 성장했다.

3.5.2 우리가 선호하는 프로젝트 템플릿

새 장고 1.8 프로젝트를 위해 우리가 이용하는 프로젝트 템플릿은 cookiecutter-django다.

cookiecutter-django를 이용해서 프로젝트 코드 구성을 어떻게 만드는지 한번 보자.

√ 예제 3.9

```
$ cookiecutter https://github.com/pydanny/cookiecutter-django

Cloning into 'cookiecutter-django'...
remote: Counting objects: 2358, done.
remote: Compressing objects: 100% (12/12), done.
remote: Total 2358 (delta 4), reused 0 (delta 0), pack-reused 2346
Receiving objects: 100% (2358/2358), 461.95 KiB, done.
Resolving deltas: 100% (1346/1346), done.
```

```
project_name (default is "project_name")? icecreamratings
repo_name (default is "icecreamratings")? icecreamratings_project
author_name (default is "Your Name")? Daniel and Audrey Roy Greenfeld
email (default is "audreyr@gmail.com")? hello@twoscoopspress.org
description (default is "A short description of the project.")? A website
for rating ice cream flavors and brands.
domain_name (default is "example.com")? icecreamratings.audreyr.com
version (default is "0.1.0")? 0.1.0
timezone (default is "UTC")? America/Los_Angeles
now (default is "2015/01/13")? 2015/05/18
year (default is "2015")?
use_whitenoise (default is "y")?
github_username (default is "audreyr")? twoscoops
full_name (default is "Audrey Roy")? Daniel and Audrey Roy Greenfeld
```

설정 변수들이 입력되고 난 후 쿠키커터를 실행한 디렉터리에 프로젝트가 생성된다. 앞에서 입력한 값에 따라 icecreamratings_proejct 디렉터리가 생성되었다.

생성된 파일들은 우리의 제안과 비슷한 구성을 가지게 된다. 프로젝트에는 settings, requirements, 초기 문서들, 초기 테스트 환경 등이 포함된다.

> **cookiecutter-django를 설치하니 기본적인 파일 외에 여러 파일이 많이 설치되었는데 다 어떤 것들인가?**
>
> cookiecutter-django는 이 장 앞부분에서 설명했던 기본적인 구성보다 몇 단계 더 깊게 나아간 구성을 제공한다. cookiecutter-django는 우리가 실제 프로젝트에서 이용하는 강력한 형태의 장고 프로젝트 템플릿으로 다양한 부가 기능을 내장하고 있다.
>
> 『Two Scoops of Django 1.6』에서 우리가 썼던 템플릿보다 훨씬 발전된 형태의 구성을 볼 수 있는데, 이번 장고 1.8 버전부터는 초보자용 프로젝트 템플릿을 쓰지 않고 초보자 중심의 여러 기능을 제거한, 프로젝트에서 이용되는 실제 템플릿을 이용하여 책을 쓰기로 했다.

여러분은 cookiecutter-django를 포크(fork)하여 해당 장고 프로젝트 요구에 맞게 수정해서 마음대로 변형할 수 있다.

3.5.3 대안 템플릿: django-kevin

케빈 쉬(Kevin Xu)는 우리가 처음 만든 'Two Scoops project'를 포크해서 그만의 버전으로 발전시키고 장고 1.8용으로 업데이트했다.

케빈 쉬가 만든 대안 템플릿은 다음에서 받을 수 있다. https://github.com/imkevinxu/django-kevin

3.5.4 다른 대안들

사람들은 프로젝트 구성에 대해 각자 자신만이 생각하는 '옳은' 방법을 가지고 있다. 앞서 미리 언급했지만 언제나 옳은 방법이 하나만 있는 건 아니다.

프로젝트 구성이 우리가 여기에 나타낸 것과 다르거나 다른 계층으로 구성으로 되어 있다고 하더라도 프로젝트 구성 요소(docs, templates, apps, settings 등)의 위치가 루트의 README.rst 파일에 잘 정리되어 있다면 크게 문제가 될 것은 없다.

cookiecutter-django, django-kevin, django-twoscoops-project를 포크해서 살펴보고 또 여러 다른 온라인 장고 프로젝트 템플릿도 찾아보기 바란다. 다른 사람들의 여러 프로젝트 템플릿을 보면서 여러 종류의 흥미로운 기술을 접하게 될 것이다.

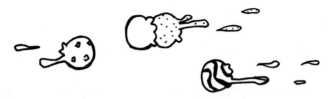

그림 3.4 프로젝트 레이아웃에 대한 서로 다른 의견 때문에 때론 아이스크림 싸움을 유발할 수도 있다.

3.6 요약

이번 장에서는 우리가 선호하는 기본 장고 프로젝트 구성에 대해 이야기했다. 실제 이용 패턴에 대한 이해를 최대한으로 돕기 위해 가능한 한 자세한 예를 들기도 했다.

프로젝트 구성은 개발자 또는 개발자 그룹마다 서로 사뭇 다른 이용 모습을 보이는 부분이다. 작은 팀에서 최적으로 효과를 내던 구성이라도 분산된 자원을 공유하는 큰 팀에서는 잘 적용되지 않거나 그만큼 효과를 낼 수 없을지도 모른다. 핵심은 어떤 구성을 택하더라도 반드시 명확하게 문서로 남겨야 한다는 것이다.

## 4장

Two Scoops of Django

장고 앱 디자인의 기본

장고 개발을 처음 하는 개발자라면 누구나 장고에서 쓰이는 '앱(app)'이란 낱말에 대해 혼란스러움을 느낀다. 그래서 장고 앱 디자인으로 들어가기 이전에 용어를 한번 짚고 들어가겠다.

- 장고 프로젝트: 장고 웹 프레임워크를 기반으로 한 웹 애플리케이션을 지칭한다.
- 장고 앱: 프로젝트의 한 기능을 표현하기 위해 디자인된 작은 라이브러리를 지칭한다. 장고 프로젝트는 다수의 장고 앱으로 구성되어 있다. 앱 중 일부는 프로젝트 내부적으로 한 번만 이용되고 재사용되지 않기도 한다. 또는 때때로 외부 장고 패키지를 지칭하기도 한다.
- INSTALLED_APPS: 프로젝트에서 이용하려고 INSTALLED_APPS 세팅에 설정한 장고 앱들을 지칭한다.
- 서드 파티 장고 패키지: 파이썬 패키지 도구들에 의해 패키지화된, 재사용 가능한 플러그인 형태로 이용 가능한 장고 앱을 지칭한다. '21장 장고의 비법 소스: 서드 파티 패키지들'에서 다루겠다.

곰곰히
생각해 보건데

여러분의
장고 프로젝트는
일종의 냉장고
같은 것이다.

그림 4.1 아마 다음 장으로 가면 좀 더 이해가 쉬울 것이다.

앱은 냉장고
안의 냉장 용기다.

퍼키지는 상점에서
앱에 설치되기를
기다리고 있는
원재료들이다.

그림 4.2 이제 어느 정도 이해가 되었을 듯한데 아직도 잘 모르겠다면 반복해서 정의들을 읽어 보기 바란다.

4.1 장고 앱 디자인의 황금률

제임스 베넷(James Bennett)은 장고 코어 개발자이자 릴리스 매니저다. 그는 우리에게 어떤 장고 앱이 좋은 장고 앱인지에 대해 많은 영감을 주었다. 그의 말을 인용해 보면 다음과 같다.

> "좋은 장고 앱을 정의하고 개발하는 것은 더글라스 맥얼로이(Douglas McIlroy)의 유닉스 철학을 따르는 것이다. '한 번에 한 가지 일을 하고 그 한 가지 일을 매우 충실히 하는 프로그램을 짜는 것이다.'"

핵심은 각 앱이 그 앱의 주어진 임무에만 집중할 수 있어야 한다는 것이다. 어떤 앱의 성격과 기능을 한 문장으로 설명할 수 없거나 그 앱을 설명하기 위해 '그리고/또한'이란 단어를 한 번 이상 사용해야 한다면, 이미 그 앱은 너무 커질 대로 커져 이제 여러 개로 나누어야 할 때가 되었다는 의미다.

4.1.1 실제 예를 통해 프로젝트 앱들을 정의해 보자

'Two Scoops'라는 가상의 아이스크림 상점을 위한 웹 애플리케이션을 만든다고 하자. 우리가 상점을 열기 위해 준비해야 할 것들을 생각해 보자. 상점 진열대를 청소해야 하고, 판매용 아이스크림을 만들어야 하고, 상점을 위한 웹 사이트를 만들어야 할 것이다.

우리 상점의 장고 프로젝트 이름을 twoscoops_project라고 하자. 우리 장고 프로젝트 안의 앱들은 아마 다음과 같이 구성될 것이다.

- flavors 앱: 상점의 모든 아이스크림 종류가 기록되고 그 목록을 웹 사이트에 보여주는 앱
- blog 앱: 상점 Two Scoops의 공식 블로그
- events 앱: 상점의 행사 내용을 상점 웹 사이트에 보여주는 앱(이벤트 예: 매주 일요일에 딸기 선디(Sundae) 그리고 첫 번째 금요일에 퍼지(Fudgy) 특별 행사)

각 앱을 살펴보면 각각의 앱은 하나의 역할만 수행한다. 물론 각 앱은 서로 연관 관계에 있다. events나 blog의 내용이 아이스크림 종류와 밀접한 관계가 있음을 예상할 수 있다. 하지만 모든 역할을 다 수행하는 하나의 앱을 구성하는 것보다 이렇게 세분화된 세 가지 앱을 구성하는 것이 더 바람직한 구성이다.

다음과 같이 앱들을 추가함으로써 사이트를 확장할 수도 있다.

- shop 앱: 온라인 주문을 통해 아이스크림을 판매하는 앱
- tickets 앱: 무제한 아이스크림 행사에 이용될 티켓 판매를 관리하는 앱

tickets 앱이 events와 분리되어 있다는 점에 주목하기 바란다. 티켓을 팔기 위해 events 앱을 확장하는 대신 tickets 앱을 새로 생성했다. 대부분의 이벤트가 티켓을 필요로 하는 것이 아니며, 사이트가 성장함에 따라 이벤트 캘린더와 티켓 판매 사이에 복잡한 로직이 생겨날 수도 있기 때문이다.

또한 궁극적으로 이 tickets 앱이 우리가 미래에 구상하는 스릴 있는 놀이 기구로 가득 찬 아이스크림랜디아(Icecreamlandia) 테마파크용으로 이용되기를 기대하고 있기도 해서 이렇게 분리한 것이다.

지금 가정을 기반으로 한 이야기를 하고 있다고 미리 이야기했던가? 여기 우리가 지금 구상하고 있는 아이스크림랜디아의 초기 콘셉트 맵이 있다.

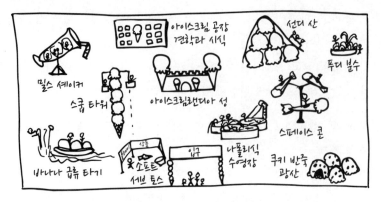

그림 4.3 아이스크림랜디아에 대한 비전

4.2 장고 앱 이름 정하기

사람들에게는 저마다의 작명 스타일이 있다. 어떤 이들은 정말 창의적으로 다양한 이름을 사용하기도 한다. 하지만 우리는 따분하고 지루하더라도 명료한 이름을 선호한다. 우리는 다음과 같은 규칙을 염두에 두고 이름을 짓는다.

가능한 한 flavors, animals, blog, polls, dreams, estimates, finance 같은 한 단어로 된 이름을 이용하자. 앱 이름이 명료하면 프로젝트 관리가 쉬워진다.

좀 더 일반적인 규칙을 들자면 앱의 이름은 앱의 중심이 되는 모델 이름의 복수 형태가 되어야 한다. 하지만 이 규칙에는 다양한 예외가 있다. blog가 가장 일반적인 예다.[1]

단순히 앱의 메인 모델만을 고려하지 않도록 하자. 이름을 정할 때 URL의 주소가 어떻게 되는지도 고려해야 한다. 사이트 블로그가 http://www.example.com/weblog에 나타나기 바란다면 blog, posts, 또는 blogposts라는 이름보다 weblog라는 이름이 더 어울릴 것이다. 설령 블로그의 주 모델 이름이 Post라고 해도 말이다. 이렇게 하면 사이트의 어떤 부분이 사이트의 어떤 앱과 관계가 있는지 훨씬 직관적으로 찾을 수 있다.

PEP-8 규약에 맞게 임포트될 수 있는 이름을 이용하도록 한다. 소문자로 구성된 숫자, 대시(-), 마침표(.), 스페이스 그리고 특수 문자를 포함하지 않는 짧은 단어들을 이용함으로써 PEP-8 규약에 맞게 이름을 지을 수 있다. 밑줄(_)을 이름에 이용하는 것이 반드시 권장되는 사항은 아니지만, 가독성을 높이려 한다면 단어들 사이의 공간을 나타내기 위해 밑줄을 이용하면 된다.

1　(옮긴이) blog의 복수형 blogs를 쓰게 되면 다수의 블로그를 의미하는데, 현재 아이스크림 상점에서는 블로그 하나를 운영하므로 blogs라고 쓰면 의미상 혼란을 가져올 수 있기에 blogs가 아닌 blog를 이용하는 것이다.

4.3 확신 없이는 앱을 확장하지 않는다

앱을 디자인하는 데 너무 완벽해지려고 고민하지 말기 바란다. 앱을 디자인하는 것은 기술적인 문제이지, 완벽을 요구하는 난해하고 심오한 순수 과학 분야의 연구는 아니라는 점을 명심하자. 때때로 만들어진 앱을 다시 만들어야 하거나 여러 개로 쪼개야 할 때도 있을 것이다. 앱을 다시 만들고 여러 개로 쪼개는 과정이 전혀 문제가 되는 일이 아님을 알아 두기 바란다.

앱들을 될 수 있으면 작게 유지하려고 하자. 거대한 크기의 앱 두세 개를 구성하는 것보다는 작은 앱 여러 개를 구성하는 것이 훨씬 나은 구성이라는 사실을 항상 명심하기 바란다.

그림 4.4 한 가지 맛씩 담긴 두 컵의 아이스크림이
100가지 맛이 뒤죽박죽 섞여 버린 거대한 아이스크림 통보다 훨씬 낫다.

4.4 앱 안에는 어떤 모듈이 위치하는가?

앱들을 보면 일반적으로 앱들 사이에서 공통으로 존재하는 모듈과 그렇지 않은 모듈이 있다. 장고에 대해 약간의 경험이 있다면 바로 4.4.2로 바로 넘어가기 바란다.

4.4.1 공통 앱 모듈

99%의 장고 앱에서 보이는 일반적인 모듈들이다. 대부분의 독자에게는 이미 익숙하겠지만 장고를 이제 갓 접하는 사람들을 위해 여기에 적어 보겠다. 참고로

빗금(/)으로 끝나는 모듈은 하나 또는 여러 모듈을 내장할 수 있는 파이썬 패키지를 의미한다.

√ 예제 4.1

```
# 공통 모듈
scoops/
    __init__.py
    admin.py
    forms.py
    management/
    migrations/
    models.py
    templatetags/
    tests/
    urls.py
    views.py
```

오랜 시간을 거쳐오면서 장고 앱을 구성하는 필수 모듈들의 이름이 형성되었다. 우리뿐 아니라 다른 사람들도 전부 이러한 규칙을 따르며 장고 앱을 만들어 왔고 덕분에 서로가 서로의 앱을 이해하기 한결 수월해졌다. 파이썬과 장고의 유연성 덕분에 굳이 이 이름 규칙을 반드시 따라야 하는 것은 아니지만, 이러한 규칙을 따르지 않는다면 종국에는 여러 문제에 봉착하고 말 것이다. 단기간에 일어날 기술적 문제는 아니겠지만 훗날 언젠가 이런 규칙을 따르지 않은 비표준화된 모듈을 보게 된다면 끔찍한 경험으로 다가오지 않겠는가.

4.4.2 비공통 앱 모듈

일반적으로 공통 모듈로 존재하지 않는 모듈이 있다. 많은 독자에게 낯선 파일들일 것이다.

√ 예제 4.2

```
# 비공통 모듈
scoops/
    behaviors.py
    constants.py
    context_processors.py
    decorators.py
    db/
    exceptions
    fields.py
    factories.py
    helpers.py
    managers.py
```

```
middleware.py
signals.py
utils.py
viewmixins.py
```

각 모듈이 무엇을 하는지 대부분 이름에서 그 역할을 잘 나타낸다. 하지만 몇 가지 명확하지 않은 모듈에 대해서는 짚고 넘어가겠다.

- behaviours.py: 6.5.1에서 설명할 모델 믹스인 위치에 대한 옵션
- constants.py: 앱 레벨에서 이용되는 세팅을 저장하는 장소의 이름으로 잘 지어진 이름이라 할 수 있다. 하나의 앱에 다양한 세팅이 있다면 이를 각 모듈로 분리하여 놓는 것이 프로젝트의 명확성을 위해 좋을 것이다.
- decorators.py: 데코레이터가 존재하는 곳이다. 데코레이터에 대한 자세한 정보는 9.3을 참조하기 바란다.
- db/: 여러 프로젝트에서 이용되는 커스텀 모델이나 컴포넌트
- fields.py: 폼 필드 이용에 쓰인다. 하지만 때때로 db/ 패키지 생성으로도 충분하지 못한 필드가 존재할 때 모델 필드에 이용되기도 한다.
- factories.py: 테스트 데이터 팩터리 파일이다. 22.3.5에 언급되어 있다.
- helpers.py: 헬퍼 함수다. 뷰와 모델을 가볍게 하기 위해 뷰(16.3.3 참고)와 모델(6.5 참고)에서 추출한 코드를 저장하는 장소다. utils.py와 비슷한 기능을 한다.
- managers.py: models.py가 너무 커질 경우, 일반적인 해결책으로 커스텀 모델 매니저가 여기로 이동된다.
- signales.py: 커스텀 시그널(28장에서 설명)을 제공하는 것에 대한 대안으로 커스텀 시그널을 넣기에 유용한 공간이다.
- utils.py: helpers.py와 같은 기능이다.
- viewmixins.py: 뷰 믹스인을 이 모듈로 이전함으로써 뷰 모듈과 패키지를 더 가볍게 할 수 있다(10.2 참고).

여기에 나열된 모든 모듈은 전역 환경에서 이용되는 것이 아니라 앱 레벨에서 적용되는 것들이다. 전역 레벨의 모듈은 '29.1 유틸리티들을 위한 코어 앱 만들기'에 설명되어 있다.

4.5 요약

이번 장에선 장고 앱 디자인 기술에 대해 이야기했다. 각 장고 앱은 그 앱 자체가 지닌 한 가지 역할에 초점이 맞추어져야 하며 단순하고 쉽게 기억되는 이름을 가져야 한다. 앱의 기능이 너무 복잡하다면 여러 개의 작은 앱으로 나누어야 한다. 올바른 앱을 디자인하는 것은 많은 노력과 연습을 필요로 하지만 충분히 가치 있는 일이다.

5장

settings와 requirements 파일

장고 1.8은 세팅 모듈에서 설정할 수 있는 140여 개가 넘는 항목을 제공하며 대부분의 경우 기본값으로 적용되어 있다. 세팅들은 서버가 시작될 때 적용되며 세팅값의 새로운 적용은 서버를 재시작해야만 가능하기 때문에 개발자들이 서비스 운영 중에 임의로 변경할 수는 없게 되어 있다.

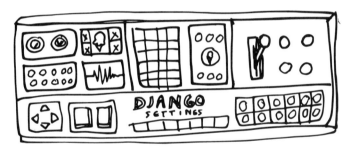

그림 5.1 프로젝트가 커 감에 따라 장고의 세팅 항목들도 점차 복잡해지기 시작한다.

우리가 생각하는 최선의 장고 설정 방법은 다음과 같다.

- **버전 컨트롤 시스템으로 모든 설정 파일을 관리해야 한다.** 이 부분은 특히나 운영 환경에서 중요하다. 날짜, 시간 등 세팅 변화에 대한 기록이 반드시 문서화되어야 한다.
- **반복되는 설정들을 없애야 한다.** 세팅 파일 이곳저곳에서 복사, 붙이기를 하기보다는 기본 세팅 파일로부터 상속을 통해 이용해야 한다.
- **암호나 비밀 키 등은 안전하게 보관해야 한다.** 이런 암호나 비밀 키 등 민감한 보안 관련 사항은 버전 컨트롤 시스템에서 제외해야 한다.

5.1 버전 관리되지 않는 로컬 세팅은 피하도록 한다

그간 우리는 버전 관리되지 않는 local_settings 안티 패턴을 지지했지만 이젠 로컬 세팅을 이용하는 것을 더 이상 권장하지 않게 되었다.

개발을 위해 개발자에게만 필요한 환경이란 것이 존재한다. 스테이징과 운영 서버에서는 비활성화되어 있거나 아예 설치조차 되어 있지 않은 디버그 도구에 대한 세팅 등이 그러한 예다.

게다가 때때로 퍼블릭이나 프라이빗 저장소에서 특정 설정 파일을 빼야만 할 경우가 있다. 우선 SECRET_KEY가 있다. 아마존 API 키, 스트라이프(Stripe) API 키, 다른 비밀번호 형태의 여러 설정 변수도 보안을 위해 저장소에서 빼야 한다.

> **비밀 정보 보호하기!**
>
> SECRET_KEY 세팅은 장고의 암호화 인증 기능에 이용되고 이 세팅값은 다른 프로젝트와는 다른 유일무이한 값이 되어야 하며 버전 컨트롤 시스템에서 제외해야 한다. SECRET_KEY가 외부에 알려지면 장고의 보안 기능을 무력화할 수도 있으며 심각한 보안 취약점을 야기할 수도 있다. 좀 더 자세한 사항은 다음을 읽어보기 바란다. https://docs.djangoproject.com/en/1.8/topics/signing
>
> SECRET_KEY에서 논의된 주의점은 데이터베이스의 비밀번호, AWS 키, OAuth 토큰 그리고 프로젝트를 운영하기 위해 필요한 민감한 자료들에 모두 해당되는 것이다.
>
> 이 SECRET_KEY를 어떻게 처리할 것인지는 나중에 다루겠다.

일반적인 해결 방법으로 local_settings.py라는 모듈을 생성하고 해당 파일을 각 서버나 개발 머신에 위치시켜, 이 파일을 버전 컨트롤 시스템에서 빼 버리는 방법이 있다. 이로써 개발자들은 버전 컨트롤의 제약 없이 비즈니스 로직을 포함한 개발 환경에 특화된 설정들을 변경할 수 있다. 스테이징 서버와 개발 서버에서는 버전 컨트롤 관리 없이도 해당 위치에 세팅과 로직을 유지할 수 있게 된다.

그런데 뭐가 잘못된 것일까?

- 모든 머신에 버전 컨트롤에 기록되지 않는 코드가 존재하게 된다.
- 운영 환경의 문제점을 로컬 환경에서 구현해보기 위해 머리털 한 움큼이 빠질 정도로 긴 시간을 허비한 후에야 해당 문제의 원인이 오직 운영 환경에서만 일어나게 되어 있다는 사실을 발견하게 될 것이다.
- 로컬 환경에서 발견된 '버그'를 수정해서 운영 환경으로 푸시하고 났더니, 해당 버그의 문제점이 개발 환경에서 커스터마이징된 local_settings.py 모듈에

기인한 것임을 알아챌 때가 생길 것이다.

- 여러 팀원이 서로의 local_settings.py를 복사해서 여기저기 붙여 쓰기 시작한다면 이는 같은 일을 반복하지 말라는 규칙을 위반하는 것이기도 하다.

다른 방법을 이야기해 보면 개발 환경, 스테이징 환경, 테스트 환경, 운영 환경 설정을 공통되는 객체로부터 상속받아 구성된 서로 다른 세팅 파일로 나누어 버전 컨트롤 시스템에서 관리하는 것이다. 그런 다음에는 이러한 상태에서 서버의 암호 정보 등을 버전 컨트롤에서 빼서 비밀스럽게 유지하는 것이다.

어떻게 이것이 가능한지 한번 살펴보자.

5.2 여러 개의 settings 파일 이용하기

> 💡 **우리가 다루는 셋업 패턴의 원조**
>
> 여기서 설명하는 셋업은 제이콥 캐플런모스(Jacob Kaplan-Moss)가 OSCON 2011에서 발표한 '최고/최악의 장고 이야기'라는 발표에서 '바른 해법'이라 칭해진 것이다. http://2scoops.co/the-best-and-worst-of-django를 참고하자.

한 개의 settings.py 파일을 이용하기보다는 settings/ 디렉터리 아래에 여러 개의 셋업 파일을 구성하여 이용한다. 일반적으로 settings/ 디렉터리는 다음과 같은 파일들을 가지고 있다.

✓ **예제 5.1**

```
settings/
    __init__.py
    base.py
    local.py
    staging.py
    test.py
    production.py
```

> ❗ **requirements + settings**
>
> 각 세팅 모듈은 그에 해당하는 독립적인 requirements 파일을 필요로 한다. 이에 대해서는 이 장의 후반부인 '5.5 여러 개의 requirements 파일 이용하기'에서 다루겠다.

세팅 파일	설명
base.py	프로젝트의 모든 인스턴스에 적용되는 공용 세팅 파일
local.py	로컬 환경에서 작업할 때 쓰이는 파일이다. 디버그 모드, 로그 레벨, django-debug-toolbar 같은 도구 활성화 등이 설정되어 있는 개발 전용 로컬 파일이다. 때때로 개발자들은 이 파일을 dev.py로 수정해서 이용한다.
staging.py	운영 환경 서버에서 (반쯤은) 프라이빗 버전을 가지고 구동되는 스테이징 서버를 위한 파일이다. 운영 환경으로 코드가 완전히 이전되기 전에 관리자들과 고객들의 확인을 위한 시스템이다.
test.py	테스트 러너(test runner), 인메모리 데이터베이스 정의, 로그 세팅 등을 포함한 테스트를 위한 세팅
production.py	운영 서버에서 실제로 운영되는 세팅 파일이다. 이 파일에는 운영 서버에서만 필요한 설정이 들어 있다. prod.py라고 부르기도 한다.
ratings/	이용자가 매긴 점수를 관리하는 앱.
static/	CSS, 자바스크립트, 이미지 등 사용자가 올리는 것 이외의 정적 파일들을 위치시키는 곳이다. 큰 프로젝트의 경우 독립된 서버에서 호스팅한다.
templates/	시스템 통합 템플릿 파일 저장 장소

표 5.1. 세팅 파일들과 설명

> **지속적 통합 서버와 환경 파일들**
>
> 지속적 통합 서버에서 쓰이는 ci.py 파일이 필요할 수도 있다. 큰 규모에서 프로젝트에 특수한 목적을 가진 서버들이 있을 경우에는 각각의 목적에 맞는 커스텀 세팅 파일을 만들어서 쓰면 된다.

이제 이렇게 각각 나뉜 설정 파일을 가지고 shell과 runserver 관리 명령을 어떻게 이용하는지 알아보자. --settings 명령행 옵션을 이용하는데 다음과 같이 입력하면 된다.

settings/local.py 세팅 파일을 이용하여 장고/파이썬 셸을 시작하려면 다음과 같이 한다.

√ **예제 5.2**

```
python manage.py shell --settings=twoscoops.settings.local
```

settings/local.py 세팅 파일을 이용하여 로컬 개발 서버를 구동하려면 다음과 같이 한다.

✓ 예제 5.3

```
python manage.py runserver --settings=twoscoops.settings.local
```

 DJANGO_SETTINGS_MODULE과 PYTHONPATH

--settings 옵션을 여러 곳에서 이용하는 것에 대한 대안으로 DJANGO_SETTINGS_MODULE과 PYTHONPATH 환경 변수를 조건에 맞는 세팅 모듈 패스로 설정하는 방법이 있다. 이를 위해서는 각 환경별로 DJANGO_SETTINGS_MODULE을 설정해야 한다.

virtualenv를 좀 더 깊이 이해하고 있다면 다른 대안으로 virtualenv의 postactivate 스크립트에 DJANGO_SETTINGS_MODULE과 PYTHONPATH를 설정하는 방법이 있다. 일단 이렇게 설정한 후 virtualenv 안에서 python 명령어를 입력하는 것만으로 프로젝트의 해당 설정값을 로딩할 수 있다. 또한 이는 django-admin.py를 --settings 옵션 없이 실행해도 자동으로 설정이 적용된다는 의미기도 하다.

--settings 옵션이나 DJANGO_SETTINGS_MODULE의 환경 변수에 이용 가능한 값들을 다음과 같이 정리할 수 있다.

환경	--setting(또는 DJANGO_SETTINGS_MODULE 값) 옵션값
로컬 개발 환경	twoscoops.settings.local
스테이징 서버	twoscoops.settings.staging
테스트 서버	twoscoops.settings.test
운영 서버	twoscoops.settings.production

표 5.2 서버에 따른 DJANGO_SETTINGS_MODULE 세팅

5.2.1 개발 환경의 settings 파일 예제

앞에서 미리 언급했듯이 콘솔 환경에서의 메일 설정, 프로젝트를 디버그 모드로 운영하는 설정, 그리고 여러 개발 환경에서만 적용이 필요한 설정들을 포함한 여러 설정 파일이 필요하다. 우리는 settings/local.py에 다음과 같이 개발 환경을 설정했다.

✓ 예제 5.4

```
# settings/local.py
from .base import *

DEBUG = True

EMAIL_BACKEND = 'django.core.mail.backends.console.EmailBackend'
```

```
DATABASES = {
    "default": {
        "ENGINE": "django.db.backends.postgresql_psycopg2",
        "NAME": "twoscoops",
        "USER": "",
        "PASSWORD": "",
        "HOST": "localhost",
        "PORT": "",
    }
}

INSTALLED_APPS += ("debug_toolbar", )
```

이제 명령행에서 테스트해 보자.

√ 예제 5.5

```
python manage.py runserver --settings=twoscoops.settings.local
```

http://127.0.0.1:8000을 열어 버전 컨트롤 시스템으로 들어갈 준비가 다 된 개발 환경을 확인해 보자. 해당 설정을 버전 컨트롤에 추가함으로써 이제 개발자들은 같은 개발 세팅 파일들을 공유하게 된다. 여러 명이 공동 작업을 하는 프로젝트 환경이라면 더할 나위 없이 편리해진다.

또 다른 장점은 프로젝트와 프로젝트 사이를 이동하면서 'if DEBUG' 또는 'if not DEBUG' 코드를 복사, 붙이기 하지 않아도 된다는 것이다. 설정이 이젠 한결 수월해진 것이다.

장고 세팅 파일에 대해 이 파일이 유일하게 import * 구문을 이용해도 되는 파일이라는 점을 이야기하고 싶다. 세팅 파일은 모든 이름공간을 전부 오버라이드하고 싶은 유일한 경우이기 때문이다.

5.2.2 다중 개발 환경 세팅

때때로 큰 프로젝트를 진행하다 보면 개발자마다 자기만의 환경이 필요한 경우가 있다. 이럴 경우 하나의 dev.py 세팅 파일을 여러 팀원과 나눠 쓰는 것이 불가능할 수도 있다.

이럴 때는 개개인의 요구에 맞게 수정된 동일한 이름들의 dev.py 또는 local_settings.py를 따로 제작하여 이용하는 것이 아니라 버전 컨트롤 시스템에서 관리되는 파일들을 구성하여 이용하면 된다. 이를 위해 여러 개의 개발 세팅 파일을 생성하는 것이 좋은데, 예를 들면 dev_audrey.py와 dev_pydanny.py 같은 이름을 가진 파일을 생성하여 이용하는 것이다.

√ 예제 5.6

```
# settings/dev_pydanny.py
from .local import *

# 짧은 캐시 타임아웃 설정
CACHE_TIMEOUT = 30
```

이유는 개발 환경 또한 버전 관리를 하면 더 좋을 뿐 아니라 팀원 간 서로의 개발 세팅 파일을 참고할 수 있기 때문이다. 팀원 중 누군가가 여러분의 로컬 개발 환경에서 중요한 정보가 빠진 것을 발견했다면 빠진 부분에 대해 여러분에게 알려줄 수도 있고, 또 여러분의 로컬 개발 환경에 매우 도움이 되는 설정을 찾았다면 해당 설정을 공유할 수 있기 때문이다. 여기에 우리가 일반적으로 이용하는 settings 파일들의 구성이 있다.

√ 예제 5.7

```
settings/
    __init__.py
    base.py
    dev_audreyr.py
    dev_pydanny.py
    local.py
    staging.py
    test.py
    production.py
```

5.3 코드에서 설정 분리하기

local_settings 안티 패턴을 이용했던 이유 중 하나가 바로 **SECRET_KEY**, AWS 키, API 키 또는 서버에 따라 특별하게 설정된 값들이 세팅 파일에 위치하게 된다는 것 때문이었다.

- 설정은 배포 환경에 따라 다르지만 코드는 그렇지 않다.
- 비밀 키들은 설정값들이지, 코드가 아니다.
- 비밀값들은 반드시 남이 알 수 없어야 한다. 이를 버전 컨트롤 시스템에 추가하면 코드 저장소에 접근할 수 있는 누구에게나 공개된다.
- PaaS 환경에서는 각각의 독립된 서버에서 코드를 수정하도록 허용하지 않고 있다. 가능하다 할지라도 독립된 서버에서 직접 코드를 수정하는 것은 매우 위험한 방법이다.

이를 해결하기 위해 우리는 **환경 변수**를 이용하기로 했고, 이를 **환경 변수 패턴**

(environment variables pattern)이라 부르기로 했다.

장고(와 파이썬)는 운영 체제의 환경 변수를 손쉽게 설정할 수 있는 기능을 제공한다.

환경 변수를 비밀 키를 위해 이용함으로써 다음과 같은 장점을 얻을 수 있다.

- 환경 변수를 이용하여 비밀 키를 보관함으로써 걱정 없이 세팅 파일을 버전 컨트롤 시스템에 추가할 수 있다. 세팅 파일을 포함하여 모든 파이썬 파일은 버전 컨트롤에서 관리해야 한다.
- 개발자 개개인이 문제가 발생하기 쉬운 복사, 붙이기 기반의 local_settings. py.example을 쓰기보다는 버전 컨트롤로 관리되는 단일한 settings/local.py 를 나눠 쓸 수 있다.
- 파이썬 코드 수정 없이 시스템 관리자들이 프로젝트 코드를 쉽게 배치할 수 있다.
- 대부분의 PaaS가 설정을 환경 변수를 통해 이용하기를 추천하고 있고 이를 위한 기능들을 내장하고 있다.

12팩터 앱 - 설정을 환경에 저장하기

12팩터 앱의 설정에 대한 글을 이미 읽어 보았다면 이러한 패턴을 어느 정도 예상했을 것이다. http://12factor.net/config에서 관련 정보를 얻을 수 있다. 어떤 개발자들은 하나의 세팅 모듈 파일과 환경 변수를 혼합해서 쓰는 방법을 선호하기도 한다. '부록 E 12팩터 스타일 세팅'에서 이러한 방법에 대해 논하고 있다.

5.3.1 환경 변수에 비밀 키 등을 넣어 두기 전에 유의할 점

환경 변수를 세팅하기 이전에 다음 사항을 고려해야 한다.

- 저장되는 비밀 정보를 관리할 방법
- 서버에서 배시(bash)가 환경 변수와 작용하는 방식에 대한 이해 또는 PaaS 이용 여부

더 많은 정보는 http://2scoops.co/wikipedia-env-variable에서 얻을 수 있다.

환경 변수를 아파치와 같이 이용해서는 안 된다

운영 환경이 아파치를 이용하고 있다면 운영 체제의 환경 변수 세팅이 아파치에서는 정상으로 작동하지 않음을 알게 될 것이다. 이는 아파치가 스스로 독립적인 환경 변수 시스템을

가지고 있기 때문이다. 아파치를 이용하면서 동시에 local_settings 안티 패턴을 피하고 싶다면 이 장 후반부에 위치한 '5.4 환경 변수를 이용할 수 없을 때'를 읽어보기 바란다.

5.3.2 로컬 환경에서 환경 변수 세팅하기

배시를 이용하는 맥과 리눅스 배포판의 경우, 다음 구문을 bashrc, .bash_profile, 또는 .profile의 뒷부분에 추가하면 된다. 또는 같은 API를 이용하는 여러 개의 프로젝트를 서로 다른 API 키를 이용하여 작업한다고 하면 다음 구문을 virtualenv의 /bin/activate 스크립트의 맨 마지막 부분에 넣어주면 된다.

✔ 예제 5.8

```
$ export SOME_SECRET_KEY=1c3-cr3am-15-yummy
$ export AUDREY_FREEZER_KEY=y34h-r1ght-d0nt-t0uch-my-1c3-cr34m
```

윈도우 시스템에서 환경 변수 세팅은 약간 더 번거롭다. 명령행(cmd.exe)에서 하나하나 setx 명령으로 입력해야 한다. 또한 이를 적용하기 위해 명령 창을 닫았다 열어야 한다. 좀 더 손쉬운 방법은 다음 명령들을 virtualenv의 bin/avtivate.bat 스크립트의 아랫부분에 추가하는 것이다. 그러면 virtualenv가 활성화되면서 설정이 적용된다.

✔ 예제 5.9

```
> set SOME_SECRET_KEY 1c3-cr3am-15-yummy
```

윈도우 비스타와 그 이상의 버전에서 기본으로 포함되어 나오는 파워셸(Power-Shell)은 기본 윈도우 셸보다 한층 더 강력한 기능을 제공한다. 파워셸을 이용하면 다음과 같이 환경 변수를 설정할 수 있다.

다음은 현재 윈도우 사용자들에게만 적용된다.

✔ 예제 5.10

```
[Environment]::SetEnvironmentVariable("SOME_SECRET_KEY",
                          "1c3-cr3am-15-yummy", "User")
[Environment]::SetEnvironmentVariable("AUDREY_FREEZER_KEY",
                "y34h-r1ght-d0nt-t0uch-my-1c3-cr34m", "User")
```

다음은 머신 전체에 적용된다.

✔ 예제 5.11

```
[Environment]::SetEnvironmentVariable("SOME_SECRET_KEY",
                        "1c3-cr3am-15-yummy", "Machine")
```

```
[Environment]::SetEnvironmentVariable("AUDREY_FREEZER_KEY",
                "y34h-r1ght-d0nt-t0uch-my-1c3-cr34m", "Machine")
```

파워셸에 대한 더 많은 정보는 http://2scoops.co/powershell에서 구할 수 있다.

> 💡 **virtualenvwrapper를 통해 좀 더 쉽게 처리해 보자**
>
> 앞서 이야기했듯이 virtualenvwrapper는 각각의 virtualenv 환경 설정을 더욱 단순화해
> 주는 매우 좋은 도구다. 물론 설정을 하려면 맥 OS X, 리눅스 또는 윈도우와 셸을 일정 수
> 준 이상 이해해야 한다.

5.3.3 운영 환경에서 환경 변수를 세팅하는 방법

자체 서버를 운영하는 경우, 사용하는 도구와 자체 서버 설정의 복잡도에 따라
각기 다른 방법을 적용하게 된다. 가장 간단하게는 테스트 프로젝트를 위한 한
대의 서버 환경을 구성한 후 환경 변수들을 수작업으로 설정하는 것일 것이다.
하지만 스크립트나 서버 프로비저닝 또는 배포를 위한 도구들을 이용 중이라면
방법은 좀 더 복잡해진다. 더 자세한 정보는 서버에서 이용하고 있는 배포 도구
의 문서를 참고하기 바란다.

장고 프로젝트가 PaaS를 통해 배포된다면 해당 문서를 확인해야 한다. 여기서
는 허로쿠(Heroku)를 기반으로 한 설정을 예로 들어보겠다. 따라서 PaaS 옵션
을 이용하는 경우와 비슷한 예가 될 것이다.

허로쿠에서는 다음과 같은 명령어를 통해 개발 환경의 환경 변수들을 지정하
게 된다.

√ 예제 5.12

```
$ heroku config:set SOME_SECRET_KEY=1c3-cr3am-15-yummy
```

파이썬에서 어떻게 환경 변수에 접근하게 되는지를 보려면, 파이썬 프롬프트를
열고 다음과 같이 입력해보기 바란다.

√ 예제 5.13

```
>>> import os
>>> os.environ["SOME_SECRET_KEY"]
"1c3-cr3am-15-yummy"
```

세팅 파일에서 환경 변수들에 접근하려면 다음과 같이 하면 된다.

√ 예제 5.14

```
# settings/production.py의 윗부분
import os
SOME_SECRET_KEY = os.environ["SOME_SECRET_KEY"]
```

이 코드는 SOME_SECRET_KEY라는 환경 변수의 값을 운영 체제로부터 받아와서 SOME_SECRET_KEY라는 파이썬 변수로 저장하고 있다.

이런 패턴을 이용함으로써 모든 코드가 버전 컨트롤 시스템으로 들어갈 수 있으며 또한 모든 비밀 설정들도 안전하게 유지될 수 있다.

5.3.4 비밀 키가 존재하지 않을 때 예외 처리하기

앞에서 쓴 코드에서 SECRET_KEY를 환경 변수로부터 가져오는 것이 여의치 않거나 값이 존재하지 않을 때, 해당 코드는 KeyError를 일으키고 프로젝트를 시작할 수 없을 것이다. 에러가 발생하고 프로젝트가 시작되지 않는 것 자체에 문제가 있는 것은 아니지만, 발생한 KeyError가 문제의 원인을 가르쳐 주지 않는 게 문제가 된다. 좀 더 도움이 될 만한 에러 메시지가 없다면 디버그가 어려워진다. 게다가 만약 아이스크림이 녹고 있는데 사용자들이 기다리고 있는 상황이라면 서버에 새로운 코드를 배포해야 하는 중압감과 함께 디버깅 자체가 더욱 어렵게 느껴질 것이다.

여기 환경 변수가 존재하지 않을 때 원인을 좀 더 쉽게 알려주는 코드가 있다. 환경 변수에 비밀 키를 저장하는 방식을 이용할 경우 다음 코드를 settings.base. py 파일에 추가하면 된다.

√ 예제 5.15

```
# settings/base.py
import os

# 일반적으로 장고로부터 직접 무언가를 설정 파일로 임포트해 올 일은
# 없을 것이며 또한 해서도 안 된다. 단 ImproperyConfigured는 예다.
from django.core.exceptions import ImproperlyConfigured

def get_env_variable(var_name):
    """환경 변수를 가져오거나 예외를 반환한다."""
    try:
        return os.environ[var_name]
    except KeyError:
        error_msg = "Set the {} environment variable".format(var_name)
        raise ImproperlyConfigured(erro.r_msg)
```

이제 세팅 파일 어디에서라도 다음과 같은 방법으로 환경 변수에서 비밀 키를 가져올 수 있다.

√ 예제 5.16

```
SOME_SECRET_KEY = get_env_variable("SOME_SECRET_KEY")
```

SOME_SECRET_KEY가 환경 변수로 존재하지 않는 경우 다음과 같은 유용한 에러 메시지를 볼 수 있다.

√ 예제 5.17

```
django.core.exceptions.ImproperlyConfigured: Set the SOME_SECRET_KEY
environment variable.
```

> **!** **세팅 모듈 안에서 장고 컴포넌트 임포트는 금물이다**
>
> 세팅 모듈 안에서 장고 컴포넌트를 임포트하면 예기치 못한 부작용을 일으킬 수 있다. 따라서 세팅 파일 어디에서라도 장고 컴포넌트를 임포트하는 일은 삼가기 바란다. ImproperlyConfigured는 장고에서 바르게 설정되지 못한 프로젝트에 대해서 발생시키는 예외(exception) 처리이다. 이 ImproperlyConfigured에 덧붙여 우리는 문제 시 발생되는 에러 메세지에 문제가 되는 세팅 이름을 추가로 나타냄으로써 좀 더 도움이 될 수 있도록 하였다.

> **ⓠ** **manage.py 대신 django-admin.py 이용하기**
>
> 장고 공식 문서에 따르면 여러 개의 settings 파일을 이용할 때에는 manage.py가 아니라 django-admin.py를 이용하라고 나와 있다: http://docs.djangoproject.com/en/1.8/ref/django-admin/
>
> django-admin.py 이용에 어려움이 있다면 그냥 manage.py를 이용하여 개발하고 사이트를 구동해도 무방하다.

5.4 환경 변수를 이용할 수 없을 때

환경 변수를 이용하여 비밀번호 등을 저장할 때의 문제점은 경우에 따라 이런 방식이 적용되지 않는 수도 있다는 것이다. 가장 일반적인 경우가 아파치를 웹 (HTTP) 서버로 이용하는 경우다. 아파치뿐 아니라 Nginx 기반 환경에서도 특정 경우에 한해 환경 변수를 이용하는 방법이 작동되지 않는다. 이럴 경우 다시 local_settings 안티 패턴 방법으로 돌아가기보다는 **비밀 파일 패턴**(secrets file pattern)이라는 방법을 이용할 수 있다. 이는 장고에서 실행되지 않는 형식의 파일을 버전 컨트롤 시스템에 추가하지 않고 사용하는 방법이다.

다음 세 단계로 비밀 파일 패턴을 구현해 볼 수 있다.

① JSON, Config, YAML 또는 XML 중 한 가지 포맷을 선택하여 비밀 파일을 생성한다.
② 비밀 파일을 관리하기 위한 비밀 파일 로더(JSON 기반 예제를 다음에 들었다)를 간단하게 추가한다.
③ 비밀 파일의 이름을 .gitignore 또는 .hgignore에 추가한다.

5.4.1 JSON 파일 이용하기

우리는 간단한 JSON 파일을 이용하는 방법을 선호한다. JSON 포맷의 장점은 파이썬뿐 아니라 다른 언어에서도 다양하게 이용할 수 있다는 데 있다. JSON 포맷을 이용하기 위해 우선 secrets.json 파일을 생성한다.

√ 예제 5.18

```
{
    "FILENAME": "secrets.json",
    "SECRET_KEY": "I've got a secret!",
    "DATABASES_HOST": "127.0.0.1",
    "PORT": "5432"
}
```

이렇게 만든 secrets.json 파일을 이용하기 위해 다음 코드를 기본 베이스 settings 모듈에 추가한다.

√ 예제 5.19

```
# settings/base.py
import json

# 일반적으로 장고로부터 직접 무언가를 설정 파일로 임포트해 올 일은
# 없을 것이며 또한 해서도 안 된다. 단 ImproperyConfigured는 예외다.
from django.core.exceptions import ImproperlyConfigured

# JSON 기반 비밀 모듈
with open("secrets.json") as f:
    secrets = json.loads(f.read())

def get_secret(setting, secrets=secrets):
    """비밀 변수를 가져오거나 명시적 예외를 반환한다."""
    try:
        return secrets[setting]
    except KeyError:
        error_msg = "Set the {0} environment variable".format(setting)
```

```
        raise ImproperlyConfigured(error_msg)
SECRET_KEY = get_secret("SECRET_KEY")
```

이제 버전 컨트롤에서 제외된 장고 실행 코드가 아닌 파일을 로딩하는 데 성공했다!

5.4.2 Config, YAML, XML 파일 이용하기

우리는 가벼운 JSON 파일을 선호하지만 다른 개발자들은 다른 형태의 포맷을 선호할 수도 있다. 이에 대해서는 스스로 원하는 포맷에 적합한 get_secret()을 추가할 수 있게 맡겨 두겠다. 원하는 포맷을 위한 작업을 할 때는 '26.9 파이썬 코드 인젝션 공격으로부터 사이트 방어하기' 부분을 참고하기 바란다. 26.9에서 yaml.safe_load() 또는 XML 폭탄에 관련된 내용에 주의를 하고 읽어 보기를 바란다.

5.5 여러 개의 requirements 파일 이용하기

여러 개의 세팅 파일을 이용하는 데 있어서 알아야 할 마지막 한 가지 내용이 더 남아 있다. 바로 각 세팅 파일에 대해 각각에 해당하는 requirements 파일을 이용하자는 것이다. 이는 각 서버에서 그 환경에 필요한 컴포넌트만 설치하자는 의미다.

제프 트리플릿(Jeff Triplett)이 추천한 이 패턴은 다음과 같다. 우선 〈repository_root〉 아래에 requirements/라는 디렉터리를 만들고 세팅 디렉터리 안에 파일들의 이름과 똑같은 '.txt' 파일들을 생성한다. 다음과 같이 생성될 것이다.

✓ 예제 5.20

```
requirements/
    base.txt
    local.txt
    staging.txt
    production.txt
```

base.txt 파일에는 모든 환경에 걸쳐 공통으로 이용할 의존성을 넣어준다. 다음과 같은 내용이 위치할 것이다.

✓ 예제 5.21

```
Django==1.8.0
psycopg2==2.6
djangorestframework==3.1.1
```

local.txt 파일에는 개발 환경에서 필요한 다음과 같은 패키지들이 존재하게 된다.

√ 예제 5.22

```
-r base.txt # base.txt requirements 파일 포함
coverage==3.7.1
django-debug-toolbar==1.3.0
```

지속적 통합 서버가 이용하는 ci.txt는 다음과 같은 내용을 담게 된다.

√ 예제 5.23

```
-r base.txt # base.txt requirements 파일 포함
coverage==3.7.1
django-jenkins==0.16.4
```

운영 환경에서 요구되는 것들은 앞의 local.txt, ci.txt의 경우를 제외한 나머지 구성 요소들과 비슷하다. 일반적으로 production.txt가 base.txt라고 불리기도 한다.

√ 예제 5.24

```
-r base.txt # base.txt requirements 파일 포함
```

5.5.1 여러 개의 requirements 파일로부터 설치하기

로컬 개발 환경에서는 다음과 같이 설치할 수 있다.

√ 예제 5.25

```
$ pip install -r requirements/local.txt
```

운영 환경에서는 다음과 같이 설치할 수 있다.

√ 예제 5.26

```
$ pip install -r requirements/production.txt
```

5.5.2 여러 개의 requirements 파일을 PaaS 환경에서 이용하기

'30장 배포: PaaS'를 읽어 보기 바란다.

> **정확한 패키지 설치하기**
>
> 이번 장에 나온 모든 pip requirements.txt 예에는 패키지 버전이 반드시 나타나 있다. 이는 좀 더 안정적인 프로젝트 환경을 보장해 준다. 이 부분에 대해서는 '21.7.2 2단계: 패키지와 버전 번호를 requirements에 추가하기'에서 길게 이야기하겠다.

5.6 settings에서 파일 경로 처리하기

여러 개의 settings 파일을 가지고 이리저리 세팅을 바꾸어 가던 중에 템플릿 또는 미디어 파일에 대한 경로 에러를 겪더라도 너무 당황하지 말기 바란다. 이번 절에서 이에 대한 문제를 다루니 말이다.

한 가지 부탁하고 싶은 것은, 제발 장고 세팅 파일에 하드 코딩된 파일 경로를 넣지 말라는 것이다. 이는 정말로 나쁜 습관이다.

⚠ **나쁜 예제 5.1**

```python
# settings/base.py

# MEDIA_ROOT 설정
# 절대 따라하지 말라! 단 한 명의 설정에 맞추어 하드 코딩되었다.
MEDIA_ROOT = "/Users/pydanny/twoscoops_project/media"

# STATIC_ROOT 설정
# 절대 따라하지 말라! 단 한 명의 설정에 맞추어 하드 코딩되었다.
STATIC_ROOT = "/Users/pydanny/twoscoops_project/collected_static"

# TEMPLATES 설정
# 절대 따라하지 말라! 단 한 명의 설정에 맞추어 하드 코딩되었다.
TEMPLATES = [
    {
        'BACKEND': 'django.template.backends.django.DjangoTemplates',
        DIRS = ("/Users/pydanny/twoscoops_project/templates",)
    },
]
```

앞의 코드는 **하드 코딩**이라는 흔히 발견되는 문제점을 나타내고 있다. **고정 경로**(Fixed path)라는 앞서와 같은 코드는 여러분도 알다시피 매우 나쁜 형태의 코드이며 적절하게 이 코드를 구동하는 컴퓨터를 가진 사람은 이 세상에서 대니얼이 유일할 것이다. 대니얼 이외에 그 누구라도 앞의 예제를 구동하려 한다면 문제에 봉착하게 된다. 결국 디렉터리 경로를 바꾸거나 설정에 맞추기 위해 settings 모듈을 변경해야 할 것이다.

경로를 하드 코딩하지 않도록 한다!

이런 경로 문제를 해결하기 위해 우리는 베이스 settings 모듈 최상부에 BASE_DIR이란 누가 보아도 알기 쉬운 프로젝트의 root 변수를 만들어 놓았다. BASE_DIR은 base.py의 위치에 따라 결정되기 때문에 운영 서버 또는 개발 머신 어디서나 프로젝트를 구동할 수 있게 되는 것이다.

그림 5.2 이제부터 이 길을 따라 가도록 하자!

우리는 Unipath(http://pypi.python.org/pypi/Unipath)라는 매우 고급스럽고 깔끔한 방식으로 경로를 정의해 주는 파이썬 패키지를 이용하여 BASE_DIR 같은 경로 세팅을 하는 것이 가장 깔끔하다는 것을 알아냈다.

√ **예제 5.27**

```
# settings/base.py의 윗부분
from unipath import Path

BASE_DIR = Path(__file__).ancestor(3)
MEDIA_ROOT = BASE_DIR.child("media")
STATIC_ROOT = BASE_DIR.child("static")
STATICFILES_DIRS = (
    BASE_DIR.child("assets"),
)
TEMPLATES = [
    {
        'BACKEND': 'django.template.backends.django.DjangoTemplates',
        DIRS = (BASE_DIR.child("templates"),)
    },
]
```

파이썬의 기본 라이브러리인 os.path 라이브러리만을 가지고 BASE_DIR을 세팅하고 싶다면 다음과 같은 방법으로 구현하면 된다.

√ **예제 5.28**

```
# settings/base.py의 윗부분
from os.path import join, abspath, dirname
here = lambda *dirs: join(abspath(dirname(__file__)), *dirs)
BASE_DIR = here("..", "..")
root = lambda *dirs: join(abspath(BASE_DIR), *dirs)

# MEDIA_ROOT 설정
MEDIA_ROOT = root("media")

# STATIC_ROOT 설정
STATIC_ROOT = root("collected_static")

# 정적 파일의 추가 위치
STATICFILES_DIRS = (
    root("assets"),
)
```

```
# TEMPLATE_DIRS 설정
TEMPLATES = [
    {
        'BACKEND': 'django.template.backends.django.DjangoTemplates',
        DIRS = (root("templates"),)
    },
]
```

BASE_DIR에 기반을 둔 경로라면 settings 파일의 경로들은 문제없이 작동할 것이다. 다른 말로는 템플릿과 미디어들이 서로 문제없이 잘 로딩된다는 이야기다.

> 💡 **여러분의 세팅이 장고 기본 설정과 얼마나 다르게 되어 있는가?**
> 여러분의 장고 세팅이 장고의 기본 설정과 비교해서 얼마나 다르게 변했는지 알고 싶다면
> 장고 관리 콘솔에서 diffsettings라는 명령을 이용해 보기 바란다.

5.7 요약

특별히 보안에 관계된 사항들을 제외한 모든 요소는 버전 컨트롤로 관리해야 한다는 것을 명심하기 바란다. 실제로 상용 운영 환경에서 구현될 프로젝트라면 다수의 settings 파일과 requirements 파일을 필요로 하게 될 것이다. 심지어 장고를 개발하기 시작한 지 얼마 안 되는 개발자라고 하더라도 처음 개발을 시작했던 기기로부터 코드가 다른 곳으로 이전된다면 settings/requirements 파일이 큰 도움이 될 것이다. 초보 개발자부터 경험 많은 개발자들 모두에게 두루두루 유용하게 쓰일 방법들을 설명했고, 아파치 웹 서버 환경에서 환경 변수를 이용할 수 없을 때의 방안도 소개했다.

이 책에서 예로 든 셸 이외의 다른 종류의 셸을 쓰더라도 환경 변수는 그대로 작동할 것이다. 단지 이용하는 셸에 맞게 문법만 다시 수정하면 된다.

requirements 파일도 마찬가지다. 버전 관리되지 않는 패키지 관리는 버전 관리되지 않는 세팅처럼 여러 문제를 일으킬 소지가 다분하다.

장고에서 모델 이용하기

모델은 장고 프로젝트의 토대가 되는 부분이다. 깊은 고려 없이 성급하게 장고 모델을 작성하다 보면 어느 순간 자신의 프로젝트가 막다른 길로 다가가고 있음을 경험하게 될 것이다.

개발자들은 종종 급한 마음에 결과를 생각하지 않은 채 부주의하게 모델을 변경하거나 추가하기도 한다. 덕지덕지 땜질하듯 급하게 임시방편식으로 내린 설계상의 결정이 몇 달 또는 수년 뒤 자신에게 고통거리가 되어 돌아오고, 최악의 해결 방안을 선택해야 하는 경우를 야기하거나 기존 데이터가 충돌하는 상황을 발생하게 한다.

따라서 새 모델을 추가하거나 기존 모델을 수정해야 할 때 다음 당부를 꼭 기억하기 바란다. 한 번 더 깊이 생각해 보고 프로젝트의 토대를 가능한 한 탄탄하고 안전하게 다질 수 있는 방향의 디자인을 고려해야 한다.

> **모델을 작업하면서 우리가 이용하는 장고 패키지들**
>
> 대부분의 장고 프로젝트에서 우리가 유용하게 이용하는 장고의 모델 관련 패키지들을 나열하면 다음과 같다.
>
> - django-model-utils: TimeStampedModel 같은 일반적인 패턴들을 처리하는 데 이용했다.
> - django-extensions: 모든 앱에 모델 클래스를 자동으로 로드해 주는 shell_plus라는 강력한 관리 명령을 제공한다. 단점은 우리가 지향하는 '작지만 역할이 분명한 앱' 개념에 맞지 않게 너무 다양한 기능을 포함하고 있다는 것이다.

6.1 시작하기

6.1.1 모델이 너무 많으면 앱을 나눈다

앱 하나에 모델이 스무 개 이상 있다면 앱이 너무 많은 일을 하고 있다는 증거다. 크기가 작은 앱으로 분리하는 것을 고려해야 할 것이다. 각 앱이 가진 모델 수가 다섯 개를 넘지 않아야 한다는 게 우리의 의견이다.

6.1.2 모델 상속에 주의하자

모델 상속은 장고에서는 상당히 까다로운 주제다. 장고는 세 가지 모델 상속 방법을 제공한다. **추상화 기초 클래스**(abstract base class), **멀티테이블 상속**(multi-table inheritance), **프락시 모델**(proxy model)이다.

> **!** **장고 추상화 기초 클래스 <> 파이썬 추상화 기초 클래스**
>
> 파이썬 표준 라이브러리의 abc 모듈에서 이야기하는 추상화 기초 클래스와 장고에서 말하는 추상화 기초 클래스는 목적이 서로 전혀 다르다. 이 둘을 서로 혼동하지 말기 바란다.

표 6.1에 이 세 가지 각기 다른 모델 상속의 장단점을 나열해 보았다. 비교를 좀 더 명확히 하기 위해 첫 부분에 모델 상속을 이용하지 않는 경우도 언급해 놓았다.

모델의 상속 스타일	장점	단점
상속을 이용하지 않는 경우: 모델들 사이에 공통 필드가 존재할 경우, 두 모델에 전부 해당 필드를 만들어 준다.	데이터베이스 테이블에 어떤 식으로 매핑되든지 상관없이 장고 모델을 한 눈에 이해하기 쉽게 구성된다.	모델들 사이에 서로 중복되는 테이블이 많을 경우 이를 지속적으로 관리하는 데 어려움이 따른다.
추상화 기초 클래스: 오직 상속받아 생성된 모델들의 테이블만 생성된다.	추상화된 클래스에 공통적인 부분을 추려 놓음으로써 한 번만 타이핑을 하면 된다. 추가 테이블이 생성되지 않고 여러 테이블에 걸쳐 조인을 함으로써 발생하는 성능 저하도 없다.	부모 클래스를 독립적으로 이용할 수 없다.
멀티테이블 상속: 부모와 자식 모델에 대해서도 모두 테이블이 생성된다. `OneToOneField`는 부모와 자식 간에 적용된다.	각 모델에 대해 매칭되는 테이블이 생성된다. 따라서 부모 또는 자식 모델 어디로든지 쿼리를 할 수 있다. 부모 객체로부터 자식 객체를 호출하는 것이 가능하다: `parent.child`	자식 테이블에 대한 각 쿼리에 대해 부모 테이블로의 조인이 필요하므로 이에 따른 상당한 부하가 발생한다. 멀티테이블 상속을 이용하지 않기를 권한다. 다음에 나오는 경고를 참고하기 바란다.
프락시 모델: 원래 모델에 대해서만 테이블이 생성된다.	각기 다른 파이썬 작용(behavior)을 하는 모델들의 별칭을 가질 수 있다	모델의 필드를 변경할 수 없다.

표 6.1 모델 상속 스타일에 따른 장점과 단점

> **!** **멀티테이블 상속은 피하자**
>
> 접합 상속(concrete inheritance)이라고도 부르는 멀티테이블 상속은 실제로 이를 만든
> 사람과 여타 개발자로부터 그다지 환영받지 못하는 상태다. 따라서 가능한 한 이용하지 않
> 기를 권한다. 이에 대해서는 다음 6.1.3절에서 좀 더 자세히 다뤄 보겠다.

어떤 종류의 상속이 언제 이용될 수 있는지 우리의 경험을 기반으로 간단히 정리해 보았다.

- 모델 사이에서 중복되는 내용이 최소라고 한다면(오직 한두 개의 명확한 필드만이 여러 개의 모델 사이에서 공유되는 경우), 모델의 상속 자체가 필요 없을 것이다. 그냥 모델 두 곳에 필드를 추가하면 된다.
- 모델들 사이에 중복된 필드가 혼란을 야기하거나 의도하지 않은 실수를 유발할 정도로 많을 때, 대부분의 경우 공통 필드 부분이 추상화 기초 모델로 이전될 수 있게 리팩터링할 수 있다.
- 프락시 모델은 종종 편리하게 이용되지만 다른 두 가지 모델 상속 방식과는 사뭇 다르게 작동한다는 점을 주지하기 바란다.
- 멀티테이블 상속은 혼란과 상당한 부하를 일으키므로 반드시 피하도록 한다 (앞에 쓴 경고 참고). 멀티테이블 상속을 이용하는 대신 모델들 사이에서 좀 더 명확한 OneToOneFields와 ForeignKeys를 이용함으로써 조인이 난립할 때도 좀 더 수월하게 컨트롤할 수 있다.

6.1.3 실제로 모델 상속해 보기: TimeStampedModel

창고의 모든 모델에서 created와 modified 타임스탬프 필드를 생성해 두는 것은 일반적이다. 전 모델에 걸쳐 손으로 일일이 이 두 가지 필드를 추가할 수도 있지만 그러기엔 작업량이 상당할 뿐 아니라 자칫 사람의 실수를 유발할 수도 있다. 따라서 이를 해결할 방법으로 TimeStampedModel을 만들어 이 모델이 우리 대신 필드 추가를 처리하게 해 주면 된다.

√ **예제 6.1**

```
# core/models.py
from django.db import models

class TimeStampedModel(models.Model):
    """
    'created'와 'modified' 필드를 자동으로 업데이트해 주는
    추상화 기반 클래스 모델.
```

```
    """
    created = models.DateTimeField(auto_now_add=True)
    modified = models.DateTimeField(auto_now=True)

    class Meta:
        abstract = True
```

예제의 마지막 두 줄을 주의 깊게 살펴보자. 마지막 두 줄이 바로 예제를 추상화 기초 클래스로 변경해 주는 역할을 한다.

✓ 예제 6.2

```
class Meta:
    abstract = True
```

TimeStampedModel을 상속하는 새로운 클래스를 정의할 때 TimeStampedModel을 추상화 기초 클래스로 선언함으로써 장고에서 마이그레이션을 실행할 때 core_timestampedmodel 테이블이 생성되지 않는다.

한번 테스트해 보자.

✓ 예제 6.3

```
# flavors/models.py
from django.db import models

from core.models import TimeStampedModel

class Flavor(TimeStampedModel):
    title = models.CharField(max_length=200)
```

이 코드는 오직 하나의 flavors_flavor 데이터베이스 테이블만 생성한다. 정확히 우리가 원했던 것이다.

이에 반해 TimeStampedModel이 추상화 기초 클래스가 아니었다면(예를 들어 멀티테이블 상속을 기반으로 한 접합 기반의 클래스였다면) core_timestampedmodel 테이블이 덩달아 생성되었을 것이다. 그뿐 아니라 Flavor를 포함한 모든 서브클래스들이 자신만의 시간 필드를 가지지 못하고 TimeStampedModel과 연결되는 외부 키를 통해 created/modified 타임스탬프를 처리하고 있었을 것이다. 따라서 Flavor에서 TimeStampedModel에 읽고 쓰는 모든 레퍼런스들은 늘 두 개의 테이블에 영향을 미쳤을 것이다(추상화 기초 클래스였다는 것에 정말 감사할 따름이다!).

다시 한번 말하면 접합 기반 상속은 심각한 성능 문제를 일으킬 소지가 있으며 이 접합 기반 모델 클래스를 여러 번 서브클래스화해서 이용하면 문제가 될 소지가 더욱 커진다.

좀 더 많은 읽을거리를 다음에서 찾을 수 있다.

* http://2scoops.co/1.8-model-inheritance

6.1.4 데이터베이스 마이그레이션

장고는 `django.db.migrations`라는 강력한 데이터베이스 **마이그레이션**(migration) 도구를 제공한다. 장고 1.7부터 `django.db.migrations`가 사우스(South)라는 외부 라이브러리를 대체하는데, 사우스와 `django.db.migrations`는 둘 다 앤드류 고드윈 (Andrew Godwin)이 만든 만큼 이용과 그 작동 방식에 상당한 유사점이 있다.

마이그레이션을 생성하는 팁은 다음과 같다.

* 새로운 앱이나 모델이 생성되면 새 모델에 대해 `django.db.migrations`를 실행한다. 간단하게 `python manage.py makemigrations`로 실행할 수 있다.
* 생성된 마이그레이션 코드를 실행하기 전에 생성된 코드를 한번 살펴보자. 특히 복잡한 변경 사항이 적용된 경우 더욱 꼼꼼히 코드를 살펴보자. 또한 `sqlmigrate` 명령을 통해 어떤 SQL 문이 실행되는지도 확인하자.
* 자체적인 `django.db.migrations` 스타일로 이루어지지 않은 외부 앱에 대해 마이그레이션을 처리할 때는 `MIGRATION_MODULES` 세팅을 이용한다.
* 생성되는 마이그레이션 개수에 연연하지 않기 바란다. 마이그레이션 개수가 너무 많아서 불편하다고 느낀다면 `squashmigrations`를 한번 이용해 보자.

마이그레이션의 배포와 관리는 다음과 같이 한다.

* 배포 전에 마이그레이션을 되돌릴(rollback) 수 있는지 확인해 보자! 완벽한 복구가 아닌 적정 수준까지 되돌리기도 불가능하다면 규모가 큰 프로젝트에서는 버그 트래킹이나 배포 시에 큰 문제가 될 수 있다.
* 테이블에 수백만 개의 데이터가 이미 존재한다면 운영 서버에서 실제로 마이그레이션을 실행하기 이전에 스테이징 서버에서 비슷한 크기의 데이터에 대해 충분히 테스트하자. 운영 서버에서의 마이그레이션은 생각하는 것보다 더 '많은' 시간이 걸린다.
* MySQL을 이용한다면 다음과 같이 한다.
  * 스키마를 변환하기 전에 데이터베이스를 반드시 백업해 둔다. MySQL은 스키마 변경에 대해 트랜잭션을 지원하지 않는다. 따라서 롤백이 불가능하다.
  * 가능하다면 데이터베이스를 변환하기 이전에 프로젝트를 읽기 전용(read-

only) 모드로 변경해 준다.

- 상당히 큰 테이블의 경우 주의하지 않으면 스키마 변경에 상당한 시간이 소요된다. 초 단위, 분 단위가 아니라 몇 시간이 걸릴 수도 있다.

그림 6.1 겨울이 오기 전에 남쪽(South)으로 이주(migration)하는 아이스크림 콘들.
장고에 내장된 마이그레이션 시스템은 사우스라는 외부 프로젝트로부터 시작되었다.

6.2 장고 모델 디자인

흔히들 큰 신경을 쓰지 않지만 사실 장고에서 가장 어려운 주제 중 하나가 바로 좋은 장고 모델을 디자인하는 방법이다.

성급한 최적화 없이 어떻게 성능이 뛰어난 디자인을 할 수 있을까? 한번 전략을 짜 보자.

6.2.1 정규화하기

일단 **데이터베이스 정규화**(database normalization)에 익숙해져야 한다. 데이터베이스 정규화에 아직 익숙하지 않다면 장고의 모델을 효과적으로 다루기 위한 선수 지식으로 데이터베이스 정규화 부분을 미리 숙지하자. 자세한 설명은 이 책의 취지에서 약간 벗어나므로 좀 더 많은 정보를 얻을 수 있는 링크를 추천해 보겠다.

- http://en.wikipedia.org/wiki/Database_normalization
- http://en.wikibooks.org/wiki/Relational_Database_Design/Normalization

장고 모델 디자인은 항상 정규화로부터 시작하자. 충분한 시간을 가지고 이미 모델에 포함된 데이터들이 중복되어 다시 다른 모델에 포함되지 않도록 신경 써야 한다.

이 단계에서는 관계 필드들에 대해 제약을 느끼지 않아도 된다. 일단 미숙하게 비정규화하는 것부터 피해 주기 바란다. 바로 데이터의 형태와 틀에 대한 지각이 필요한 시점이다.

6.2.2 캐시와 비정규화

적절한 위치에서 캐시를 세팅하는 것은 모델을 비정규화할 때 발생하는 문제점들을 상당 부분 해결해 주기도 한다. 이에 대해서는 '24장 장고 성능 향상시키기'에서 더 자세히 다루도록 하고 지금은 크게 걱정하지 말자.

6.2.3 반드시 필요한 경우에만 비정규화를 하도록 하자

우리는 특히 데이터 정규화 개념이 아직 낯선 사용자들이 성급하게 비정규화를 하는 경향을 관찰했다. 물론 절대 그래서는 안 된다. 비정규화가 프로젝트의 만병통치약처럼 보일 수도 있겠지만 곧 프로젝트 자체를 더욱 복잡하게 만들고 데이터를 손실시킬 수 있는 위험을 증가시키는 문제들을 야기할 것이다.

비정규화를 생각하기 이전에 캐시에 대해 좀 더 연구해보기 바란다.

'24장 장고 성능 향상시키기'에서 제시한 방법들로도 결국 해결할 수 없는 한계에 이르렀을 때에야 비로소 데이터베이스 비정규화에 대한 패턴과 개념을 생각해도 전혀 늦지 않다.

6.2.4 언제 널을 쓰고 언제 공백을 쓸 것인가

모델 필드를 정의할 때 null=True와 blank=True를 설정하는 옵션을 선택할 수 있다. 기본값은 두 값 다 False로 되어 있다. 언제 이 옵션들을 쓸지 흔히 혼동하게 된다.

모델 필드 인자들에 대한 일반적인 가이드를 여기 한자리에 모아 봤다.

필드 타입	null=True로 설정하기	blank=True로 설정하기
CharField, TextField, SlugField, EmailField, CommaSeparatedInteger Field, UUIDField	이용하지 않는다. 장고 표준은 빈 값(empty value)을 빈 문자열(empty string)로 저장하는 것이다. 일관성을 위해 널값 또는 빈 값을 빈 문자열에 대해 반환하도록 한다.	이용한다. 위젯이 빈 값을 허용하기를 원한다면 설정한다. 이렇게 설정하면 데이터베이스에서는 빈 값이 빈 문자열로 저장된다.
FileField, ImageField	이용하지 않는다. 장고는 MEDIA_ROOT의 경로를 CharField에 파일 또는 이미지로 저장한다. 따라서 같은 패턴이 FileField에도 적용된다.	이용한다. CharField에 적용된 것과 같은 규칙이 적용된다.
BooleanField	이용하지 않는다. 대신 NullBooleanField를 이용한다.	이용하지 않는다.

IntegerField, FloatField, DecimalField, DurationField 등	해당 값이 데이터베이스에 NULL로 들어가도 문제가 없다면 이용한다.	위젯에서 해당 값이 빈 값을 받아 와도 문제가 없다면 이용한다. 그럴 경우 null=True와 같이 이용한다.
DateTimeField, DateField, TimeField 등	데이터베이스에서 해당 값들을 NULL로 설정하는 게 가능하다면 이용한다	위젯에서 해당 값이 빈 값을 받아 와도 문제없다거나 auto_now나 auto_now_add를 이용하고 있다면 이용한다. 그럴 경우 null=True와 같이 이용한다.
ForeignKey, ManyToManyField, OneToOneField	데이터베이스에서 해당 값들을 NULL로 설정하는 게 가능하다면 이용한다.	위젯에서 해당 값(예를 들어 셀렉트 박스)이 빈 값을 받아 와도 괜찮다면 이용한다.
GenericIPAddressField	데이터베이스에서 해당 값들을 NULL로 설정하는 게 가능하다면 이용한다.	위젯에서 해당 값이 빈 값을 받아 와도 괜찮다면 이용한다.
IPAddressField	이용하지 않는다. 다음에 나오는 경고를 참고하라.	이용하지 않는다. 다음에 나오는 경고를 참고하라.

표 6.2 필드별로 본 언제 널을 쓰고 언제 공백을 쓸 것인가

IPAddressField 대신에 GenericIPAddressField 이용하기

IPv4와 IPv6의 동시 지원을 포함한 여러 가지 이유로 GenericIPAddressField가 IPAddressField보다 훨씬 선호된다. IPAddressField는 장고 1.7 이후로 결국 사라질 운명이니 GenericIPAddressField를 이용하는 것이 미래를 위해서도 좋을 것이다.

6.2.5 언제 BinaryField를 이용할 것인가?

장고 1.8부터 추가된 BinaryField는 로우 바이너리 데이터(raw binary data) 또는 바이트(byte)를 저장하는 필드다. 해당 필드에서는 필터(filter), 익스클루드 (exclude), 기타 SQL 액션들이 적용되지 않는다. BinaryField는 다음과 같은 내용을 저장하는 데 쓰일 수 있다.

바닐라 맛은 널 제로(zero)로 봐야 할까? 빈 문자열로 봐야 할까?

그림 6.2 일반적으로 우리가 헷갈리는 것

- 메시지팩 형식의 콘텐츠
- 원본 센서 데이터
- 압축된 데이터. 예를 들어 센트리(Sentry)가 블롭(BLOB)으로 저장했지만 레거시 이슈 등으로 base64로 인코딩된 데이터들의 형식

이외에도 얼마든지 다양한 곳에 이용될 수 있다. 하지만 바이너리 데이터는 그 크기가 방대할 수도 있고 그로 인해 데이터베이스가 느려질 수 있다는 것을 명심하자. 실제로 그런 경우가 발생해서 바이너리 데이터 저장이 병목 지점이 된다면 해당 데이터를 파일 형태로 저장하고 `FileField`에 레퍼런스만 저장하는 방법으로 해결할 수 있다.

> **!** **BinaryField로부터 파일을 직접 서비스하는 것은 금물!**
>
> 데이터베이스 필드에 파일을 직접 저장하는 것은 피하자. 데이터베이스 필드에 파일을 직접 저장하는 방법을 고려 중이라면 주변에 데이터베이스 전문가를 찾아 그의 조언을 들어 보기 바란다.
>
> PostgreSQL 전문가인 프랭크 와일스가 데이터베이스를 파일 저장소로 이용하는 것에 대한 문제점을 이야기한 사항을 요약해 보면 다음과 같다.
>
> - 데이터베이스의 '읽기/쓰기' 속도는 항상 파일 시스템의 '읽기/쓰기' 속도보다 느리다.
> - 데이터베이스 백업에 드는 공간과 시간이 점점 증가하게 된다.
> - 파일 자체에 접근하는 데 앱(장고) 레이어와 데이터베이스 레이어 둘 다를 거쳐야만 된다.
>
> 자세한 내용은 http://2scoops.co/three-things-not-to-put-in-database를 참고하라.
> 데이터베이스로부터 파일을 직접 서비스하는 것이 괜찮은 방법이라고 http://npmjs.org(CouchDB에 파일 저장하기)를 인용한다면 깊이 재고해 보길 바란다. http://npmjs.org의 경우 파일 저장소로서 데이터베이스(database-as-file-store) 시스템을 좀 더 전통적인 파일 서빙 메서드로 이전한 것에 해당하기 때문이다.

6.2.6 범용 관계 피하기

범용 관계(generic relations) 이용과 `models.field.GenericForeignKey` 이용에 우리는 부정적인 입장이다. 일반적으로 이 두 가지는 장점보다 단점이 더 많다. 프로젝트에서 이 두 가지가 빈번이 이용되고 있다면 머지 않아 큰 문제가 발생할 거라는 증거이기도 하다.

범용 관계란 한 테이블로부터 다른 테이블을 서로 제약 조건이 없는 외부 키(unconstrained foreign key, `GenericForeignKey`)로 바인딩하는 것이다. 이러한

개념은 외부 키 제약(foreign key constraints)이란 조건이 원래부터 존재하지 않았던 NoSQL 데이터베이스를 이용하는 것과 비슷하다. 이는 마치 외부 키 제약 조건이 필요한 프로젝트에서 외부 키 제약 조건을 사용하지 않는 것과 같은 경우다. 따라서 다음과 같은 문제가 야기된다.

- 모델 간의 인덱싱이 존재하지 않으면 쿼리 속도에 손해를 가져오게 된다.
- 다른 테이블에 존재하지 않는 레코드를 참조할 수 있는 데이터 충돌의 위험성이 존재한다.

제약 조건 부재로 인한 장점은 기존에 만들어 놓은 여러 모델 타입과 상호 작용하는 앱을 새로 제작할 때 훨씬 수월해진다는 점이다. 특히 즐겨찾기(favorites), 평점 매기기(ratings), 투표(voting), 메시지(messages), 태깅(tagging) 앱들의 경우 그러하다. 범용 관계에 기반한 앱을 달가와 하지는 않지만, 사실 기존의 앱들이 이렇게 만들어져 있기도 하다. 그렇게 제작된 앱들은 다행히 단일 임무만을 수행하는 앱이다(예를 들어 태깅 앱).

시간이 흐르면서 우리는 favorites, ratings, voting, messages, tagging 앱을 ForeignKey와 ManyToMany 필드를 이용하지 않고도 구현할 수 있음을 알게 되었다. 또한 약간의 추가적인 작업으로 GenericForeignKey를 이용하지 않을 수 있었고, 이를 통해 속도와 무결성을 개선할 수 있었다.

하지만 이런 '제약 없이' 연결된 부분이 프로젝트에서 중요한 데이터를 처리하는 부분이 되었을 때 정말 GenericForeignKey 때문에 심각한 문제가 발생하게 된다. 예를 들어 toppings, flavors, containers, orders, sales 간의 관계가 전부 GenericForeignKey로 연결된 아이스크림 테마 앱을 개발한다면, 우리는 앞에서 나열한 모든 문제를 한꺼번에 겪게 된다.

다시 말하면 다음과 같다.

- 범용 관계와 GenericForeignKey 이용은 피한다.
- 범용 관계가 필요하다면, 모델 디자인을 새롭게 바꾸거나 새로운 PostgreSQL 필드를 통해 해결할 수 있는지 확인해 보자.
- 불가피하게 이용해야만 하는 경우라면 서드 파티 앱을 사용하는 것을 고려해 보자. 독립적인 외부 앱의 경우 데이터들을 깔끔하게 유지하는 데 도움을 준다.

6.2.7 PostgreSQL에만 존재하는 필드에 대해 언제 널을 쓰고 언제 공백을 쓸 것인가

필드 타입	null=True로 설정하기	blank=True로 설정하기
ArrayField	가능	가능
HStoreField	가능	가능
IntegerRangeField, BigIntegerRangeField, FloatRangeField	데이터베이스에서 해당 값들을 NULL로 설정할 수 있다면 이용 가능	위젯에서 해당하는 폼이 빈 값을 허용하기를 원한다면 null=True와 함께 사용
DatetimeRangeField, DateRangeField	데이터베이스에서 해당 값들을 NULL로 설정할 수 있다면 이용 가능	위젯에서 해당하는 폼이 빈 값을 허용하기를 원할 경우 또는 auto_now나 auto_now_add를 이용하고 있다면 이용 가능하다. 단 이런 경우 null=True와 함께 사용하기 바란다.

표 6.3 PostgreSQL 필드에서 언제 널을 쓰고 언제 공백을 쓸 것인가

6.3 모델의 _meta API

장고가 1.8이 되기 전까진 모델의 _meta API는 공식적이지 않았고 다분히 의도적으로 문서화되어 있지 않아서 API가 공지 없이 변경되곤 했다. 장고에서 _meta의 원래 목적은 모델에 대한 부가적인 정보를 장고 내부적으로 이용하기 위해서였다. 하지만 이제는 공식 API 문서에 들어가도 될 만큼 유용한 도구로 자리를 잡고 있다.

대부분의 프로젝트에서는 _meta 기능까지는 필요 없을 것이다. 필요하다면 대부분 주로 다음과 같은 이유로 쓰일 것이다.

- 모델 필드의 리스트를 가져올 때
- 모델의 특정 필드의 클래스를 가져올 때(또는 상속 관계나 상속 등을 통해 생성된 정보를 가져올 때)
- 앞으로의 장고 버전들에서 이러한 정보를 어떻게 가져오게 되었는지 확실하게 상수로 남기기를 원할 때

다음과 같은 상황에서 사용한다.

- 장고 모델의 자체 검사 도구
- 라이브러리를 이용해서 특별하게 커스터마이징된 자신만의 장고를 만들 때

- 장고의 모델 데이터를 조정하거나 변경할 수 있는 일종의 관리 도구를 제작할 때
- 시각화 또는 분석 라이브러리를 제작할 때. 예를 들어, 'foo'라는 단어로 시작하는 필드에 대한 분석 정보

더 읽어 볼 자료들은 다음과 같다.

- 모델 _meta 문서: https://docs.djangoproject.com/en/1.8/ref/models/meta/
- 모델 _meta에 대한 장고 1.8 릴리스 노트: https://docs.djangoproject.com/en/1.8/releases/1.8/#model-meta-api

6.4 모델 매니저

모델에 질의를 하게 되면 장고의 ORM을 통하게 된다. 이때 우리는 **모델 매니저**(model manager)라는 데이터베이스와 연동하는 인터페이스를 호출하게 된다. 이 모델 매니저는 여러분이 원하는 클래스들을 제어하기 위해 모델 클래스(테이블 안의 모든 데이터)의 모든 인스턴스 세트에 작동하게 된다. 장고는 각 모델 클래스에 대한 기본 모델 매니저를 제공하며 우리 스스로가 이를 제작할 수도 있다.

여기 간단한 커스텀 모델 매니저의 샘플이 있다.

√ 예제 6.4

```python
from django.db import models
from django.utils import timezone

class PublishedManager(models.Manager):

    use_for_related_fields = True

    def published(self, **kwargs):
        return self.filter(pub_date__lte=timezone.now(), **kwargs)

class FlavorReview(models.Model):
    review = models.CharField(max_length=255)
    pub_date = models.DateTimeField()

    # 커스텀 모델 매니저를 여기에 추가한다.
    objects = PublishedManager()
```

이제 아이스크림의 맛에 대한 평가가 몇 개인지, 그중에서 퍼블리시된 것들은

몇 개인지 알고 싶으면 다음과 같이 하면 된다

√ 예제 6.5

```
>>> from reviews.models import FlavorReview
>>> FlavorReview.objects.count()
35
>>> FlavorReview.objects.published().count()
31
```

쉽지 않은가? 하지만 추가적인 모델 매니저를 만드는 것이 더 이치에 맞지 않냐고? 그럴 경우 여러분들은 다음과 같이 해야 할 것이다.

⚠ 나쁜 예제 6.1

```
>>> from reviews.models import FlavorReview
>>> FlavorReview.objects.filter().count()
35
>>> FlavorReview.published.filter().count()
31
```

피상적으로는 기존 모델 매니저를 교체하는 것이 좀 더 명확한 방법으로 보인다. 하지만 불행히도 여러 실무 프로젝트를 통해 우리가 얻은 경험을 통해 보건대, 이런 방법을 이용할 때는 매우 주의를 기울여야 한다. 왜일까?

첫째, 모델을 상속받아 이용할 때 추상화 기초 클래스들의 자식들은 부모 모델의 모델 매니저를 받게 되고 접합 기반 클래스들의 자식들은 그렇지 못하다.

둘째, 모델 클래스에 적용되는 첫 번째 매니저는 장고가 기본값으로 취급하는 매니저다. 이는 파이썬의 일반적인 패턴을 무시하는 것으로 쿼리세트 (QuerySets)로부터의 결과를 예상할 수 없게 만든다.

이러한 점을 반드시 숙지하고 여러분의 모델 클래스에서 objects = models.Manager()를 커스텀 모델 매니저 위에 일일이 정의해 주기 바란다.

> **! 모델 매니저 적용 순서 알기**
> objects = models.Manager()는 항상 새로운 이름의 커스텀 모델 매니저 위에 두도록 한다.

추가적인 읽을거리는 다음과 같다.

• https://docs.djangoproject.com/en/1.8/topics/db/managers

6.5 거대 모델 이해하기

거대 모델(fat model) 개념은 데이터 관련 코드를 뷰나 템플릿에 넣기보다는 모델 메서드, 클래스 메서드, 프로퍼티 심지어는 매니저 메서드 안에 넣어 캡슐화하는 것이다. 이럴 경우 어떤 뷰나 여타의 작업일지라도 같은 로직을 이용할 수 있기 때문이다. 예를 들어 아이스크림 리뷰를 보여주는 모델이 있다면 다음 메서드를 덧붙일 수 있다.

- `Review.create_view(cls, user, rating, title, description)`: 리뷰를 생성하는 class-method. HTML과 REST 뷰에서 호출되는 모델 클래스 그리고 스프레드시트를 처리하는 임포트 도구에서 호출된다.
- `review.product_average`: 리뷰된 프로젝트의 평균 점수를 반환하는 리뷰 인스턴스의 속성. 리뷰 상세 뷰에 이용되며 사용자가 페이지를 떠나지 않고 평가 의견 전부를 알 수 있게 한다.
- `review.found_useful(self, user, yes)`: 해당 리뷰가 유용했는지 아닌지 사용자가 기록할 수 있는 메서드. 세부 항목 뷰와 리스트 뷰에서 HTML과 REST 구현에 둘 다 이용한다.

이 목록에서 추론할 수 있듯이 거대 모델은 프로젝트 전체를 통해 코드 재사용을 개선할 수 있는 최고의 방법이다. 사실 지난 수년간 여러 프로젝트, 프레임워크, 프로그래밍 언어에서 로직들을 뷰나 템플릿에서 모델로 이전하려는 방법론은 꾸준히 증가해 왔다. 썩 괜찮은 방법이라고 생각되는데 그렇지 않은가?

꼭 그렇지만은 않다.

모든 로직을 모델 안으로 넣으려는 데 따르는 문제점은 모델 코드의 크기를 우리가 흔히 이야기하는 **신의 객체**(god object) 수준으로 폭발적으로 증가시킨다는 데 있다. 이런 안티 패턴의 결과로 모델 클래스가 수백, 수천, 심지어는 수만 줄의 코드가 되어 버리기도 한다. 코드의 어마어마한 크기와 복잡성으로 말미암아 이런 신의 객체들은 이해하기도 어렵고 테스트하거나 유지 보수하기에도 매우 어려워진다.

로직들을 모델로 이전할 때 우리는 큰 문제를 여러 작은 문제로 쪼갰을 때 더 풀기 쉬워진다는 객체 지향 언어의 기본적인 아이디어를 늘 염두에 두면서 작업을 한다. 모델이 크기 면에서 거추장스러울 정도로 커졌다고 한다면, 우리는 다른 모델들 사이에서 공통으로 쓰일 수 있거나 그 복잡함을 좀 더 낮게 관리할 수 있는 기본적인 형태로 코드를 분리하기 시작한다. 메서드들과 클래스 메서드, 프로퍼티들을 그대로 유지한 채 그것들이 지닌 로직들을 모델 행동(model behavior)이나 상태 없는 헬퍼 함수(stateless helper function)로 이전한다. 이제 이 두 가지 기술에 대해 다루기로 하자.

6.5.1 모델 행동(믹스인)

모델 행동은 믹스인을 통한 캡슐화와 구성화의 개념으로 이루어져 있다. 모델은 추상화 모델로부터 로직들을 상속받는다. 다음 참고 자료에서 더 많은 정보를 얻을 수 있다.

- 케빈 스톤(Kevin Stone)이 쓴 코드 중복을 막는 작성법에 대한 글: http://blog.kevinastone.com/django-model-behaviors.html
- 10.2 클래스 기반 뷰와 믹스인 이용하기

6.5.2 상태 없는 헬퍼 함수

모델로부터 로직을 떼어내 유틸리티 함수로 넣음으로써 좀 더 독립적인 구성이 가능하다. 이렇게 독립적으로 구성하면 로직에 대한 테스트가 좀 더 쉬워진다. 단점은 해당 함수들이 자신의 상태를 가지지 않음(stateless)으로 함수에 더 많은 인자를 필요로 하게 된다는 것이다.

이에 대해서는 '29장 유틸리티들에 대해'에서 다루겠다.

6.5.3 모델 행동과 헬퍼 함수

우리 의견으론 이 두 가지 중 그 어느 것도 완벽하지는 않다. 하지만 사려 깊게 이용한다면 프로젝트를 좀 더 빛나게 해 줄 도구들임엔 틀림없다. 언제 무엇을 써야 하는지 아직 명확하진 않다. 지금도 이 두 가지 방법은 발전하고 있기 때문이다. 이런 경우 거대 모델의 컴포넌트에 대해 이렇게 하라고 우리가 이야기하기엔 아직 좀 까다로운 면이 있다.

6.6 요약

모델은 대부분의 장고 프로젝트에서 기초가 된다. 따라서 모델은 좀 더 신중하게 디자인해야 한다.

정규화를 시작하고 다른 선택지를 충분히 고려하고 나서도 방법이 없을 때 비로소 비정규화를 고려하기 바란다. 어쩌면 로우 쿼리(raw SQL)를 적용함으로써 느리고 복잡한 쿼리를 단순화할 수도 있을 것이다. 또는 적절한 장소에서 캐시를 이용함으로써 성능 문제를 해결할 수도 있을 것이다.

인덱스를 사용하는 것을 잊지 말기 바란다. 여러분이 이제 프로젝트 전반에 걸쳐 데이터를 이용하는 데 충분히 익숙해졌다는 생각이 든다면 인덱스를 사용할 때가 된 것이다.

모델 간의 상속을 이용하기로 했다면, 접합 모델(concrete model)이 아니라 추상화 기초 클래스로부터 상속을 하기 바란다. 아마 필요 없이 생성된 암시적 구조의 조인을 처리하는 데서 오는 혼돈으로부터 여러분을 구해 줄 것이다.

모델에서 null=True와 blank=True 옵션을 이용할 때는 애매한 부분을 주의하기 바란다. 우리가 만든 테이블을 가이드라인으로 이용해 보자.

django-model-utils와 django-extensions를 유용하게 쓸 수도 있을 것이다.

마지막으로 거대 모델은 로직을 모델 안에 캡슐화해서 넣는 방법으로 모델 전부를 신의 객체로 만들어 버릴 위험도 있다.

다음 장에서는 쿼리와 데이터베이스 레이어에 대해 다루겠다.

7장

쿼리와 데이터베이스 레이어

다른 ORM과 마찬가지로 장고는 여러 종류의 각기 다른 데이터를 데이터베이스 종류와는 독립적인 형태로 객체화한다. 그리고 생성된 객체에 상호 작용할 수 있는 메서드 세트를 제공한다. 장고의 ORM은 대부분의 경우 원래 의도대로 그 역할을 훌륭히 수행하지만 때때로 예상과는 다른 결과를 보여주기도 한다. 장고 이용 방법을 배우는 것은 때때로 이렇게 예기치 않게 벌어지는 기이한 현상들을 이해해 나가는 과정이라고 할 수 있다. 이제 그러한 경우들을 살펴보자.

7.1 단일 객체에서 get_object_or_404() 이용하기

단일 객체를 가져와서 작업을 하는 세부 페이지 같은 뷰에서는 get() 대신에 get_object_or_404()를 이용하도록 한다.

> ❗ **get_object_or_404()는 뷰에서만 이용하자**
>
> · 뷰에서만 이용한다.
> · 헬퍼 함수, 폼, 모델 메서드, 뷰를 제외한 다른 곳 그리고 뷰와 직접적으로 관련된 곳이 아 닌 곳에서는 이용하지 말자.
>
> 이름을 밝힐 순 없지만 어떤 파이썬 프로그래머가 수년 전 그의 첫 장고 프로젝트를 배포했 을 때 이야기다. 이 개발자는 장고의 get_object_or_404()의 편리함에 너무 도취된 나 머지 뷰, 모델, 폼 등 그의 모든 코드에 이 get_object_or_404()를 이용했다. 개발 환경 과 테스트에서는 아무 문제가 없었지만 불행히도 관리자가 특정 데이터를 지우면 모든 사 이트가 망가져버리는 결과를 초래했다.
> get_object_or_404()는 뷰에서만 이용해야 한다!

7.2 예외를 일으킬 수 있는 쿼리를 주의하자

단일 모델 인스턴스에서 get_object_or_404()를 이용할 때는 try-except 블록
으로 예외 처리를 할 필요가 없다. get_object_or_404()가 처리하기 때문이다.

하지만 이를 제외한 경우에는 try-except를 이용한 예외 처리를 해야 한다. 몇
가지 팁을 나열해 보겠다.

7.2.1 ObjectDoesNotExist와 DoesNotExist

ObjectDoesNotExist는 어떤 모델 객체에도 이용할 수 있지만 DoesNotExist는 특
정 모델에서만 이용할 수 있다.

√ 예제 7.1

```
from django.core.exceptions import ObjectDoesNotExist

from flavors.models import Flavor
from store.exceptions import OutOfStock

def list_flavor_line_item(sku):
    try:
        return Flavor.objects.get(sku=sku, quantity__gt=0)
    except Flavor.DoesNotExist:
        msg = "We are out of {0}".format(sku)
        raise OutOfStock(msg)

def list_any_line_item(model, sku):
    try:
        return model.objects.get(sku=sku, quantity__gt=0)
    except ObjectDoesNotExist:
        msg = "We are out of {0}".format(sku)
        raise OutOfStock(msg)
```

7.2.2 여러 개의 객체가 반환되었을 때

쿼리가 하나 이상의 객체를 반환할 수도 있다면 MultipleObjectsReturned 예외
를 참고해 보자. 이 예외 구문에서 여러분이 원하는 방향으로 처리하면 된다. 예
를 들면 특별한 예외 경우를 발생시키거나 에러 로그를 남길 수 있다.

√ 예제 7.2

```
from flavors.models import Flavor
from store.exceptions import OutOfStock, CorruptedDatabase

def list_flavor_line_item(sku):
    try:
        return Flavor.objects.get(sku=sku, quantity__gt=0)
```

```
except Flavor.DoesNotExist:
    msg = "We are out of {}".format(sku)
    raise OutOfStock(msg)
except Flavor.MultipleObjectsReturned:
    msg = "Multiple items have SKU {}. Please fix!".format(sku)
    raise CorruptedDatabase(msg)
```

7.3 쿼리를 좀 더 명확하게 하기 위해 지연 연산 이용하기

장고의 ORM은 매우 강력하다. 또한 이 강력함 때문에 코드를 명확하게(따라서 유지 보수가 한결 수월해짐) 해야 하는 책임도 따른다. 복잡한 쿼리의 경우 몇 줄 안 되는 코드에 너무 많은 기능을 엮어서 기술하는 것은 피해야 한다.

⚠ 나쁜 예제 7.1

```
# 절대 따라하지 말자!
from django.models import Q

from promos.models import Promo

def fun_function(**kwargs):
    """유효한 아이스크림 프로모션 찾기"""
    # 너무 길게 작성된 쿼리 체인이 화면이나 페이지를 넘겨 버리게
    # 되므로 좋지 않다.
    return Promo.objects.active().filter(Q(name__startswith=name)|
                                         Q(description__icontains=name))
```

과히 그렇게 달가운 코드는 아니지 않는가? 이 코드를 장고의 ORM 도구에 적용해 보면 아마 마치 매운 소스를 얹은 아이스크림같이 끔찍하게 느껴질 것이다. 이런 달갑지 않은 과정을 피하기 위해 지연 연산(lazy evaluation)을 이용하여 장고 코드를 좀 더 깔끔하게 만들 수 있다.

지연 연산은 데이터가 정말로 필요하기 전까지는 장고가 SQL을 호출하지 않는 특징을 가리킨다. 따라서 우리는 ORM 메서드와 함수를 얼마든지 우리가 원하는 만큼 연결해서 코드를 써내려 갈 수 있다. 우리가 결과를 실행하기 전까지 장고는 실제 데이터베이스에 연동되지 않는다. 한 줄에 여러 메서드와 데이터베이스의 각종 기능을 엮어 넣는 대신에, 이제 우리는 이를 여러 줄에 걸쳐 나눠 쓸 수 있다. 이는 확실히 가독성을 엄청나게 향상시켜 주며 유지 보수를 한결 더 쉽게 해 준다. 유지 보수에 시간이 더 걸린다는 말은 우리가 아이스크림을 받기까지 시간이 오래 걸린다는 의미다

여기 나쁜 예제 7.1에 나온 코드를 여러 줄로 나누어 좀 더 간결하고 명확하게 구성한 코드가 있다.

√ 예제 7.3

```python
# 절대 따라하지 말자!
from django.models import Q

from promos.models import Promo

def fun_function(**kwargs):
    """유효한 아이스크림 프로모션 찾기"""
    results = Promo.objects.active()
    results = results.filter(
            Q(name__startswith=name) |
            Q(description__icontains=name)
        )
    results = results.exclude(status='melted')
    results = results.select_related('flavors')
    return results
```

수정된 코드에서 나타나듯 이제 최종 결과가 어떻다는 것을 좀 더 쉽게 이야기할 수 있게 되었다. 또한 이렇게 코드를 여러 줄로 분리함으로써 코드에 주석을 좀 더 쉽게 달 수 있는 효과도 생긴다.

7.4 고급 쿼리 도구 이용하기

장고의 ORM은 배우기 쉽고 직관적이며 다양한 경우를 처리할 수 있다. 하지만 장고의 ORM이 모든 경우를 다 완벽히 처리할 수 있는 것은 아니다. 따라서 쿼리의 요청 세트가 반환된 후 우리는 파이썬을 이용하여 이 데이터들을 더욱 다듬을 필요가 있다. 하지만 여기서 데이터베이스는 데이터 관리와 가공에서 파이썬(루비, 자바스크립트, 고, 자바 등)보다 월등히 빠르기 때문에 데이터를 호출한 후에 다시 한 번 더 파이썬을 이용하는 것이 과연 옳은 일인가 하는 문제에 봉착하게 된다.

파이썬을 이용하여 데이터를 가공하기 이전에 우리는 늘 장고의 고급 쿼리 도구들을 이용하여 데이터베이스를 통한 데이터 가공을 시도한다. 이렇게 하면 성능이 향상될 뿐 아니라 우리의 파이썬 기반 데이터 가공보다 더 잘 테스트되어 나온 코드를 이용하는(고급 쿼리 도구는 장고와 대부분의 데이터베이스 사이에서 지속적인 테스트를 실행해 준다) 장점이 생긴다.

7.4.1 쿼리 표현식

데이터베이스에서 읽기 작업이 수행될 때 쿼리 표현식(query expression)은 해당 읽기가 실행되는 동안 값을 산출해 내거나 연산을 수행하는 데 이용될 수 있다. 무슨 말인지 혼란스럽게 들리더라도 크게 걱정하지 말기 바란다. 우리 또한 혼란스럽게 들리는 표현이니 말이다. 예제 코드가 천 마디 말보다 더 가치 있을 것이다. 쿼리 표현식이 우리에게 어떻게 도움이 되는지 예를 들어 보겠다. 아이스크림 상점을 방문한 모든 고객 중 한 번 방문할 때마다 평균 한 주걱 이상의 아이스크림을 주문한 모든 고객 목록을 가져오는 샘플을 작성해 보자.

좀 위험하더라도 쿼리 표현식을 이용하지 않고 처리하는 방법을 한번 보자.

⚠ **나쁜 예제 7.2**

```python
from models.customers import Customer

customers = []
for customer in Customer.objects.iterate():
    if customer.scoops_ordered > customer.store_visits:
        customers.append(customer)
```

앞의 예제를 보니 불안한 마음을 감출 수 없다. 왜일까?

- 데이터베이스 안의 모든 고객 레코드에 대해 하나하나 파이썬을 이용한 루프가 돌고 있다. 이는 매우 느리며 메모리도 많이 이용하게 된다.
- 코드가 얼마나 이용되는지에 상관없이, 코드 자체가 경합 상황(race condition)[1]에 직면하게 된다. 이 코드는 사용자가 데이터와 상호 교류하는 동시에 실행되는 코드다. 여기서 단순 'READ' 역할만을 하는 상황에서는 문제가 없을지 몰라도, 실행 중에 'UPDATE'가 처리되는 환경에서라면 데이터 분실이 생길 여지가 있다.

다행히도 쿼리 표현식을 통해 장고는 코드들이 서로 경합을 펼치는 상황을 피해 갈 수 있는 방법을 제시하고 있다.

✓ **예제 7.4**

```python
from django.db.models import F
from models.customers import Customer
customers = Customer.objects.filter(scoops_ordered__gt=F('store_visits'))
```

이 코드는 데이터베이스 자체 내에서 해당 조건을 비교하는 기능을 가지고 있다. 내부적으로 장고는 다음과 같은 코드를 실행한다.

✓ **예제 7.5**

```sql
SELECT * from customers_customer where scoops_ordered > store_visits
```

---

1 (옮긴이) 경합 상황(race condition)은 공유 자원에 대해 여러 개의 프로세스가 동시에 접근을 시도하는 상태를 말한다.

쿼리 표현식을 꼭 익혀두기 바란다. 쿼리 표현식이 프로젝트의 안전성과 성능을 대폭 향상시켜 줄 것이기 때문이다.

- https://docs.djangoproject.com/en/1.8/ref/models/expressions

7.4.2 데이터베이스 함수들

장고 1.8에서는 UPPER(), LOWER(), COALESCE(), CONCAT(), LENGTH(), SUBSTR() 등의 일반적인 데이터베이스 함수를 이용할 수 있다. 장고가 지원하는 모든 고급 쿼리 기능 중 우리가 가장 좋아하는 기능이기도 하다. 정확히 말하면 장고 1.8에서 지원하기 시작한 여러 기능을 통틀어 우리가 가장 좋아하는 기능이라고까지 이야기할 수 있다. 이유는 다음과 같다.

① 이용이 매우 쉽고 간결하다. 새 프로젝트건, 기존 프로젝트건 상관없이 말이다.
② 데이터베이스 함수들은 (비즈니스) 로직을 파이썬 코드에서 데이터베이스로 더 많이 이전할 수 있게 해 준다. 파이썬으로 데이터를 처리하는 것이 데이터베이스 내에서 처리하는 것보다 빠를 수 없기 때문에 성능이 굉장히 향상된다.
③ 데이터베이스 함수들은 데이터베이스별로 다르게 구현되어 있지만 장고의 ORM은 이를 하나로 통합했다. 따라서 PostgreSQL에서 쓰인 우리의 코드는 MySQL이나 SQLite3에서도 잘 작동한다.
④ 데이터베이스 함수들은 쿼리 표현식이기도 하다. 장고 ORM에서 구현해 놓은 또 다른 종류의 일반적인 패턴을 가진 쿼리 표현식이 되는 것이다.

참고 자료는 다음과 같다.

- https://docs.djangoproject.com/en/1.8/ref/models/database-functions

7.5 필수불가결한 상황이 아니라면 로우 SQL은 지향하자

사실 우리가 쓰는 쿼리의 대부분은 단순한 것들이다. ORM(Object-Relational Model)이라는 관계형 매핑은 매우 높은 생산성을 제공하는데, 우리가 처리하는 다양한 환경에서의 단순한 쿼리 작성뿐만이 아니라 모델에 대한 접근과 업데이트를 할 때 유효성 검사와 보안을 제공하기 때문이다. 따라서 이용하려는 쿼리를 ORM으로 표현할 수 있다면 반드시 ORM을 이용하기 바란다.

또한 개발하는 장고 앱이 서드 파티 패키지로 릴리스된다고 할 때, 로우 SQL

을 이용하는 바람에 앱의 이식성(portability)이 떨어지는 경우가 생길 수 있다는 것을 명심하자.

마지막으로, 흔한 경우는 아니지만 다른 환경의 데이터베이스로 데이터를 마이그레이션해야 하는 경우, 특정 데이터베이스에 종속된 기능을 SQL 쿼리를 가지고 작성했다면, 이는 데이터베이스 마이그레이션 과정에서 매우 복잡한 문제로 대두될 것이다.

그렇다면 어떤 경우에 로우 SQL을 써야 할까? 로우 SQL을 직접 이용함으로써 파이썬 코드나 ORM을 통해 생성된 코드가 월등히 간결해지고 단축되는 경우에만 이용하자. 예를 들어 큰 데이터 세트에 적용되는 다수의 쿼리세트가 연동되는 경우라면, 로우 SQL을 이용함으로써 더욱 효과적으로 처리하는 방법을 찾을 수 있을 것이다.

💡 **장고에서 SQL을 이용하는 것에 대한 말콤 트레디닉의 조언**

장고 코어 개발자인 말콤 트레디닉(Malcolm Tredinnick)의 말을 직접 인용하면 다음과 같다.

"ORM이 많은 일을 대신 해 준다는 말은 사실이다. 하지만 때때로 SQL이 정답일 때도 있다. 장고의 ORM에 대한 대략적인 개념을 이야기해 보자면 SQL을 기능적으로 이용하기 위해 만들어 놓은 저장소라는 것이다. 복잡한 SQL이 필요하다면 복잡한 SQL을 이용해야 한다. 단지 raw()와 extra() 메서드들을 과용하지 않는 범위에서 균형을 맞추어 가면서 말이다."

💡 **장고에서 SQL을 이용하는 것에 대한 제이콥 캐플런모스의 조언**

장고 프로젝트 리더 중 한 명인 제이콥 캐플런모스(Jacob Kaplan-Moss)의 말을 직접 인용하면 다음과 같다.

"SQL로 쿼리를 짜는 게 더 쉽다면 이용하라. 단 extra()는 끔찍하니 자제하도록 하자. 대신 raw()가 더 나으니 필요하다면 raw()를 이용하도록 하자."

그림 7.1 이 아이스크림은 로우 SQL 맛을 포함하고 있다. 약간 끈적이므로 주의하자.

7.6 필요에 따라 인덱스를 이용하자

모델에 그냥 db_index=True를 추가하는 것이 그리 어려운 일은 아니다. 하지만 언제 추가해야 하는지는 판단이 필요하다. 우리가 선호하는 방식은 처음에는 인덱스 없이 시작하는 것이다. 그런 다음 필요에 따라 하나하나 추가해 나가는 것이다.

우리가 인덱스를 추가해야겠다고 느낄 때는 다음과 같다.

- 인덱스가 빈번하게(모든 쿼리의 10~25% 사이에서) 이용될 때
- 실제 데이터 또는 실제와 비슷한 데이터가 존재해서 인덱싱 결과에 대한 분석이 가능할 때.
- 인덱싱을 통해 성능이 향상되는지 테스트할 수 있을 때

PostgreSQL을 이용할 때 pg_stat_activity는 실제로 어떤 인덱스들이 이용되는지 알려준다.

일단 프로젝트가 실제로 서비스되면 '24장 장고 성능 향상시키기'에서 인덱스 분석에 대한 내용을 참고하기 바란다.

7.7 트랜잭션

장고 1.8이 되면서부터 기본적으로 ORM이 모든 쿼리를 호출할 때마다 자동으로 커밋을 하게 되었다. 이 말은 데이터를 수정할 때, 즉 매번 .create()나 .update()가 호출될 때마다 SQL 데이터베이스 안의 값들이 실제로 변한다는 의미이다. 이로 인한 장점은 초보 개발자들이 ORM을 이해하기가 한결 수월해졌다는 것이며, 단점은 뷰(혹은 다른 처리 과정에서)에서 둘 또는 그 이상의 데이터베이스 수정이 요구될 때 첫 번째 수정은 문제가 없었지만 두 번째 수정에서 문제가 발생해 데이터베이스상의 충돌이 일어날 위험이 존재하게 되었다는 것이다.

이러한 데이터베이스 충돌을 해결하기 위해 데이터베이스 트랜잭션을 이용하는 방법이 있다. 데이터베이스 트랜잭션이란 둘 또는 그 이상의 데이터베이스 업데이트를 **단일화된 작업**으로 처리하는 기법을 말한다. 이 경우 하나의 수정 작업(update)이 실패하면 트랜잭션상의 모든 업데이트가 실패 이전 상태로 복구된다. 이를 제대로 이용하기 위해서는 데이터베이스 트랜잭션이 **원자성**(atomic), **일관성**(consistent), **독립성**(isolated), **지속성**(durable)을 가져야 한다. 데이터베이스 전문가들은 데이터베이스 트랜잭션의 이런 특성을 ACID라고 줄여서 이야기한다.

　　장고는 1.8 릴리스부터 현대화되고 잘 정비된, 강력하면서도 동시에 상대적으로 이용하기 쉬운 트랜잭션 메커니즘을 제공한다. 이 덕분에 프로젝트에서 직관적인 패턴의 데코레이터와 콘텍스트 매니저를 이용하여 데이터베이스의 일관성 관리가 매우 쉬워졌다.

7.7.1 각각의 HTTP 요청을 트랜잭션으로 처리하라

√ 예제 7.6

```python
# settings/base.py

DATABASES = {
    'default': {
        # ...
        'ATOMIC_REQUESTS': True,
    },
}
```

장고에서는 `ATOMIC_REQUESTS` 설정을 통해 모든 웹 요청을 트랜잭션으로 쉽게 처리할 수 있다. 앞의 코드에서 보았듯이 설정값을 True로 설정함으로써 읽기 데이터를 포함한 모든 요청이 트랜잭션으로 처리되게 할 수 있다. 이러한 구조의 장점은 뷰에서의 모든 데이터베이스 쿼리가 보호되는 안정성을 얻을 수 있다는 것이다. 반면 단점은 성능 저하를 가져올 수 있다는 것이다. 얼마만큼의 성능 저하인지에 대해서는 데이터베이스의 개별적인 디자인이 어떤지 그리고 각 데이터베이스가 얼마나 잠금(locking)을 잘 처리하는지에 따라 다양한 경우가 나올 수 있기에 딱히 얼마라고 잘라 말할 수는 없다.

　　장고 1.8을 이용하면서 우리는 이러한 구성이 데이터 쓰기가 많은 프로젝트의 초기 구성에서 데이터베이스 무결성을 유지하는 데 매우 효과적인 구성이란 사실을 발견했다. 하지만 트래픽 양이 늘어남에 따라 우리는 구성을 되돌리거나 다른 방식을 고려해야 했다. 이는(구성을 되돌리거나 다른 방식을 고려하는 것) 당시 프로젝트의 데이터 크기에 따라 별거 아닌 테스크일 수도 있고 아니면 꽤나 까다로운 작업이 될 수도 있다.

　　`ATOMIC_REQUESTS`를 이용할 때 주의해야 할 또 다른 점은, 오직 에러가 발생하고 나서야 데이터베이스 상태가 롤백된다는 것이었다. 사용자에게 해당 작업에 대한 처리 확인 메일을 보내는 경우를 생각해보자. 작업 처리 중 확인 메일을 보낸 이후에 에러가 발생한 경우 사용자에겐 이미 메일이 발송되었지만, 사실 메일 발송 이후 뒤늦게 롤백 요청 랩(wrap)이 있는 트랜잭션을 처리하게 되고 이

는 썩 내키지 않는 일이었다. 이러한 문제는 데이터베이스 이외의 장소에 무엇인가를 '쓰는' 절차에서 언제든지 갑작스럽게 나타날 수 있다. 이메일이나 SMS를 보낼 때, 서드 파티 API를 이용할 때, 또는 파일 시스템에 무언가를 쓸 때 등이 그런 경우다. 따라서 데이터베이스가 아닌 아이템에 대해 데이터를 생성, 변경, 삭제(create, update, delete)하는 뷰를 만들 때는 해당 뷰를 transaction.non_atomic_requests()로 데코레이팅하는 선택을 고려해야 할 것이다.

> **!** **non_atomic_requests()에 대한 애머릭 어거스틴의 의견**
>
> 장고 코어 개발자이자 이번 새 트랜잭션 시스템의 핵심 구현자인 애머릭 어거스틴 (Aymeric Augustin)은 다음과 같이 말했다. "이 데코레이터는 뷰와 모델 사이의 강한 커플링을 요구하는데 이 때문에 코드의 유지 보수가 어려워지게 된다. 우리가 하위 호환을 고려하지 않아도 되었다면 아마 더 나은 다른 디자인을 구상했을 것이다."

다음은 좀 더 명시적 선언을 통한 매우 간단한 API 스타일의 함수 기반 뷰다.

√ 예제 7.7

```python
# flavors/views.py
from django.db import transaction
from django.http import HttpResponse
from django.shortcuts import get_object_or_404
from django.utils import timezone

from .models import Flavor

@transaction.non_atomic_requests
def posting_flavor_status(request, pk, status):
    flavor = get_object_or_404(Flavor, pk=pk)

    # 여기서 오토커밋 모드가 실행될 것이다(장고 기본 설정).
    flavor.latest_status_change_attempt = timezone.now()
    flavor.save()

    with transaction.atomic():
        # 이 코드는 트랜잭션 안에서 실행된다.
        flavor.status = status
        flavor.latest_status_change_success = timezone.now()
        flavor.save()
        return HttpResponse("Hooray")

    # 트랜잭션이 실패하면 해당 상태 코드를 반환한다.
    return HttpResponse("Sadness", status_code=400)
```

ATOMIC_REQUESTS=True를 이용하면서 다음에 이야기할 좀 더 세분화된 방안을 이용하길 원한다면 '24장 장고 성능 향상시키기', '22장 테스트, 정말 거추장스럽고 낭비일까?', '32장 지속적 통합'을 숙지하기를 바란다.

> 💡 **의료 정보나 금융 정보를 다루는 프로젝트들에 대해**
>
> 의료 정보나 금융 정보를 다루는 프로젝트들의 경우 트랜잭션 무결성(transactional integrity)보다는 이벤트 일관성(eventual consistency)에 초점을 맞추어 구성하게 된다. 다른 말로 하면 트랜잭션이 실패해 롤백될 상황이 늘 준비되어 있다는 것이다. 다행히 트랜잭션 덕분에 롤백되어도 데이터는 안전하고 깔끔하게 유지될 수 있다.

7.7.2 명시적인 트랜잭션 선언

명시적인 트랜잭션 선언(explicit transaction declaration)은 사이트 성능을 개선하는 방법 중 하나다. 트랜잭션에서 어떤 뷰와 비즈니스 로직이 하나로 엮여 있고, 어떤 것이 그렇지 않은지 명시해 주는 것이다. 개발할 때 더 많은 시간을 요구하는 것이 단점이다.

> 💡 **ATOMIC_REQUESTS와 명시적인 트랜잭션 선언에 대한 애머릭 어거스틴의 의견**
>
> 애머릭 어거스틴에 따르면 다음과 같다. "성능 문제가 정말 심각하지 않는 한 ATOMIC_REQUESTS를 이용하라. 대부분의 사이트에서는 그것만으로 충분할 것이다."

트랜잭션에 관련한 몇 가지 가이드라인을 정리하면 다음과 같다.

- 데이터베이스에 변경이 생기지 않는 데이터베이스 작업은 트랜잭션으로 처리하지 않는다.
- 데이터베이스에 변경이 생기는 데이터베이스 작업은 반드시 트랜잭션으로 처리한다.
- 데이터베이스 읽기 작업을 수반하는 데이터베이스 변경 작업 또는 데이터베이스 성능에 관련된 특별한 경우에는 앞의 두 가이드라인을 모두 고려한다.

앞의 이야기가 명확하게 와 닿지 않는 사람들을 위해 각기 다른 장고 ORM이 언제 트랜잭션 처리되어야 하는지를 표로 나타내 봤다.

목적	ORM 메서드	트랜잭션을 이용할 것인가?
데이터 생성	.create(), .bulk_create(), .get_or_create()	✓
데이터 가져오기	.get(), .filter(), .count(), .iterate(), .exists(), .exclude(), .in_bulk 등	
데이터 수정하기	.update()	✓
데이터 지우기	.delete()	✓

표 7.1 언제 트랜잭션을 이용할 것인가

그림 7.2 데이터베이스는 정말 아이스크림을 좋아한다.

이 내용에 대해서 더 자세히 알고 싶다면 '24장 장고 성능 향상시키기', 특히 '24.2.4 ATOM_REQUESTS 비활성화하기'를 참고하자.

💡 **독립적인 ORM 메서드 호출을 트랜잭션 처리하지 말자**

장고의 ORM은 데이터의 일관성을 위해 내부적으로 트랜잭션을 이용하고 있다. 예를 들어 접합 상속(concrete inheritance)으로 인해 업데이트(update)가 여러 테이블에 걸쳐 영향을 준다고 할 때 장고는 이를 트랜잭션으로 처리한다.

따라서 독립적인 ORM 메서드 [`.create()`, `.update()`, `.delete()`]를 트랜잭션으로 처리하는 것은 그다지 유용하지 않다. 대신 여러 ORM 메서드들을 뷰나 함수 또는 메서드 내에서 호출할 때 트랜잭션을 이용하기 바란다.

7.7.3 django.http.StreamingHttpResponse와 트랜잭션

뷰가 `django.http.StreamingHttpResponse`를 반환한다면 일단 응답(response)이 시작된 이상 트랜잭션 에러를 중간에 처리하기란 불가능하다. 프로젝트에서 이 응답 메서드가 쓰이고 있다면 `ATOMIC_REQUESTS`가 다음 중 하나를 따라야 한다.

① `ATOMIC_REQUESTS`의 장고 기본값을 False로 설정한다. 그러고 나서 7.7.2에 있는 기술들을 고려해 본다.

② 뷰를 `django.db.transaction.non_atomic_requests` 데코레이터로 감싸 본다.

`ATOMIC_REQUESTS`를 스트리밍 응답과 같이 쓸 수 있지만 트랜잭션은 뷰에서만 적용된다는 사실을 기억하자. 스트림 응답이 추가적인 SQL 쿼리를 생성했다면 오토커밋 모드에서일 것이다. 다행히도 생성된 응답이 데이터베이스에 무언가 쓰는 일을 할 수는 없으니까 말이다.

7.7.4 MySQL에서의 트랜잭션

MySQL 데이터베이스를 이용한다면 데이터베이스 타입이 InnoDB냐 MyISAM

이냐에 따라 트랜잭션이 지원될 수도, 안 될 수도 있다. 트랜잭션이 지원되지 않는다면 장고는 `ATOMIC_REQUESTS`나 트랜잭션을 지원하도록 쓰인 코드에 상관없이 늘 오토커밋 모드로 작동하게 된다. 더 많은 정보를 위해 다음 글을 읽어 보기를 추천한다.

- http://2scoops.co/1.8-transactions-in-mysql
- http://dev.mysql.com/doc/refman/5.0/en/sql-syntax-transactions.html

7.7.5 장고 ORM 트랜잭션 관련 자료

- 장고 문서의 트랜잭션 부분: https://docs.djangoproject.com/en/1.8/topics/db/transactions
- Real Python에서 트랜잭션에 대한 주제로 아주 좋은 튜토리얼을 제공하고 있다: https://realpython.com/blog/python/transaction-management-with-django-1-6

7.8 요약

이번 장에서 우리는 프로젝트 데이터를 쿼리하는 여러 방법을 알아봤다. 어떻게 데이터를 저장하는지 알았으니 다음으로 이 데이터를 어떻게 나타내 보이는지 알아야 할 것이다. 다음 장부터 뷰에 대해 알아보겠다.

8장

함수 기반 뷰와 클래스 기반 뷰

장고 1.8은 함수 기반 뷰(function-based views, FBV)와 클래스 기반 뷰(class-based views, CBV)를 둘 다 지원한다. 이 두 가지 타입을 어떻게 이용하는지 알아보자.

> 💡 **역사적인 내용**
>
> 장고 1.5가 나왔을 때 릴리스 노트에서 선택한 낱말들과 몇몇 블로그에 올라온 잘못된 정보 때문에 함수 기반 뷰에 대해 큰 혼란이 있었다. 장고에서 함수 기반 뷰를 제거한다는 계획은 세운 적도 없었고 함수 기반 뷰는 장고 1.8에도 여전히 존재하고 있다.

8.1 함수 기반 뷰와 클래스 기반 뷰를 각각 언제 이용할 것인가?

매번 뷰를 구현할 때마다 함수 기반 뷰로 하는 게 더 적당할지, 클래스 기반 뷰로 하는 게 더 적당할지 생각해보기 바란다. 어떤 뷰들의 경우 클래스 기반 뷰가 최고의 구현 방법이 되기도 하고, 또 다른 뷰들의 경우 함수 기반 뷰가 최고의 방법이 되기도 하니 말이다.

어떤 뷰를 골라야 할지 모르겠다면 다음 순서도의 도움을 받아 보기 바란다.

이 순서도는 함수 기반 뷰보다 클래스 기반 뷰를 더 선호하는 우리의 취향을 기반으로 그렸음을 밝힌다. 우리는 대부분의 경우 클래스 기반 뷰를 더 선호한다. 클래스 기반 뷰로 구현했을 경우 특별히 더 복잡해지는 경우나 커스텀 에러 뷰들에 대해서만 함수 기반 뷰를 이용하고 있다.

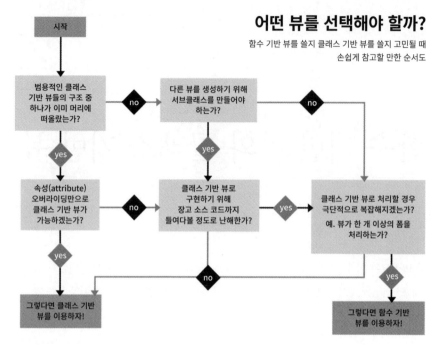

그림 8.1 함수 기반 뷰를 이용할지, 클래스 기반 뷰를 이용할지 순서도

💡 **대안 - 함수 기반 뷰 이용**

어떤 개발자들은 대부분의 뷰를 함수 기반 뷰로 처리하기도 한다. 클래스 기반 뷰는 서브클래스가 필요한 경우에 대해 제한적으로 이용한다. 이런 방법 또한 전혀 문제 될 것이 없다.

8.2 URLConf로부터 뷰 로직을 분리하기

장고로 오는 요청들은 흔히 urls.py라는 모듈 내에서 URLConf를 통해 뷰로 라우팅된다. 장고의 URL 디자인 철학(http://2scoops.co/1.8-url-design)에 따르면 뷰와 URL의 결합은 최대한의 유연성을 제공하기 위해 느슨하게 구성되어야 하며 이는 많은 경험이 요구되는 일이다.

복잡하게 얽혀 있는 urls.py 파일을 볼 때마다 대니얼은 다음과 같은 생각이 든다고 한다.

"내가 추구한 건 J2EE나 조프의 ZCML[1] 같은 게 아니라 꼬마들도 쉽게 적응할 수 있는 장고 url 모듈이었다."

---

1 (옮긴이) Zope Configuration Markup Languaged라 불리는 Zope 프레임워크에서 사용하는 설정 파일 마크업 언어. 장고의 URLConf에 비해 매우 복잡한 구조를 가지고 있다.

장고는 아주 단순하고 명료하게 URL 라우트를 구성하는 방법을 제공한다는 사실을 명심하기 바란다. 이 책에서 우리가 이야기하는 다른 모든 주제와 마찬가지로 이 단순 명료함은 항상 다른 것보다 우선시되어야 한다. 여기 우리의 경험에서 나온 방법론을 들어보겠다.

① 뷰 모듈은 뷰 로직을 포함해야 한다.
② URL 모듈은 URL 로직을 포함해야 한다.

장고 공식 가이드에서 다음과 같은 코드를 본 적이 있는가?

⚠ **나쁜 예제 8.1**

```
from django.conf.urls import url
from django.views.generic import DetailView

from tastings.models import Tasting

urlpatterns = [
    url(r"^(?P<pk>\d+)/$",
        DetailView.as_view(
            model=Tasting,
            template_name="tastings/detail.html"),
        name="detail"),
    url(r"^(?P<pk>\d+)/results/$",
        DetailView.as_view(
            model=Tasting,
            template_name="tastings/results.html"),
        name="results"),
]
```

한눈에 보면 이 코드에 별문제는 없어 보인다. 하지만 이 코드는 장고의 디자인 철학에 어긋난다고 이야기하고 싶다.

- 뷰와 url, 모델 사이에 상호 **느슨한 결합**(loose coupling) 대신 단단하게 종속적인 결합(tight coupling)이 되어 있다. 다시 말하면 뷰에서 정의된 내용이 재사용되기 어렵다는 의미다
- 클래스 기반 뷰들 사이에서 같거나 비슷한 인자들이 계속 이용되고 있는데 이는 **반복되는 작업을 하지 말라는**(Don't Repeat Yourself) 철학에 위배되는 것이다.
- (URL들의) 무한한 확장성이 파괴되어 있다. 클래스 기반 뷰의 최대 장점인 클래스 상속이 안티 패턴을 이용함으로써 불가능하게 되어 버렸다.
- 다른 이슈도 많다. 인증 절차를 추가해야 한다면 어떻게 하겠는가? 권한 처리

문제는 각 URLConf 뷰를 두 개 또는 그 이상의 데코레이터로 감싸야만 할까? 뷰 코드를 여러분의 URLConf 안으로 밀어 넣는 것은 여러분의 URLConf를 도저히 관리할 수 없게 엉망으로 만드는 일이 되어 버릴 것이다.

URLConf 안에 정의된 클래스 기반 뷰들에 대해 많은 개발자가 자기라면 절대로 그런 방식으로 가지 않을 거라고 말하는 것을 꾸준히 들었다.

자, 이제 비평은 그만하고 결국 경험을 통해 우리가 어떤 스타일을 선호하게 되었는지를 다음 절에서 다루어 보겠다.

8.3 URLConf에서 느슨한 결합 유지하기

그림 8.2 초콜릿 칩 쿠키와 아이스크림 간의 느슨한 결합

앞에서 이야기한 문제들을 피하기 위해 어떻게 URLConf를 생성하는지 말해 보겠다. 우선 우리는 다음과 같은 뷰를 작성했다.

√ **예제 8.1**

```python
# tastings/views.py
from django.views.generic import ListView, DetailView, UpdateView
from django.core.urlresolvers import reverse

from .models import Tasting

class TasteListView(ListView):
    model = Tasting

class TasteDetailView(DetailView):
    model = Tasting

class TasteResultsView(TasteDetailView):
    template_name = "tastings/results.html"

class TasteUpdateView(UpdateView):
    model = Tasting

    def get_success_url(self):
        return reverse("tastings:detail",
            kwargs={"pk": self.object.pk})
```

그리고 url을 다음과 같이 정의한다.

✓ **예제 8.2**

```python
# tastings/urls.py
from django.conf.urls import url

from . import views

urlpatterns = [
    url(
        regex=r"^$",
        view=views.TasteListView.as_view(),
        name="list"
    ),
    url(
        regex=r"^(?P<pk>\d+)/$",
        view=views.TasteDetailView.as_view(),
        name="detail"
    ),
    url(
        regex=r"^(?P<pk>\d+)/results/$",
        view=views.TasteResultsView.as_view(),
        name="results"
    ),
    url(
        regex=r"^(?P<pk>\d+)/update/$",
        view=views.TasteUpdateView.as_view(),
        name="update"
    )
]
```

우리가 제작한 코드에 대해 여러분의 첫 번째 반응은 다음과 같을 것이다. "정말로 이렇게 해도 괜찮은 거야? 두 개의 파일로 나눴고 게다가 코드는 더 늘어났잖아! 정말로 이게 최선이야?"

그렇다. 이게 바로 우리가 지향하는 방법이다. 이제 왜 이런 방식이 더 나은지 그 이유를 설명해 보겠다.

- 반복되는 작업하지 않기: 뷰들 사이에서 인자나 속성이 중복 사용되지 않는다.

- 느슨한 결합: 우리는 URLConf로부터 모델과 템플릿 이름을 전부 제거했다. 뷰는 뷰여야 하고 URLConf는 URLConf여야 하기 때문이다. 하나 또는 그 이상의 URLConf에서 뷰들이 호출될 수 있어야 하는데 이를 가능하게 해 주었다.

- URLConf는 한 번에 한 가지씩 업무를 명확하고 매끄럽게 처리해야 한다. 우리의 URLConf는 URL 라우팅이라는 한 가지 명확한 작업만 처리하는 것을 그 목표로 한다. 뷰의 로직을 찾기 위해 뷰나 URLConf를 둘 다 뒤지지 않아

도 된다. 로직은 뷰 안에 다 존재하니까 말이다.

* 클래스 기반이라는 것에 대한 장점을 살리게 된다: 뷰 모듈에서 표준화된 정의를 가지게 됨으로써 다른 클래스에서 우리의 뷰를 얼마든지 상속해서 쓸 수 있다. 이 말은 인증 절차 추가, 권한 설정 추가 등 비즈니스 로직이 무엇이든 간에 우리의 방법으로 전달되는 것이라면 그 처리가 훨씬 수월해진다는 의미다.

* 무한한 유연성: 뷰 모델에서 표준화된 정의를 구현함에 따라 우리의 뷰는 커스텀 로직이라도 얼마든지 구현할 수 있다.

8.3.1 클래스 기반 뷰를 사용하지 않는다면?

같은 방법이 적용된다고 보면 된다.

__file__ 속성을 이용하여 디렉터리 워킹(directory walking)과 정규표현식을 혼합하여 자동으로 URLConf를 생성하는 정교한 트릭을 이용한 URLConf 확장을 함수 기반 뷰와 함께 사용하는 프로젝트를 다루면서 우리는 여러 차례의 끔찍한 디버깅 악몽에 시달려야만 했던 적이 있었다. 고통스럽게 들리는가? 그렇다. 매우 고통스러운 과정이었다.

늘 URLConf로부터 로직을 분리 운영하도록 하자!

8.4 URL 이름공간 이용하기

URL 이름공간은 앱 레벨 또는 인스턴스 레벨에서의 구분자를 제공한다. URL 이름공간은 겉으론 그다지 필요 없는 것처럼 보이지만 일단 이용하기 시작하면 왜 여태까지 쓰지 않았을까 생각이 드는 것 중 하나다. 여기 다음과 같이 URL 이름공간을 이용해 보자.

tastings_detail이라고 URL 이름을 정의하는 대신 tastings:detail이라고 정의해 보겠다.

일단 이런 방식이 왜 유용한지 설명하기 이전에 예제 8.2의 코드를 앱 레벨의 URLConf에 기반을 둔 예제로 나타내 보겠다.

✓ 예제 8.3

```
# 프로젝트 루트에 있는 urls.py
urlpatterns += [
    url(r'^tastings/', include('tastings.urls', namespace='tastings')),
]
```

뷰에서는 어떻게 구성되는지 확인하기 위해 예제 8.1 코드의 일부분을 보자.

√ 예제 8.4

```
# tastings/views.py 코드 조각
class TasteUpdateView(UpdateView):
    model = Tasting

    def get_success_url(self):
        return reverse("tastings:detail",
            kwargs={"pk": self.object.pk})
```

HTML 템플릿 안에서는 어떻게 되는지 보면 다음과 같다.

√ 예제 8.5

```
{% extends "base.html" %}

{% block title %}Tastings{% endblock title %}

{% block content %}
<ul>
  {% for taste in tastings %}
    <li>
      <a href="{% url "tastings:detail" taste.pk %}">{{ taste.title }}</a>
      <small>
        (<a href="{% url "tastings:update" taste.pk %}">update</a>)
      </small>
    </li>
  {% endfor %}
</ul>
{% endblock content %}
```

자, 이제 어떻게 URL 이름공간을 구현하는지 이해될 것이다. 그럼 왜 유용한지 알아보자.

8.4.1 URL 이름을 짧고, 명확하고, 반복되는 작업을 피해서 작성하는 방법

예제 8.2에서 tastings_detail이나 tastings_results처럼 모델이나 앱의 이름을 복사한 URL 이름들은 더 이상 볼 수 없다. 대신 'detail'이나 'results' 같은 좀 더 명확한 이름이 보인다. 이는 장고에 처음 입문하는 개발자들이 앱을 좀 더 쉽게 이해하는 데 도움이 된다.

물론 'tastings'나 특별한 앱 이름을 입력하거나 부를 필요가 더 이상 없으니 약간의 시간이 절약되는 효과도 있을 것이다.

8.4.2 서드 파티 라이브러리와 상호 운영성을 높이기

URL 이름을 `<myapp>_detail` 등의 방법으로 부를 때 생기는 또 다른 문제는 이 〈myapp〉 부분이 서로 겹칠 때 벌어진다. 우리의 tastings 앱과 같은 경우엔 문제가 되지는 않지만 제작자의 블로그나 주소록 애플리케이션의 경우 충분히 문제가 될 수 있다. 이런 경우 URL 이름공간을 통해 이를 간단히 해결할 수 있다. 우리에게 이미 만들어 놓은 contact 앱이 있다고 가정해 보자. 그리고 지금 막 두 번째 contact 앱을 추가해야 한다면 URL 이름공간을 통해 다음과 같이 적용할 수 있을 것이다.

✓ 예제 8.6

```
# 프로젝트 루트에 있는 urls.py
urlpatterns += [
    url(r'^contact/', include('contactmonger.urls', namespace='contactmonger')),
    url(r'^report-problem/', include('contactapp.urls', namespace='contactapp')),
]
```

다음과 같이 템플릿에서 이용 가능하다.

✓ 예제 8.7

```
{% extends "base.html" %}
{% block title %}Contact{% endblock title %}
{% block content %}
<p>
  <a href="{% url "contactmonger:create" %}">Contact Us</a>
</p>
<p>
  <a href="{% url "contactapp:report" %}">Report a Problem</a>
</p>
{% endblock content %}
```

8.4.3 검색, 업그레이드, 리팩터링을 쉽게 하기

앞에서 이야기한 장고가 PEP-8에 매우 친화적인 프레임워크라는 사실을 상기해 보면 `tastings_detail` 같은 코드나 이름은 그다지 검색에 용이하지 않다는 사실을 알게 될 것이다. 검색 결과가 나왔을 때 이것이 뷰 이름인지, URL 이름인지, 또는 다른 어떤 것인지 어떻게 알 수 있을까?

반면에 `tastings:detail`이라는 이름은 검색 결과를 좀 더 명확하게 해 준다. 이는 새로운 서드 파티 라이브러리와 상호 연동 시에 앱과 프로젝트를 좀 더 쉽게 업그레이드하고 리팩터링하게 만들어 준다.

8.4.4 더 많은 앱과 템플릿 리버스 트릭을 허용하기

우리는 어떠한 꼼수(trick)도 이 책에서 다루지 않는다. 우리가 생각하기에 꼼수는 어떤 경우에도 절대 정도를 이길 수 없기 때문이다. 사실 꼼수들은 일반적으로 확실한 혜택을 주기보다는 프로젝트의 복잡성만 높이는 결과를 가져다준다. 하지만 몇몇 꼼수의 경우 간단히 짚고 넘어갈 만한 정도의 가치는 있다.

- django-debug-toolbar 같은 디버그 레벨에서 내부적인 검사를 실행하는 개발 도구
- 최종 사용자에게 '모듈'을 추가하게 하여 사용자 계정의 기능을 변경하는 프로젝트

개발자들은 언제든지 이러한 경우에 URL 이름공간을 이용한 창의적인 꼼수를 구현할 수 있지만, 늘 그렇듯이 우리는 가장 단순 명료한 해결 방안을 먼저 강구하고 시도하기를 추천한다.

8.5 URLConf에서 뷰를 문자열로 지목하지 말자

장고 1.8 이전의 장고 튜토리얼을 보면 urls.py에서의 뷰를 지목(reference)하는데 문자열을 썼다.

⚠ **나쁜 예제 8.2**

```python
# 절대 따라하지 말자!
# polls/urls.py
from django.conf.urls import patterns, url

urlpatterns = patterns('',
    # 뷰를 문자열로 정의
    url(r'^$', 'polls.views.index', name='index'),
)
```

이런 방법에는 몇 가지 문제가 수반된다.

① 장고가 뷰의 함수, 클래스를 임의로 추가한다. 이런 임의적 기능의 문제점은 뷰에서 에러가 발생할 경우 이렇게 임의의 작용을 하는 부분에 대해 디버그하기가 어려워진다는 점이다.
② 장고를 가르치는 강사들이 초보자들에게 urlpatterns 변수의 초깃값에서의 공백 문자열에 대해 설명해야 한다.

여기 urls.py를 정의하는 올바른 방법이 있다.

✓ 예제 8.8

```
# polls/urls.py
from django.conf.urls import url

from . import views

urlpatterns = [
    # 뷰를 명시적으로 정의
    url(r'^$', views.index, name='index'),
]
```

참고 자료는 다음과 같다.

- 예전 방식: http://www.2scoops.co/7E/info
- 새로운 방식: http://www.2scoops.co/1.8-django-conf-urls-patterns

8.6 뷰에서 비즈니스 로직 분리하기

과거 우리는 상당량의 복잡한 비즈니스 로직을 뷰에다 구현하기도 했다. 불행히도 이럴 경우 PDF를 생성해야 한다든지, REST API를 추가해야 한다든지, 혹은 다른 포맷을 지원해야 하는 등의 경우가 되면 상당량의 로직을 뷰에다 구현한 것이 이런 새로운 기능을 추가하는 데 큰 장애로 대두되었다.

이 때문에 우리는 모델 메서드, 매니저 메서드 또는 일반적인 유틸리티 헬퍼 함수들을 이용하는 전략을 선호하게 되었다. 비즈니스 로직이 쉽게 재사용 가능한 컴포넌트가 되고 이를 뷰에서 호출하는 경우, 프로젝트에서 해당 컴포넌트를 확장하기가 매우 쉬워진다. 모든 프로젝트에서 초반부터 이렇게 한다는 것 자체가 늘 가능하지는 않기 때문에, 우리의 경험을 토대로 한 방법은 장고의 뷰에서 표준적으로 이용되는 구조 이외에 덧붙여진 비즈니스 로직을 발견할 때마다 해당 코드를 뷰 밖으로 이동시키는 것이다.

8.7 장고의 뷰와 함수

기본적으로 장고의 뷰는 HTTP를 요청하는 객체를 받아서 HTTP를 응답하는 객체로 변경하는 함수다. 수학에서 이야기하는 함수와 개념상 매우 비슷하다.

✓ 예제 8.9

```
# 함수로서의 장고 함수 기반 뷰
HttpResponse = view(HttpRequest)

# 기본 수학식의 형태로 풀이해 봄(수학에서 이용한 함수식)
y = f(x)

# ... 그리고 이를 CBV 예로 변형해 보면 다음과 같다.
HttpResponse = View.as_view()(HttpRequest)
```

이런 일련의 과정을 거치는 변환 개념은 함수 또는 클래스 기반 뷰 모두를 통틀어 똑같이 일어난다.

> **클래스 기반 뷰의 경우 실제로 함수로 호출된다**
>
> 장고의 클래스 기반 뷰의 경우 함수 기반 뷰와 비교하면 사뭇 다른 모습을 보여준다. 하지만 사실 URLConf에서 View.as_view()라는 클래스 메서드는 실제로 호출 가능한 뷰 인스턴스를 반환한다. 다시 말하면 요청/응답 과정을 처리하는 콜백 함수 자체가 함수 기반 뷰와 동일하게 작동한다는 것이다.

8.7.1 뷰의 기본 형태들

장고에서 이용되는 뷰의 기본 형태들을 알아보겠다. 이 기본 형태를 기억해 두자.

✓ 예제 8.10

```
# simplest_views.py
from django.http import HttpResponse
from django.views.generic import View

# 함수 기반 뷰의 기본 형태
def simplest_view(request):
    # 비즈니스 로직이 여기에 위치한다.
    return HttpResponse("FBV")

# 클래스 기반 뷰의 기본 형태
class SimplestView(View):
    def get(self, request, *args, **kwargs):
        # 비즈니스 로직이 여기에 위치한다.
    return HttpResponse("CBV")
```

왜 이 기본 형태가 중요한가?

- 종종 우리에겐 한 기능만 따로 떼어 놓은 관점이 필요할 때가 있다.
- 가장 단순한 형태로 된 기본 장고의 뷰를 이해했다는 것은 장고 뷰의 역할을

명확히 이해했다는 것이다.

- 장고의 함수 기반 뷰는 HTTP 메서드에 중립적이지만, 클래스 기반 뷰의 경우 HTTP 메서드의 선언이 필요하다는 것을 설명해 준다.

8.8 locals()를 뷰 콘텍스트에 이용하지 말자

locals()를 호출형(callble)으로 반환하는 것은 안티 패턴이다. 시간을 단축해 주는 지름길로 보이긴 하지만 사실 매우 긴 시간을 허비하는 결과를 초래하기 때문이다. 왜 그런지 예를 통해 알아보겠다. 여기 안티 패턴을 따르는 뷰가 있다.

⚠ 나쁜 예제 8.3

```
def ice_cream_store_display(request, store_id):
    store = get_object_or_404(Store, id=store_id)
    date = timezone.now()
    return render(request, 'melted_ice_cream_report.html', locals())
```

외관상으로는 모든 것이 괜찮아 보인다.

하지만 명시적이었던 디자인이 암시적 형태의 안티 패턴 형식이 되어버림으로써 이 단순한 뷰는 유지 보수하기에 복잡한 형태가 되어 버렸다. 특히 뷰가 어떤 걸 반환하려고 했는지 알 길이 없어졌다. 뷰가 반환하는 변수들을 어떤 식으로 변환해야 할지 명확하지 않으므로 문제가 야기되는 것이다.

⚠ 나쁜 예제 8.4

```
def ice_cream_store_display(request, store_id):
    store = get_object_or_404(Store, id=store_id)
    now = timezone.now()
    return render(request, 'melted_ice_cream_report.html', locals())
```

나쁜 예제 8.3과 나쁜 예제 8.4 사이의 차이점을 찾는 데 얼마나 걸렸는가? 정말 단순한 예제에서도 이런데, 큰 템플릿을 가진 복잡한 코드라면 어떨까? 바로 이런 이유 때문에 우리는 뷰에서 명시적인 콘텐츠를 이용하기를 추천하는 것이다.

√ 예제 8.11

```
def ice_cream_store_display(request, store_id):
    return render(request, 'melted_ice_cream_report.html', dict{
        'store': get_object_or_404(Store, id=store_id),
        'now': timezone.now()
    })
```

마틴 애스펠리(Martin Aspelli)의 의견을 한번 살펴보도록 하자. 2scoops.co/
django-views-and-locals-antipattern

8.9 요약

이번 장에서는 우선 함수 기반 뷰 또는 클래스 기반 뷰를 언제 이용하는지 다루
었고 후반부에서는 우리가 선호하는 패턴을 다루었다. 함수 기반 뷰에 대한 좀
더 깊은 내용은 다음 장에서 더 다룰 것이며 그 다음 장에서는 클래스 기반 뷰에
대해 다룰 것이다.

또한 URLConf에서 뷰 로직을 분리하는 기법에 대해 이야기했다. 뷰 코드는
앱의 views.py 모듈에, 그리고 URLConf 코드는 앱의 urls.py 모듈에 소속되어야
한다고 말했다. 또한 클래스 기반 뷰를 이용할 때 객체 상속을 이용함으로써 코
드를 재사용하기 쉬워지고 디자인을 좀 더 유연하게 할 수 있음을 확인했다.

9장

함수 기반 뷰의 모범적인 이용

장고 프로젝트 초기부터 **함수 기반 뷰**는 전 세계 여러 개발자에게 꾸준히 이용되어 왔다. 클래스 기반 뷰가 점점 더 많이 이용되고 있긴 하지만 함수 기반 뷰의 단순함은 새로운 개발자에게나 경험이 많은 개발자에게나 똑같이 매력적이다. 우리는 클래스 기반 뷰를 선호하지만 함수 기반 뷰를 이용하는 프로젝트도 다루곤 한다. 이제 우리가 함수 기반 뷰를 사용하는 프로젝트를 하면서 선호하며 즐겼던 몇 가지 방법을 소개하고자 한다.

9.1 함수 기반 뷰의 장점

함수 기반 뷰의 단순함은 사실 코드 재사용을 희생하여 나온 결과다. 함수 기반 뷰는 클래스 기반 뷰처럼 슈퍼클래스로부터 상속하는 기능이 없다. 함수 기반 뷰는 그 태생에서 오는 함수적인(functional) 특징이 장점이다. 또한 이로 인한 함수 기반 뷰만의 몇 가지 흥미로운 전략이 가능하다.

우리는 함수 기반 뷰를 가지고 코드를 작성할 때 다음 가이드라인을 따른다.

- 뷰 코드는 작을수록 좋다.
- 뷰에서 절대 코드를 반복해서 사용하지 말자.
- 뷰는 프레젠테이션(presentation) 로직을 처리해야 한다. 비즈니스 로직은 가능한 한 모델 로직에 적용시키고 만약 해야 한다면 폼 안에 내재시켜야 한다.
- 뷰를 가능한 한 단순하게 유지하자.
- 403, 404, 500을 처리하는 커스텀 코드를 쓰는 데 이용하라.
- 복잡하게 중첩된 if 블록 구문을 피하자.

9.2 HttpRequest 객체 전달하기

당연히 뷰에서 코드를 재사용하기 원하는 경우가 생기게 마련이다. 하지만 **미들웨어**(middleware)나 **콘텍스트 프로세서**(context processors) 같은 글로벌 액션에 연동되어 있지 않은 경우 재사용에 문제가 생긴다. 이 책의 도입부에서부터 언급했듯이 프로젝트 전체를 아우르는 유틸리티 함수를 만드는 것을 추천한다.

많은 유틸리티 함수 중에서 우리는 django.http.HttpRequest(줄여서 HttpRequest) 객체의 속성을 가져와서 데이터를 가공했다. 그간의 경험을 통해 우리는 이 요청 객체를 가져와서 주된 인자(primary argument)로 삼는 것이 많은 메서드의 인자 구성을 단순하게 해 준다는 사실을 발견했다. 함수, 메서드의 인자를 관리하는 데 있어 더 적은 부하를 가져다주었다. 단순히 HttpRequest 객체를 전달함으로써 말이다!

√ **예제 9.1**

```
# sprinkles/utils.py

from django.core.exceptions import PermissionDenied

def check_sprinkle_rights(request):
    if request.user.can_sprinkle or request.user.is_staff:
        return request

    # HTTP 403을 사용자에게 반환
    raise PermissionDenied
```

check_sprinkle_rights() 함수는 사용자의 권한을 체크해서 29.4.3에서 설명하는 HTTP 403 뷰를 생성하는 django.core.exceptions.PermissionDenied 예외를 발생시킨다.

None 객체 또는 어떤 임의의 값을 반환하는 게 아닌 HttpRequest 객체가 반환되고 있음을 이미 눈치챘을 것이다. 파이썬 언어가 동적 타입 언어이기 때문에 가능한 일이다. 또한 우리는 HttpRequest 객체에 여러 추가적인 속성을 덧붙일 수 있다. 예를 들면 다음과 같다.

√ **예제 9.2**

```
# sprinkles/utils.py

from django.core.exceptions import PermissionDenied

def check_sprinkles(request):
    if request.user.can_sprinkle or request.user.is_staff:
```

```
        # 이 내용을 여기 첨부함으로써 템플릿을 좀 더 일반적으로
        # 이용할 수 있게 되었다.
        #   {% if request.user.can_sprinkle or request.user.is_staff %}
        # 를 이용하는 대신 단순히
        #   {% if request.can_sprinkle %}
        # 을 이용해도 된다.
        request.can_sprinkle = True
        return request

    # HTTP 403을 사용자에게 반환
    raise PermissionDenied
```

잠시 후 설명하겠지만 HttpRequest 객체를 전달하는 다른 이유가 또 있다. 일단
이 코드를 실제로 적용해 보면 다음과 같다.

√ 예제 9.3

```python
# sprinkles/views.py

from django.shortcuts import get_object_or_404
from django.shortcuts import render

from .utils import check_sprinkles
from .models import Sprinkle

def sprinkle_list(request):
    """표준 리스트 뷰"""

    request = check_sprinkles(request)

    return render(request,
        "sprinkles/sprinkle_list.html",
        {"sprinkles": Sprinkle.objects.all()})

def sprinkle_detail(request, pk):
    """표준 상세 뷰"""

    request = check_sprinkles(request)

    sprinkle = get_object_or_404(Sprinkle, pk=pk)

    return render(request, "sprinkles/sprinkle_detail.html",
        {"sprinkle": sprinkle})

def sprinkle_preview(request):
    """새 스프링클의 미리 보기
        check_sprinkles 함수가 사용되는지 확인하지는 않는다.
    """
    sprinkle = Sprinkle.objects.all()
    return render(request,
        "sprinkles/sprinkle_preview.html",
        {"sprinkle": sprinkle})
```

이 방법의 또 다른 장점은 클래스 기반 뷰로 통합하기 쉽다는 점이다.

✓ 예제 9.4

```
# sprinkles/views.py
from django.views.generic import DetailView

from .utils import check_sprinkles
from .models import Sprinkle

class SprinkleDetail(DetailView):
    """표준 상세 뷰"""

    model = Sprinkle

    def dispatch(self, request, *args, **kwargs):
        request = check_sprinkles(request)
        return super(SprinkleDetail, self).dispatch(
                            request, *args, **kwargs)
```

💡 **특별한 인자를 가지는 함수를 만들 때 주의할 점**

단일한 인자를 가진 함수들의 단점은 'pk', 'flavor' 또는 'text'와 같은 특별한 함수 인자들을 통해 그 함수의 역할을 오판하는 경우가 생긴다는 것이다. 따라서 이러한 일이 생기지 않도록 특별한 인자를 가진 함수의 경우 일반적인 의미로 통용될 수 있는 형태로 만들자.

여기서 보면 함수 안에서 함수 이용하기를 반복하고 있는 우리를 보게 된다. 그렇다면 이를 자동으로 처리하는 방법이 있으면 어떨까? 이제 데코레이터를 이야기할 때가 됐다.

9.3 편리한 데코레이터

잠깐 아이스크림이 아니라 코드 이야기를 해보자. 컴퓨터 과학 용어에 따르면 **간편 표기법**(syntactic sugar)이란 표현이나 가독성을 좋게 하기 위해 프로그래밍 언어에 추가되는 문법을 나타낸다. 파이썬에서 데코레이터는 꼭 필요해서가 아니라 코드를 좀 더 간결하게 해 주고 사람이 읽기에 '달콤'하게 해 주는 기능을 하고 있다. 원래 데코레이터란 것이 달콤하고 편리하지 않은가.

함수가 주는 단순 명료함이라는 장점과 데코레이터의 간편 표기법을 섞으면 언제 어디서나 사용이 가능하며 동시에 재사용이 가능한 매우 유용하고 강력한 django.contrib.auth.decorators.login_required 데코레이터와 같은 도구가 생긴다.

여기에 함수 기반 뷰에서 이용할 수 있는 샘플 데코레이터 템플릿이 있다.

```
# 간단한 데코레이터 템플릿
import functools

def decorator(view_func):
    @functools.wraps(view_func)
    def new_view_func(request, *args, **kwargs):
        # 여기에서 request(HTTPRequest) 객체를 수정하면 된다.
        response = view_func(request, *args, **kwargs)
        # 여기에서 response(HttpResponse) 객체를 수정하면 된다.
        return response
    return new_view_func
```

그다지 확 와닿지 않을 수도 있을 것이다. 그래서 무엇을 하는지 명확하게 하려
고 달아 놓은 주석을 보면서 단계별로 살펴보겠다. 우선 우리의 필요에 맞게 앞
의 데코레이터 템플릿 예제를 수정해 보겠다.

```
# sprinkles/decorators.py
from functools import wraps

from . import utils

# 예제 9.5의 데코레이터 템플릿에 기반을 두고
def check_sprinkles(view_func):
    """사용자가 스프링클(별사탕)을 추가할 수 있는지 확인한다."""
    @wraps(view_func)
    def new_view_func(request, *args, **kwargs):
        # request 객체를 utils.can_sprinkle()에 넣는다.
        request = utils.can_sprinkle(request)

        # 뷰 함수를 호출
        response = view_func(request, *args, **kwargs)

        # HttpResponse 객체를 반환
        return response
    return new_view_func
```

그런 다음 이를 함수에 추가하면 다음과 같다.

```
# views.py
from django.shortcuts import get_object_or_404, render

from .decorators import check_sprinkles
from .models import Sprinkle

# 뷰에 데코레이터를 추가
@check_sprinkles
```

```
def sprinkle_detail(request, pk):
    """표준 상세 페이지"""

    sprinkle = get_object_or_404(Sprinkle, pk=pk)

    return render(request, "sprinkles/sprinkle_detail.html",
        {"sprinkle": sprinkle})
```

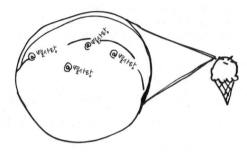

그림 9.1 아이스크림 위에 뿌려진 작은 별사탕들을 한번 자세히 관찰해 보자.
파이썬 데코레이터들을 발견할 수 있을 것이다.

💡 **functools.wraps()는 무엇인가?**

몇몇 눈치 빠른 독자들은 우리가 이용한 데코레이터 예제가 파이썬 표준 라이브러리에서
가져온 functools.wraps()라는 데코레이터 함수를 이용했음을 눈치챘을 것이다. 이는
docstrings 같은 중요한 데이터를 포함한 메타데이터를 새로이 데코레이션되는 함수에 복
사해 주는 편리한 도구다. 반드시 필요한 것은 아니지만 프로젝트 관리가 매우 편해진다.

9.3.1 데코레이터 남용하지 않기

강력한 도구들이 대부분 그렇듯이 데코레이터도 자칫 잘못된 방향으로 남용될
수 있다. 너무 많은 데코레이터의 집합은 데코레이터 자체를 난해하게 만들어,
복잡하게 얽힌 상속 과정을 지닌 뷰가 오히려 단순해 보일 정도가 되기도 한다.
데코레이터를 이용할 때는 얼마나 많은 데코레이터가 뷰에 이용될 것인지 한정
을 지어두고 그 정해진 수만큼만 쓰자.

해당 주제에 대한 유용한 비디오를 다음에서 찾을 수 있다. http://www.
2scoops.co/how-to-write-obfuscated-python

9.3.2 데코레이터에 대한 좀 더 많은 자료들

- 데코레이터에 대한 설명. http://2scoops.co/decorators-explained
- 데코레이터와 함수적인 파이썬. http://2scoops.co/decorators-functional-
  python

- 대니얼 로이 그린펠드가 쓴 데코레이터 요약하기. http://2scoops.co/decorator-cheatsheet
- '부록 C 추가 자료'의 '유용한 파이썬 자료들'

9.4 HttpResponse 객체 넘겨주기

HttpRequest 객체에서 그랬듯이, HttpResponse 객체 또한 함수와 함수 사이에서 서로 전달받을 수 있다. Middleware.process_request() 메서드를 떠올리면 될 것이다(http://2scoops.co/1.8-process-response 참고).

그렇다. 이 기능은 데코레이터와 같이 쓰여 큰 효과를 볼 수 있다. 예제 8.5를 보면 어떻게 하는지 힌트가 될 만한 내용을 찾을 수 있을 것이다.

9.5 요약

장고에서 함수 기반 뷰는 꾸준히 건재했고 훌륭히 그 역할을 수행하고 있다. 모든 함수는 HttpRequest 객체를 받고 HttpResponse 객체를 반환한다는 사실을 명심하기 바란다. 바로 이 점이 곧 함수 기반 뷰의 장점이기 때문이다.

우리가 함수 기반 뷰를 통해 배운 모든 교훈이 다음 장에서 설명할 클래스 기반 뷰에도 똑같이 적용될 수 있다.

10장

클래스 기반 뷰의 모범적인 이용

장고는 클래스 기반 뷰를 작성하는 표준화된 방법을 제공한다. 이전 장에서도 이야기했듯이 장고의 뷰는 요청 객체를 받고 응답 객체를 반환하는 내장 함수다. 함수 기반 뷰에서는 뷰 함수 자체가 내장 함수이고, 클래스 기반 뷰에서는 뷰 클래스가 내장 함수를 반환하는 as_view() 클래스 메서드를 제공한다. django.views.generic.View에서 해당 메커니즘이 구현되며 모든 클래스 기반 뷰는 이 클래스를 직간접적으로 상속받아 이용한다

또한 장고는 요즘 대부분의 웹 프로젝트에서 이용되는 제네릭 클래스 기반 뷰(generic class-based view, GCBV)를 제공하며, 그 장점을 최대한 살리고 있다.

모든 뷰에 대한 체계가 잡히기 시작한 장고 1.3이 릴리스되었을 때, django.views.generic에 있는 논제네릭 뷰(non-generic view)를 포함한 클래스 기반 뷰 전반에 대한 개념상의 큰 혼란이 있었다. 초기의 이런 문제점들은 문서화가 개선되고, 마크 탐린(Marc Tamlyn)과 찰스 덴튼(Charles Denton)의 ccbv.co.uk에서 제공하는 코드 인스펙터, 그리고 클래스 기반 뷰 개발을 촉진했던 여러 외부 패키지 덕분에 지금은 모두 다 해결되었다.

> 📦 **장고의 제네릭 클래스 기반 뷰에서 빠진 부분**
>
> 장고의 기본형을 보면 제네릭 클래스 기반 뷰를 위한 중요한 믹스인들이 빠져 있다. 예로 인증(authentication) 부분 같은 것을 들 수 있다. 하지만 django-braces 라이브러리를 이용함으로써 이런 부분들을 해결할 수 있다. django-braces 라이브러리는 장고의 제네릭 클래스 기반 뷰를 매우 쉽고 빠르게 개발하기 위한 명확한 믹스인들을 제공하고 있다. 이번 장에서는 이런 믹스인들을 다양한 예제 코드와 함께 구현해 보겠다.

10.1 클래스 기반 뷰를 이용할 때의 가이드라인

- 뷰 코드의 양은 적으면 적을수록 좋다.
- 뷰 안에서 같은 코드를 반복적으로 이용하지 말자.
- 뷰는 프레젠테이션 로직에서 관리하도록 하자. 비즈니스 로직은 모델에서 처리하자. 매우 특별한 경우에는 폼에서 처리하자.
- 뷰는 간단 명료해야 한다.
- 403, 404, 500 에러 핸들링에 클래스 기반 뷰는 이용하지 않는다. 대신 함수 기반 뷰를 이용하자.
- 믹스인은 간단 명료해야 한다.

10.2 클래스 기반 뷰와 믹스인 이용하기

믹스인을 아이스크림 섞는 것에 비유하자면 아이스크림을 만들 때 캔디나 과일 심지어 베이컨까지도 혼합하여 맛을 냄으로써 좀 더 다양한 맛으로 발전시키는 것과 같다고 볼 수 있다.

그림 10.1 아이스크림을 만들 때 인기 있는 믹스인과 인기 없는 믹스인들

소프트 아이스크림의 경우 이런 믹스인이 상당히 인기가 좋다. 그냥 단순한 바닐라 소프트 아이스크림이 별사탕, 파란 버터 얼음 가루, 노란 케이크와 혼합되어 아주 멋진 생일 케이크로 거듭나기도 한다.

프로그래밍에서는 믹스인이란 실체화된 클래스가 아니라 상속해 줄 기능들을 제공하는 클래스를 의미한다. 실체화(instantiation)된 상태를 의미하지는 않는다. 프로그래밍 언어에서 다중 상속을 해야 할 때 믹스인을 쓰면 클래스에 더 나은 기능과 역할을 제공할 수 있다.

장고 앱에서 뷰 클래스를 구성하기 위해 믹스인의 장점들이 활용된다.

믹스인을 이용해서 뷰 클래스를 제작할 때 케네스 러브(Kenneth Love)가 제안한 상속에 관한 규칙들을 따르기로 하자. 이 규칙은 파이썬의 **메서드 처리 순서**(method resolution order)에 기반을 둔 것으로 단순히 이야기하자면 왼쪽에서 오른쪽의 순서로 처리한다고 표현할 수 있을 것이다.

① 장고가 제공하는 기본 뷰는 '항상' 오른쪽으로 진행한다.

② 믹스인은 기본 뷰에서부터 왼쪽으로 진행한다.

③ 믹스인은 파이썬의 기본 객체 타입을 상속해야만 한다.

이 규칙을 구현한 예를 보면 다음과 같다.

✓ 예제 10.1

```python
from django.views.generic import TemplateView

class FreshFruitMixin(object):

    def get_context_data(self, **kwargs):
        context = super(FreshFruitMixin,
            self).get_context_data(**kwargs)
        context["has_fresh_fruit"] = True
        return context

class FruityFlavorView(FreshFruitMixin, TemplateView):
    template_name = "fruity_flavor.html"
```

이 단순한 예제에서 `FruityFlavorView` 클래스는 `FreshFruitMixin`과 `TemplateView`를 둘 다 상속하고 있다.

`TemplateView`가 장고에서 제공하는 기본 클래스이기 때문에 가장 오른쪽에 위치하며(규칙 1), 그 왼쪽에 `FreshFruitMixin`(규칙 2)을 가져다 놓았다. 이러한 규칙을 따름으로써 메서드와 프로퍼티가 올바르게 작동할 것을 확신할 수 있다.

마지막으로 `FreshFruitMixin`은 `object`를 상속하고 있다(규칙 3).

10.3 어떤 장고 제네릭 클래스 기반 뷰를 어떤 태스크에 이용할 것인가?

제네릭 클래스 기반 뷰의 장점은 단순화를 희생해서 얻은 결과다. 제네릭 클래스 기반 뷰는 최대 여덟 개의 슈퍼클래스가 상속되기도 하는 복합적인 상속 체인이다. 정확히 어떤 뷰를 이용할지 또는 어떤 뷰를 커스터마이징할지 결정하는 것은 때때로 매우 까다로운 문제이기도 하다.

이 문제에 도움이 되기 위해 장고의 각 클래스 기반 뷰의 목적과 이름을 나열한 표를 만들어 보았다. 나열된 뷰들은 모두 django.views.generic이라는 접두사를 포함하고 있다.

이름	목적	아이스크림 가게에서의 예
View	어디에서든 이용 가능한 기본 뷰	'10.6 django.views.generic.View 이용하기' 참고
RedirectView	사용자를 다른 URL로 리다이렉트	'/log-in/'을 방문한 사용자를 '/login/'으로 보내기
TemplateView	장고 HTML 템플릿을 보여줄 때	사이트의 '/about/' 페이지
ListView	객체 목록	아이스크림 맛 목록
DetailView	객체를 보여줄 때	아이스크림 맛에 대한 세부 사항
FormView	폼 전송	사이트 연락처 또는 이메일 폼
CreateView	객체를 만들 때	새로운 아이스크림 맛을 만들 때
UpdateView	객체를 업데이트할 때	기존 아이스크림을 업데이트할 때
DeleteView	객체를 삭제	바닐라 스테이크와 같이 그다지 선호되지 않는 아이스크림을 삭제할 때
제네릭 날짜 뷰 (generic date view)	시간 순서로 객체를 나열해 보여줄 때	블로그가 일반적으로 이를 이용한다. 이 책에서 우리는 어떤 맛의 아이스크림이 데이터베이스에 언제 추가되었는지 나타내는 데 이용할 수 있다.

표 10.1 장고 클래스 기반 뷰의 이용 표

장고 클래스 기반 뷰/제네릭 클래스 기반 뷰의 이용에 대한 세 가지 의견

우리는 장고의 클래스 기반 뷰와 제네릭 클래스 기반 뷰를 사용함에 개발자들이 다음의 세 그룹으로 나뉘는 것을 발견하였다.

'제네릭 뷰의 모든 종류를 최대한 이용'하자는 그룹

장고를 사용하는 이유는 개발 작업의 양을 최소화 하는데 그 최대의 목적이 있다는 철학에 기반을 둔 그룹의 주장이다. 작업양을 최소화 하기 위해 제네릭 뷰가 제공하는 모든 종류의 뷰를 최대한 이용하기를 장려한다. 우리 또한 이를 지지하는 바이다. 우리의 경험으로 보건데 이러한 방법으로 다수의 프로젝트를 빠르고 쉽게 개발, 유지 보수하는 데 큰 성공을 거두었다.

'심플하게 django.views.generic.View 하나로 모든 뷰를 다 처리'하자는 그룹

장고의 기본 클래스 기반 뷰로만으로도 충분히 원하는 기능을 다 소화할 수 있으며 진정한 클래스 기반 뷰란 모든 뷰가 제네릭 클래스 기반 뷰여야 한다는 주장이다. 지난 몇 년 동안 '제네릭 뷰의 모든 종류를 최대한 이용'하자는 리소스 기반 접근 방식이 실패한, 난해한 테스크들에 대해서 이 방법이 매우 효율적이라는 점을 발견했다. 이번 장에서 이러한 몇 가지 경우에 대해 이야기할 것이다.

'뷰를 정말 상속할 것이 아닌 이상 그냥 무시'하자는 그룹

제이콥 캐플런모스(Jacob Kaplan-Moss)는 다음과 같이 말했다. "내 일반적인 조언은 읽기 쉽고 이해하기도 쉬운 함수 기반 뷰로 시작하라는 것이다. 그리고 클래스 기반 뷰가 반드시 필요한 상황이 되었을 때만 클래스 기반 뷰를 이용하는 것이다. 어떤 상황에서 클래스 기반 뷰를 반드시 이용해야 할까? 여러 뷰에서 재사용할 수 있는 코드 양이 꽤 많은 경우다."

우리는 일반적으로 첫 번째 그룹을 지지한다. 하지만 이 부분에 대해 진짜 실전 해답이란 없다는 것을 분명히 밝혀두고 싶다.

10.4 장고 클래스 기반 뷰에 대한 일반적인 팁

이 절에서는 여러 장고 클래스 기반 뷰와 제네릭 클래스 기반 뷰 구현에 있어서 유용한 팁을 다루려고 한다. 장고의 클래스 기반 뷰와 제네릭 클래스 기반 뷰는 뷰, 템플릿 그리고 뷰와 템플릿에 대한 테스트를 신속하게 제작하는 데 그 목적이 있다. 이 기법들은 클래스 기반 뷰, 제네릭 클래스 기반 뷰, 그리고 장고의 기본 뷰(django-vanilla-views)에서 제공하는 뷰에까지 적용된다.

10.4.1 인증된 사용자에게만 장고 클래스 기반 뷰/제네릭 클래스 기반 뷰 접근 가능하게 하기

장고 클래스 기반 뷰 문서가 `django.contrib.auth.decorators.login_required` 데코레이터와 클래스 기반 뷰를 이용하는 데 도움이 되긴 하지만, 예제들이 정형화된 틀에 너무 박혀 있는 문제점이 있다. http://2scoops.co/1.8-login-required-cbv

다행히 django-braces에서 `LoginRequiredMixin`을 제공하고 있고 필요할 때마다 이를 추가할 수 있다. 그간 작성했던 장고 제네릭 클래스 기반 뷰들에 다음 방식을 적용해 볼 수 있을 것이다.

✓ 예제 10.2

```
# flavors/views.py
from django.views.generic import DetailView

from braces.views import LoginRequiredMixin

from .models import Flavor

class FlavorDetailView(LoginRequiredMixin, DetailView):
    model = Flavor
```

> 🔆 **제네릭 클래스 기반 뷰 믹스인 순서를 명심하자**
>
> 다음을 꼭 기억하자
>
> - LoginRequiredMixin은 가장 왼쪽에 위치한다.
> - 베이스 뷰 클래스는 항상 가장 오른쪽에 위치한다.
>
> 순서를 잊고 잘못된 순서로 나열하면 예상치 못한 결과를 초래하게 된다.

10.4.2 뷰에서 유효한 폼을 이용하여 커스텀 액션 구현하기

뷰에서 폼의 유효성 검사(valid form)를 할 때 커스텀 액션을 구현하고자 한다면, form_valid()는 제네릭 클래스 기반 뷰가 요청을 보내는 곳에 자리잡게된다.

√ **예제 10.3**

```python
from django.views.generic import CreateView

from braces.views import LoginRequiredMixin

from .models import Flavor

class FlavorCreateView(LoginRequiredMixin, CreateView):
    model = Flavor
    fields = ('title', 'slug', 'scoops_remaining')

    def form_valid(self, form):
        # 커스텀 로직이 이곳에 위치
        return super(FlavorCreateView, self).form_valid(form)
```

이미 체크된 폼에 대해 커스텀 로직을 적용하고 싶을 경우, form_valid()에 로직을 추가하면 된다. form_valid()의 반환형은 django.http.HttpResponseRedirect가 된다.

10.4.3 뷰에서 부적합한 폼을 이용하여 커스텀 액션 구현하기

뷰에서 폼의 부적합성 검사(invalid form)를 할 때 커스텀 액션을 구현하고자 한다면, form_invalid()는 제네릭 클래스 기반 뷰가 요청을 보내는 곳에 자리잡게된다. 이 메서드는 django.http.HttpResponse를 반환한다.

√ **예제 10.4**

```python
from django.views.generic import CreateView

from braces.views import LoginRequiredMixin
```

```
from .models import Flavor

class FlavorCreateView(LoginRequiredMixin, CreateView):
    model = Flavor

    def form_invalid(self, form):
        # 커스텀 로직이 이곳에 위치
        return super(FlavorCreateView, self).form_invalid(form)
```

form_valid()에서 로직을 추가했던 것과 같은 방법으로 form_invalid()에서도 로직을 추가할 수 있다.

이 두 가지 메서드를 오버라이딩하는 예를 '11.5.1 모델폼 데이터는 폼에 먼저 저장된 이후 모델 인스턴스에 저장된다'에서 다루었다.

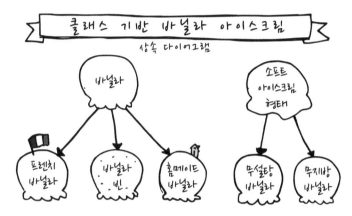

그림 10.2 또 다른 클래스 기반 뷰들: 클래스 기반의 바닐라 아이스크림들

10.4.4 뷰 객체 이용하기

콘텐츠를 렌더링하는 데 클래스 기반 뷰를 이용한다면 자체적인 메서드와 속성을 제공하는 뷰 객체를 이용하여 다른 메서드나 속성(peroperties)에서 호출이 가능하게 하는 방법을 고려해 볼 수 있다. 이런 뷰 객체들은 템플릿에서도 호출할 수 있다. 예를 들면 다음과 같다.

√ 예제 10.5

```
from django.utils.functional import cached_property
from django.views.generic import UpdateView, TemplateView

from braces.views import LoginRequiredMixin

from .models import Flavor
from .tasks import update_users_who_favorited
```

```
class FavoriteMixin(object):

    @cached_property
    def likes_and_favorites(self):
        """ likes와 favorites의 딕셔너리를 반환"""
        likes = self.object.likes()
        favorites = self.object.favorites()
        return {
            "likes": likes,
            "favorites": favorites,
            "favorites_count": favorites.count(),
        }

class FlavorUpdateView(LoginRequiredMixin, FavoriteMixin, UpdateView):
    model = Flavor
    fields = ('title', 'slug', 'scoops_remaining')

    def form_valid(self, form):
        update_users_who_favorited(
            instance=self.object,
            favorites=self.likes_and_favorites['favorites']
        )
        return super(FlavorCreateView, self).form_valid(form)

class FlavorDetailView(LoginRequiredMixin, FavoriteMixin, TemplateView):
    model = Flavor
```

다양한 flavors/ 앱 템플릿에서 해당 속성을 호출할 수 있다는 장점이 있다.

✓ 예제 10.6

```
{# flavors/base.html #}
{% extends "base.html" %}

{% block likes_and_favorites %}
<ul>
  <li>Likes: {{ view.likes_and_favorites.likes }}</li>
  <li>Favorites: {{ view.likes_and_favorites.favorites_count }}</li>
</ul>
{% endblock likes_and_favorites %}
```

10.5 제네릭 클래스 기반 뷰와 폼 사용하기

제네릭 클래스 기반 뷰를 이용할 때 어떻게 장고 폼과 같이 써야 하는지 궁금해 하는 사람들이 많다.

여기 아이스크림 종류를 기록하는 예제를 통해 어떻게 폼과 뷰를 함께 쓸 수 있는지 알아보겠다.

우선 이번 절에서 이용할 뷰 예제의 아이스크림 종류 모델을 정의해 보자.

✓ 예제 10.7

```
# flavors/models.py
from django.core.urlresolvers import reverse
from django.db import models

STATUS = (
    (0, "zero"),
    (1, "one"),
)

class Flavor(models.Model):
    title = models.CharField(max_length=255)
    slug = models.SlugField(unique=True)
    scoops_remaining = models.IntegerField(default=0, choices=STATUS)

    def get_absolute_url(self):
        return reverse("flavors:detail", kwargs={"slug": self.slug})
```

이제 장고 사용자들이라면 한두 번쯤 겪었을 폼 시나리오를 만들어 보겠다.

10.5.1 뷰 + 모델폼 예제

가장 단순하고 일반적인 장고 폼 시나리오다. 모델을 생성한 후 모델에 새로운 레코드를 추가하거나 기존 레코드를 수정하는 기능들이다.

예제에서는 어떻게 새 아이스크림을 추가하고, 기존 아이스크림을 수정하고, 아이스크림의 디스플레이 뷰를 만들지 나타낼 것이다. 또한 기존 레코드를 수정할 때 수정 확인 페이지를 어떻게 구현할 것인지도 포함하겠다.

여기 다음 뷰들이 있다.

① FlavorCreateView: 새로운 종류의 아이스크림을 추가하는 폼
② FlavorUpdateView: 기존 아이스크림을 수정하는 폼
③ FlavorDetailView: 아이스크림 추가와 변경을 확정하는 폼

이 뷰를 시각화해 보면 다음과 같다.

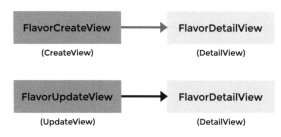

그림 10.3 뷰 + 모델폼의 흐름

장고의 작명 관례(naming convention)를 최대한 따르자. FlavorCreateView는 장고 CreateView의 서브클래스이고, FlavorUpdateView는 장고의 UpdateView의 서브클래스이고, FlavorDetailView는 장고 DetailView의 서브클래스다.

장고에서 대부분의 작업을 지원하기 때문에 해당 뷰를 작성하기가 그다지 어렵지 않다.

√ 예제 10.8

```python
# flavors/views.py
from django.views.generic import CreateView, UpdateView, DetailView

from braces.views import LoginRequiredMixin

from .models import Flavor

class FlavorCreateView(LoginRequiredMixin, CreateView):
    model = Flavor
    fields = ('title', 'slug', 'scoops_remaining')

class FlavorUpdateView(LoginRequiredMixin, UpdateView):
    model = Flavor
    fields = ('title', 'slug', 'scoops_remaining')

class FlavorDetailView(DetailView):
    model = Flavor
```

간단해 보이지 않는가? 적은 양의 코드로 꽤 많은 일을 할 수 있다!

하지만 여기서 주의해야 할 점이 있다. 이 뷰들을 urls.py 모듈에 연동하고 필요한 템플릿을 생성한 후 다음 문제에 봉착하게 될 것이다.

FlavorDetailView가 확인 페이지가 아니다.

현재 상태로 앞의 문장은 사실이다. 다행히 현재 뷰와 템플릿을 약간 수정해 문제를 빠르게 해결할 수 있다.

문제를 해결하기 위한 첫 번째 절차는 django.contrib.messages를 이용하여 사용자가 방문해 아이스크림을 추가하거나 아이스크림을 변경했다는 것을 FlavorDetailView에 알리는 것이다.

FlavorCreateView.form_valid()와 FlavorUpdateView.form_valid() 메서드들을 오버라이딩할 필요가 있다. 이는 FlavorActionMixin에서 한번에 편리하게 해결할 수 있다.

확인 페이지를 수정하기 위해 flavors/views.py를 다음과 같이 변경했다.

```
# flavors/views.py

from django.contrib import messages
from django.views.generic import CreateView, UpdateView, DetailView

from braces.views import LoginRequiredMixin

from .models import Flavor

class FlavorActionMixin(object):

    fields = ('title', 'slug', 'scoops_remaining')

    @property
    def success_msg(self):
        return NotImplemented

    def form_valid(self, form):
        messages.info(self.request, self.success_msg)
        return super(FlavorActionMixin, self).form_valid(form)

class FlavorCreateView(LoginRequiredMixin, FlavorActionMixin,
                        CreateView):
    model = Flavor
    success_msg = "Flavor created!"

class FlavorUpdateView(LoginRequiredMixin, FlavorActionMixin,
                        UpdateView):
    model = Flavor
    success_msg = "Flavor updated!"

class FlavorDetailView(DetailView):
    model = Flavor
```

이 장 앞 부분에서 제네릭 클래스 기반 뷰에서 form_valid()를 오버라이드하는 내용을 다루었다. 이번에는 비슷한 방식으로 오버라이드된 form_valid()를 생성했다. 단 믹스인으로 제작하여 여러 뷰에서 상속할 수 있다.

이제 장고의 메시지 프레임워크를 이용하여 사용자가 성공적으로 아이템을 추가하거나 수정했을 때 확인 메시지를 보여주게 해보자. 뷰에 확인 메시지를 보여주는 큐를 생성하는 FlavorActionMixin을 제작하자.

> 💡 **믹스인은 object를 상속해야 한다.**
>
> FlavorActionMixin은 이미 존재하는 믹스인이나 뷰를 상속하지 않고 파이썬의 object 타입을 상속한다는 점을 알아두자. 믹스인은 가능한 한 아주 단순한 상속의 연결이 되어야 한다는 것을 잊지 말자. 단순함이 그 힘이 되는 것이다.

종류가 생성되거나 업데이트된 후 메시지 리스트가 FlavorDetailView의 콘텍스트로 전송된다. 다음 코드를 뷰의 템플릿에 추가하고 아이스크림 종류를 새로 생성하거나 업데이트하면 이제 메시지들을 볼 수 있을 것이다.

✓ 예제 10.10

```
{# templates/flavors/flavor_detail.html #}
{% if messages %}
    <ul class="messages">
        {% for message in messages %}
        <li id="message_{{ forloop.counter }}"
            {% if message.tags %} class="{{ message.tags }}"
                {% endif %}>
            {{ message }}
        </li>
        {% endfor %}
    </ul>
{% endif %}
```

> 💡 **메시지 템플릿 코드 재사용하기!**
>
> 앞의 코드를 프로젝트의 베이스 HTML로 추가하는 것이 일반적이다. 이렇게 함으로써 프로젝트 전체에서 이용 가능한 메시지가 된다.

정리해 보면 앞의 예제에서 우리는 form_valid() 메서드를 어떻게 오버라이드하는지, 그리고 믹스인과 함께 어떻게 이용하는지, 여러 개의 믹스인을 어떻게 뷰 안에서 이용하는지 다루었고, django.contrib.message 프레임워크를 간단히 소개했다.

10.5.2 뷰 + 폼 예제

때때로 ModelForm이 아니라 장고 Form을 이용하고 싶을 때도 있을 것이다. 검색 폼과 같은 경우 말이다. 물론 다른 여러 상황에도 ModelForm이 아니라 장고 Form이 필요한 경우가 있을 것이다.

이번 예제에서는 간단한 아이스크림 종류 검색 폼을 만들어 보겠다. HTML 폼을 만든 후 이 폼의 액션이 ORM을 쿼리하여 쿼리의 결과를 리스트로 검색 결과 페이지에 보여 주도록 하겠다.

우리의 목적은 아이스크림 종류 검색 페이지를 만들 때 사용자가 '도우'라고만 입력해도 '초콜릿 칩 쿠키 도우', '퍼지 브라우니 도우', '피넛 버터 쿠키 도우', 그리고 다른 '도우'라는 문자열이 이름에 들어가 있는 모든 아이스크림 종류를 나열하는 것이다.

이를 구현하기 위해 복잡한 여러 방법이 있지만 우리에게 필요한 것은 가능한 한 간단하게 구현된 예이고 따라서 뷰 하나로 모든 것을 처리하겠다. FlavorListView 하나로 검색과 검색 결과 모두를 처리하겠다.

우리의 구현 방식의 개요를 보면 다음과 같다.

그림 10.4 뷰와 폼의 흐름

이 시나리오에서 검색 페이지에 대해서는 일반적으로 인터넷에서 쓰이는 관례에 기반을 두기로 하겠다. 예를 들면 'q'는 검색 쿼리 파라미터를 의미한다. 또한 POST 요청이 아닌 GET 요청을 이용할 것이다. 일반적인 폼에서 흔한 경우는 아니지만 우리 예제에서는 전혀 문제 될 것이 없다. 우리가 만드는 폼이 추가, 수정 또는 삭제를 처리하는 폼이 아닌 사실을 생각하면 우리가 여기서 굳이 POST 요청을 쓸 이유는 없다.

검색 쿼리에 맞는 검색 결과를 가져오기 위해 우리는 ListView에서 지원하는 기본 쿼리세트를 수정해야 한다. 이를 위해 ListView의 get_queryset() 메서드를 오버라이드했다. 다음 코드를 flavors/views.py에 추가하자.

√ **예제 10.11**

```
from django.views.generic import ListView

from .models import Flavor

class FlavorListView(ListView):
    model = Flavor

    def get_queryset(self):
        # 부모 get_queryset으로부터 쿼리세트를 패치
        queryset = super(FlavorListView, self).get_queryset()

        # q GET 파라미터 받기
        q = self.request.GET.get("q")
        if q:
            # 필터된 쿼리세트 반환
            return queryset.filter(title__icontains=q)
        # 기본 쿼리세트 반환
        return queryset
```

모든 아이스크림 종류를 나열하는 대신 검색 문자가 이름에 포함되어 있는 아이스크림만 나열한다.

앞에서도 이야기했듯이 검색 폼은 HTML 폼 안에서 GET 요청을 이용하는 일반적이지 않은 경우다. 이는 검색이라는 것이 데이터를 추가하거나 변경하는 절차가 아니라 단지 서버에서 정보를 받아오는 절차이기 때문이다. 검색 폼은 다음과 같이 구성된다.

✓ 예제 10.12

```
{# templates/flavors/_flavor_search.html #}
{% comment %}
    Usage: {% include "flavors/_flavor_search.html" %}
{% endcomment %}
<form action="{% url "flavor_list" %}" method="GET">
    <input type="text" name="q" />
    <button type="submit">search</button>
</form>
```

> 🔘 **검색 폼에서 폼 타깃 지정하기**
>
> 검색 폼이 여러 페이지에 포함되어 있는 경우를 흔히 볼 수 있다. 따라서 폼 액션에서 URL을 지정할 때 주의를 기울여야 한다. 검색 폼 이름 앞에 밑줄(_)을 붙인 이유가 바로 이 때문이며 동시에 여러 다른 템플릿에서 포함하고 있다는 의미이기도 하다.

일단 ListView의 get_queryset() 메서드를 오버라이딩했다면 나머지 부분은 일반적인 HTML 폼과 다를 게 없어진다. 이런 간단명료함 때문에 우리는 장고를 좋아한다.

10.6 django.views.generic.View 이용하기

모든 뷰에서 django.views.generic.View만 이용하여 장고 프로젝트 전부를 구성할 수도 있다. 극단적인 이야기가 아니라 실제로 그렇게 구현할 수도 있고 이상할 것도 없다. 공식 장고 문서에서 클래스 기반 뷰 소개 부분(http://2scoops.co/1.8-using-cbvs)을 보면 프로젝트 전체를 django.views.generic.View로 구성하는 것과 비슷한 방법론이 나온다. 그 중요성은 '8.7.1 뷰의 기본 형태들'에서 이미 강조한 바 있다.

각 HTTP 메서드를 중첩된 if 문으로 처리하는 함수 기반 뷰를 작성하거나 get_context_data()와 form_valid() 메서드 뒤에 숨어 있는 HTTP 메서드들이 위치한 클래스 기반 뷰를 작성하는 대신 이 메서드들에 직접 접근할 수 있다면 어떻겠는가?

다음과 같이 생각해 볼 수 있을 것이다.

√ **예제 10.13**

```
from django.shortcuts import get_object_or_404
from django.shortcuts import render, redirect
from django.views.generic import View

from braces.views import LoginRequiredMixin

from .forms import FlavorForm
from .models import Flavor

class FlavorView(LoginRequiredMixin, View):

    def get(self, request, *args, **kwargs):
        # Flavor 객체의 디스플레이를 처리
        flavor = get_object_or_404(Flavor, slug=kwargs['slug'])
        return render(request,
            "flavors/flavor_detail.html",
                {"flavor": flavor}
            )

    def post(self, request, *args, **kwargs):
        # Flavor 객체의 업데이트를 처리
        flavor = get_object_or_404(Flavor, slug=kwargs['slug'])
        form = FlavorForm(request.POST)
        if form.is_valid():
            form.save()
        return redirect("flavors:detail", flavor.slug)
```

물론 이를 함수 기반 뷰로도 만들어 이용할 수도 있을 것이다. 하지만 FlavorView 안에서 GET/POST 메서드 데코레이션을 이용하는 것이 기존의 'if request.method == ...' 식의 조건문을 통하는 것보다 더 낫다는 것은 좀 고민해 봐야 할 것이다. 게다가 믹스인을 이용하는 것이 훨씬 직관적이기도 하다.

우리는 제네릭 클래스 기반 뷰를 상당히 많이 이용한 프로젝트라 할지라도 django.views.generic.View 클래스를 GET 메서드와 함께 JSON, PDF 또는 다른 비HTML 콘텐츠를 서비스하기 위해 이용한 경우, django.views.generic.View 클래스가 매우 유용하다는 사실을 발견했다. 함수 기반 뷰에서 CSV, 엑셀, PDF 파일을 렌더링하기 위해 우리가 이용한 방법들은 GET 메서드를 사용할 때 적용되었다. 예를 들면 다음과 같다.

✓ 예제 10.14

```
from django.http import HttpResponse
from django.shortcuts import get_object_or_404

from django.views.generic import View

from braces.views import LoginRequiredMixin

from .models import Flavor
from .reports import make_flavor_pdf

class PDFFlavorView(LoginRequiredMixin, View):

    def get(self, request, *args, **kwargs):
        # 종류 할당
        flavor = get_object_or_404(Flavor, slug=kwargs['slug'])

        # 응답 생성
        response = HttpResponse(content_type='application/pdf')

        # PDF 스트림 생성 후 응답에 할당
        response = make_flavor_pdf(response, flavor)

        return response
```

앞의 예제는 매우 간단하고 직관적인 예제이긴 하지만 더 많은 커스텀 로직을 처리하고 더 많은 믹스인과 효과를 내야 하는 상황이라도 django.views.generic.View가 주는 간단 명료함 덕에 더 복잡한 뷰를 훨씬 간단하게 구성할 수 있다. 핵심을 이야기하면 장고 1.3부터 우리는 객체 지향의 장점을 살린 클래스 기반 뷰와 함수 기반 뷰를 서로 조합해서 이용함으로써 그 장점을 최대한 살릴 수 있다는 것이다.

10.7 추가 참고 자료

- http://2scoops.co/1.8-topics-class-based-views

- http://2scoops.co/1.8-cbv-generic-display

- http://2scoops.co/1.8-cbv-generic-editing

- http://2scoops.co/1.8-cvb-mixins

- http://2scoops.co/1.8-ref-class-based-views

- 제네릭 클래스 기반 뷰 인스펙터. http://ccbv.co.uk

- www.python.org/download/releases/2.3/mro

- http://pydanny.com/tag/class-based-views.html

> 💡 **다른 유용한 클래스 기반 뷰 라이브러리들**
>
> django-extra-views: 또 다른 종류의 클래스 기반 뷰 라이브러리로 django-braces가 지
> 원하지 않는 경우를 많이 지원하고 있다.
>
>   django-vanilla-views: 손쉽게 이용 가능한 형태와 단순 명료함을 기반으로 기본 장고
> 제네릭 클래스 기반 뷰의 강력한 기능을 제공한다. django-braces와 함께 이용하면 강력
> 한 성능을 발휘할 수 있다.

10.8 요약

이번 장에서는 다음 내용을 다루었다.

- 믹스인과 클래스 기반 뷰를 이용하는 방법
- 어떤 작업에 장고의 클래스 기반 뷰가 이용되어야 하는가
- 클래스 기반 뷰 사용에 대한 일반적인 팁들
- 클래스 기반 뷰를 폼에 연동하기
- 베이스 `django.view.generic.View` 이용하기

다음 장에서는 일반적으로 이용되는 클래스 기반 뷰와 폼 패턴에 대해 다루어
보겠다. 클래스 기반 뷰와 폼 패턴을 잘 다루어 둔다면 또 다른 강력한 무기를
습득하게 되는 것이다.

11장

장고 폼의 기초

장고 프로젝트라면 마땅히 폼을 이용해야 할 것이다.
또한 대부분(95%)의 장고 프로젝트는 폼 중에서도 모델폼을 써야 할 것이다.
(그런데) 실제 모델폼은 91%의 장고 프로젝트에서만 쓰이고 있다.
그중 80%의 모델폼은 간단한 로직만으로 되어 있다.
그리고 나머지 20%의 모델폼이 복잡한 로직을 담고 있다.

- 대니얼이 임의로 만들어본 통계

장고는 강력한 기능을 가진 폼을 제공하며 애플리케이션 외부에서 입력된 어떤 데이터가 어떻게 폼으로 처리되는지 이해한다면 데이터를 그만큼 깔끔하게 정리하여 저장할 수 있다.

장고를 이용하여 데이터를 처리하다 보면 여러분을 괴롭히는 까다로운 상황에 봉착하게 된다. 이때 어떻게 폼이 구성되어 있는지, 어떻게 폼이 호출되는지 그 구성을 알고 있다면, 대부분의 그런 까다로운 경우를 극복하는 데 큰 도움이 될 것이다.

장고 폼에 대해 기억해야 할 가장 중요한 점은 어떠한 데이터든 간에 입력 데이터라고 한다면 장고 폼을 이용하여 유효성 검사를 해야 한다는 것이다.

11.1 장고 폼을 이용하여 모든 입력 데이터에 대한 유효성 검사하기

장고 폼은 파이썬 딕셔너리의 유효성을 검사하는 데 최상의 도구다. 대부분의 경우 POST가 포함된 HTTP 요청을 받아 유효성을 검사하는 데 이용하지만 이런 경우 외에는 절대로 쓰지 말라는 제약은 없다.

다른 프로젝트로부터 CSV 파일을 받아 모델에 업데이트하는 장고 앱을 가지고 있다고 하자. 이러한 경우를 처리하기 위해 다음과 같은 코드를 쉽게 접할 수 있다(물론 실제로 다음 예제처럼 간단한 코드는 아닐 것이다).

⚠ **나쁜 예제 11.1**

```
import csv
import StringIO

from .models import Purchase

def add_csv_purchases(rows):

    rows = StringIO.StringIO(rows)
    records_added = 0

    # 한 줄당 하나의 dict를 생성. 단 첫 번째 줄은 키 값으로 함
    for row in csv.DictReader(rows, delimiter=","):
        # 절대 따라하지 말 것: 유효성 검사 없이 바로 모델로 데이터 입력
        purchase.objects.create(**row)
        records_added += 1
    return records_added
```

여기서 여러분이 간과하고 있는 것은 Purchase 모델에서 문자열 값으로 저장되어 있는 셀러(seller)가 실제로 존재하는 셀러인지 그 유효성을 검사하고 있지 않다는 점이다. 물론 add_csv_purchases() 함수에 유효성 검사 코드를 추가할 수도 있겠지만 매번 데이터가 바뀔 때마다 복잡한 유효성 검사 코드를 필요에 맞춰 유지 관리하기란 여간 번거로운 일이 아니다.

이럴 땐 다음과 같이 장고의 폼을 이용하여 입력 데이터에 대해 유효성 검사를 하는 방식을 이용해 보자.

√ **예제 11.1**

```
import csv
import StringIO

from django import forms

from .models import Purchase, Seller

class PurchaseForm(forms.ModelForm):

    class Meta:
        model = Purchase

    def clean_seller(self):
        seller = self.cleaned_data["seller"]
        try:
            Seller.objects.get(name=seller)
        except Seller.DoesNotExist:
```

```
                msg = "{0} does not exist in purchase #{1}.".format(
                    seller,
                    self.cleaned_data["purchase_number"]
                )
                raise forms.ValidationError(msg)
            return seller

def add_csv_purchases(rows):

    rows = StringIO.StringIO(rows)

    records_added = 0
    errors = []
    # 한 줄당 하나의 dict를 생성. 단 첫 번째 줄은 키 값으로 함
    for row in csv.DictReader(rows, delimiter=","):

        # PurchaseForm에 원본 데이터 추가
        form = PurchaseForm(row)
        # 원본 데이터가 유효한지 검사
        if form.is_valid():
            # 원본 데이터가 유효하므로 해당 레코드 저장
            form.save()
            records_added += 1
        else:
            errors.append(form.errors)

    return records_added, errors
```

입력되는 데이터에 대해 일일이 유효성 검사 코드를 직접 만들지 않고 장고에서 제공하는 검증된 데이터 테스트 프레임워크를 이용하는 것이다!

💡 **code 파라미터는 어떻게 할 것인가?**

아르노 랭부르(Arnaud Limbourg)는 장고 공식 문서에서 ValidationError에 code 파라미터를 전달해 줄 것을 추천했다. 다음과 같이 말이다.

✓ 예제 11.2
```
ValidationError(_('Invalid value'), code='invalid')
```

우리의 예제에서는 이 파라미터를 이용하지 않았다. 하지만 여러분이 원한다면 얼마든지 이용할 수 있다.

장고 코어 개발자인 마크 탐린(Marc Tamlyn)은 말했다. "개인적인 의견이지만 장고 문서는 항상 교과서적인 최선의 모범 해법만을 추천한다. 물론 서드 파티 애플리케이션 등을 제작할 때는 반드시 그래야 하겠지만 말이다. 어떤 경우라도 에러 원인을 명확히 확인하고자 할 때, 이렇게 코드 파라미터를 전달하는 게 최상의 방법일 것이다. 유효성 검사 에러 메시지는 언제든지 변할 수 있으니 말이다."

참고 자료는 다음과 같다.

· http://www.2scoops.co/1.8-raising-validationerror

11.2 HTML 폼에서 POST 메서드 이용하기

데이터를 변경하는 모든 HTML 폼은 POST 메서드를 이용하여 데이터를 전송하게 된다.

✓ 예제 11.3

```
<form action="{% url "flavor_add" %}" method="POST">
```

폼에서 POST 메서드를 이용하지 않는 유일한 경우는 검색 폼이다. 검색 폼은 일반적으로 어떤 데이터도 변경하지 않기 때문이다. 검색 폼은 데이터 변경을 가져오지 않기 때문에 GET 메서드를 이용할 수 있다.

11.3 데이터를 변경하는 HTTP 폼은 언제나 CSRF 보안을 이용해야 한다

장고에는 CSRF(cross-site request forgery protection, 사이트 간 위조 요청 방지)가 내장되어 있다. 사용 방법은 장고 초보 튜토리얼 가이드의 4부(https://docs.djangoproject.com/en/1.8/intro/tutorial04)에서 설명하고 있다. 이용하기가 편리하며 개발 단계에서 잊어버리고 이용하지 않았을 경우 친절한 안내 메시지를 보여주기도 한다. CSRF 보안을 사용하지 않으면 치명적인 보안 문제를 일으킬 수 있으므로 이 책의 보안 관련 장에서도 항상 장고의 CSRF 보안을 이용하라고 충고하고 있다.

그간의 경험으로 보면 CSRF 보안을 잠시 꺼 두어도 되는 경우로는 머신들 사이에 이용되는 API 사이트를 제작할 때다. django-tastypie나 django-rest-framework 같은 API 프레임워크에서는 이러한 처리를 자동으로 다해준다. API 요청은 단일 요청을 기반으로 인증 요청/인증 허용을 하기 때문에 이런 경우 일반적으로 HTTP 쿠키를 인증 수단으로 이용하지 않는다. 따라서 이러한 프레임워크에서는 CSRF로 인한 문제가 일어나지 않는다.

데이터를 변경하는 API를 직접 구현하고 있다면 장고의 CSRF 문서를 참고하기 바란다. https://docs.djangoproject.com/en/1.8/ref/csrf

> **HTML 검색 폼**
> HTML 검색 폼은 데이터 변경에는 관여하지 않기 때문에 HTTP GET 메서드를 이용하며 따라서 장고의 CSRF 보안이 적용되지 않는다.

장고의 `CsrfViewMiddleware`를 사이트 전체에 대한 보호막으로 이용함으로써 일일이 손으로 `csrf_protect`를 뷰에 데코레이팅하지 않아도 된다. CSRF가 Jinja2 템플릿과 잘 작동하게 하기 위해서는 '15.3.1 CSRF와 Jinja2'를 보기 바란다.

11.3.1 AJAX를 통해 데이터 추가하기

AJAX를 통해 데이터를 추가할 때는 반드시 장고의 CSRF 보안을 이용해야 한다. 절대 AJAX 뷰를 CSRF에 예외 처리하지 말기 바란다.

대신에 AJAX를 통해 데이터를 보낼 때 HTTP 헤더에 X-CSRFToken을 설정해 두도록 한다.

장고 공식 문서에 jQuery 1.5 이상 버전에서 크로스 도메인 확인과 함께 POST 요청에 X-CSRFToken을 추가하는 방법이 나와 있다. https://docs.djangoproject.com/en/1.8/ref/csrf/#ajax

'17.6 AJAX와 CSRF 토큰'에 장고 공식 문서에서 다룬 코드를 어떻게 이용하는지 완전한 예를 실어 놓았다.

더 읽어 볼 만한 자료는 다음과 같다. https://docs.djangoproject.com/en/1.8/ref/csrf

11.4 장고의 폼 인스턴스 속성을 추가하는 방법 이해하기

때때로 장고 폼의 `clean()`, `clean_FOO()`, `save()` 메서드에 추가로 폼 인스턴스 속성이 필요할 때가 있다. 이럴 경우에는 `request.user` 객체를 이용하면 된다. 여기 taster를 이용한 예제가 있다.

먼저 폼은 다음과 같다.

√ 예제 11.4

```
from django import forms

from .models import Taster

class TasterForm(forms.ModelForm):

    class Meta:
        model = Taster

    def __init__(self, *args, **kwargs):
        # user 속성 폼에 추가하기
        self.user = kwargs.pop('user')
        super(TasterForm, self).__init__(*args, **kwargs)
```

super()를 호출하기 이전에 self.user가 추가된 것과 어떻게 kwargs를 호출했는지 보았는가? 크리스토퍼 램배커(Christopher Lambacher)에 따르면 이러한 방식 덕에 폼이 더 강력하게, 특히나 다중 상속을 이용할 때 강력한 효과를 발휘한다고 한다. 이제 뷰를 보면 다음과 같다.

√ 예제 11.5

```python
from django.views.generic import UpdateView

from braces.views import LoginRequiredMixin

from .forms import TasterForm
from .models import Taster

class TasterUpdateView(LoginRequiredMixin, UpdateView):
    model = Taster
    form_class = TasterForm
    success_url = "/someplace/"

    def get_form_kwargs(self):
        """키워드 인자들로 폼을 추가하는 메서드"""
        # 폼 #kargs를 가져오기
        kwargs = super(TasterUpdateView, self).get_form_kwargs()
        # kwargs의 user_id 업데이트
        kwargs['user'] = self.request.user
        return kwargs
```

📦 **django-braces의 모델폼 믹스인**

폼에 request.user 객체를 추가하는 것은 django-braces에서 빈번하게 이루어진다. 하지만 request.user 객체가 아닌 다른 것을 추가해야 할 경우에 대비하여 어떻게 추가하고 작동하는지 알아둘 필요가 있다.

- http://www.2scoops.co/django-braces-user-form-kwargs-mixin
- http://www.2scoops.co/django-braces-user-kwarg-model-form-mixin

11.5 폼이 유효성을 검사하는 방법 알아두기

장고 내부에서의 처리 절차를 이해함으로써 여러분 코드의 품질을 한 단계 올릴 수 있는 분야 중 하나가 바로 폼의 유효성 검사다. 폼의 유효성 검사에 대해 좀 더 알아보고 몇 가지 요점을 살펴보자.

form.is_valid()가 호출될 때 그 이면에서는 여러 가지 일이 다음 순서로 진행된다.

① 폼이 데이터를 받으면 form.is_valid()는 form.full_clean() 메서드를 호출한다.

② form.full_clean()은 폼 필드들과 각각의 필드 유효성을 하나하나 검사하면서 다음과 같은 과정을 수행한다.

    ⓐ 필드에 들어온 데이터에 대해 to_python()을 이용하여 파이썬 형식으로 변환하거나 변환할 때 문제가 생기면 ValidationError를 일으킨다.

    ⓑ 커스텀 유효성 검사기(validator)를 포함한 각 필드에 특별한 유효성을 검사한다. 문제가 있을 때 ValidationError를 일으킨다.

    ⓒ 폼에 clean_<field>() 메서드가 있으면 이를 실행한다.

③ form.full_clean()이 form.clean() 메서드를 실행한다.

④ ModelForm 인스턴스의 경우 form.post_clean()이 다음 작업을 한다.

    ⓐ form.is_valid()가 True나 False로 설정되어 있는 것과 관계없이 Model Form의 데이터를 모델 인스턴스로 설정한다.

    ⓑ 모델의 clean() 메서드를 호출한다. 참고로 ORM을 통해 모델 인스턴스를 저장할 때는 모델의 clean() 메서드가 호출되지는 않는다.

그림 11.1 아이스크림이 유효성 검사를 통과하지 못했을 때

이러한 과정이 굉장히 복잡해 보이지만 실제로는 매우 단순하며 여기서의 모든 기능이 입력된 데이터가 어떻게 처리되는지 좀 더 쉽게 이해시켜 주는 역할을 한다는 점을 기억하라. 다음 절의 예제들로 좀 더 이해할 수 있을 것이다.

11.5.1 모델폼 데이터는 폼에 먼저 저장된 이후 모델 인스턴스에 저장된다

우리는 이러한 절차를 짜증을 일으키는 폼 유효성 검사라고 부르고 싶다. 우선 폼 데이터가 폼 인스턴스로 변하는 것에 대해 버그가 아닌가 하지만 그렇지 않다. 의도된 것이다.

ModelForm에서 폼 데이터는 두 가지 각기 다른 단계를 통해 저장된다.

① 첫 번째로 폼 데이터가 폼 인스턴스에 저장된다.
② 그 다음에 폼 데이터가 모델 인스턴스에 저장된다.

form.save() 메서드에 의해 적용되기 전까지는 ModelForm이 모델 인스턴스로 저장되지 않기 때문에 이렇게 분리된 과정 자체를 장점으로 이용할 수 있다.

예를 들면 폼 입력 시도 실패에 대해 좀 더 자세한 사항이 필요할 때, 사용자가 입력한 폼의 데이터와 모델 인스턴스의 변화를 둘 다 저장할 수 있다.

다음 예에서 극단적으로 단순화된 데이터 수집 방법을 볼 수 있을 것이다. 우선 우리는 폼의 실패 기록 모델을 예제 11.6에 나타난 것처럼 core/models.py에 생성하기로 한다.

✓ **예제 11.6**

```
# core/models.py
from django.db import models

class ModelFormFailureHistory(models.Model):
    form_data = models.TextField()
    model_data = models.TextField()
```

두 번째로 예제 11.7을 flavors/views.py의 **FlavorActionMixin**에 추가한다.

✓ **예제 11.7**

```
# flavors/views.py
import json

from django.contrib import messages
from django.core import serializers
from core.models import ModelFormFailureHistory

class FlavorActionMixin(object):

    @property
    def success_msg(self):
        return NotImplemented

    def form_valid(self, form):
        messages.info(self.request, self.success_msg)
        return super(FlavorActionMixin, self).form_valid(form)

    def form_invalid(self, form):
        """실패 내역을 확인하기 위해 유효성 검사에 실패한 폼과 모델을 저장한다."""
        form_data = json.dumps(form.cleaned_data)
        model_data = serializers.serialize("json",
                    [form.instance])[1:-1]
```

```
ModelFormFailureHistory.objects.create(
    form_data=form_data,
    model_data=model_data
)
return super(FlavorActionMixin,
             self).form_invalid(form)
```

다시 한번 상기하면 form_invalid()는 데이터가 적합하지 않아서 유효성 검사에 실패한 후에 호출된다. 앞의 예제에서 form_invalid()가 호출될 때 유효성 검사에 통과한 폼 데이터와 데이터베이스에 저장될 최종 데이터 둘 다 ModelFormFailure History 레코드에 저장된다.

11.6 Form.add_error()를 이용하여 폼에 에러 추가하기

마이클 바(Michael Barr)에 의하면 장고 1.7에서 Form.add_error() 메서드를 사용하여 Form.clean()을 더 간소화할 수 있게 되었다.

√ 예제 11.8

```
from django import forms

class IceCreamReviewForm(forms.Form):
    # tester 폼의 나머지 부분이 이곳에 위치
    ...

    def clean(self):
        cleaned_data = super(TasterForm, self).clean()
        flavor = cleaned_data.get("flavor")
        age = cleaned_data.get("age")

        if flavor == 'coffee' and age < 3:
            # 나중에 보여줄 에러들을 기록
            msg = u"Coffee Ice Cream is not for Babies."
            self.add_error('flavor', msg)
            self.add_error('age', msg)

        # 항상 처리된 데이터 전체를 반환한다.
        return cleaned_data
```

11.6.1 유용한 폼 메서드들

유용한 여러 종류의 폼 유효성 검사 메서드들이 있다.

- http://www.2scoops.co/1.8-form.errors.as_data
- http://www.2scoops.co/1.8-form.errors.as_json

- http://www.2scoops.co/1.8-form.has_error
- http://www.2scoops.co/1.8-form.non_field_errors

11.7 기존에 만들어진 위젯이 없는 필드

`django.contrib.postgres` 필드의 새로운 `ArrayField`와 `HStoreField`는 장고의 HTML 필드들과는 제대로 작동하지 않는다. 해당하는 위젯이 아직 없다. 하지만 해당 필드들을 여전히 폼에 이용할 수 있다.

　'11.1 장고 폼을 이용하여 모든 입력 데이터에 대한 유효성 검사하기'에서 이에 대해 이미 다루었다.

11.8 더 많은 참고 자료

- 대니얼 로이 그린펠드가 쓴, 이 책에서 살짝 소개한 폼 확장 개념에 대한 블로그 연재. http://www.pydanny.com/tag/forms.html
- 브래드 몽고메리(Brad Montgomery)가 쓴 `ArrayField` 위젯을 만드는 방법에 관한 글. http://www.2scoops.co/bradmontgomery-nice-arrayfield
- 미겔 아라우조(Miguel Araujo)가 쓴 커스텀 위젯과 필드 제작하기. http://www.2scoops.co/django-forms-i-custom-fields-and-widgets-in

11.9 요약

일단 폼을 작성하기 시작했다면 코드의 명료성과 테스트를 염두에 두기 바란다. 폼은 장고 프로젝트에서 주된 유효성 검사 도구이며 불의의 데이터 충돌에 대한 중요한 방어 수단이기도 하다.

　다음 장에서는 폼과 클래스 기반 뷰, 모델을 함께 사용하는 방법을 다루겠다.

12장

폼 패턴들

장고의 폼은 강력한 동시에 유연하며 자유자재로 확장 가능한 구조로 되어 있다. 그 덕분에 장고 폼은 장고 어드민과 클래스 기반 뷰에서 광범위하게 이용되고 있으며 대부분의 장고 API 프레임워크에서 모델폼 또는 그와 비슷한 종류의 구현이 유효성 검사를 위해 쓰이고 있다.

    폼과 모델, 뷰를 조합함으로써 최소한의 노력으로 최대한의 효과를 노릴 수 있다. 학습 곡선을 생각하더라도 충분한 이득이 있다고 할 수 있다. 한번 컴포넌트들을 익혀둠으로써 장고가 제공하는 강력하고 다양한 여러 기능을 빠르게 이용할 수 있기 때문이다.

📦 **유용한 폼 관련 패키지들**

- django-floppyforms: 장고 폼을 HTML5로 렌더링해 준다.
- django-crispy-forms: 폼 레이아웃의 고급 기능들. 폼을 트위터의 부트스트랩 폼 엘리먼트와 스타일로 보여준다. django-floppyforms와 함께 쓰기 좋아서 빈번하게 함께 쓰인다.
- django-forms-bootstrap: 트위터의 부트스트랩 스타일을 이용한 간단한 도구. django-floppyforms와 같이 잘 작동한다 하지만 django-crispy-forms와는 충돌이 발생한다.

이번 장에서는 장고에서 최고의 기능이라 불리는 폼, 모델, 클래스 기반 뷰를 잘 이용하는 방법을 다루겠다. 또한 장고 개발자라면 반드시 알아 두어야 할 다섯 가지 폼 패턴에 대해 설명하겠다.

12.1 패턴 1: 간단한 모델폼과 기본 유효성 검사기

가장 간단한 데이터 변경 폼은 ModelForm인데 이는 기본 유효성 검사기를 있는 그대로 수정 없이 이용하는 것이다. '10장 클래스 기반 뷰의 모범적인 이용'의 '10.5.1 뷰 + 모델폼 예제'에서 기본 유효성 검사를 다루었다.

앞 장에서 이야기한 것을 다시 떠올려 보면, ModelForm과 클래스 기반 뷰를 폼의 추가, 변경에 이용하기 위해서는 코드 몇 줄만으로 충분하다.

√ 예제 12.1

```
# flavors/views.py
from django.views.generic import CreateView, UpdateView

from braces.views import LoginRequiredMixin

from .models import Flavor

class FlavorCreateView(LoginRequiredMixin, CreateView):
    model = Flavor
    fields = ('title', 'slug', 'scoops_remaining')

class FlavorUpdateView(LoginRequiredMixin, UpdateView):
    model = Flavor
    fields = ('title', 'slug', 'scoops_remaining')
```

기본 유효성 검사기를 있는 그대로 이용하는 방법을 다시 정리해 보면 다음과 같다.

- Flavor 모델을 FlavorCreateView와 FlavorUpdateView에서 이용하도록 한다.
- 두 뷰에서 Flavor 모델에 기반을 둔 ModelForm을 자동 생성한다.
- 생성된 ModelForm이 Flavor 모델의 기본 필드 유효성 검사기를 이용하게 된다.

장고에서는 기본으로 데이터 유효성 검사기를 제공한다. 하지만 기본 유효성 검사기만으로는 충분하다고 볼 수 없다. 따라서 다음 패턴에서 커스텀 필드 유효성 검사기를 제작하는 방법을 알아보겠다.

12.2 패턴 2: 모델폼에서 커스텀 폼 필드 유효성 검사기 이용하기

프로젝트의 모든 앱의 타이틀 필드가 'Tasty'로 시작되어야 한다면 어떻게 하겠는가?

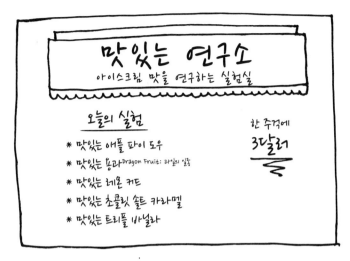

그림 12.1 맛있는 연구소에선 모든 아이스크림 이름이 '맛있는'으로 시작되어야 한다.

이는 간단한 **커스텀 필드 유효성 검사기**로 처리할 수 있는 문자열 유효성 검사의 문제다.

이 패턴에서 우리는 커스텀 단일 필드 유효성 검사기를 생성하고 추상화 모델과 폼에 추가하는 방법을 알아보겠다.

이 예제를 이해하기 위해 우리에게 두 가지 다른 디저트 모델이 있다고 가정해 보자. 각기 다른 아이스크림 종류를 위한 Flavor 모델과 여러 종류의 밀크셰이크를 위한 Milkshake 모델이다. 그리고 이 두 가지 모델에는 공통적으로 title 필드가 존재한다.

수정 가능한 모든 모델 타이틀에 대한 유효성을 검사하기 위해 validators.py 모듈을 제작하자.

✓ **예제 12.2**

```python
# core/validators.py
from django.core.exceptions import ValidationError

def validate_tasty(value):
    """단어가 'Tasty'로 시작하지 않으면 ValidationError를 일으킨다."""
    if not value.startswith(u"Tasty"):
        msg = u"Must start with Tasty"
        raise ValidationError(msg)
```

장고에서 커스텀 필드 유효성 검사기는 입력된 인자들이 테스트를 통과하지 못했을 경우 에러를 일으키는 간단한 함수로 되어 있다.

물론 이 예제에서는 validate_tasty() 유효성 검사 함수가 단순한 경우를 다루지만 실제 프로젝트에서는 폼 필드 유효성 검사기가 이보다 더 복잡하다는 점을 염두에 두자.

🔍 유효성 검사기에 대한 테스트는 특별히 더 주의하자

유효성 검사기는 장고 프로젝트의 데이터 충돌을 방지하는 중요한 기능을 한다. 따라서 테스트에 좀 더 주의를 기울일 필요가 있다.

유효성 검사기에 대한 테스트는 아주 특별한 경우를 포함한 모든 상황을 주의 깊게 포함하여 진행해야만 한다.

---

validate_tasty()를 다른 종류의 디저트 모델에 적용하기 위해 우선 TastyTitle AbstractModel이라는 프로젝트 전반에서 이용할 수 있는 추상화 모델을 추가한다.

Flavor와 Milkshake 모델이 각기 다른 모델이라 가정할 때 유효성 검사기를 하나의 앱에만 추가하는 것은 적절하지 않을 것이다. 따라서 그 대신 core/models.py 모듈을 만들고 TastyTitleAbstractModel을 이곳에 추가하겠다.

✓ 예제 12.3

```
# core/models.py
from django.db import models

from .validators import validate_tasty

class TastyTitleAbstractModel(models.Model):
    title = models.CharField(max_length=255, validators=[validate_tasty])

    class Meta:
        abstract = True
```

앞의 core/models.py 코드에서 마지막 두 줄이 TastyTitleAbstractModel을 추상화 모델로 만들어 준다.

이제 원래 flavors/models.py의 Flavor 코드에서 TastyTitleAbstractModel을 부모 클래스로 지정해 보겠다.

✓ 예제 12.4

```
# flavors/models.py
from django.core.urlresolvers import reverse
from django.db import models

from core.models import TastyTitleAbstractModel

class Flavor(TastyTitleAbstractModel):
```

```
    slug = models.SlugField()
    scoops_remaining = models.IntegerField(default=0)

    def get_absolute_url(self):
        return reverse("flavors:detail", kwargs={"slug": self.slug})
```

Flavor 모델에 이와 같이 적용할 수 있을 것이다. 또한 WaffleCone이나 Cake 모델 같은, 맛을 나타낼 수 있는 음식 기반의 모델이라면 어디서나 이용할 수 있다. TastyTitleAbstractModel 클래스를 상속받는 모델들은 모델 타이틀이 'Tasty'로 시작되지 않을 경우 유효성 검사 에러를 발생시킬 것이다.

자, 그럼 다음과 같은 질문들이 생길 것이다.

- 단지 폼에만 validate_tasty()를 이용하고자 할 때는 어떻게 해야 할까?
- 타이틀 말고 다른 필드에 이를 적용하고 싶을 때는 어떻게 할 것인가?

이러한 경우들을 처리하기 위해 커스텀 필드 유효성 검사기를 이용하는 커스텀 FlavorForm을 작성하도록 한다.

√ 예제 12.5

```
# flavors/forms.py
from django import forms

from core.validators import import validate_tasty
from .models import Flavor

class FlavorForm(forms.ModelForm):
    def __init__(self, *args, **kwargs):
        super(FlavorForm, self).__init__(*args, **kwargs)
        self.fields["title"].validators.append(validate_tasty)
        self.fields["slug"].validators.append(validate_tasty)

    class Meta:
        model = Flavor
```

앞선 두 경우처럼 유효성 검사기를 사용하는 방법의 장점은 validate_tasty()의 코드를 변경하지 않고 이용할 수 있다는 것이다. 이 코드를 새로운 곳에 임포트 하는 것만으로 바로 이용할 수 있다.

다음 단계로 커스텀 폼을 뷰에 추가해 보겠다. 장고의 모델 기반 수정 뷰 (model-based edit view)는 뷰의 모델 속성(attribute)을 기반으로 모델폼을 자동으로 생성해 준다. 이 기본 생성된 모델폼에 우리의 커스텀 FlavorForm을 오버라이딩하겠다. 다음 예제에서처럼 폼을 생성하고 업데이트하는 flavors/views.py 모듈에서 오버라이딩이 이루어진다.

✓ 예제 12.6

```
# flavors/views.py
from django.contrib import messages
from django.views.generic import CreateView, UpdateView, DetailView

from braces.views import LoginRequiredMixin

from .models import Flavor
from .forms import FlavorForm

class FlavorActionMixin(object):

    model = Flavor
    fields = ('title', 'slug', 'scoops_remaining')

    @property
    def success_msg(self):
        return NotImplemented

    def form_valid(self, form):
        messages.info(self.request, self.success_msg)
        return super(FlavorActionMixin, self).form_valid(form)

class FlavorCreateView(LoginRequiredMixin, FlavorActionMixin,
                            CreateView):
    success_msg = "created"
    # FlavorForm 클래스를 명시적으로 추가
    form_class = FlavorForm

class FlavorUpdateView(LoginRequiredMixin, FlavorActionMixin,
                            UpdateView):
    success_msg = "updated"
    # FlavorForm 클래스에 명시적 추가
    form_class = FlavorForm

class FlavorDetailView(DetailView):
    model = Flavor
```

이제 FlavorCreateView와 FlavorUpdateView 뷰에서는 입력된 데이터의 유효성 검사를 위해 FlavorForm을 이용하게 되었다.

이렇게 함으로써 Flavor 모델은 이번 장 처음 부분에 나온 예와 똑같은 것이 되거나 TastyTitleAbstractModel로부터 상속받아 생긴 것이 된다.

12.3 패턴 3: 유효성 검사의 클린 상태 오버라이딩하기

다음과 같이 유효성 검사를 이용해야 하는 상황을 생각해 보자.

• 다중 필드에 대한 유효성 검사
• 이미 유효성 검사가 끝난 데이터베이스의 데이터가 포함된 유효성 검사

두 가지 경우 전부 커스텀 로직으로 clean() 또는 clean_<field name>() 메서드를 오버라이딩 할 수 있는 최적의 경우다.

기본 또는 커스텀 필드 유효성 검사기가 실행된 후, 장고는 다음 과정으로 clean() 메서드나 clean_<field name>() 메서드를 이용하여 입력된 데이터의 유효성을 검사하는 절차를 진행한다. 어째서 장고가 유효성 검사에 또 한 번의 절차를 더 거치는지 의아할 수 있을 것이다. 이를 설명해 보면 다음과 같다.

① clean() 메서드는 어떤 특별한 필드에 대한 정의도 가지고 있지 않기 때문에 두 개 또는 그 이상의 필드들에 대해 서로 간의 유효성을 검사하는 공간이 된다.

② 클린(clean) 유효성 검사 상태는 영속 데이터(persistent data)에 대해 유효성을 검사하기에 좋은 장소다. 이미 유효성 검사를 일부 마친 데이터에 대해 불필요한 데이터베이스 연동을 줄일 수 있다.

또 다른 유효성 검사 예와 함께 좀 더 들여다보자. 아이스크림 주문서를 구현한다고 했을 때 고객은 원하는 아이스크림 종류를 결정한 후에 토핑을 추가한다. 그리고 나서 상점에 들러 주문한 아이스크림을 가져간다.

고객이 아이스크림 종류를 선택할 때 재고가 없는 아이스크림을 선택하는 경우를 피하기 위해 clean_slug() 메서드를 추가하기로 하자. flavor 유효성 검사를 통하면 우리의 폼은 다음과 같이 될 것이다.

✓ **예제 12.7**

```python
# flavors/forms.py
from django import forms
from flavors.models import Flavor
class IceCreamOrderForm(forms.Form)
    """일반적으로 forms.ModelForm을 이용하면 된다. 하지만
        모든 종류의 폼에서 이와 같은 방식을 적용할 수 있음을 보이기 위해
        forms.Form을 이용했다.
    """

    slug = forms.ChoiceField("Flavor")
    toppings = forms.CharField()

    def __init__(self, *args, **kwargs):
        super(IceCreamOrderForm, self).__init__(*args,
                **kwargs)
        # 선택 가능한 옵션을 (모델의) flavor 필드에서
        # 설정하지 않고 여기서 동적으로 설정했다.
        # 필드에서 설정하면 서버를 재시작하지 않고는
        # 폼에 설정 상태를 변경할 수 없기 때문이다.
```

```
    self.fields["slug"].choices = [
        (x.slug, x.title) for x in Flavor.objects.all()
    ]
    # 주의: 필터를 이용하여 아이스크림이 남았는지
    # 확인할 수도 있으나 filter()가 아닌 clean_slug를
    # 이용하는 방법을 예로 들었다.

def clean_slug(self):
    slug = self.cleaned_data["slug"]
    if Flavor.objects.get(slug=slug).scoops_remaining <= 0:
        msg = u"Sorry, we are out of that flavor."
        raise forms.ValidationError(msg)
    return slug
```

HTML에 기반을 둔 뷰에선 앞선 예제처럼 clean_slug() 메서드에서 에러를 발생시킬 경우 "Sorry, we are out of the flavor"라는 메시지를 flavor HTML의 입력 필드에 보여주게 된다. HTML의 폼 기능을 이용할 경우의 장점이라고 할 수 있을 것이다!

이제 고객들이 초콜릿을 너무 많이 주문한다고 불평하는 상황을 상상해 보자. 물론 실제로 그런 일이 일어날 리는 없다. 단지 우리는 'too much chocolate'이라는 것을 이용하기 위한 가상의 경우를 고려하는 것이다.

이런 경우 clean() 메서드를 아이스크림 종류와 토핑 필드 각각에 적용해 볼 수 있다.

✓ 예제 12.8

```
# 이 코드를 앞의(12.7) 예제에 붙여 넣자.
def clean(self):
    cleaned_data = super(IceCreamOrderForm, self).clean()
    slug = cleaned_data.get("slug", "")
    toppings = cleaned_data.get("toppings", "")

    # "too much chocolate" 유효성 검사 예
    if u"chocolate" in slug.lower() and \
            u"chocolate" in toppings.lower():
        msg = u"Your order has too much chocolate."
        raise forms.ValidationError(msg)
    return cleaned_data
```

자, 이렇게 함으로써 현실에서는 불가능한, 초콜릿이 너무 많다는 불평에 대한 처리를 하는 것이다!

다중 필드 유효성 검사에서 사용되는 공통 필드

사용자 계정 폼에서 사용자에게 이메일이나 패스워드를 두 번씩 입력하기를 요구하는 경우를 볼 수 있다. 이런 경우에 다음 사항들이 해당 필드에서 점검되는지 확인해 보자.

입력된 패스워드의 복잡성

이메일 모델 필드가 unique=True로 설정되었을 경우, 입력된 이메일에 대한 중복 확인

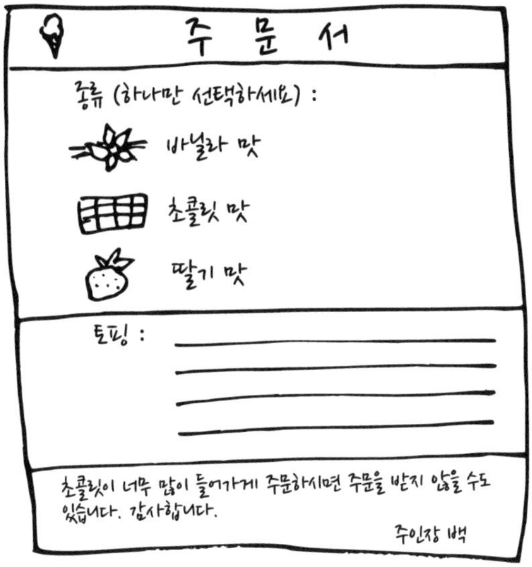

그림 12.2 대체 정말 왜 이러는 거지?

12.4 패턴 4: 폼 필드 해킹하기(두 개의 CBV, 두 개의 폼, 한 개의 모델)

이제 고급 주제로 넘어가자. 하나의 모델에 두 개의 뷰와 폼이 엮여 있는 경우를 이야기해 보겠다. 이를 위해 장고 폼을 수정하여 특별한 작동(custom behavior)을 하는 특수한 폼을 생성하겠다.

　나중에 입력할 데이터를 위해 빈 필드(empty field)를 포함한 레코드를 생성하는 경우를 종종 보게 된다. 상점 목록 같은 것이 될 텐데, 각 상점을 최대한 빠르게 시스템에 저장하면서 동시에 전화번호나 설명 등의 데이터는 나중에 입력하는 경우를 예로 들 수 있다. 여기 우리의 IceCreamStore 모델을 보면 다음과 같다.

✓ **예제 12.9**

```
# stores/models.py
from django.core.urlresolvers import reverse
from django.db import models

class IceCreamStore(models.Model):
```

```
title = models.CharField(max_length=100)
block_address = models.TextField()
phone = models.CharField(max_length=20, blank=True)
description = models.TextField(blank=True)

def get_absolute_url(self):
    return reverse("store_detail", kwargs={"pk": self.pk})
```

이 모델의 기본 ModelForm에서는 사용자가 title과 block_address는 입력해야 하지만 phone과 description 필드는 입력하지 않아도 되게 구성되어 있다. 사용자가 맨 처음 title과 block_address만을 입력하고 phone과 description 필드는 입력하지 않은 상태로 이용하는 데 문제가 없는 구성이지만, 앞에서 이야기한 바와 같이, 후에 사용자가 phone과 description 필드를 추가적으로 업데이트하는 것이 가능하도록 구성하고 싶은 것이다.

장고의 구조를 세세하게 알기 이전까지 우리가 구현했던 방법은 phone과 description 필드의 수정(edit) 폼을 오버라이드하는 것이었다. 이는 다음과 같이 코드가 많이 중복되는 결과를 초래했다.

⚠️ **나쁜 예제 12.1**

```
# stores/forms.py
from django import forms

from .models import IceCreamStore

class IceCreamStoreUpdateForm(forms.ModelForm):
    # 따라하지 말 것! 모델 필드를 반복해서 이용함
    phone = forms.CharField(required=True)
    # 따라하지 말 것! 모델 필드를 반복해서 이용함
    description = forms.TextField(required=True)

    Class Meta:
        Model = IceCreamStore
```

이 폼을 보면 왠지 눈에 익지 않는가?

이 폼을 보면 거의 IceCreamStore 모델을 그대로 복사한 것이지 않는가!

앞의 예는 단순화한 것이지만 모델에서 실제로 많은 필드를 처리하는 경우, 이렇게 반복되어 쓰인 모델이라면 관리하기가 매우 복잡해진다. 그리고 모델의 필드를 폼으로 복사, 붙이기 하는 것 자체가 '반복되는 일 하지 않기(Don't Repeat Yourself)'라는 규칙에 어긋나기도 한다.

이러한 방법이 얼마나 짜증을 유발하는지 한번 보자. 앞에서와 같은 방법이라면 그저 help_text라는 속성을 모델의 description 필드에 추가했을 때에도 폼에서 description 필드 정의를 수정하기 전까지는 템플릿에서 보이지 않게 된다. 이 설명이 복잡해 보인다면 바로 그 과정이 복잡하다는 의미다.

장고 폼을 사용할 땐 반드시 다음 사항을 기억하자. 실체화된 폼 객체는 유사 딕셔너리 객체인 fields 속성 안에 그 필드들을 저장한다.

따라서 폼으로 필드의 정의를 복사, 붙이기 하는 대신에 간단하게 ModelForm의 __init__() 메서드에서 새로운 속성을 적용하면 된다.

✓ 예제 12.10

```python
# stores/forms.py
# self.fields라는 유사 딕셔너리 객체에서 phone과 description을 호출
from django import forms

from .models import IceCreamStore

class IceCreamStoreUpdateForm(forms.ModelForm):

    class Meta:
        model = IceCreamStore

    def __init__(self, *args, **kwargs):
        # 필드 오버로드가 이루어지기 이전에
        # 원래의 __init__ 메서드를 호출한다.
        super(IceCreamStoreUpdateForm, self).__init__(*args,
                        **kwargs)
        self.fields["phone"].required = True
        self.fields["description"].required = True
```

이렇게 발전된 방법 덕에 코드를 복사, 붙이기 하지 않고 대신 필드 세팅에 좀 더 집중할 수 있다.

결국 기억해야 할 중요한 점은 장고의 폼도 결국 파이썬 클래스라는 사실이다. 장고의 폼 또한 객체로 실체화되고 슈퍼클래스가 되어 다른 클래스를 상속하기도 한다.

따라서 아이스크림 스토어 폼에서 상속을 이용함으로써 많은 코드를 줄일 수 있다.

✓ 예제 12.11

```python
# stores/forms.py
from django import forms

from .models import IceCreamStore

class IceCreamStoreCreateForm(forms.ModelForm):

    class Meta:
```

```
        model = IceCreamStore
        fields = ("title", "block_address", )

class IceCreamStoreUpdateForm(IceCreamStoreCreateForm):

    def __init__(self, *args, **kwargs):
        super(IceCreamStoreUpdateForm,
                self).__init__(*args, **kwargs)
        self.fields["phone"].required = True
        self.fields["description"].required = True

    class Meta(IceCreamStoreCreateForm.Meta):
        # 모든 필드를 다 보여준다.
        fields = ("title", "block_address", "phone",
                "description", )
```

> **！ Meta.fields를 이용하되 Meta.exclude는 절대 이용하지 말자**
>
> Meta.exclude를 이용하는 대신 우리는 Meta.fields만 이용함으로써 정확히 어떤 필드
> 들이 이용되는지 알 수 있다. '26장 장고 보안의 실전 방법론'의 '26.13 ModelFoms.Meta.
> exclude 이용하지 않기'를 읽어 보기 바란다.

이제 최종적으로 어떤 클래스 기반 뷰를 만들어야 할지 명확해졌다. 모든 폼
클래스를 구현했으니 이제 구현된 폼 클래스들을 IceCreamStore의 create와
update 뷰에서 이용해 보자.

✓ 예제 12.12

```
# stores/views
from django.views.generic import CreateView, UpdateView

from .forms import IceCreamStoreCreateForm
from .forms import IceCreamStoreUpdateForm
from .models import IceCreamStore

class IceCreamCreateView(CreateView):
    model = IceCreamStore
    form_class = IceCreamStoreCreateForm

class IceCreamUpdateView(UpdateView):
    model = IceCreamStore
    form_class = IceCreamStoreUpdateForm
```

이로써 뷰 두 개와 폼 두 개, 모델 하나가 서로 연동되는 경우를 살펴보았다.

12.5 패턴 5: 재사용 가능한 검색 믹스인 뷰

이번에는 각기 다른 두 개의 모델에 연동되는 두 개의 뷰에 하나의 폼을 재사용

할 수 있는지 알아보겠다.

두 개의 모델 전부 title이라는 필드(이 패턴에서도 역시 프로젝트에서 이름 관례를 따르면 왜 좋은지 알 수 있다)가 있다고 가정하자. 이 예에서는 하나의 클래스 기반 뷰로 Flavor와 IceCreamStore 모델 두 개에 대해 간단한 검색 기능을 구현해 보겠다.

뷰에 간단한 검색 믹스인을 만들어 보는 것부터 시작하자.

✓ 예제 12.13

```python
# core/views.py
class TitleSearchMixin(object):

    def get_queryset(self):
        # 부모의 get_queryset으로부터 queryset을 가져오기
        queryset = super(TitleSearchMixin, self).get_queryset()

        # q라는 GET 파라미터 가져오기
        q = self.request.GET.get("q")
        if q:
            # 필터된 쿼리세트 반환
            return queryset.filter(title__icontains=q)
        # q가 지정되지 않았으면 그냥 queryset 반환
        return queryset
```

폼 + 뷰의 예제를 그대로 이용한 것이므로 앞의 코드는 매우 눈에 익을 것이다. 이제 Flavor와 IceCreamStore 뷰 둘 다에서 이 코드를 이용할 수 있는지 나타내 보겠다. 우선 flavor뷰는 다음과 같다.

✓ 예제 12.14

```python
# add to flavors/views.py
from django.views.generic import ListView

from core.views import TitleSearchMixin
from .models import Flavor

class FlavorListView(TitleSearchMixin, ListView):
    model = Flavor
```

또한 아이스크림 스토어 뷰에 다음을 추가하자.

✓ 예제 12.15

```python
# stores/views.py에 추가
from django.views.generic import ListView

from core.views import TitleSearchMixin
from .models import Store
```

```
class IceCreamStoreListView(TitleSearchMixin, ListView):
    model = Store
```

폼의 경우 다음과 같이 각각의 ListView의 HTML 안에 포함시키면 된다.

✓ 예제 12.16

```
{# stores/store_list.html 템플릿 안의 폼 #}
<form action="" method="GET">
    <input type="text" name="q" />
    <button type="submit">search</button>
</form>
```

그리고 다음과 같다.

✓ 예제 12.17

```
{# flavors/flavor_list.html 템플릿 안의 폼 #}
<form action="" method="GET">
    <input type="text" name="q" />
    <button type="submit">search</button>
</form>
```

이제 두 개의 뷰에 같은 믹스인을 이용하게 되었다. 믹스인은 코드를 재사용하는 좋은 방법이지만 단일 클래스에서 너무 많은 믹스인을 이용하면 코드 유지보수가 매우 어려워진다. 항상 그렇듯이 코드는 가능한 한 단순하게 유지해야 한다.

12.6 요약

ModelForm과 클래스 기반 뷰, 기본 유효성 검사기를 이용하는 가장 단순한 형태의 패턴부터 시작하여 커스텀 유효성 검사기까지 적용해 보았다.

그리고 더 복잡한 유효성 검사를 살펴보았다. 클린 메서드들을 오버라이딩하는 부분도 살펴보았으며 두 개의 뷰와 두 개의 뷰에 해당하는 폼을 하나의 모델에 연동하는 방법도 알아보았다.

마지막으로 각기 다른 두 개의 앱에 같은 폼을 이용하기 위해 재사용이 가능한 믹스인을 생성하는 경우를 다루어 보았다.

13장

템플릿의 모범적인 이용

초기 장고 디자인의 방향은 템플릿 언어의 기능에 많은 제약을 두자는 것이었다. 장고 템플릿으로 할 수 있는 일에 강한 제약을 두면 파이썬으로 비즈니스 로직을 만들도록 강제할 수 있어 좋은 일이라고 생각했다.

생각해 보면, 장고 템플릿을 제한하면 프로젝트에서 가장 중요하고 복잡한 부분을 템플릿 파일이 아니라 .py 파일에 두도록 강제할 수 있게 되는 것이다. 파이썬은 세상에서 가장 간결하고 직관적이며 우아한 프로그래밍 언어이니 파이썬 말고 다른 언어나 방식으로 딱히 이를 구현할 필요가 없지 않겠는가?

> 💡 **Jinja2와 장고 이용하기**
>
> 1.8 버전부터 장고는 Jinja2를 기본적으로 지원하기 시작했다. 물론 다른 템플릿 언어를 포함할 수 있는 인터페이스도 지원한다. 이에 대해서는 '15장 장고 템플릿과 Jinja2'에서 다루겠다.

13.1 대부분의 템플릿은 templates/에 넣어 두자

프로젝트 템플릿의 대부분은 메인 'templates' 디렉터리에 위치시키자. 여기에 나열한 것처럼 'templates/' 디렉터리 아래에 각 앱별로 서브디렉터리를 둔다.

✓ **예제 13.1**

```
templates/
    base.html
    ... (여타 사이트 전반에 걸친 템플릿은 여기에 둔다)
    freezers/
        ('freezers' 앱 템플릿은 여기에 둔다)
```

간혹 다른 튜토리얼을 보면 앱의 서브디렉터리 아래에 템플릿 디렉터리를 두는 경우가 있다. 하지만 우리는 다음과 같이 독자적인 템플릿 디렉터리를 각 앱에 두면 이에 대한 관리가 쉽지 않음을 경험했다.

⚠ **나쁜 예제 13.1**

```
freezers/
    templates/
        freezers/
            ... ('freezers' 앱 템플릿은 여기에 둔다)
templates/
    base.html
    ... (여타 사이트 전반에 걸친 템플릿은 여기에 둔다)
```

물론 이런 방법이 더 편하게 느껴지는 사람도 있을 것이다. 어떤 방법이든지 크게 상관없는 것이 사실이다.

하지만 이 두 가지 방법에 대해 공통적인 예외는 플러그인 패키지로 설치된 장고 앱을 가지고 작업할 때다. 장고 패키지는 일반적으로 자기 자신 안에 존재하는 'templates/' 디렉터리를 가지고 있다. 우리는 이 앱 자체의 템플릿들을 우리의 메인 'templates/' 디렉터리 안의 템플릿으로 오버라이딩함으로써 우리만의 디자인과 스타일을 입힌다.

13.2 템플릿 아키텍처 패턴

경험에 따르면 일반적으로 간단한 형태의 2중 또는 3중 구조로 이루어진 템플릿 형태가 여러 목적에 가장 이상적이었다. 두 구조의 차이는 최종 결과물을 보여주기 전까지 얼마나 많은 레벨의 템플릿이 확장되어야 하는가이다. 다음 예를 보자.

13.2.1 2중 템플릿 구조의 예

2중 템플릿 구조를 보면, 모든 템플릿은 하나의 base.html 파일로부터 상속받아 생성된다.

✓ **예제 13.2**

```
templates/
    base.html
    dashboard.html # base.html 확장
    profiles/
        profile_detail.html # base.html 확장
        profile_form.html # base.html 확장
```

여러 앱을 통틀어 일관된 구성을 보여주기에는 최적화된 구성이라 할 수 있다.

13.2.2 3중 템플릿 구조의 예

3중 템플릿 구조는 다음과 같다.

- 각 앱은 base_⟨app_name⟩.html 템플릿을 가지고 있다. 앱 레벨의 베이스 템플릿들은 모두 base.html이라는 공통 템플릿을 공유한다.
- 각 앱 안의 템플릿은 base_⟨app_name⟩.html 템플릿을 공통으로 공유한다.
- base.html과 같은 레벨에 있는 모든 템플릿은 base.html을 상속해서 이용한다.

✓ 예제 13.3

```
templates/
    base.html
    dashboard.html # base.html 확장
    profiles/
        base_profiles.html # base.html 확장
        profile_detail.html # base_profiles.html 확장
        profile_form.html # base_profiles.html 확장
```

이 3중 구조 구성은 섹션별로 레이아웃이 다른 경우에 최적화된 구성이라 할 수 있다. 예를 들어 지방 뉴스 섹션과 단문 광고 섹션, 행사 섹션을 가지고 있는 뉴스 사이트가 있다고 하자. 각 섹션마다 고유한 레이아웃이 필요할 것이다.

섹션별 HTML이 각기 다르지만 기능적으로는 그룹으로 묶이기를 바랄 때 매우 유용한 구성이다.

13.2.3 수평 구조가 중첩된 구조보다 좋다

그림 13.1 '아이스크림의 철학'에서 발췌

템플릿의 계층 체계가 복잡해지면 HTML을 디버그하고 수정하고 확장하며 CSS 스타일과 엮기가 매우 어려워진다. 템플릿상에서 블록들의 레이아웃이 불필요하게 반복되고 꼬여 있다면 단순히 박스 하나의 너비를 수정하기 위해 파일들을 헤매고 다니게 될 것이다.

템플릿 블록들을 가능한 한 단순한 상속 관계로 구성해야 템플릿을 작업하기 쉽고 좀 더 유지 관리하기 편해진다. 디자이너와 같이 일하고 있다면 디자이너들이 이러한 구조에 매우 감사할 것이다.

과도하게 복잡한 블록의 계층으로 이루어진 템플릿과 코드 재사용을 염두에 둔 블록들을 이용한 템플릿 사이에는 분명한 차이가 있다. 서로 다른 템플릿 사이에서 똑같거나 비슷한 기능을 하는 크고 긴 코드 덩어리가 있을 때, 이를 재사용이 가능한 코드 블록으로 리팩터링하면 코드가 좀 더 유지 관리하기 쉬워진다.

파이썬의 도(The Zen of Python)를 보면 "수평 구조가 중첩된 구조보다 좋다(Flat is better than nested)"라는 현명한 문장이 있다. 각각의 중첩된 코드들은 프로그래머의 뇌에 부하를 가중시킬 뿐이다. 장고 템플릿을 구성할 때 꼭 고려해야 하는 점이다.

> 🔋 **파이썬의 도(道)**
>
> 파이썬 명령행에서 다음과 같이 실행해 보자.
>
> ```
> python -c 'import this'
> ```
>
> 파이썬 프로그래밍 언어의 디자인 가이드 원칙을 미려한 문제로 표현한, 파이썬의 도 (The Zen of Python)[1]를 볼 수 있을 것이다.

13.3 템플릿에서 프로세싱 제한하기

템플릿에서 처리하는 프로세싱은 적으면 적을수록 좋다. 템플릿 레이어에서의 쿼리 수행과 이터레이션은 특히 문제가 된다.

템플릿상에서 쿼리세트를 가지고 이터레이션을 할 때마다 다음 질문을 스스로에게 해보기 바란다.

---

1 (옮긴이) '파이썬의 선' 이란 제목의 글. https://bitbucket.org/sk8erchoi/peps-korean/src/767c779c164856af198a9d08d906a55b24652728/pep-0020.txt?fileviewer=file-view-default. 최근에는 '파이썬의 도'라고 더 많이 불리고 있어서 본문에서는 '파이썬의 도'로 표현했다.

① 쿼리세트가 얼마나 큰가? 템플릿상에서 거대 쿼리세트에 대한 이터레이션을 수행한다는 것은 늘 권장할 방법은 아님이 확실하다.

② 얼마나 큰 객체가 반환되는가? 모든 필드가 정말로 다 템플릿에서 필요한가?

③ 각 이터레이션 루프 때마다 얼마나 많은 프로세싱이 벌어지는가?

하나라도 여러분의 머리에 경고로 느껴진다면 템플릿 코드를 다시 쓰는 편이 낫다고 보면 될 것이다.

> **!** **그냥 캐시를 이용하면 안 될까?**
>
> 때때로 비효율적인 템플릿을 그냥 캐시로 덮어 버리려고 할지도 모르겠다. 이 또한 괜찮다. 하지만 캐시를 이용하기 전에 그렇게 된 원인을 찾아서 살펴볼 필요가 있다. 여러분의 템플릿 코드를 머릿속으로 다시 한번 살펴보고 리팩터링이나 짧은 시간을 이용한 런타임 분석 등을 통해 생각보다 많은 양의 작업을 줄일 수 있을 것이다.

이제 좀 더 효과적으로 다시 쓸 수 있는 템플릿 코드의 예를 좀 더 살펴보자.

자, 이제 믿거나 말거나 이 책을 쓴 우리 두 사람이 슈퍼볼 경기의 휴식 시간에 30초 광고를 내기로 했다고 상상해 보자. "신청하는 첫 100만 명의 개발자에게 무료 아이스크림을 드립니다! 지점 매장에서 무료 아이스크림과 교환할 쿠폰을 작성만 해 주시면 됩니다!"

그림 13.2 드디어 슈퍼볼 중간 광고를 한다.

이제, 신청자 이름과 이메일을 관리할 'vouchers' 앱이 필요하다. 해당 앱의 모델을 다음과 같이 작성했다고 하자.

✓ **예제 13.4**

```
# vouchers/models.py
from django.core.urlresolvers import reverse
from django.db import models
from .managers import VoucherManager

class Voucher(models.Model):
    """"무료 아이스크림 상품권"""
    name = models.CharField(max_length=100)
    email = models.EmailField()
    address = models.TextField()
    birth_date = models.DateField(blank=True)
    sent = models.BooleanField(default=False)
    redeemed = models.BooleanField(default=False)
    objects = VoucherManager()
```

예로 든 앞의 모델은 이제부터 여러분이 피해야 할 몇 가지 주의 사항을 설명하는 데 쓰일 것이다.

13.3.1 주의 사항 1: 템플릿상에서 처리하는 aggregation 메서드

신청자 생년월일을 가지고 무료 쿠폰 발매와 이용을 연령대별로 분석해 보는 데 당연히 관심이 있을 것이다.

여기서 가장 피해야 할 구성은 바로 템플릿상의 자바스크립트로 이를 해결하려는 것이다. 좀 더 이야기하자면 다음과 같다.

- 자바스크립트 변수에 연령대별 카운트 수를 저장해서 템플릿의 자바스크립트로 무료 쿠폰 리스트를 체크(이터레이션을 이용)하지 말자. 자바스크립트는 그 변수에 연령대별 카운트 수를 저장하는 정도까지만 쓰자.
- 무료 쿠폰 개수를 전부 더하기 위해 add 템플릿 필터를 이용하지 말자.

지금 하지 말라고 이야기한 방법들은 사실 장고 템플릿에서 하지 말라고 했던 비즈니스 로직을 처리하는 방법들이다. 이는 여러분의 페이지를 눈에 띄게 느려지게 할 것이다.

✓ **예제 13.5**

```
{# templates/vouchers/ages.html #}
{% extends "base.html" %}

{% block content %}
<table>
    <thead>
        <tr>
```

```
            <th>Age Bracket</th>
            <th>Number of Vouchers Issued</th>
        </tr>
    </thead>
    <tbody>
        {% for age_bracket in age_brackets %}
        <tr>
            <td>{{ age_bracket.title }}</td>
            <td>{{ age_bracket.count }}</td>
        </tr>
        {% endfor %}
    </tbody>
</table>
{% endblock content %}
```

이 책의 뒷부분 '부록 A 이 책에서 언급된 패키지들'에서 이야기할 dateutil 라이브러리와 장고 ORM의 aggregation 메서드를 이용하여 모델 매니저를 가지고 처리해 보면 다음과 같다.

√ 예제 13.6

```
# vouchers/managers.py
from django.utils import timezone

from dateutil.relativedelta import relativedelta

from django.db import models

class VoucherManager(models.Manager):
    def age_breakdown(self):
        """연령대별 카운트 수를 저장한 딕셔너리 반환"""
        age_brackets = []
        now = timezone.now()

        delta = now - relativedelta(years=18)
        count = self.model.objects.filter(birth_date__gt=delta).count()
        age_brackets.append(
            {"title": "0-17", "count": count}
        )
        count = self.model.objects.filter(birth_date__lte=delta).count()
        age_brackets.append(
            {"title": "18+", "count": count}
        )
        return age_brackets
```

이 메서드는 뷰에서부터 호출될 것이고 해당 결과는 템플릿에 콘텍스트 변수 (context variable) 형태로 전달된다.

13.3.2 주의 사항 2: 템플릿상에서 조건문으로 하는 필터링

무료 쿠폰을 신청한 사람들 중에서 성이 'Greenfeld'인 사람과 'Roy'인 사람들만을 따로 추려 보자. 나중에 종친회라도 할지 누가 아는가? 이를 위해 우선 이름의 '성' 필드를 가지고 필터링을 해야 한다. 피해야 할 방법은 템플릿상에서 거대한 루프문과 if 문을 돌려서 찾아내는 것이다.

⚠ **나쁜 예제 13.2**

```
<h2>Greenfelds Who Want Ice Cream</h2>
<ul>
{% for voucher in voucher_list %}
    {# 절대 따라하지 말 것: 템플릿에서 조건을 이용한 필터링 #}
    {% if "greenfeld" in voucher.name.lower %}
        <li>{{ voucher.name }}</li>
    {% endif %}
{% endfor %}
</ul>

<h2>Roys Who Want Ice Cream</h2>
<ul>
{% for voucher in voucher_list %}
    {# 절대 따라하지 말 것: 템플릿에서 조건을 이용한 필터링 #}
    {% if "roy" in voucher.name.lower %}
        <li>{{ voucher.name }}</li>
    {% endif %}
{% endfor %}
</ul>
```

이 나쁜 예제의 코드를 보면 루프를 돌면서 여러 if 문으로 조건을 검색해 간다. 템플릿상에서 이 루프는 엄청나게 큰 리스트의 레코드일지도 모른다. 이러한 큰 리스트의 루프는 템플릿상에서 처리되기 위해 만들어진 것이 아니다. 따라서 성능이 심각하게 저하될 것이다. 동시에 PostgreSQL이나 MySQL은 데이터를 필터링하는 데 상당히 최적화된 기능을 가지고 있다. 장고의 ORM은 이런 기능을 이용하는 데 유용하게 쓰일 수 있으며 다음에 이에 대한 예가 있다.

✓ **예제 13.7**

```python
# vouchers/views.py
from django.views.generic import TemplateView

from .models import Voucher

class GreenfeldRoyView(TemplateView):
    template_name = "vouchers/views_conditional.html"

    def get_context_data(self, **kwargs):
        context = super(GreenfeldRoyView, self).get_context_data(**kwargs)
```

```
        context["greenfelds"] = \
                Voucher.objects.filter(name__icontains="greenfeld")
        context["roys"] = Voucher.objects.filter(name__icontains="roy")
        return context
```

그리고 결과를 호출하기 위해 다음과 같은 간단한 템플릿을 이용하기로 하자.

✓ 예제 13.8

```
<h2>Greenfelds Who Want Ice Cream</h2>
<ul>
{% for voucher in greenfelds %}
    <li>{{ voucher.name }}</li>
{% endfor %}
</ul>
<h2>Roys Who Want Ice Cream</h2>
<ul>

{% for voucher in roys %}
    <li>{{ voucher.name }}</li>
{% endfor %}
</ul>
```

모델 매니저로 필터링 로직을 이전함으로써 쉽게 속도 향상을 꾀할 수 있다. 이렇게 함으로써 템플릿을 가지고 미리 필터링된 결과를 쉽게 표현할 수 있다. 앞의 템플릿은 우리가 선호하는 최소한의 방법에 부합하는 예다.

13.3.3 주의 사항 3: 템플릿상에서 복잡하게 얽힌 쿼리들

장고 템플릿에서 로직을 구현하는 것을 자제해야 하는데도, 뷰에서 불필요한 쿼리를 자주 호출하는 것을 종종 본다. 예를 들면 우리 사이트의 이용자들과 그들이 선호하는 아이스크림을 다음과 같이 나타낸다고 하자.

⚠ 나쁜 예제 13.3

```
{# list generated via User.object.all() #}
<h1>Ice Cream Fans and their favorite flavors.</h1>
<ul>
{% for user in user_list %}
    <li>
        {{ user.name }}:
        {# 이렇게 하지 말자: 생성된 암묵적인 쿼리 #}
        {{ user.flavor.title }}
        {# 이렇게 하지 말자: 두 번째 암묵적인 쿼리!!! #}
        {{ user.flavor.scoops_remaining }}
    </li>
{% endfor %}
</ul>
```

이렇게 추출된 각 사용자는 또 다른 쿼리를 호출하게 된다. 그렇게 쿼리가 많아 보이지는 않지만 사용자가 많아지고 이런 구현이 자꾸 늘어남에 따라 결국 심각한 문제에 봉착할 것이다.

장고 ORM의 select_related() 메서드를 이용하여 고쳐 보면 다음과 같다.

✓ 예제 13.9

```
{% comment %}
List generated via User.object.all().select_related("flavors")
{% endcomment %}
<h1>Ice Cream Fans and their favorite flavors.</h1>
<ul>
{% for user in user_list %}
    <li>
        {{ user.name }}:
        {{ user.flavor.title }}
        {{ user.flavor.scoops_remaining }}
    </li>
{% endfor %}
</ul>
```

하나 더 이야기하자면, 여러분이 모델 메서드를 이용하는 데 적응되었다고 해도 템플릿으로부터 호출된 모델 메서드에 너무 많은 쿼리 로직을 넣는 것은 자제해야 한다.

13.3.4 주의 사항 4: 템플릿에서 생기는 CPU 부하

템플릿상에서 무심코 구현된 로직이 상당한 CPU 부하를 일으키는 경우를 주의하라. 단순하고 그다지 길지 않은 템플릿 코드라도 상당한 프로세싱을 필요로 하는 객체가 호출될 가능성이 있다.

그림 13.3 풍선껌 아이스크림은 먹기 쉬워 보이지만 사실 먹기에 보통 까다로운 게 아니다.

흔한 예를 들면 sorl-thumbnail 같은 라이브러리에서 제공되는 이미지 처리를 하는 템플릿 태그를 들 수 있다. 대부분은 문제가 되지 않았지만 간혹 문제가 발생하는 경우가 있었는데, 파일 시스템(때론 네트워크)에서 이미지를 처리하고 저장하는 작업이 템플릿 안에 존재할 경우가 그렇다.

따라서 많은 양의 이미지나 데이터를 처리하는 프로젝트에서는 사이트 성능을 올리기 위해 이러한 이미지 프로세싱 작업을 템플릿에서 분리해 뷰나 모델, 헬퍼 메서드, 또는 셀러리(Celery) 등을 이용한 비동기 메시지 큐 시스템으로 처리해야 한다.

13.3.5 주의 사항 5: 템플릿에서 숨겨진 REST API 호출

앞에서 언급했듯이 템플릿에서 객체 메서드를 호출함으로써 로딩 시간이 늘어나기도 한다. 이는 비단 로딩하는 데 자원이 많이 드는 메서드뿐 아니라 REST API를 호출하는 메서드에서도 마찬가지다. 일례로 프로젝트에서 반드시 필요하지만 매우 느린 서드 파티 서비스의 지도 API를 들 수 있다. 뷰로 전달될 객체가 포함된 메서드를 템플릿에서 호출하는 일은 자제하기 바란다.

그럼 어디서 REST API를 호출해야 할까? 다음과 같은 방법을 추천한다.

- 자바스크립트 코드: 페이지 내용이 다 제공된 다음에 클라이언트 브라우저에서 자바스크립트로 처리한다. 이럴 경우 데이터가 로딩되기를 기다리는 중에 사용자의 이목을 다른 곳으로 끌거나 여러 재미있는 기능을 제공할 수도 있다.
- 느린 프로세스를 메시지 큐, 스레드, 멀티프로세스 등의 방법으로 처리하는 뷰의 파이썬 코드

13.4 HTML 코드를 정돈하는 데 너무 신경 쓰지 말라

사실 장고가 생성하는 HTML 코드가 얼마나 잘 정리되어 있는지는 아무도 관심을 두지 않는다. 누군가가 렌더링된 HTML 코드를 살펴본다고 해도 브라우저 인스펙터를 이용할 것이고, 브라우저 인스펙터는 HTML 코드를 자체적으로 보기 좋게 다듬어 줄 것이다. 따라서 장고 템플릿으로부터 렌더링된 HTML을 잘 정리되어 보이게 하려고 이리저리 고생하는 것은 시간 낭비일 뿐 아니라 훗날 코드 자체를 읽을 사람들에게 혼란만 가중시킬 뿐이다.

다음과 같은 코드들을 보곤 하는데 이러한 코드들은 아주 잘 정돈된 HTML 코드를 생성하기는 하지만 코드 자체로는 읽기 복잡할 뿐 아니라 관리하기 쉽지 않은 지저분한 코드일 뿐이다.

⚠ **나쁜 예제 13.4**

```
{% comment %} 절대 따라하지 말자! 잘 정돈된 HTML을 생성하기 위해
코드들이 얼기설기 뒤섞였다.
{% endcomment %}
{% if list_type=="unordered" %}<ul>{% else %}<ol>{% endif %}{% for
syrup in syrup_list %}<li class="{{ syrup.temperature_type|roomtemp
}}"><a href="{% url 'syrup_detail' syrup.slug %}">{% syrup.title %}
</a></li>{% endfor %}{% if list_type=="unordered" %}</ul>{% else %}
</ol>{% endif %}
```

앞의 코드에 대한 더 나은 예는 바로 들여쓰기를 이용하고 한 줄에 하나의 코드
만 넣어 읽기 쉽고 관리하기 쉽게 만든 코드다.

✓ **예제 13.10**

```
{# 들여쓰기와 주석으로 코드 품질을 높이자. #}
{# 리스트 엘리먼트 시작 #}
{% if list_type=="unordered" %}
    <ul>
{% else %}
    <ol>
{% endif %}

{% for syrup in syrup_list %}
    <li class="{{ syrup.temperature_type|roomtemp }}">
        <a href="{% url 'syrup_detail' syrup.slug %}">
            {% syrup.title %}
        </a>
    </li>
{% endfor %}
{# 리스트 엘리먼트 끝 #}
{% if list_type=="unordered" %}
    </ul>
{% else %}
    </ol>
{% endif %}
```

너무 많은 빈 칸이 생성될까 염려한다면 절대 그럴 필요 없다. 우선 경험 있는
개발자라면 누구나 최적화를 위해 난해하게 제작된 코드보다는 가독성 높은 코
드를 선호할 테고, 둘째로 일일이 손으로 하는 것보다 더 나은 기능을 제공하는
압축(comrepssion)과 소형화(minifiation) 도구가 있기 때문이다. '24장 장고 성
능 향상시키기'에서 더 자세한 사항을 읽을 수 있다.

13.5 템플릿의 상속

다른 템플릿에서 상속하게 되는 base.html 파일을 살펴보자.

✓ **예제 13.11**

```
{# 간단한 base.html #}
{% load staticfiles %}
<html>
<head>
    <title>
        {% block title %}Two Scoops of Django{% endblock title %}
    </title>
    {% block stylesheets %}
        <link rel="stylesheet" type="text/css"
                href="{% static "css/project.css" %}">
    {% endblock stylesheets %}
</head>
<body>
    <div class="content">
        {% block content %}
            <h1>Two Scoops</h1>
        {% endblock content %}
    </div>
</body>
</html>
```

다음과 같이 base.html 파일이 구성되어 있다.

- title 블록에는 "Two Scoops of Django"가 있다.
- stylesheets 블록에는 사이트 전반에 이용되는 project.css 파일에 대한 링크가 있다.
- content 블록에는 "<h1>Two Scoops</h1>"가 있다.

앞의 예는 다음에 요약한 세 가지 템플릿 태그를 이용하고 있다.

템플릿 태그	목적
{% load %}	정적 파일의 내장 템플릿 태그 라이브러리를 로드
{% block %}	base.html이 부모가 되는 템플릿이기 때문에 해당 블록을 자식 템플릿에서 이용할 수 있게 한다. 링크와 스크립트를 태그 안에 위치시키고 필요에 따라 오버라이드되게 한다.
{% static %}	정적 미디어 서버에 이용될 정적 미디어 인자

표 13.1 base.html에 쓰인 템플릿 태그

base.html 이용을 예로 들어보기 위해 다음을 포함한 간단한 about.html을 상속을 통해 만들어 보겠다.

- 커스텀 타이틀
- 기본 스타일시트와 추가 스타일시트

- 기본 헤더, 서브 헤더, 본문

- 자식 블록의 이용

- {{ block.super }} 템플릿 변수의 이용

✓ **예제 13.12**

```
{% extends "base.html" %}
{% load staticfiles %}
{% block title %}About Audrey and Daniel{% endblock title %}
{% block stylesheets %}
    {{ block.super }}
    <link rel="stylesheet" type="text/css"
            href="{% static "css/about.css" %}">
{% endblock stylesheets %}
{% block content %}
    {{ block.super }}
    <h2>About Audrey and Daniel</h2>
    <p>They enjoy eating ice cream</p>
{% endblock content %}
```

앞의 템플릿을 렌더링하면 다음과 같은 HTML이 생성된다.

✓ **예제 13.13**

```
<html>
<head>
    <title>
        About Audrey and Daniel
    </title>
        <link rel="stylesheet" type="text/css"
                href="/static/css/project.css">
        <link rel="stylesheet" type="text/css"
                href="/static/css/about.css">
</head>
<body>
    <div class="content">
            <h1>Two Scoops</h1>
            <h2>About Audrey and Daniel</h2>
            <p>They enjoy eating ice cream</p>
    </div>
</body>
</html>
```

렌더링된 HTML에 커스텀 타이틀, 추가된 스타일시트 링크, 그리고 body 부분 내용이 들어간 것이 보이는가? 다음 표에서 about.html에서 쓰인 템플릿 태그와 변수에 대해 더 자세히 알아보겠다.

템플릿 객체	목적
{% extends %}	장고에게 about.html이 base.html을 상속, 확장한 것임을 알려준다.
{% block %}	about.html은 상속한 자식 템플릿이기 때문에 block은 base.html의 내용으로 오버라이드된다. 따라서 타이틀은 <title>Audrey and Daniel</title>로 렌더링된다.
{{ block.super }}	자식 템플릿 블록에 위치하여 부모의 내용이 블록 안에 그대로 존재하게 해 준다. about.html의 콘텐츠 블록에서는 <h1>Two Scoops</h1>가 될 것이다.

표 13.2 about.html에서 쓰인 템플릿 객체들

{% block %} 태그가 about.html에서는 base.html에서와는 다르게 내용을 오버라이딩하는 데 쓰이고 있음에 주목하기 바란다. base.html의 내용이 이미 로드되어 있는 블록 안에서는 {{ block.super }} 변수를 이용하여 부모 블록에서 온 내용을 보여 줄 수 있다. 바로 이어서 설명되는 {{ bllck.super }}에 대해 좀 더 살펴보자.

13.6 강력한 기능의 block.super

base.html로부터 모든 것을 상속받지만 project.css 파일로의 링크를 dashboard.css로의 링크로 교체해야 하는 템플릿 파일이 있다고 하자. 이를테면 일반 사용자에게는 일반적인 하나의 디자인이 쓰이지만 직원들에게는 또 다른 대시보드 디자인이 적용되어야 하는 경우를 들 수 있을 것이다.

{{ block.super }}를 이용하지 않는다고 하면 base_dashboard.html과 같은 이름을 가진 베이스 파일을 새로 생성해야 할 상황이 될 것이다. 불행이든 다행이든 템플릿 파일 두 개로 이 상황을 관리할 수는 있을 것이다.

{{ block.super }}를 이용한다면 두 번째(또는 세 번째나 네 번째) 베이스 템플릿 파일조차도 필요하지 않게 된다. 모든 템플릿이 base.html을 확장하여 이용한다고 하면 {{ block.super }}를 이용해 템플릿들을 관리할 수 있기 때문이다. 여기 예제 세 가지를 들어 보겠다.

project.css와 커스텀 링크 둘 다를 이용한 템플릿이다.

✓ 예제 13.14

```
{% extends "base.html" %}
{% block stylesheets %}
    {{ block.super }} {# this brings in project.css #}
    <link rel="stylesheet" type="text/css"
        href="{% static "css/custom.css" %}" />
{% endblock %}
```

project.css가 제외된 대시보드 템플릿이다.

✓ 예제 13.15

```
{% extends "base.html" %}
{% block stylesheets %}
    <link rel="stylesheet" type="text/css"
        href="{% static "css/dashboard.css" %}" />
    {% comment %}
        {{ block.super }}를 이용하지 않음으로써 이 블록이
          base.html의 스타일시트 블록을 오버라이드하게 된다.
    {% endcomment %}
{% endblock %}
```

project.css가 이용된 템플릿이다.

✓ 예제 13.16

```
{% extends "base.html" %}
{% comment %}
    {% block stylesheets %}를 이용하지 않음으로써 이 템플릿은
    base.html의 부모 스타일시트를(이 경우 기본 project.css 링크)
    상속하게 된다.
{% endcomment %}
```

앞의 세 가지 예는 {{ block.super }}가 제공하는 컨트롤이 얼마나 다양하게 쓰일 수 있는지 나타내고 있다. 구조를 완벽히 이해하는 데 약간의 노력이 필요한 대신 템플릿이 훨씬 덜 복잡하게 구성되는 것이다.

> 💡 **block.super는 super()와 비슷하긴 하지만 완전히 같지는 않다**
>
> 객체 지향 언어 경험이 있는 사용자라면 {{ block.super }} 변수를 파이썬의 내장 함수인 super()와 같이 이해하는 것이 도움이 된다. {{ block.super }} 변수와 super() 함수 둘 다 부모로의 접근을 제공하는 것이 핵심이다.
>
> 단, 이 둘이 완전히 동일하지는 않다는 점을 명심하기 바란다. 예를 들어 {{ block. super }} 변수는 인자를 넘겨받지 못한다. 개발자들이 좀 더 쉽게 기억하기 위한 연상 효과를 위해 이 두 가지가 비슷하다고 이야기할 수 있는 것이다.

13.7 그 외 유용한 사항들

다음 내용은 템플릿을 개발할 때 기억해 두면 유용한 몇 가지 팁이다.

13.7.1 파이썬 코드와 스타일을 긴밀하게 연결하지 않도록 한다

CSS와 자바스크립트를 이용하여 모든 템플릿 렌더링 스타일을 구현하는 것을

목표로 하자.

가능한 한 CSS를 이용하자. 메뉴 바의 너비 또는 색상을 파이썬 코드 안에서 하드 코딩하는 것을 피하고 장고 템플릿 안에 스타일 타입을 넣어 두는 것도 자제하도록 한다.

몇 가지 팁을 들면 다음과 같다.

- 파이썬 코드 안에 디자인 레이아웃에 관련된 특별한 상수가 들어 있다면 이를 CSS 파일로 빼내도록 한다.
- 자바스크립트 또한 마찬가지다.

13.7.2 일반적인 관례

여기 우리가 추천하는 이름과 스타일 관례들을 적어 보겠다.

- 템플릿 이름, 블록 이름, 그리고 템플릿에서 이용되는 여러 이름에 대시(-)보다는 밑줄(_)을 선호한다. 대부분의 장고 사용자가 이를 따른다. 파이썬 객체 이름으로 밑줄은 허용되는 반면 대시는 허용되지 않고 있어서다.
- 직관적이고 명확한 블록 이름을 이용한다. {% block javascript %}가 좋은 예다.
- 블록의 맺음으로 블록의 이름을 포함하도록 한다. {% endblock %}이 아닌 {$ endblock javascript %}를 이용하도록 한다.
- 다른 템플릿으로부터 호출되는 템플릿의 이름은 밑줄(_)을 접두어로 가진다. {% include %}를 통해 이용되는 템플릿들이나 커스텀 템플릿 태그가 이에 해당한다. {% extends %}나 {% block %} 같은 상속 관계에서는 이용하지 않는다.

13.7.3 템플릿의 위치

템플릿은 일반적으로 장고 프로젝트의 루트에서 앱과 같은 레벨에 존재해야 한다. 상당히 일반적인 관례이며 직관적이며 쉽게 쫓아갈 수 있는 패턴이다.

단 한 가지 예외의 경우는 서드 파티 패키지에 앱을 번들하는 경우다. 이럴 경우 패키지의 템플릿 디렉터리는 앱 안으로 직접 들어가게 된다. 이는 '21.9 자신의 장고 패키지 릴리스하기'에서 설명하겠다.

13.7.4 콘텍스트 객체에 모델의 이름을 붙여 이용하기

제네릭 디스플레이(generic display) 클래스 기반 뷰를 이용한다면 템플릿에서 {{ object_list }}와 {{ object }}를 이용하거나 그냥 모델의 이름을 따서 그대로 이용할 수도 있다.

예를 들어 Topping 모델이 있다고 가정하면 템플릿에서 {{ topping_list }}와 {{ topping }}을 {{ object_list }}와 {{ object }} 대신 이용할 수 있다.

✓ **예제 13.17**

```
{# toppings/topping_list.html #}
{# Using implicit names #}
<ol>
{% for object in object_list %}
    <li>{{ object }} </li>
{% endfor %}
</ol>

{# Using explicit names #}
<ol>
{% for topping in topping_list %}
    <li>{{ topping }} </li>
{% endfor %}
</ol>
```

13.7.5 하드 코딩된 경로 대신 URL 이름 이용하기

템플릿에서 개발자들이 일반적으로 범하는 실수로 하드 코딩된 URL을 들 수 있다.

⚠ **나쁜 예제 13.5**

```
<a href="/flavors/">
```

이런 하드 코딩된 URL의 문제점은 사이트의 URL 패턴이 변경되면 사이트 전반에 걸친 모든 URL이 변경되어야 한다는 것이다. HTML, 자바스크립트, 심지어 RESTful API에까지 영향을 미친다.

따라서 하드 코딩된 URL 대신에 URLConf 파일 안의 이름을 참조하는 {% url %} 태그를 이용하자.

✓ **예제 13.18**

```
<a href="{% url 'flavors_list' %}">
```

13.7.6 복잡한 템플릿 디버깅하기

렌나르트 레게브로(Lennart Regebro)가 추천해 준 방법은 다음과 같다. 템플릿들이 복잡해져서 어디서 변수들이 문제를 일으키고 있는지 찾아내기 어려울 정도가 되면 TEMPLATES 세팅의 OPTIONS에서 string_if_invalid 옵션을 설정함으로써 좀 더 자세한 에러 메시지를 받아 볼 수 있다.

√ **예제 13.19**

```
# settings/local.py
TEMPLATES = [
    {
        'BACKEND': 'django.template.backends.django.DjangoTemplates',
        'APP_DIRS': True,
        'OPTIONS':
            'string_if_invalid': 'INVALID EXPRESSION: %s'
    },
]
```

13.8 에러 페이지 템플릿

충분히 테스트되고 점검된 사이트라 할지라도 몇 가지 문제를 이곳저곳에 포함하고 있기 마련이다. 괜찮다. 그럴 수도 있다. 문제는 이렇게 존재하는 에러들을 어떻게 처리할 것인가 하는 것이다. 물론 이런 에러들은 결국 반갑지 않은 응답 페이지나 공백 페이지를 사용자에게 보여줄 것이다.

실제로 서비스를 할 때 적어도 404.html과 500.html 템플릿은 구현해 놓아야 한다. 이번 절 마지막 부분에 있는 다양한 종류의 에러 타입에 대한 깃허브의 HTML 스타일 가이드를 참고하기 바란다.

정적 파일 서버(Nginx나 아파치)에서 독자적으로 작동할 수 있는 정적 HTML 파일 형태의 에러 페이지를 제공하는 것을 추천한다. 이럴 경우 장고 사이트 전부가 다운되는 사태가 일어난다고 해도 남아 있는 정적 파일 서버에서 에러 페이지를 무사히 서비스할 수 있다.

PaaS를 이용하는 경우라면 에러 페이지에 대한 문서를 확인해보기 바란다. 예를 들면 허로쿠(Heroku)는 사용자가 500 에러에 이용되는 커스텀 정적 HTML 페이지를 직접 업로드할 수 있게 해 주고 있다.

❗ **에러 페이지는 너무 복잡하게 만들지 않는다**

재치 있거나 관심을 끌 만한 에러 페이지를 이용할 수도 있을 것이다. 하지만 다음 내용을 잊지 말기 바란다. 부서진 레이아웃의 404 페이지나 CSS 또는 자바스크립트가 로딩되지 않는 500 페이지는 그다지 좋은 인상을 줄 수 없다. 데이터베이스 장애 시에 제대로 작동되지 않는 동적 500 페이지라면 이보다 더 처참할 수는 없을 것이다.

깃허브의 404와 500 에러 페이지는 독자적이고 완전히 정적인 파일 형태이며 동시에 예쁘기도 한 훌륭한 예다.

- https://github.com/404
- https://github.com/500

이 중 한 소스를 살펴보면 다음 사항을 눈치챌 수 있을 것이다.

- 모든 CSS 스타일은 인라인으로 같은 HTML 페이지의 헤드에 위치함으로써 따로 분리된 스타일시트를 필요로 하지 않는다.
- 모든 이미지는 HTML 페이지 안에 데이터로 첨부되어 있다. <img> 링크나 외부 URL을 이용하지 않는다.
- 필요한 자바스크립트 파일은 전부 HTML 페이지 안에 포함되어 있다. 자바스크립트를 가져오기 위한 어떠한 외부 링크도 찾아볼 수 없다.

더 많은 정보는 깃허브의 HTML 스타일 가이드에서 찾아볼 수 있다.

- https://github.com/styleguide

13.9 미니멀리스트 접근법을 따르도록 한다

템플릿 코드에 미니멀리스트 접근법을 이용하기를 권한다. 장고 템플릿이 주는 제한을 숨겨진 축복이라고 생각하기 바란다. 이러한 제약을 템플릿이 아닌 장고 코드에 더 많은 비즈니스 로직을 구현하도록 하기 위한 좀 더 단순하고 고급스런 해법을 찾으라는 계시로 이해하기 바란다.

템플릿에 이러한 미니멀리스트 접근법을 적용함으로써 장고 앱이 더 쉽게 그 포맷을 변경하는 데 도움이 되기도 한다. 템플릿이 수많은 중첩문과 복잡한 조건문 그리고 데이터 프로세싱들로 가득 차 있다면 템플릿에서 비즈니스 로직을 재사용하기는 더 어려워질 것이다. 물론 API 뷰와 같은 템플릿이 필요 없는 뷰에서 같은 비즈니스 로직을 재사용하기가 불가능하다는 점은 두말할 나위도 없다. 장고 앱을 코드 재사용이 가능하도록 구성하는 것은 특히 요즘처럼 API 개발이 점점 늘어나는 시대에 매우 중요한 요소다. API와 웹 페이지는 사실 다른 포맷을 한 똑같은 페이지기 때문이다.

오늘날 HTML은 콘텐츠를 표현하기 위한 표준 방법이 되었으며 이 장에서 다룬 패턴들과 방법들을 제공하고 있다.

13.10 요약

이번 장에서 우리는 다음 내용을 다루었다.

- {{ block.super }}의 이용을 비롯한 템플릿의 상속
- 관리가 편리하며 가독성이 뛰어난 템플릿 제작하기
- 템플릿 성능 최적화를 위한 방법
- 템플릿 프로세싱의 한계에 따른 이슈들
- 에러 페이지 템플릿
- 템플릿에 대한 여러 가지 유용한 팁

다음 장에서는 템플릿 태그와 필터에 대해 다루겠다.

14장

템플릿 태그와 필터

장고는 다음 특성을 따르는 수십 가지 기본 템플릿 태그와 필터를 제공한다.

- 모든 기본 템플릿과 태그의 이름은 명확하고 직관적이어야 한다.
- 모든 기본 템플릿과 태그는 각각 한 가지 목적만을 수행한다.
- 기본 템플릿과 태그는 영속 데이터에 변형을 가하지 않는다.

이러한 특성들은 여러분의 템플릿 태그를 제작할 때 참고할 만한 최고의 방법론이기도 하다. 일단은 커스텀 필터와 템플릿 태그를 작성할 때 알아야 할 방법과 방향에 대해 더 살펴보자.

14.1 필터는 함수다

필터는 하나 또는 두 개의 인자를 받는 함수이지, 개발자에게 장고 템플릿의 작동을 통제하는 기능을 제공하지는 않는다.

필터는 기본적으로 장고 템플릿 안에서 파이썬을 이용할 수 있게 해 주는 데코레이터를 가진 함수일 뿐이다. 이러한 단순함 덕에 필터가 남용되는 경우가 줄어드는 게 아닌가 한다. 다시 말하면 필터는 일반 함수들(물론 우리는 함수들이 유틸리티 모듈로부터 임포트되어 쓰이기를 희망하지만)처럼 호출될 수 있다는 의미이기도 하다.

http://2scoops.co/1.8-slugify-source에서 장고의 기본 필터 소스 코드를 살펴보면 slugify() 템플릿 필터는 단순히 django.utils.text.slugify 함수를 호출하는 것을 알 수 있다.

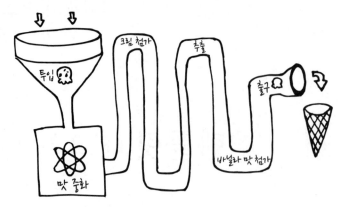

그림 14.1 여러 가지 맛의 아이스크림이 이 필터를 통과하면 바닐라 맛 아이스크림으로 변하여 콘에 담기게 된다

14.1.1 필터들은 테스트하기 쉽다

필터 테스트는 '22장 테스트, 정말 거추장스럽고 낭비일까?'에서 다루듯이 단지 테스팅 함수를 제작하는 것으로 간단하게 할 수 있다.

14.1.2 필터와 코드의 재사용

장고 1.8의 defaultfilter.py 소스 코드를 보면 알 수 있듯이, 대부분의 필터 로직은 다른 라이브러리로부터 상속되어 왔다. 예를 들면 `django.template.defaultfilters.slugify`를 임포트할 필요 없이 `django.utils.text.slugify`를 바로 임포트하여 사용하면 된다. 물론 필터 자체를 임포트하는 것에 문제는 없으나 필터 자체를 임포트하면 코드에서 추상화된 레벨이 하나 더해지므로 훗날 디버깅이 필요할 때 약간 복잡해질 우려도 있다.

　필터들은 파이썬 함수이기 때문에 정말 단순한 로직이 아니라면 전부 utils.py 모듈 같은 유틸리티 함수로 옮길 수 있다. 이렇게 유틸리티로 필터들을 몰아넣음으로써 코드에 좀 더 집중할 수 있고 테스트를 쉽게 할 뿐 아니라 임포트 문도 훨씬 적어진다. 시간이 흐르면서 장고에서는 이렇게 필터들을 유틸리티로 한군데에 모으는 패턴을 더욱 많이 이용하게 되었다.

14.1.3 언제 필터를 작성해야 하는가

필터는 데이터의 외형을 수정하는 데 매우 유용하며 이러한 필터들은 REST API와 다른 출력 포맷에서 손쉽게 재사용할 수 있다. 두 개의 인자만 받을 수 있는 기능적 제약 때문에 필터를 복잡하게 이용하기가 매우 어렵다(사실상 불가능하다).

14.2 커스텀 템플릿 태그

"너무 많은 템플릿 태그는 자제해 주세요. 디버깅하기가 너무 고통스러워요."
- 대니얼의 코드를 디버깅하던 중에 오드리가…

템플릿 태그는 개발자 스스로가 잘 조절하여 이용한다면 상당히 유용한 도구다. 하지만 현실은 잘 조절하기보다는 남용하고 있다. 이번 절에서는 템플릿 태그와 필터에 너무 많은 로직을 구겨 넣을 경우 겪을 수 있는 문제에 대해 알아보겠다.

14.2.1 템플릿 태그들은 디버깅하기가 쉽지 않다

복잡한 템플릿 태그들은 디버깅하기가 여간 까다로운 게 아니다. 태그가 엘리먼트의 시작과 맺음을 포함하고 있을 때는 디버깅이 더욱 곤란해진다. 템플릿 태그에서 문제를 발견하고 수정하기 까다로운 경우에는 로그와 테스트를 통해 큰 도움을 받을 수 있다.

14.2.2 템플릿 태그들은 재사용하기가 쉽지 않다

REST API, RSS 피드 또는 PDF/CSV 생성을 위한 출력 포맷 등을 동일 템플릿 태그를 이용하여 처리하기란 쉽지 않은 일이다. 여러 종류의 포맷이 필요하다면 다른 뷰에서도 쉽게 접근할 수 있도록 템플릿 태그 안의 모든 로직을 utils.py로 옮기는 것을 고려해보기 바란다.

14.2.3 템플릿 태그의 성능 문제

템플릿 태그들은 심각한 성능 문제를 야기할 수도 있다. 특히 템플릿 태그 안에서 또 다른 템플릿을 로드할 경우 그렇다. 이전 버전의 장고에 비해 템플릿이 훨씬 빠르게 작동하게 되었지만 장고에서 어떻게 템플릿이 로드되는지 깊은 이해가 없다면 이전 버전보다 월등히 향상된 템플릿 성능의 이득을 전혀 보지 못하게 될 수도 있다.

커스텀 템플릿 태그가 많은 템플릿을 로드한다면, 로드된 템플릿을 캐시하는 방법을 고려할 수 있다. 더 자세한 내용은 http://2scoops.co/1.8-template-cached-loader에서 볼 수 있다.

14.2.4 언제 템플릿 태그를 이용할 것인가

새로운 템플릿 태그를 추가하는 것에 대해 우리는 매우 조심스러운 입장이다.

새로운 템플릿을 추가하기 앞서 다음 사항을 반드시 고려해 보자.

- 데이터를 읽고 쓰는 작업을 할 것이라면 모델이나 객체 메서드(object method)가 더 나은 장소일 것이다.
- 프로젝트 전반에서 일관된 작명법을 이용하고 있기 때문에 추상화 기반의 클래스 모델을 core.models 모듈에 추가할 수 있다. 프로젝트의 추상화 기반 클래스 모델에서 어떤 메서드나 프로퍼티가 우리가 작성하려는 커스텀 템플릿 태그와 같은 일을 하는가?

언제 새로운 템플릿 태그를 작성하는 것이 좋겠냐고 물어본다면 HTML을 렌더링하는 작업이 필요할 때라고 조언하고 싶다. 예를 들면 각자 다른 다양한 모델이나 데이터 타입을 필요로 하는 매우 복잡한 HTML 레이아웃을 가진 프로젝트에서 템플릿 태그를 이용하면 좀 더 유연하고 이해하기 쉬운 템플릿 아키텍처를 구현할 수 있는 경우가 이에 해당할 것이다.

📦 **커스텀 템플릿 태그의 이용**

마치 우리가 커스텀 템플릿 태그 이용을 그다지 달가워하지 않는 것처럼 들릴 수도 있지만 사실 꼭 그렇지만은 않다. 단지 우리는 좀 더 주의를 기울이고자 하는 것일 뿐이다. 일례로 대니얼은 템플릿 태그를 중점적으로 이용하는 다음과 같은 라이브러리 개발에 참여하고 있다.

- django-crispy-forms
- django-wysiwyg
- django-uni-form(더는 개발되지 않는다. 대신 django-crispy-forms를 이용할 수 있다.)

14.3 템플릿 태그 라이브러리 이름 짓기

템플릿 태그 라이브러리 작명 관례는 ⟨app_name⟩_tags.py다. 따라서 이 책의 예제에서는 다음과 같은 이름을 쓰고 있다.

- flavors_tags.py
- blog_tags.py
- events_tags.py
- tickets_tags.py

이런 작명 관례 덕에 템플릿 태그 라이브러리의 소스를 좀 더 쉽게 찾아볼 수 있다.

> **❗ 템플릿 태그 라이브러리 이름을 앱과 똑같이 짓지 말라**
>
> events 앱의 템플릿 라이브러리를 events.py로 지으면 문제가 생긴다. 장고가 템플릿 태그를 로드하는 방식으로 인해 문제가 생길 수 있다. 템플릿 라이브러리와 앱의 이름이 같다면 반드시 문제가 발생한다는 것을 명심하자

> **❗ 통합 개발 환경을 이용한다고 코드가 난해해져서는 안 된다**
>
> 통합 개발 환경이나 텍스트 편집기에서 제공하는 템플릿 태그 라이브러리 작명 기능에 의존하지 말자.

14.4 템플릿 태그 모듈 로드하기

템플릿에서 {% extends "base.html" %}(또는 base.html 이외의 부모 템플릿) 바로 다음에 템플릿 태그가 로드될 수 있도록 하자.

✓ 예제 14.1

```
{% extends "base.html" %}

{% load flavors_tags %}
```

단순함 그 자체가 아니겠는가! 명시적으로 원하는 태그를 로드해 주면 되는 것이다!

14.4.1 반드시 피해야 할 안티 패턴 한 가지

여러분에게 미치고 환장할 경험을 제공할 수도 있는, 하지만 다행히도 잘 알려지진 않은 안티 패턴 하나를 소개하도록 하겠다.

⚠ 나쁜 예제 14.1

```
# 이 코드는 이용하지 말자!
# 악마 같은 안티 패턴이다!
From django import template
template.add_to_builtins(
    "flavors.templatetags.flavors_tags"
)
```

이 안티 패턴은 "반복적인 작업을 하지 않는다(Don't Repeat Yourself, DRY)"라는 해결책을 제시하는 척하면서 앞에서 이용된 명시적인 로드 메서드를 암시적인 방향으로 변경해 버린다. 그리고 반복 작업을 피한다는(DRY) 장점은 다음 문제점으로 인해 무의미해진다.

- 템플릿 태그 라이브러리를 django.template.Template에 의해 로드된 모든 템플릿에 로드함으로써 오버헤드를 일으킨다. 이는 모든 상속된 템플릿, 템플릿 {% include %}, inclusion_tag 등에 영향을 미친다. 미숙한 최적화에 대해 우리가 늘 우려하듯이 더 나은 대안이 있음에도 불구하고 이런 불필요한 연산을 코드에 추가하는 것은 절대 달가운 일이 아니다.

- 템플릿 태그 라이브러리가 암시적으로 로드되기 때문에 디버깅에 상당한 애를 먹게 된다. "파이썬의 도"에 따르면 "명시적인 것은 언제나 암시적인 것보다 좋다(Explicit is better than Implicit)"라고 했다.

- add_to_builtins 메서드는 관례적으로 이용되지 않는다. 종종 __init__ 모듈이나 템플릿 태그 라이브러리에서 발견되기도 하는데 예상하지 못한 문제를 일으킬 소지가 있다.

다행히 이 안티 패턴은 장고에 대해 깊이 알고 있지 않은 초보 장고 개발자들에게는 잘 알려져 있지 않다. 하지만 능숙한 장고 개발자라면 이와 같은 경우에 대해 상당한 불만을 표출할 것이다.

14.5 요약

템플릿 태그와 필터들은 반드시 데이터를 표현하는 단계에서 데이터에 대한 수정을 위해서만 쓰여야 한다는 게 우리 의견이다. 이 점을 항상 기억하면서 장고를 이용한다면 프로젝트 개발 속도가 더 빨라질 것이며 관리도 더 손쉽게 할 수 있을 것이다.

다음 장에서는 장고 템플릿과 Jinja2에 대해 알아보겠다.

15장

장고 템플릿과 Jinja2

장고 1.8부터는 다중 템플릿 엔진이 지원된다. 이 책을 쓰는 지금 장고 템플릿 시스템에서 지원하는 백엔드는 장고 템플릿 언어(Django template language, DTL)와 Jinja2이며 두 가지 전부 장고에 내장되어 릴리스되고 있다.

15.1 문법적인 차이점은 무엇인가?

DTL에서 많은 영향을 받은 Jinja2는 문법적인 관점에서 서로 매우 비슷하다. 여기 가장 큰 문법적 차이를 나열해 보았다.

용례	DTL	Jinja2
메서드 호출	`{{ user.get_favorites }}`	`{{ user.get_favorites() }}`
인자 필터	`{{ toppings|join:", " }}`	`{{ toppings|join(", ") }}`
인자가 없는 루프	`{% empty %}`	`{% else %}`
루프 변수	`{{ forloop }}`	`{{ loop }}`
사이클	`{% cycle "odd" "even" %}`	`{{ loop.cycle("odd", "even") }}`

표 15.1 DTL과 Jinja2의 문법 차이

시간이 지나면서 DTL은 Jinja2 문법을 점점 닮아 가게 되었으며 http://jinja.pocoo.org/docs/dev/switching/#django에서 설명한 것보다 훨씬 더 Jinja2와 닮게 되었다. Jinja2 문서의 설명과는 다르게 많은 공통점을 보이는 문법은 다음과 같다.

용도	DTL	Jinja2
조건절	`{% if topping=="sprinkles" %}`	`{% if topping=="sprinkles" %}`
조건절	`{% elif topping=="fudge" %}`	`{% elif topping=="fudge" %}`
조건절	`{% else %}`	`{% else %}`
is 연산	`{% customer is happy %}`	`{% customer is happy %}`

표 15.2 DTL과 Jinja2 문법의 유사함

15.2 템플릿을 변경해야 하는가?

우선 장고 1.8 이후부터 DTL과 Jinja2 사이에서 템플릿 선택을 고민해야 할 이유가 없어졌다. `settings.TEMPLATES`를 설정하여 특정 디렉터리의 템플릿에는 DTL을, 다른 디렉터리의 템플릿에는 Jinja2를 이용할 수 있게 되었기 때문이다. 우리는 기존 코드에 이미 여러 템플릿이 존재하고 있을 경우 기존 템플릿은 그대로 둔 채로 필요한 부분에 대해서만 Jinja2의 장점을 이용하도록 하고 있다. 이렇게 함으로써 장고의 다양한 기존 서드 파티 패키지를 이용하면서 동시에 DTL의 대안이 주는 기능을 동시에 이용할 수 있다.

간단히 말하자면 다양한 템플릿 언어를 조화롭게 이용할 수 있다는 것이다.

예를 들면 사이트의 대부분은 DTL로 렌더링하고, 많은 콘텐츠를 담고 있는 페이지는 Jinja2를 이용할 수 있다. djangopackages.com/grids가 좋은 예가 될 것이다. 이 페이지는 그 크기와 복잡성 때문에 가까운 미래에 DTL이 아니라 Jinja2를 이용하게끔 리팩터링될 것이다.

15.2.1 DTL의 장점

DTL을 사용해야 할 이유를 들어보았다.

* 이용을 위해 필요한 모든 것이 이미 장고 안에 포함되어 있으며, 장고의 문서화 시스템 안에 DTL의 기능이 훌륭하게 문서화되어 있다. 공식 장고 문서에서 DTL 부분은 많은 분량을 차지하고 있으며 쉽게 따라 할 수 있는 구성으로 되어 있다. 장고 문서의 템플릿 예제 코드 또한 DTL로 되어 있다.
* DTL + 장고 조합은 DTL + Jinja2 조합보다 더 많이 이용되면서 검증되었고 더 성숙하다.
* 대부분의 서드 파티 장고 패키지에서 DTL을 이용하고 있다. 이를 Jinja2로 변

경하려면 추가적인 작업이 필요하다.

- 많은 양의 DTL 코드를 Jinja2로 변경하는 것은 상당히 큰 작업이다.

15.2.2 Jinja2의 장점

Jinja2를 써야 하는 이유는 다음과 같다.

- 장고와 독립적으로 이용할 수 있다.
- Jinja2 문법이 파이썬 문법에 좀 더 가깝기 때문에 많은 이들에게 Jinja2 문법이 더 직관적이다.
- 일반적으로 Jinja2가 좀 더 명시적이고 명확하게 구성되어 있다. 예를 들면 템플릿상에서 함수 호출에 괄호가 이용됨을 들 수 있다.
- Jinja2에는 로직상의 임의적 제약이 덜하다. 예를 들면 Jinja2에서는 필터에 무한대의 인자를 사용할 수 있는 반면 DTL에선 오직 한 개만 허용된다.
- 우리가 직접 경험한 바와 온라인상의 벤치마크 결과에 따르면 Jinja2가 일반적으로 더 빠르다. 그렇다는 것은 템플릿에서 데이터베이스 최적화 이슈보다 심각한 성능상의 병목 문제가 발생할 수 있다는 것이다. '24장 장고 성능 향상시키기'를 읽어보기 바란다.

15.2.3 그럼 어떤 것을 택해야 할 것인가?

여러분의 상황에 달려 있다.

- 장고를 처음 접하는 개발자라면 DTL을 이용해야 할 것이다.
- 이미 상당한 분량의 코드를 짠 기존 프로젝트라면 특별히 성능 향상이 필요한 몇 페이지를 제외하고는 전부 DTL을 계속 이용하는 편이 나을 것이다.
- 장고에 경험이 어느 정도 있는 개발자라면 둘 다 시도해 봄으로써 DTL과 Jinja의 장점을 모두 경험해 본 후 최종 결정을 내릴 수 있을 것이다.

> 💡 **주 템플릿 언어 선택하기**
>
> 우리는 한 프로젝트 안에서 여러 개의 템플릿 언어를 혼합해 쓰지만 이는 프로젝트를 진행할 때 정신적 부하를 가중시키는 위험을 초래한다. 이런 위험을 없애기 위해 단 하나의 주 템플릿 언어를 선택하여 이용하자.

15.3 Jinja2를 장고에 이용할 때 유의할 점

장고와 Jinja2를 같이 이용할 때 유념해야 할 몇 가지 사항이 있다.

15.3.1 CSRF와 Jinja2

Jinja2는 DTL과는 다른 방식으로 장고의 CSRF 메커니즘에 접근한다. Jinja2 템플릿에 CSRF를 포함시키기 위해서는 폼을 렌더링할 때 필요한 특별한 HTML이 있다.

✓ 예제 15.1

```
<div style="display:none">
    <input type="hidden" name="csrfmiddlewaretoken" value="{{ csrf_tokken }}">
</div>
```

15.3.2 Jinja2 템플릿에서 템플릿 태그 이용하기

장고 스타일의 템플릿 태그는 Jinja2에서는 불가능하다. 특정 템플릿 태그의 기능이 필요하다면 태그의 기능에 따라 다음 기술 중 하나를 이용하여 변환해야 한다.

- 해당 기능을 함수로 변환한다.
- Jinja2 확장(extension) 프로그램을 작성한다. http://www.2scoops.co/writing-jinja2-extensions를 참고하라.

15.3.3 Jinja2 템플릿에서 장고 스타일의 필터 이용하기

DTL에서 우리가 꾸준히 계속 이용해 온 것은 바로 장고의 기본 템플릿 필터들이었다. 다행히 필터들은 기본적으로 함수이기 때문에(14.1 참고) 커스텀 Jinja2 환경에 템플릿 필터들을 손쉽게 포함시킬 수 있다.

✓ 예제 15.2

```
# core/jinja2.py
from __future__ import absolute_import  # 파이썬 2 전용

from django.contrib.staticfiles.storage import staticfiles_storage
from django.core.urlresolvers import reverse
from django.template import defaultfilters
from jinja2 import Environment

def environment(**options):
    env = Environment(**options)
    env.globals.update({
        'static': staticfiles_storage.url,
```

```
        'url': reverse,
        'dj': defaultfilters
    })
    return env
```

장고 템플릿 필터를 Jinja2 템플릿에서 함수로 이용하는 예는 다음과 같다.

✓ 예제 15.3

```html
<table><tbody>
{% for purchase in purchase_list %}
    <tr>
        <a href="{{ url("purchase:detail", pk=purchase.pk) }}">
            {{ purchase.title }}
        </a>
    </tr>
    <tr>{{ dj.date(purchase.created, "SHORT_DATE_FORMAT") }}</tr>
    <tr>{{ dj.floatformat(purchase.amount, 2) }}</tr>
{% endfor %}
</tbody></table>
```

필터 자체를 덜 전역적으로 이용하고 싶다면 '10.4.4 뷰 객체 이용하기'에서 살펴보았던 방법을 이용하면 된다. 뷰에서 속성으로 장고 템플릿 필터를 추가하기 위한 믹스인을 생성해 보면 다음과 같다.

✓ 예제 15.4

```python
# core/mixins.py
from django.template import defaultfilters

class DjFilterMixin(object):
    dj = defaultfilters
```

core.mixins.DjFilterMixin 클래스로부터 뷰가 상속된다면 Jinja2 템플릿에서는 다음과 같이 할 수 있다.

✓ 예제 15.5

```html
<table><tbody>
{% for purchase in purchase_list %}
    <tr>
        <a href="{{ url("purchase:detail", pk=purchase.pk) }}">
            {{ purchase.title }}
        </a>
    </tr>
    <!-- Call the django.template.defaultfilters functions from the view -->
    <tr>{{ view.dj.date(purchase.created, "SHORT_DATE_FORMAT") }}</tr>
    <tr>{{ view.dj.floatformat(purchase.amount, 2) }}</tr>
{% endfor %}
</tbody></table>
```

15.3.4 Jinja2 템플릿에서는 콘텍스트 프로세서가 호출되지 않음에 유의하자

프로젝트에서 장고의 **콘텍스트 프로세서**(context processor) 시스템을 비중 있게 이용하고 있다면 Jinja2 템플릿에 이를 이용할 때 문제가 발생할 수 있다. 참고로 콘텍스트 프로세서란 DTL을 이용할 때 settings.TEMPLATES의 context_processors 옵션에서 정의된 내장 함수의 리스트이며 요청 객체를 받아 콘텍스트에 추가될 아이템의 리스트들을 반환해 둔다.

현재 우리는 콘텍스트 프로세서에 있던 내용을 요청 객체를 변경하는 기능을 가진 **미들웨어**로 이전하는 방법을 구상 중이다. 예를 들어 보면, 여기 아이스크림 테마의 광고를 모든 템플릿에 추가하는 콘텍스트 프로세서가 있다고 하자.

√ 예제 15.6

```
# advertisements/context_processors.py
import random

from advertisements.models import Advertisement as Ad

def advertisements(request):
    count = Advertisement.objects.filter(subject='ice-cream').count()
    ads = Advertisement.objects.filter(subject='ice-cream')
    return {'ad': ads[random.randrange(0, count)]}
```

우리의 base.html은 다음과 같다.

√ 예제 15.7

```
<!-- base.html -->
...
<div class="ice-cream-advertisement">
    <a href="{{ ad.url }}">
        <img src="{{ ad.image }}" />
    </a>
</div>
...
```

이 html은 Jinja2 템플릿에서는 의도한 대로 렌더링되지 않는다. 하지만 미들웨어를 이용해 비슷한 기능을 구현할 수 있다.

√ 예제 15.8

```
# advertisements/middleware.py
import random

from advertisements.models import Advertisement as Ad

def AdvertisementMiddleware(object):
```

```
def process_request(request):
    count = Advertisement.objects.filter(subject='ice-cream').count()
    ads = Advertisement.objects.filter(subject='ice-cream')
    # 가능하다면, 콘텍스트 변수를 요청 객체에 추가하도록 한다.
    if not hasattr(request, 'context'):
        request.context = {}.
    # 콘텍스트를 오버라이딩하지 말고 새로 만든다.
    request.context.update({'ad': ads[random.randrange(0, count)]})
```

그리고 나서 base.html 파일에서 다음과 같이 호출할 수 있을 것이다.

√ 예제 15.9

```
<!-- base.html -->
{% set ctx = request.context %}
...
<div class="ice-cream-advertisement">
    <a href="{{ ctx.ad.url }}">
        <img src="ctx.ad.image.url" />
    </a>
</div>
...
```

15.3.5 Jinja2의 Environment 객체는 정적인 것으로 간주된다

예제 15.1에서 Jinja2의 코어 컴포넌트인 jinja2.Environment 클래스가 이용되는 것을 봤다. 이 객체는 Jinja2가 설정들과 필터, 테스트, 전역값 등을 공유하는 공간이다. 프로젝트에서 가장 첫 템플릿이 로드되었을 때 Jinja2는 이 클래스를 정적 객체처럼 실체화(instantiate)하여 이용한다.

예를 들면 다음과 같다.

√ 예제 15.10

```
# core/jinja2.py
from __future__ import absolute_import # Python 2 only
from jinja2 import Environment

import random

def environment(**options):
    env = Environment(**options)
    env.globals.update({
        # 오로지 첫 템플릿이 로드될 때만 실행된다. 다음 세 화면에서는
        # 같은 번호를 보여 줄 것이다.
        #   {{ random }} {{ random }} {{ random }}
        'random_once': random.randint(1, 5)
        # 템플릿상의 함수처럼 반복되어 호출된다. 매번 호출에서
        # 각기 다른 랜덤 번호를 반환한다.
        #   {{ random() }} {{ random() }} {{ random() }}
```

```
        'random': lambda: random.randint(1, 5),
    })
    return env
```

> **❗ 일단 실체화되고 난 후에는 jinja.Environment를 변형하지 말자**
>
> 가능하긴 하지만 `jinja.Environment` 객체를 변형하는 것은 매우 위험하다. Jinja2 API 문서에 따르면 "첫 템플릿이 로드된 후 환경 설정을 변경하는 것은 예상치 못한 상황과 알 수 없는 결과를 초래할 것이다."
>
> 참고 자료는 다음과 같다: http://jinja.pocoo.org/docs/dev/api/#jinja2.Environment

15.4 참고 자료

- Jinja2 이용에 대한 장고 문서. http://www.2scoops.co/1.8-jinja2-templates
- jinja.pocoo.org

15.5 요약

이번 장에서는 DTL과 Jinja2 사이의 유사성과 차이점을 다루어 봤다. 또한 프로젝트에서 Jinja2를 이용할 때 발생할 수 있는 문제점과 이에 대한 방안을 살펴보았다.

다음 장부터는 템플릿에 관한 사항은 뒤로 하고 서버와 클라이언트에서의 REST 환경을 탐험해 보겠다.

16장

REST API 구현하기

오늘날 인터넷은 HTML 기반의 웹 사이트 모음 이상의 것으로 발전해 왔다. 개발자들은 AJAX와 모바일 앱을 지원해야 하며 JSON, YAML, XML을 포함한 여러 형식을 지원해야 하는 일이 큰 과제가 되었다. REST(representational state transfer) API는 다양한 환경과 용도에 맞는 데이터를 제공하는 디자인을 정의하고 있다.

REST API의 또 다른 면, 즉 데이터 생산자가 아니라 사용자 측면에 대해서는 '17장 REST API 이용하기'에서 다루겠다.

> ### 패키지 API를 제작하기 위한 패키지들
>
> - **django-rest-framework**는 장고의 기본 클래스 기반 뷰를 바탕으로 브라우징이 가능한 편리한 API 기능 등을 제공한다. 다양한 기능과 작업하기 쉬운 여러 패턴을 제공하며, REST API에 기반을 둔 클래스 기반 뷰와 함수 기반 뷰 둘 다를 구현하는 데 필요한 강력한 기능을 제공하여 동종의 여러 비슷한 도구 중에서 가장 앞선 기능을 보여주고 있다. 이 책이 발간된 시점을 기준으로 장고에서 API를 구현하는 데 가장 많이 쓰이는 방법이다.
> - **django-tastypie**는 자체적으로 구현된 클래스 기반 뷰 시스템을 제공하는 안정된 도구다. 장고 모델에서 API를 생성하는 데 다양한 기능과 안정성을 제공한다. 장고의 검색 (search) 모듈 중에서 가장 널리 이용되고 있는 django-haystack 프로젝트를 시작한 대니얼 린즐리(Daniel Lindsley)가 개발했다.
> - 매우 단순하고 빠르게 REST API를 제작하고 싶다면 **django-braces**(클래스 기반 뷰)와 **django-jsonview**(함수 기반 뷰)가 좋은 대안이 된다. 다만 이 도구들은 API를 제작하는 데만 중점을 두고 있지는 않기 때문에 HTTP 메서드의 모든 기능을 다 이용한다거나 복잡한 디자인을 구현해야 할 때 문제가 생길 것이다.

그림 16.1 아이스크림으로 가득 찬 맛있는 파이

16.1 기본 REST API 디자인의 핵심

HTTP(hypertext transfer protocol)는 콘텐츠를 배포하기 위한 액션을 정의한 메서드 집합을 제공하는 프로토콜이다. REST API 또한 HTTP를 기반으로 삼고 있으므로 각 액션에 대해 알맞은 HTTP 메서드를 이용하면 된다.

요청 목적	HTTP 메서드	대략적으로 매칭되는 SQL 명령어
새로운 리소스 생성	POST	INSERT
리소스 읽기	GET	SELECT
리소스의 메타데이터 요청	HEAD	
리소스 데이터 업데이트	PUT	UPDATE
리소스의 부분 변경	PATCH	UPDATE
리소스 삭제	DELETE	DELETE
특정 URL에 대해 지원되는 HTTP 메서드 출력	OPTIONS	
요청(request)에 대한 반환 에코	TRACE	
TCP/IP 터널링(일반적으로 구현되어 있지는 않음)	CONNECT	

표 16.1 HTTP 메서드

앞서 나온 HTTP 메서드 표에 다음과 같은 내용을 덧붙이려 한다.

- 읽기 전용(read-only) API만 구현한다면 GET 메서드만 구현하면 된다.
- 읽기/쓰기(read-write) API를 구현한다면 최소한 POST 메서드는 구현해야 하며 PUT과 DELETE 또한 고려해야 한다.
- 단순화하기 위해 때때로 REST API는 GET과 POST만으로 구현되도록 설계 하기도 한다.
- GET, PUT, DELETE는 여러 번 실행해도 그 결과가 변하지 않는 멱등(idem-

potent) 관계이며 POST와 PATCH는 그렇지 않다.

- PATCH가 구현되어 있지 않은 경우도 있다. 하지만 API가 PUT 요청을 지원한다면 PATCH 또한 구현하는 것이 좋다.
- django-rest-framework와 django-tastypie는 앞의 모든 경우를 처리한다.

REST API를 구현할 때 일반적으로 알아야 할 HTTP 상태 코드들을 다음에 나열해 보았다. 다음 목록은 단지 HTTP 상태 코드 중 일부만 나열한 것임을 명심해 두기 바란다. 좀 더 많은 HTTP 상태 코드를 알고 싶다면 http://en.wikipedia.org/wiki/List_of_HTTP_status_codes를 참고하기 바란다.

HTTP 상태 코드	성공/실패	의미
200 OK	Success	GET – 리소스 반환 PUT – 상태 메시지 제공 또는 리소스 반환
201 Created	Success	POST – 상태 메시지 반환 또는 새로 생성된 리소스 반환
204 No Content	Success	DELETE – 성공적으로 삭제된 요청의 응답
304 Unchanged	Redirect	ALL – 이전 요청으로부터 아무런 변화가 없음을 나타낸다. 성능 개선을 위해 마지막으로 수정된 리소스나 Etag 헤더를 확인하기 위해 이용한다.
400 Bad Request	Failure	ALL – 폼 검증 에러를 포함한 에러 메시지 반환
401 Unauthorized	Failure	ALL – 인증 요청을 했으나 사용자가 인증 요건을 제공하지 않음
403 Forbidden	Failure	ALL – 사용자가 허용되지 않은 콘텐츠로 접근을 시도함
404 Not Found	Failure	ALL – 리소스 없음
405 Method Not Allowed	Failure	ALL – 허가되지 않은 HTTP 메서드로 시도됨
410 Gone	Failure	ALL – 더는 제공되지 않는 메서드로 호출. 새 버전의 API를 제공하기 위해 기존 API 서비스를 중지할 때 이용된다. 모바일 애플리케이션의 경우 해당 결과에 대해 사용자에게 애플리케이션 업그레이드를 요청하는 방법을 쓰기도 한다.
429 Too Many Requests	Failure	ALL – 제한 시간 내에 너무 많은 요청을 보냄. 접속 제한(rate limit)을 이용할 때 쓰인다.

표 16.2 HTTP 상태 코드

16.2 간단한 JSON API 구현하기

앞 장의 flavors 앱 예제를 기반으로 하여 AJAX, python-requests 또는 이와 비슷한 라이브러리들의 HTTP 요청을 통한 create, read, update, delete를 처리

하는 방법을 구현해 보자. 앞 장에서 미리 다루었던 클래스 기반 뷰에 기초를 둔 패턴으로 REST API를 효과적으로 구현하기 위해 django-rest-framework를 이용하기로 했다. Flavor 모델부터 다시 기술해 보면 다음과 같다.

✓ 예제 16.1

```
# flavors/models.py
from django.core.urlresolvers import reverse
from django.db import models
class Flavor(models.Model):

    title = models.CharField(max_length=255)
    slug = models.SlugField(unique=True)
    scoops_remaining = models.IntegerField(default=0)

    def get_absolute_url(self):
        return reverse("flavors:detail", kwargs={"slug": self.slug})
```

serializer 클래스를 정의해 보면 다음과 같다.

✓ 예제 16.2

```
from rest_framework import serializers

from .models import flavor

class FlavorSerializer(serializers.ModelSerializer):
    class Meta:
        model = flavor
        fields = ('title', 'slug', 'scoops_remaining')
```

이제 뷰를 정의해 보자.

✓ 예제 16.3

```
# flavors/views
from rest_framework.generics import ListCreateAPIView
from rest_framework.generics import RetrieveUpdateDestroyAPIView
from .models import Flavor
from .serializers import FlavorSerializer

class FlavorCreateReadView(ListCreateAPIView):
    queryset = Flavor.objects.all()
    serializer_class = FlavorSerializer
    lookup_field = 'slug'

class FlavorReadUpdateDeleteView(RetrieveUpdateDestroyAPIView):
    queryset = Flavor.objects.all()
    serializer_class = FlavorSerializer
    lookup_field = 'slug'
```

자, 이것으로 다 완성된 것이다. 꽤 빠르지 않나?

> 💡 **유용한 참고 자료**
>
> 장고를 가지고 REST 프레임워크를 구현하면서 우리는 http://cdrf.co라는 사이트를 발견했
> 는데 이 사이트는 상당히 괜찮은 참고 자료를 제공한다. 이 사이트는 http://ccbv.co.uk 사이
> 트를 기초로 하면서 좀 더 장고 REST 프레임워크에 초점을 맞춘 정보를 제공하고 있다.

자, 이제 작업한 내용을 flavors/urls.py 모듈에서 하나로 묶어 보자.

√ 예제 16.4

```python
# flavors/urls.py
from django.conf.urls import url

from flavors import views

urlpatterns = [
    url(
        regex=r"^api/$",
        view=views.FlavorCreateReadView.as_view(),
        name="flavor_rest_api"
    ),
    url(
        regex=r"^api/(?P<slug>[-\w]+)/$",
        view=views.FlavorReadUpdateDeleteView.as_view(),
        name="flavor_rest_api"
    )
]
```

여기서 우리는 뷰와 같은 이름을 URLConf의 이름에도 재사용했다. 이는 자바스
크립트 기반의 프론트엔드를 이용할 경우 관리를 편하게 해 준다. {% url %} 템
플릿 태그 하나로 Flavor 리소스에 전부 접근되니 말이다.

URLConf의 역할에 혼동이 있을 경우를 대비해 여기 다시 표로 정리해 보
았다.

URL	뷰	URL 이름(동일)
/flavors/api/	FlavorCreateReadView	flavor_rest_api
/flavors/api/:slug/	FlavorReadUpdateDeleteView	flavor_rest_api

표 16.3 Flavor REST API를 위한 URLConf

> ❗ **우리가 구현한 API의 경우 권한(permission) 설정은 지원하지 않는다**
>
> 우리 예제를 기반으로 API를 구현하고 있다면 사용자에 대한 올바른 인증과 권한 설정을
> 잊지 말기 바란다!
>
> · http://www.django-rest-framework.org/api-guide/authentication
> · http://www.django-rest-framework.org/api-guide/permissions

이제 전통적인REST 스타일의 API 정의를 나타내 보면 다음과 같다.

✓ 예제 16.5

```
flavors/api/
flavors/api/:slug/
```

> 💡 **REST API를 설명하는 일반적인 문법**
>
> 예제 14.4에서 우리가 이용한 문법이 여러 프로젝트에서 일반적으로 통용되는 모습을 종
> 종 보게 될 것이다. 방금 설명한 내용의 경우 /floavors/api/:slug/ 식으로 :slug라는
> 표현을 포함하고 있다. 여기서 :slug는 특정 값을 의미한다. 여러 프레임워크와 언어에서도
> 이러한 방식이 통용되고 있고, 서드 파티 REST API 문서에서 이러한 표현이 쓰이는 것도
> 볼 수 있을 것이다.

장고에서 얼마나 간단하게 REST API를 구현할 수 있는지 소개했다. 이제 이러
한 구현을 유지하고 확장하는 방법을 좀 더 알아보자.

16.3 REST API 아키텍처

django-rest-framework나 django-tastypie를 이용하여 빠르게 API를 구현하는
것은 그다지 어려운 일이 아니다. 하지만 이를 여러분의 프로젝트에 맞게 변형
하고 관리하기란 생각보다 쉽지 않다.

16.3.1 프로젝트 코드들은 간결하게 정리되어 있어야 한다

상호 긴밀히 연관된 작은 앱으로 구성된 프로젝트라면 특정 API가 어디에 위치
하고 있는지 찾기가 그리 쉽지는 않다. 이런 경우 모든 API 코드를 각각의 해당
앱에 위치시키는 대신, API만 전담해서 처리하는 앱을 따로 구성하는 것이 때때
로 더 적절하기도 하다. 이러한 API 앱은 API 구현에 대한 모든 시리얼라이저
(serializer), 렌더러(renderer), 뷰가 위치하는 곳이 될 것이다. 또한 이 앱의 이

름에 해당 API 버전을 포함시켜야 한다(16.3.6 참조).

예를 들면 모든 API 뷰, 시리얼라이저, 그리고 다른 API 관련 컴포넌트들을 하나의 앱에 포함시키면서 그 앱의 이름을 apiv4라고 지을 수 있을 것이다.

이러한 식의 API 구성의 단점으로는 해당 API 앱이 너무 커질 수 있고 또한 각 API를 지원하는 개별 앱으로부터 해당 API 앱이 단절될 수도 있다는 점이다. 그럼 이에 대한 대안을 알아보자.

16.3.2 앱의 코드는 앱 안에 두자

기본적인 이야기를 하자면 REST API는 단순한 뷰의 모음이다. 단순한 소규모 프로젝트의 경우 REST API의 뷰는 views.py나 viewsets.py 모듈 안에 위치하면서 일반적인 뷰가 따르는 가이드라인을 똑같이 따르면 된다. 물론 이러한 규칙은 앱이나 모델에 종속되는 특별한 시리얼라이저나 렌더러에도 똑같이 적용되는 방법이다. 특별히 한 앱에서만 쓰이는 종속적인 시리얼라이저나 렌더러가 있다면, 해당 앱이나 렌더러가 위치한 앱에서 다른 일반적인 시리얼라이저나 렌더러가 따르는 규칙을 따르면 된다.

하나의 views.py/viewsets.py 모듈에 담기에는 너무 많은 REST API 뷰 클래스를 포함하는 대규모 프로젝트의 경우에는 이를 분할하는 방법을 써야 한다. 뷰 클래스들을 __init__.py를 포함하는 viewset 패키지로 나누어 넣으면서 해당 파이썬 모듈들이 작게 나뉜 적은 수의 REST API 뷰만 포함하게 하는 것이다.

이러한 구성의 단점은 작게 나뉜 상호 연관되는 앱이 너무 많이 존재하게 된다는 것이다. 모듈들이 너무 작게 나뉘고 수가 많아지면 API 컴포넌트들이 어디에 있으며 어떻게 쓰이는지 관리하기가 너무 어려워질 수도 있다. 이러한 이유로 앞에서 우리가 이야기했던 API만 관리하는 새로운 앱을 구성하는 방안이 나온 것이다.

16.3.3 비즈니스 로직을 API 뷰에서 분리하기

어떤 구조를 따르든지 간에 가능한 한 로직을 API 뷰에서 분리하는 것이 좋다. 이러한 이야기를 어디서든 한 번쯤은 들어봤을 것이다. '8장 함수 기반 뷰와 클래스 기반 뷰'의 '뷰에서 비즈니스 로직 분리하기'에서 설명한 내용이기도 하다. API 뷰 또한 뷰의 한 종류라는 것을 항상 기억하기 바란다.

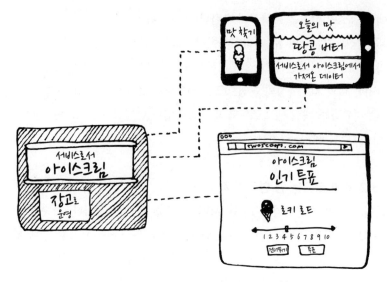

그림 16.2. API 서비스로 본 아이스크림

16.3.4 API URL을 모아 두기

여러분이 여러 장고 앱 각각에 REST API 뷰를 구성해 놓았다고 하면 다음과 같은 프로젝트 전반에 걸친 API는 어떻게 구성할 수 있을까?

✓ **예제 16.6**

```
api/flavors/ # GET, POST
api/flavors/:slug/ # GET, PUT, DELETE
api/users/ # GET, POST
api/users/:slug/ # GET, PUT, DELETE
```

지금까지 우리는 API의 뷰 코드를 api 또는 apiv1이라 이름 지은 전용 앱 안에 위치시키고 그 안에서 REST 뷰의 커스텀 로직 일부와 시리얼라이저 등을 처리했다. 이론적으로는 꽤 괜찮은 구성이기는 하지만 현실적으로 이는 어떤 한 앱에 대해 하나의 장소 이상에 걸쳐 로직이 나뉘어 있음을 의미한다.

이럴 경우 프로젝트 전반에 걸친 API를 한데 모으는 방법으로 URL 설정을 이용할 수 있다. 프로젝트 전반에 걸친 API를 구성할 때 REST 뷰들은 views.py나 viewsets.py 모듈 안에 위치시키기로 했다. 그리고 URLConf를 이용하여 core/api.py 또는 core/apiv1.py라는 이름으로 구현된 모듈을 하나로 묶어 urls.py 안에 포함시키는 것이다. 이는 다음과 같은 코드로 구현할 수 있다.

✓ **예제 16.7**

```python
# core/api.py
""" 프로젝트의 루트 폴더에 위치한 urls.py의 URLConf에서 호출됨. 따라서
        url(r"^api/", include("core.api", namespace="api")),
"""
from django.conf.urls import url

from flavors import views as flavor_views
from users import views as user_views

urlpatterns = [
    # {% url "api:flavors" %}
    url(
        regex=r"^flavors/$",
        view=flavor_views.FlavorCreateReadView.as_view(),
        name="flavors"
    ),
    # {% url "api:flavors" flavor.slug %}
    url(
        regex=r"^flavors/(?P<slug>[-\w]+)/$",
        view=flavor_views.FlavorReadUpdateDeleteView.as_view(),
        name="flavors"
    ),
    # {% url "api:users" %}
    url(
        regex=r"^users/$",
        view=user_views.UserCreateReadView.as_view(),
        name="users"
    ),
    # {% url "api:users" user.slug %}
    url(
        regex=r"^users/(?P<slug>[-\w]+)/$",
        view=user_views.UserReadUpdateDeleteView.as_view(),
        name="users"
    ),
]
```

16.3.5 API 테스트하기

우리는 장고의 테스트 스위트가 장고에서의 API 구현을 테스트하기에도 가장
편리한 방법이란 사실을 발견했다. 확실히 curl을 이용한 테스트보다 간편했으
니 말이다! 테스트에 대한 부분은 '22장 테스트, 정말 거추장스럽고 낭비일까'에
서 길게 다루겠다. 또한 JSON API 테스트를 위해 우리가 만들어 놓은 테스트들
을 22.3.1에 포함시켜 두었다.

16.3.6 API 버저닝하기

API의 URL에 버전 정보를 나타내는 것은 매우 유용하다. 예를 들면 /api/v1/

flavors 또는 /api/v1/users 식으로 말이다. 또 API가 변함에 따라 /api/v2/flavors 또는 /api/v2/users 식으로 변경해 나가면 된다. URL에 API 버전 번호를 넣어서 서비스하면 API가 변경될 때마다 기존 이용자들은 이전 버전으로 API를 호출함으로써 기존 구성에 급작스러운 문제를 일으키지 않을 수 있는 장점이 있다.

또한 기존 API 사용자들을 고려하여 API 버전을 업그레이드한 이후에도 현재 API와 이전 버전의 API를 둘 다 유지하는 것이 매우 중요하다. 사용을 중지하기로 한 API라도 몇 달간은 이용할 수 있게 해 주는 것이 일반적이다.

API를 구현할 때는 이용자와 고객에게 시간적 여유를 충분히 두고 이전 API 중단에 대해 경고함으로써 기존 애플리케이션을 업그레이드할 수 있게 하여 애플리케이션이 중단되는 일이 없게 해야 한다. 개인적인 의견으론 해당 API 중단을 알리기 위한 목적으로 이용자들의 이메일 주소를 수집하는 것은 합당한 절차라고 본다. 무료 또는 오픈 소스 API일지라도 말이다.

16.4 서비스 지향 아키텍처

서비스 지향 아키텍처(service-oriented architecture, SOA)[1] 관점에서 웹 애플리케이션은 독립적이고 분리된 컴포넌트로 구성된다. 각 컴포넌트는 독립된 서버 또는 클러스터에서 구동되며 이러한 각 컴포넌트는 서로 커뮤니케이션을 하게 된다. 일반적으로 서비스 지향 아키텍처 스타일의 장고 프로젝트들은 이러한 컴포넌트 사이 커뮤니케이션에 REST API를 이용한다.

서비스 지향 아키텍처 스타일을 이용하는 주된 이유는 많은 엔지니어가 상호 충돌 없이 서로 분리된 컴포넌트를 작업하기가 한결 수월해지기 때문이다. 엔지니어 100명으로 이루어진 거대한 하나의 팀이 단일 코드 베이스로 동시에 일하는 대신에 엔지니어 열 명으로 이루어진 열 개의 팀이 각각 독립된 서비스 지향 아키텍처 컴포넌트를 작업할 수 있으니 말이다.

작은 프로젝트에서는 서비스 지향 아키텍처 방식이 장점보다 더 많은 문제를 일으킬 수도 있다. 더 많은 컴포넌트와의 연동 부분이 더 많은 복잡성을 야기하기 때문이다.

---

1 (옮긴이) 서비스 지향 아키텍처와 함께 마이크로서비스(Microservice)에 대한 글 또한 재미있는 읽을거리가 될 거라고 생각한다. 다음의 글들을 한국의 독자들이 한번 읽어 보았으면 하는 바람이다.
- 제임스 루이스(James Lewis)와 마틴 파울러(Martin Fowler)가 작성한 글. 'Microservices by James Lewis and Martin Fowler'. http://martinfowler.com/articles/microservices.html
- 윤석찬(Channy Yun)님의 한국어 번역글. '마이크로서비스'. http://channy.creation.net/articles/microservices-by-james_lewes-martin_fowler#.V3IgnvmLSHt

서비스 지향 아키텍처 스타일의 웹 애플리케이션을 구현하기 위해서는 장고 프로젝트 자체를 독립적으로 운영이 가능한 웹 애플리케이션으로 어떻게 나누어야 할지 고려해야 한다. 각 장고 앱이 아마도 하나의 독립된 장고 프로젝트로 나뉠 수 있을 것이다.

예를 들면, 에어비앤비가 집을 임대해 주듯 아이스크림 트럭을 임대해 주는 서비스를 만든다고 하면 trucks, owners, renters, payments, receipts, reservations, scheduling, reviews라는 여덟 개의 별개 앱을 하나의 장고 프로젝트에 포함하여 시작할 수 있을 것이다. 회사가 성장함에 따라 각 앱을 각 REST API에 기반을 둔 각각의 독립된 팀에 의해 관리되는 장고 프로젝트들로 리팩터링할 수 있을 것이다.

- 『Domain-Driven Development』(에릭 에반스(Eric Evans) 지음, http://amzn.to/1KgRHG3): 도메인 주도 디자인에 대한 체계적인 접근 방법을 설명한다.[2]
- https://en.wikipedia.org/wiki/Service-oriented_architecture
- http://steve-yegge.blogspot.kr/2006/03/execution-in-kingdom-of-nouns.html

16.5 외부 API 중단하기

새로운 버전의 API를 위해 이전 버전의 외부 서비스 API를 중단해야 할 때가 되었을 경우 다음과 같은 단계를 따르면 유용할 것이다.

16.5.1 1단계: 사용자들에게 서비스 중지 예고하기

사용자들에게 가능한 한 미리 공지하는 것이 중요하다. 6개월 정도의 기간이 적당하며 최소한 한 달 전에는 이루어져야 한다. API 사용자들에게 이메일, 블로그, 소셜 미디어를 통해 해당 소식을 알리기 바란다. 우리는 사용자들이 해당 메시지를 너무 지겨워하지 않을까 하는 걱정이 들 정도로 서비스 중지 알림을 보낸다.

16.5.2 2단계: 410 에러 뷰로 API 교체하기

최종적으로 API가 중지되었을 때 간단한 410 에러 뷰를 서비스한다. 다음과 같은 정보를 담고 있는 매우 간단한 메시지 정도를 서비스한다.

---

2   (옮긴이) 한국어판은 『도메인 주도 설계란 무엇인가?』(최수경 옮김, 인사이트 펴냄)란 제목으로 발간되었다.

- 새 API 엔드포인트의 링크
- 새 API 문서의 링크
- 서비스 중지에 대한 세부 사항을 알려주는 문서로의 링크

다음은 모든 HTTP 메서드에 대한 서비스 중지 뷰를 보여주는 샘플이다.

√ 예제 16.8

```python
# core/apiv1_shutdown.py
from django.http import HttpResponseGone

apiv1_gone_msg = """APIv1 was removed on April 2, 2015. Please switch to APIv3:
<ul>
    <li>
        <a href="https://www.example.com/api/v3/">APIv3 Endpoint</a>
    </li>
    <li>
        <a href="https://example.com/apiv3_docs/">APIv3 Documentation</a>
    </li>
    <li>
        <a href="http://example.com/apiv1_shutdown/">APIv1 shut down notice</a>
    </li>
</ul>
"""

def apiv1_gone(request):
    return HttpResponseGone(apiv1_gone_msg)
```

16.6 REST 프레임워크들에 대한 평가

여러 REST 프레임워크 사이에서 망설이고 있다면 다음과 같은 사항을 고려해야
할 것이다.

16.6.1 django-rest-framework가 현실적인 표준으로 자리 잡고 있다

이 책이 출판되는 시점을 기준으로 대부분의 장고 프로젝트가 django-rest-
framework를 이용하고 있다. 이는 해당 패키지가 앞으로도 잘 유지되리라는 보
장으로 볼 수 있을 것이다. 또한 다른 종류의 프레임워크를 쓰는 것보다 이미
django-rest-framwork를 이용해 본 장고 개발자들을 더 쉽게 찾을 수 있을 것이다.

16.6.2 보일러플레이트를 얼마나 쓸 것인가?

오늘날의 대부분의 프레임워크는 리소스를 관리할 때 보일러플레이트
(boilerplate) 작업을 최소화하는 방향으로 변해 가고 있다. "모 프레임워크는 보

일러플레이트가 너무 많아!"라는 불평을 들어 봤다면 이는 리소스 중심 시스템에서 RPC(Remote Procedure Call)를 자유자재로 구현하는 법을 아직 숙지하지 못했다는 의미다.

RPC에 대한 내용은 바로 다음에 이어진다.

16.6.3 RPC 구현이 쉬운가?

데이터 공개를 위한 방법으로 REST 프레임워크를 이용한 리소스 모델은 매우 강력하다. 하지만 이 또한 모든 환경을 다 만족시키지는 않는다. 특히 리소스가 애플리케이션 디자인의 현실적인 측면을 늘 만족시키지는 않는다. 예를 들면, 시럽(syrup)과 선디(sundae)를 각기 다른 두 개의 리소스로 표현하는 것은 쉽다. 하지만 시럽을 추가하는 '행위' 자체에 대해서는 어떻게 할까? 이 비유대로라면 선디 상태를 바꾸고 시럽 재고를 하나 줄이는 것으로 볼 수 있다. API 사용자들에게 해당 사항을 각각 변경하게 함으로써 해당 문제를 해결할 수 있지만 이는 데이터베이스 무결성에 문제를 일으킬 수도 있다. 따라서 특정 상황에 대해서는 `sundae.pour_syrup(syrup)`이라는 메서드를 클라이언트 측에 RESTful API로 제공하는 것이 좋은 방법이 된다.

컴퓨터 과학 용어로 `sundae.pour_syrup(syrup)`은 RPC라고 부른다.

선택한 REST 프레임워크 또는 시스템에 따라 RPC 호출은 쉬운 문제일 수도 혹은 까다로운 문제일 수도 있다. 이러한 부분은 프레임워크를 선택하기 전에 미리 고려해야 하는 부분이고, 이후 프로젝트 중도에 문제를 발견했다면 상당한 고통으로 다가온다.

여기 더 많은 읽을거리가 있다.

- https://en.wikipedia.org/wiki/Remote_procedure_call
- https://en.wikipedia.org/wiki/Resource-oriented_architecture

16.6.4 클래스 기반 뷰 대 함수 기반 뷰

이전 장에서 미리 이야기했듯이 우리는 클래스 기반 뷰를 더 선호하는 편이다. 물론 함수 기반 뷰를 더 선호하는 개발자들도 있다. 이 부분이 신경 쓰인다면, django-rest-framework처럼 함수 기반 뷰의 구현을 옵션으로 제공하는 프레임워크들을 한번 살펴보기 바란다.

16.7 API에 접속 제한하기

접속 제한은 한 사용자가 주어진 시간에 얼마 이상의 요청을 보낼 때 이를 제어하는 것을 말한다. 여러 가지 이유로 이와 같은 제한을 하게 되며 그 이유는 다음과 같다.

16.7.1 제한 없는 API 접속은 위험하다

꽤 오래 전(2010년)에 우리는 장고 패키지(Django Packages, https://www.djangopackages.com)라는 웹 사이트를 만들었다. 장고 대시(Django Dash) 콘테스트에서 시작된 이 프로젝트는 장고 커뮤니티에서 상당한 주목을 받았고 단번에 많은 접속자가 몰렸다. 우리는 빠른 속도로 사이트를 개발해 나갔고 여러 기능이 금방 추가되었고 점점 커져갔다. 하지만 불행히도 우리는 깃허브 API의 접속 제한을 초과하는 상태에 도달하게 되었다. 이는 우리가 시간당 특정 수의 API 요청을 발생시키고 나서는 다음 한 시간이 돌아오기 전까진 어떤 API 요청도 할 수 없다는 의미였다.

다행히 DjangoCon 2010에서 우리는 깃허브 창업자 중 한 명에게 우리가 깃허브에 무제한 요청을 보낼 수 없는지 물었고, 고맙게도 그는 우리의 요청을 흔쾌히 받아 주어 하루 만에 우리가 원하는 만큼 깃허브로부터 데이터를 가져올 수 있었다.

우리와 우리 사용자들에게는 참으로 기쁜 일이었다. 사이트 이용이 점점 늘어남에 따라 사람들은 가장 활발한 프로젝트가 무엇인지 궁금해했다. 우리는 원하는 데이터를 얻기 위해 매 시간 깃허브에 최신 데이터를 요청했고 이는 곧 깃허브에 문제를 일으켰다.

2010년의 깃허브는 오늘날의 깃허브처럼 큰 회사가 아니었다. 매시 17분마다 우리의 장고 패키지 사이트는 깃허브 API에 수천 개의 요청을 보냈고 이러한 제한 없는 접속은 깃허브 애플리케이션에 문제가 되었다.

결국에는 깃허브에서 우리에게 연락을 하여 API 접속량을 줄여달라고 요청했다. 우리는 여전히 무제한 접근을 할 수 있었지만 깃허브 측에 약간의 여유를 주기로 했다. 우리는 좀 더 합리적으로 매 시간 데이터를 새로 확인하는 대신에 하루에 한 번씩만 하기로 했다. 그리고 지금까지 그러한 방식을 쓰고 있다.

물론 오늘날의 깃허브는 2010년 후반의 깃허브보다 훨씬 큰 API 요청도 문제없이 처리할 수 있지만, 우리와 깃허브는 앞선 교훈을 통해 제한 없이 접속 가능한 API의 무서움을 배우게 되었다. 앞으로는 제한 없는 API 접속을 결정해야 할 때 심사숙고하기로 했으니 말이다.

16.7.2 REST 프레임워크는 반드시 접속 제한을 해야만 한다

우리가 REST API 프레임워크를 기술할 때 늘 고려하는 기능 중 하나가 바로 해당 프레임워크가 API 접속 제한 기능을 제공하는 것인가이다. 물론 어떤 프레임워크를 이용할지 선택하는 과정에서 이는 반드시 갖추어야 할 조건으로 여겨진다. 접속 제한을 조절할 수 있는지, 없는지의 차이는 매우 크기 때문이다.

> **HTTP 서버의 접속 제한**
>
> nginx나 아파치의 접속 제한을 이용하는 방법도 있다. 장점은 매우 빠른 성능을 보여 준다는 것이다. 단점은 파이썬 코드로부터 얻을 수 있는 기능적인 여러 면을 잃어버린다는 것이다.

16.7.3 비즈니스 계획으로서의 접속 제한

우리가 아이스크림 토핑의 이미지를 아이스크림 이미지 위에 합성할 수 있는 API 기반 서비스를 제공하는 스타트업을 시작한다고 가정해 보자. 많은 이들이 이 API를 이용하기를 바랄 것이고 우리는 접근 수준에 따라 다양한 가격 정책을 세울 수 있을 것이다.

- 개발자(Developer) 단계는 무료로 서비스되지만 시간당 10 API 요청만 가능
- 한 숟갈(One Scoop) 단계는 한 달에 24달러로 분당 25 요청까지 가능
- 두 숟갈(Two Scoops) 단계는 한 달에 79달러로 분당 50 요청까지 가능
- 기업(Corporate) 단계는 한 달에 5000달러로 분당 200 요청까지 가능

자, 이제 우리가 해야 하는 남은 일은 사람들에게 우리의 API를 알리는 일이다.

16.8 자신의 REST API 알리기

REST API 제작을 다 마치고 다른 개발자들과 회사들이 이를 이용하기를 기다리고 있다고 가정하자. 이제 무엇을 해야 할까?

16.8.1 문서

해야 할 가장 중요한 일은 다양한 정보를 담은 문서를 제공하는 것이다. 읽기 쉽고 잘 이해되는 문서 말이다. 반드시 쉽게 이용 가능한 코드 예제가 제공되

어야 함은 두말할 나위 없다. 문서들을 처음부터 다시 써도 되고 django-rest-framework, 스핑크스(Sphinx) 또는 마크다운 등의 도구들을 이용하여 자동 생성해도 된다. Swagger.io 같은 상용 문서 생성 서비스를 이용하는 방법도 있다.

'23장 문서화에 집착하자'에서 REST API 문서에 대해 좀 더 정식으로 다루겠다.

16.8.2 클라이언트 SDK 제공하기

여러분의 API를 좀 더 널리 알리는 방법으로 여러 언어를 지원하는 SDK (software development kit)를 제공할 수도 있다. 지원하는 언어가 많으면 많을수록 좋을 것이다. 우리 기준으로 파이썬, 자바스크립트, 루비, PHP, 고(Go), 자바는 반드시 지원해야 하는 언어다.

우리 경험으로 보면 제공되는 SDK 라이브러리를 이용하여 데모 프로젝트를 하나 이상 구현하는 것이 매우 효과적이었다. 단순히 우리의 API를 알리는 것뿐 아니라 우리 고객의 입장에서 우리 API를 어떻게 경험하는지 알 수 있는 좋은 기회였다.

클라이언트 SDK 만들기에 대해서는 '21.9 자신의 장고 패키지 릴리스하기'에서 유용한 내용을 찾을 수 있을 것이다.

16.9 더 읽을거리

다음 자료들을 더 읽어보기를 추천한다.

- http://en.wikipedia.org/wiki/REST
- http://en.wikipedia.org/wiki/List_of_HTTP_status_codes
- http://jacobian.org/writing/rest-worst-practices

16.10 요약

이 장에서 우리는 다음 내용을 다루었다.

- API 제작에 이용되는 라이브러리들
- 그룹화(grouping) 전략
- REST API 디자인의 기초
- 간단한 JSON API 구현

이제 다음으로 '17장 REST API 이용하기'에서 REST API의 다른 면을 다루겠다.

REST API 이용하기

앞서 REST API를 생성하는 방법과 템플릿을 효과적으로 제작하는 방법을 알아봤다. 이제 이 두 가지를 하나로 묶어 보자. 최신 자바스크립트 프레임워크를 이용하여 REST API를 통해 가져온 콘텐츠를 최종 사용자들이 브라우저에서 편리하게 이용할 수 있도록 장고 기반 도구를 실전 예제 형식으로 만들어 보려고 한다.

⚠ 이 장에서는

- 장고를 백엔드 프레임워크로 이용한다.
- 최신 자바스크립트와 HTML5 기술을 다루는 것은 생략하겠다.

매우 고차원적인 관점에서 실전 예제를 구성해 보려고 한다.

빨라진 자바스크립트 엔진의 장점과 관련 커뮤니티의 성숙도를 종합해 볼 때 RESTful API를 지원하는 몇 가지 최신 자바스크립트 프레임워크를 꼽을 수 있다. 여기 그중 몇 가지를 소개해 보면 다음과 같다.

- React.js(https://facebook.github.io/react)
  페이스북에서 시작했고 개발 중인 자바스크립트 프레임워크와 그 생태계다. HTML, iOS, 안드로이드 애플리케이션을 위해 제작되었다.
- Angular.js(http://angularjs.org)
  구글에서 개발 중인 자바스크립트 프레임워크다. 단일 페이지(single-page) 애플리케이션을 제작하는 데 많은 도움이 된다. 장고 커뮤니티에서 인기가 높다. 이 책이 출판된 시점을 기준으로 Angular.js는 1.x와 2.x 버전의 비호환 문제로 논란의 중심에 서 있는 상황이다.

- Backbone.js(http://backbonejs.org)
  처음으로 대중적으로 성과를 거둔 현대적인 자바스크립트 라이브러리다. Underscore.js 라이브러리라는 상당히 유용한 라이브러리를 기반으로 제작되어 있다.
- jQuery(http://jquery.com)
  이젠 더는 신기한 기술은 아니지만 전체 웹 사이트의 75%가 사용하고 있다면 그 숫자만으로 충분히 그 유용성이 입증된 기술이다.

이러한 라이브러리들은 우리가 흔히 이야기하는 '즉각적인 사용자 경험' 측면을 개선하는 데 정말로 유용하다. 하지만 모든 좋은 것이 그러하듯이 이에 따르는 고려해야 할 점과 처리해야 할 점이 동시에 존재한다.

17.1 클라이언트 디버그 방법

클라이언트 사이드 자바스크립트를 디버그한다는 것은 단순히 console.log()나 console.dir() 함수를 이용하는 것 이상을 의미한다. 디버깅과 에러를 찾아내는 다양한 도구가 있고 그중 일부는 특별한 자바스크립트 프레임워크만을 위해 제작되기도 한다. 일단 도구가 결정되면 하루 정도 시간을 내어 어떻게 클라이언트 사이드를 테스트할지 배우는 것이 좋다.

참고 자료는 다음과 같다.

- http://2scoops.co/chrome-developer-tools
- https://developer.mozilla.org/en-US/docs/Debugging_JavaScript

그림 17.1 서버 사이드 대 클라이언트 사이드 아이스크림

17.2 자바스크립트 기반의 정적 애셋 전처리기(static asset preprocessors)에 대해 알아보자

과거에 우리는 자바스크립트와 CSS 파일의 최소화(minification)를 포함해 모든 곳에서 파이썬을 이용했다. 하지만 이 책의 1.6 버전을 출판할 때부터 자바스크립트 커뮤니티에서 이러한 도구들을 자바스크립트로 제작하고 관리하는 것이 파이썬 커뮤니티에서 하는 것보다 낫다는 점이 확실해졌다. 자바스크립트 커뮤니티에서 해당 부분을 자신들의 툴체인으로 해결함으로써 우리(파이썬 부분)는 다른 것들에 더 집중할 수 있기 때문에 그렇게 해도 전혀 문제가 없었다.

이 책을 쓰는 현재 가장 널리 쓰는 해당 도구는 **걸프**(Gulp)로 http://gulpjs.com에서 찾을 수 있다. 파이썬의 패브릭(Fabric)이나 인보크(Invoke) 같은 자동화 도구와 비슷한데 자바스크립트로 이루어진 도구라고 생각하면 편할 것이다. Gulp.js는 node.js가 설치되어 있어야 한다. node.js는 파이썬이 설치된 곳이라면 어디라도 설치할 수 있기 때문에(윈도우를 포함하여) 전혀 문제가 되지 않을 것이다.

17.3 검색 엔진이 콘텐츠를 인덱스할 수 있게 만들기

단일 페이지 애플리케이션이나 REST API를 통해 생성되는 콘텐츠가 점점 인기를 더해 가고 있다. 하지만 주의를 기울이지 않으면 구글이나 바이두 같은 검색 엔진이 콘텐츠를 인덱스하지 못할 수도 있다. 모든 콘텐츠가 인증받은 사용자에게만 서비스된다면 전혀 문제가 되지 않겠지만, 검색 엔진의 인덱싱이 중요한 경우라면 여기 이러한 문제를 해결하기 위한 방법들이 있다.

17.3.1 검색 엔진 문서 읽기

구글 검색 엔진이나 다른 여러 검색 엔진 또한 단일 페이지 애플리케이션이 빠르게 증가하고 있다는 사실을 안다. 따라서 웹 검색 회사들은 Ajax 기반 콘텐츠를 검색 가능하게 하는 방법에 대한 설명을 제공하기도 한다.

- https://developers.google.com/webmasters/ajax-crawling
- http://www.2scoops.co/bing-search-engine-best-practices

이론적으로 몇몇 검색 회사는 클라이언트 사이드 자바스크립트를 가지고 렌더링된 콘텐츠를 이미 검색하고 있다. 시간이 가면 갈수록 이들의 기술은 빠르게 발전할 것이다. 검색 엔진 최적화가 당장 중요하지는 않지만 언젠가는 중요해진 다면 검색 회사 측이 기술을 발전시킬 때까지 기다리는 것도 방법이다.

17.3.2 직접 sitemap.xml 제작하기

바이두 같은 검색 회사의 경우 개발자들이 원하는 콘텐츠를 인덱스하는 방법을 제공하지 않는다. 이럴 경우 예전 sitemap.xml 방식을 해법으로 볼 수 있다. AJAX 뷰들의 경우 뷰가 명확한 HTML이 아니기 때문에 장고에서 제공하는 내장 sitemap 앱 대신에 커스텀 뷰를 생성해야 할 필요가 있다.

✓ 예제 17.1

```python
# core/views.py
from __future__ import absolute_import

from django.views.generic import TemplateView

from .flavors.models import Flavor

class SiteMapView(TemplateView):
    template_name = "sitemap.xml"

    def flavors(self):
        return Flavor.objects.all()
```

직접 제작한 sitemap.xml(간단한 예)은 다음과 같다.

✓ 예제 17.2

```xml
<?xml version="1.0" encoding="UTF-8"?>
<urlset xmlns="http://www.sitemaps.org/schemas/sitemap/0.9">
    {# Snip the home page, contact, etc #}
    {% for flavor in view.flavors %}
        <url>
            <loc>{{ site.domain }}/app/#{{ flavor.slug }}</loc>
            <lastmod>{{ flavor.modified }}</lastmod>
            <changefreq>monthly</changefreq>
            <priority>0.8</priority>
        </url>
    {% endfor %}
</urlset>
```

구글의 웹 크롤링 스펙은 단일 페이지 앱을 만드는 모든 이에게 중요한 자료이며 다양한 방법이 있다. https://developers.google.com/webmasters/ajax-crawling.

17.3.3 서비스를 이용하여 사이트가 검색 가능하게 하기

직접 사이트맵을 제작하기보다는 서비스를 이용하여 처리하는 방법도 있다. 예를 들면 유료로 제공되는 brombone.com은 여러분의 Angular.js, Ember.js 또는 Backbone.js 사이트를 검색, 처리하여 여러분이 원하는 콘텐츠로 구글에서 미리 렌더링한 HTML을 보여준다.

17.4 실시간 서비스가 왜 어려운가(지연 (Latency) 문제)

이제 잘 구성된 디자인에, 잘 인덱스된 시스템에, 캐시 또한 매끄럽게 잘 구동되는 만족할 만한 프로젝트를 최상의 속도를 자랑하는 네트워크에 올렸다고 상상해 보자. 어떠한 부하도 처리할 수 있으며 프로젝트의 기능이나 속도 면에서 사용자들은 우리에게 찬사를 보내는 데 주저하지 않을 것이다. 모든 것이 완벽해 보이고 이제 우리는 보너스와 임금 인상을 기대하기까지 할 것이다.

그런데 지구 반대편에서부터 우리의 애플리케이션 속도에 대한 불만이 쏟아지기 시작한다면? 우리의 노력이 수많은 잠재 고객에게 '실시간'일 수가 없다면? 우리의 고객들과 상사들 또한 이에 대해 절대 만족하지 않을 것이다.

자, 드디어 소프트웨어의 범주가 아닌 지구 반대편까지의 네트워크 속도에 대해 불만을 터뜨리게 된 것이다!

농담이 아니라 정말 심각한 문제에 이제 막 봉착한 것이다. 여기서 문제는 장고 자체가 아니다. 장고의 문제가 아니라 물리학 법칙이 문제인 것이다. 이 행성의 절반을 건너 왔다 갔다 해야 하는 HTTP 요청 속도가 사람의 눈으로 인지될 정도로 느리다는 의미다. 서버 사이드나 클라이언트 사이드 프로세싱 말고도 이제 우리는 지금 현재, 그리고 앞으로의 잠재적인 사용자가 우리에게서 떠날지도 모르는 새로운 문제들에 당면하게 된 것이다.

게다가 심지어 매우 빠르게 연결된 로컬 네트워크 안에서도 네트워크가 느려지거나 잠시 끊기는 등의 문제가 언제나 일어날 수 있음을 명심하자. 따라서 '실시간' 애플리케이션을 만들 때는 이러한 현상을 처리하는 일종의 대비책이 있어야 한다.

17.4.1 대책: 애니메이션을 이용하여 지연 숨기기

흔히 이용되는 방법 중 하나로 자바스크립트 기반 애니메이션 효과를 이용해 네트워크가 느려지는 현상을 사용자들이 눈치채지 못하게 하는 방법이 있다. 최신 웹 기반 이메일 클라이언트를 포함하여 현대적으로 잘 만들어진 인터페이스를 가진 단일 웹 페이지 앱에서 이러한 방법이 쓰인다.

17.4.2 대책: 전송 성공을 위조하기

다른 방안은 클라이언트 사이드에서 서버 사이드로 보내는 요청을 처리하는 방법에서 찾을 수 있다. 우리는 전송 실패를 처리하는 클라이언트 사이드 로직을 포함시킨다. 하지만 자바스크립트 프레임워크에서 HTTP 요청을 처리하는 방법은 비동기식이라서 이를 사용자에게 시각적으로 보여주려면 상당히 복잡한 절차를 거쳐야 한다.

클라우드 기반 스프레드시트가 최근 30초 동안의 데이터를 저장하지 못하는 것을 경험한 적이 있다면, 이러한 자바스크립트 기술에 기반을 둔 속임수가 적용되지 않았음을 의미한다.

17.4.3 대책: 지리적 위치에 기반을 둔 서버들

지리적으로 모든 일곱 개 대륙에 위치한 서버를 이용하는 것도 하나의 옵션이다. 하지만 장고에서 이를 구현하기가 그렇게 쉬운 문제가 아닐 뿐 아니라 이는 프로그래밍이나 데이터베이스 레벨의 문제도 아니다. 이는 상당히 다양하고 깊은 기술과 전문성을 요구하므로 이 책의 범주를 벗어나는 문제다.

여러분에게 충분한 예산과 시간이 있다면 이러한 문제 해결이 흥미진진한 일이 될 것이고 한번 도전해 보라고 권하고 싶다. 하지만 이전에 이러한 문제를 다루어 본 경험이 없다면 이러한 문제들에 필요한 노력과 문제점들을 과소평가하는 실수를 저지르기 쉽다.

17.4.4 대책: 지역적으로 이용자 제한하기

때때로 우리에게 선택할 수 있는 옵션이 그다지 많지 않을 수도 있다. 어쩌면 애플리케이션에서 '실시간' 처리가 상당히 중요하지만 지역 기반 서버를 구성하기에는 예산이 부족할 수도 있을 것이다. 이럴 경우 일부 사용자에게는 만족스럽지 않겠지만 "곧 여러분의 나라에서 서비스가 가능하도록 준비하겠습니다" 같은 메시지를 남김으로써 어느 정도 현상을 완화할 수 있을 것이다.

17.5 안티 패턴 피하기

REST API를 통해 콘텐츠를 제공하는 프로젝트를 수행하면서 발견한 몇 가지 안티 패턴이 있다.

17.5.1 여러 페이지로 구성된 앱이 필요한 경우인데도 단일 페이지 앱으로만 구성하는 경우

단일 페이지 앱은 도전적이지만 동시에 구축하는 재미가 있다. 하지만 기존의 전통적인 CMS 사이트까지도 이러한 구성을 정말 필요로 할까? 물론 API 기반의 편집 제어 같은 기능이 페이지 내용 중간에 포함되어야 할 경우 이러한 기능엔 단일 페이지 앱이 더 적합해 보일 수도 있다. 하지만 그럼에도 불구하고 전통적인 방법의 HTML 페이지 구성 또한 이용할 만한 충분한 장점이 있다.

그런데 반면 레거시 기반 프로젝트를 작업할 때 단일 페이지 앱으로 새로운 기능을 추가해 넣는 것이 더 쉽게 문제를 해결하는 방법이 되기도 한다. 이렇게 하면 기존 코드 기반의 안정성을 그대로 보존하는 동시에 개선된 기능과 경험을 제공하고 이를 안정적으로 유지하게 된다. 기존 프로젝트에 달력 애플리케이션을 추가하는 것이 좋은 예가 될 것이다.

17.5.2 테스트를 하지 않는 경우

클라이언트 사이드 자바스크립트를 포함하여 새로운 언어나 프레임워크를 이용하여 첫 프로젝트를 하는 경우 흔히 테스트 케이스를 제작하지 않고 그냥 넘어가려는 유혹을 받기 쉽다. 한마디로 충고하자면 "안 된다"이다. 해가 갈수록 클라이언트 쪽의 작업 내용은 복잡해지고 난해해지고 있다. 클라이언트 사이드의 표준들이 진화해 가고 있지만 이들의 내용이 서버 측과 같이 단순하게 구성되거나 가독성이 편하게 되어 가고 있지는 않다.

22장에서 장고·파이썬 테스팅에 대한 내용을 다루었다. 자바스크립트 테스팅에 대한 좋은 참고 자료는 다음과 같다. http://2scoops.co/stack-overflow-javascript-unit-test-tools-for-tdd

17.5.3 자바스크립트의 메모리 관리를 이해하지 않는 실수

단일 페이지 앱의 장점은 이미 잘 알려져 있다. 하지만 사용자가 지속적으로 띄워 놓고 이용하는 복잡하게 구현된 시스템의 경우 브라우저상의 객체들이 긴 시간 동안 존재하게 된다. 이러한 객체들이 잘 관리되지 않으면 브라우저가 느려지고 충돌이 일어나기도 한다. 각각의 자바스크립트 프레임워크는 이러한 내재된 문제들을 해결하기 위한 도구나 방안을 제공하고 있으며 이에 대한 방법과 전략을 익혀 두는 것은 매우 중요하다.

17.5.4 jQuery가 아닐 때 DOM에 데이터를 저장하는 것

수년간 jQuery를 이용하면서 우리 중 몇몇 사람(특히 대니얼)은 DOM 엘리먼트에 데이터를 저장했다. 하지만 다른 자바스크립트 프레임워크의 경우 이러한 방법은 그다지 좋은 방향이 아니다. 각각의 자바스크립트 프레임워크는 자체적으로 구현된 클라이언트 데이터를 처리하는 메커니즘을 가지고 있고 그 방법을 따르지 않으면 해당 프레임워크가 지원하는 기능 중 일부를 잃을 위험이 따른다.

여러분이 선택한 자바스크립트 프레임워크에서 제공하는 데이터 관리 방법을 살펴보기를 권하며 가능한 한 해당 기능을 최대한 이용하기를 바란다.

17.6 AJAX와 CSRF 토큰

AJAX와 장고를 이용하고 있다면 이미 CSRF(cross-site request forgery protection) 토큰 인증이 여러분의 API 이용을 방해하거나 막는 경우를 경험해 봤을 것이다('11.3 데이터를 변경하는 HTTP 폼은 언제나 CSRF 보안을 이용해야 한다' 참고). 지금부터 기본적인 예제와 여러 유용한 참고 링크를 보여 주겠다.

17.6.1 jQuery와 CSRF 토큰

장고의 CSRF 보호 기능은 AJAX를 이용할 때 그다지 편리하게 되어 있지는 않다. 하지만 jQuery를 이용한다고 하면 csrf.js를 생성해서 AJAX를 이용하여 데이터를 업데이트하는 어떠한 페이지에서라도 이용할 수 있다.

√ 예제 17.3

```
// /static/js/csrf.js에 위치
// 장고 문서에서 가져온 CSRF 헬퍼 함수
function getCookie(name) {
  var cookieValue = null;
  if (document.cookie && document.cookie != '') {
    var cookies = document.cookie.split(';');
    for (var i = 0; i < cookies.length; i++) {
      var cookie = jQuery.trim(cookies[i]);
      // 해당 쿠키 문자열이 정말 우리가 원하는 이름으로 시작하는가?
      if (cookie.substring(0, name.length + 1) == (name + '=')) {
```

```
        cookieValue = decodeURIComponent(cookie.substring(name.length + 1));
        break;
      }
    }
  }
  return cookieValue;
}
var csrftoken = getCookie('csrftoken');
function csrfSafeMethod(method) {
// 이 HTTP 메서드들은 CSRF 보호 기능을 필요로 하지 않는다.
  return (/^(GET|HEAD|OPTIONS|TRACE)$/.test(method));
}
$.ajaxSetup({
  beforeSend: function(xhr, settings) {
    if (!csrfSafeMethod(settings.type) && !this.crossDomain) {
        xhr.setRequestHeader("X-CSRFToken", csrftoken);
    }
  }
});
```

이제 아이스크림을 주문하는 장바구니 페이지에 자바스크립트를 포함해보기로 하자.

✓ **예제 17.4**

```
{% extends "base.html" %}
{% load static %}

{% block title %}Ice Cream Shopping Cart{% endblock %}

{% block content %}
    <h1>Ice Cream Shopping Cart</h1>
    <div class="shopping-cart"></div>
{% endblock %}

{% block javascript %}
    {{ block.super }}
    <script type="text/javascript"
        src="{% static "js/csrf.js" %}"></script>
    <script type="text/javascript"
        src="{% static "js/shopping_cart.js" %}"></script>
{% endblock %}
```

참고 자료는 다음과 같다.

• https://docs.djangoproject.com/en/1.8/ref/csrf

17.6.2 Backbone.js와 CSRF 토큰

CSRF 토큰과 Backbone.js 프로젝트를 같이 이용하는 방법은 비교적 직관적이다.

√ 예제 17.5

```
// /static/models.js에 위치
var newSync = Backbone.sync;
Backbone.sync = function(method, model, options){
    options.beforeSend = function(xhr){
        xhr.setRequestHeader('X-CSRFToken', CSRF_TOKEN);
    };
    return newSync(method, model, options);
};
```

17.6.3 AngularJS와 CSRF 토큰

AngularJS를 이용하면서 우리가 좋아했던 패턴은 HTTP 헤더에 CSRF 토큰을 넣는 것이었다. CSRF 토큰을 헤더에 넣는 것은 전혀 이상한 일이 아니다.

√ 예제 17.6

```
<script>
var app = angular.module('icecreamlandia.app');
app.config(['$httpProvider', function($httpProvider) {
// 다음 두 줄은 사실 한 줄이어야 하지만
// 책의 포맷에 맞추기 위해 두 줄로 나누었다.
  var common = $httpProvider.defaults.headers.common;
  common['X-CSRFToken'] = '{{ csrf_token|escapejs }}';
}]);
</script>
```

AngularJS 참고 자료는 다음과 같다.

- http://2scoops.co/kevin-ston-django-angular-tutorial

17.7 자바스크립트 실력 높이기

템플릿상에서 REST API를 이용하는 페이지를 만들 때 가장 도움이 되었던 점은 우리의 자바스크립트 기술이 상당 수준까지 도달했다는 것이었다. 간혹 파이썬 개발자들이 자바스크립트에 대해 투덜거리기도 하지만 자바스크립트는 자기 분야에서 상당히 유용한 언어임에 틀림없다. 책임감 있는 웹 개발자라면 최신 자바스크립트 프레임워크의 장점을 충분히 누릴 정도까지 자신의 기술을 끌어올려야 한다고 생각한다.

17.7.1 기술 수준 확인하기

유명한 자바스크립트 개발자인 레베카 머피(Rebecca Murphey)가 자바스크립트 실력 평가 도구를 만들었다. 이 도구는 우리가 얼마만큼 자바스크립트를 아는지 알아보고 어떤 부분에서 더 실력을 높여야 하는지 알아보는 데 매우 유용하다. https://github.com/rmurphey/js-assessment를 한번 살펴보도록 하자.

17.7.2 자바스크립트 더 깊게 배우기!

자바스크립트의 기본을 배우거나 실력을 더 높이기 위한 많은 자바스크립트 참고 자료가 있다. 우리가 좋아하는 참고 자료들을 이 책 뒷부분의 '부록 C: 추가 자료'에 나열해 두었다.

17.8 자바스크립트 코딩 표준 따르기

자바스크립트를 다룰 때 우리는 다음 가이드를 프론트엔드 또는 백엔드 작업에 적용할 것을 권한다.

- Felix's Node.js Style Guide: http://nodeguide.com/style.html
- Idiomatic.js: https://github.com/rwaldron/idiomatic.js

17.9 유용한 참고 자료

튜토리얼은 다음과 같다.

- 줄리언 엘먼(Julia Elman)과 마크 레빈(Mark Levin)이 쓴 프론트엔드에 가장 중점을 둔 장고 책: http://2scoops.co/lightweight-django
- 케빈 스톤(Kevin Stone)이 쓴 장고와 앵귤러에 특화된 튜토리얼. http://2scoops.co/kevin-stone-django-angular-tutorial
- http://www.2scoops.co/joseph-misiti-django-backbone-tutorial

17.10 요약

이 장에서 다룬 내용은 다음과 같다.

- 클라이언트 디버깅하기
- 자바스크립트 정적 애셋 전처리기
- 검색 엔진에서 콘텐츠 인덱스 가능하게 하기
- 실시간 서비스가 어려운 이유

- 클라이언트 사이드의 안티 패턴
- AJAX와 CSRF 토큰
- 자바스크립트 기술 늘리기
- 유용한 자료들

18장

장고 코어 모듈을 교체할 때 주의점

장고 스택의 코어 부분을 자신만의 것으로 교체했다고 자랑하는 경우를 꽤 본다. 아마 여러분도 "나도?"라고 하면서 코어 부분을 교체할 필요가 있는지 궁금해할 것이다.

짧게 대답하면, "그럴 필요 없다." 심지어 인스타그램도 포브스(Forbes.com)에 썼듯이 요즘 기준으로는 그래야만 하는 이유가 단 하나도 없다. http://2scoops. co/instagram-insights

길게 대답하면, 장고 모듈은 단순히 파이썬 모듈의 집합이기 때문에 교체할 수도 있다. 그럼 그럴 가치가 정말 있는 일인가? 다음과 같은 경우라면 그럴 가치가 있다.

• 일부 또는 모든 장고 서드 파티 패키지를 포기할 수 있다면
• 장고 어드민의 강력한 기능을 포기해도 문제가 없다면
• 장고의 기능을 기반으로 프로젝트를 제작하기 위해 이미 부단히 노력했으나 더는 해결할 수 없는 거대한 장벽에 부딪혔을 때
• 문제의 원인을 찾기 위해 코드 분석을 끝냈을 경우. 예를 들면 템플릿에서 쿼리를 줄이기 위한 작업을 다했을 경우
• 캐싱과 비정규화 등 가능한 모든 옵션을 다 고려했을 경우
• 많은 사용자가 이용하는 상용으로 서비스 중인 프로젝트인 경우. 다시 말해 성급하게 최적화하는 단계가 아닌 경우
• SOA를 고려했으나 이를 장고에서 처리하기 곤란하여 이용을 보류해야만 할 때

- 장고를 업그레이드하는 것이 불가능하거나 가능하더라도 매우 고통스러운 절차를 수반하는 것을 감수할 경우

이 경우들을 보니 어떤가? 그럴 필요를 그다지 느끼지 않게 되지 않나?

18.1 프랑켄장고(FrankenDjango)[1]를 만들려는 유혹

유행에 치우친 나머지 해마다 특정 장고 코어 컴포넌트를 새로운 것으로 교체하자는 개발자들의 의견이 상당히 나온다. 여기 우리가 흔히 보는 유행에 너무 치중한 의견을 몇 가지 요약해 보았다.

유행	이유
성능 문제로 장고의 데이터베이스/ORM을 NoSQL 데이터베이스와 이에 해당하는 ORM으로 변경하자	그다지 설득력이 없는 이유: "아이스크림을 싫어하는 사람들을 위한 소셜 네트워크 아이디어가 있다. 지난달부터 작업에 들어갔는데 앞으로 사용자가 어마어마하게 방문할 것이다!" 긍정적으로 고려되는 이유: "현재 우리 서비스는 5000만 명의 이용자가 있다. 현재 인덱스와 쿼리 최적화, 캐시 기술을 쓰지만 그 한계에 달했다. PostgreSQL 데이터베이스 클러스터를 늘렸지만 큰 효과가 없었다. 이 문제를 많이 조사했는데 카산드라에서 지원하는 새로운 비정규화 뷰를 이용해 보려고 한다. 물론 CAP 이론(http://www.2scoops.co/CAP-theorem/)을 알고 있고 분산 복제 환경에서의 일관성 문제를 충분히 감수하려 한다."
데이터 프로세싱을 위해 장고의 데이터베이스/ORM을 NoSQL 데이터베이스와 이에 해당하는 ORM으로 변경하자	그다지 설득력이 없는 이유: "SQL은 정말 형편없다. MongoDB 같은 도큐먼트 기반 데이터베이스를 쓰고 싶다." 긍정적으로 고려되는 이유: "PostgreSQL의 HSTORE 데이터 복제 기능이 MongoDB에서 제공되는 데이터 스토리지 시스템과 매우 흡사하지만 MongoDB에서 기본으로 지원되는 맵리듀스 기능을 쓰고 싶다."
장고의 기본 템플릿 엔진을 Jinja2나 마코(Mako) 또는 다른 것으로 바꾸자	그다지 설득력이 없는 이유: "해커 뉴스에서 Jinja2가 빠르다는 글을 봤다. 캐시나 최적화에 대해 잘 모르지만 어쨌든 Jinja2가 필요하다." 그다지 설득력이 없는 이유: "파이썬 모듈에 로직을 포함하는 것이 그다지 좋아 보이지 않는다. 템플릿 안에 로직을 넣는 것이 가능하게 해 달라!" 긍정적으로 고려되는 이유: "현재 구글로 인덱싱되는 1MB 이상의 크기로 생성되는 HTML 페이지가 약간 있다. 장고에서 지원하는 다중 템플릿 언어 지원 기능을 이용해 Jinja2를 1MB 이상 되는 페이지를 렌더링하는 데 이용하고 나머지 페이지는 장고의 기본 템플릿 언어를 이용하려 한다."

표 18.1 너무 유행에만 집착한 이유로 장고 내부 컴포넌트를 교체하자는 의견

---

1 (옮긴이) 프랑켄장고(FrankenDjango)는 프랑켄슈타인과 장고를 합친 '괴물 장고'를 의미한다.

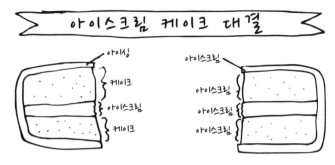

그림 18.1 케이크 안의 구성물을 아이스크림으로 많이 바꾸면 바꿀수록 좋은 아이디어처럼 보인다.
하지만 어느 케이크가 과연 더 맛있을까? 아이스크림 마니아들에겐 당연히 오른쪽일 것이다.

18.2 비관계형 데이터베이스 대 관계형 데이터베이스

데이터 저장을 위해 관계형 데이터베이스를 쓰는 장고 프로젝트라 할지라도 비관계형 데이터베이스를 필요로 하고 이를 이용하는 경우가 많다. 프로젝트가 캐시를 위해 Memcached를 쓰고 큐 시스템을 위해 레디스(Redis)를 쓰고 있다면 이미 비관계형 데이터베이스를 쓰고 있는 것이다.

문제는 장기적이고 면밀한 영향을 고려하지 않고 NoSQL 솔루션으로 장고의 관계형 데이터베이스 기능을 모두 대체하려고 할 때 발생한다.

18.2.1 모든 비관계형 데이터베이스가 ACID를 충족하는 것은 아니다

ACID는 다음과 같은 의미다.

원자성(atomicity)은 모든 트랜잭션이 전부 성공하면 처리하고, 그렇지 않으면 모두 처리하지 않는 것을 의미한다. 이 기능이 없다면 데이터가 오류의 위험에 노출된다.

일관성(consistency)은 모든 데이터 트랜잭션이 데이터를 유효한 상태로 유지하는 것을 의미한다. 문자열은 문자열로, 정수는 정수로 유지해야 한다. 이 기능이 없다면 데이터가 오류의 위험에 노출된다.

고립성(isolation)은 트랜잭션을 실행할 때 다른 트랜잭션이 끼어들거나 다른 트랜잭션으로 끼어들지 못하게 하는 것을 의미한다. 이 기능이 없다면 데이터가 오류의 위험에 노출된다.

지속성(durability)은 한번 트랜잭션이 수행되면 데이터베이스가 정지하더라도 지속적으로 데이터가 남아 있어야 하는 것을 의미한다. 이 기능이 없다면 데이터가 오류의 위험에 노출된다.

각 설명이 하나같이 결국 "이와 같은 기능이 없다는 것은 데이터가 오류의 위험에 처해 있다"라는 것을 이야기하고 있음을 눈치챘으리라 생각한다. NoSQL 엔진의 경우에 대부분 이 ACID에 해당하는 메커니즘이 매우 약하거나 거의 없기 때문에, 데이터가 오류를 일으키기가 매우 쉽다. 캐시와 같은 경우 이와 같은 문제가 크게 해가 될 것은 없지만 반면 주의 깊게 데이터를 다뤄야 하는 의료 관련 또는 전자 상거래 데이터를 처리하는 경우라면 전혀 다른 심각한 문제로 대두된다.

18.2.2 관계형 작업에 비관계형 데이터베이스를 이용하지 않는다

부동산 거래 내역, 부동산 소유주 그리고 미국의 각기 다른 50개 주의 부동산 관련 법 적용 여부를 서로 관리하는 시스템을 비관계형 데이터베이스를 가지고 제작한다고 가정해 보자. 시스템에는 예기치 못한 다양한 세부 사항이 존재할 텐데 스키마가 없는 데이터 스토어 시스템이 과연 적합할까?

아마도 우리는 각 부동산, 부동산 소유주 그리고 50개 주의 부동산 관련 법을 일일이 기록하고 추적해야 할 것이다. 파이썬 코드들은 이 모든 컴포넌트 사이에서 서로 참조하는 관계에 대한 무결성을 보장해야 하며 또한 데이터가 알맞은 위치에 존재하도록 확실하게 관리해야 할 것이다.

이러한 종류의 작업에 대해서는 관계형 데이터베이스를 이용하기 바란다.

18.2.3 유행을 너무 따르기보다는 스스로의 연구를 더 신뢰하라

관계형 데이터베이스보다 비관계형 데이터베이스가 더 빠르고 스케일링하기에 더 좋다는 이야기를 종종 듣는다. 이러한 내용이 사실이든 아니든, 특정 데이터베이스 솔루션 회사가 뒤에서 조종하는 마케팅 문구에 무작정 현혹되지 않기를 바란다.

대신 스스로 직접 조사해보기를 권한다. 벤치마크를 검색해 보고 해당 방안에 대해 최대한 객관적으로 기술된 성공/실패 사례들을 찾아보자.

또한 메인 프로젝트의 인프라에 적용하기 전에 취미 삼아 하는 작은 프로젝트에 처음 써 보는 NoSQL을 적용하고 실험해 보자. 여러분의 메인 코드가 여러분의 놀이터는 아니니 말이다.

개인과 기업이 경험을 통해 습득한 교훈 몇 가지를 들어보겠다.

- 핀터레스트(Pinterest). 2scoops.co/learn-to-stop-using-shiny-new-things
- 엣시(Etsy) 엔지니어. mcfunley.com/why-mongodb-never-worked-out-at-etsy

18.2.4 장고와 비관계형 데이터베이스를 어떻게 이용하는가

우리는 다음과 같은 방식을 선호한다.

- 비관계형 데이터 스토어를 써야 한다면 캐시나 큐와 같이 일시적으로 데이터를 저장하거나 비정규화된 데이터를 다룰 때로 국한한다. 가능하다면 시스템을 단순화하기 위해서 이용하지는 않도록 한다.
- 장기적인 데이터 스토어링과 관계형 데이터 그리고 때때로 비정규화된 데이터(PostgreSQL의 배열과 HStore 필드가 이런 일에 적합하다) 작업에는 관계형 데이터베이스를 이용하라.

이러한 방법이 우리가 장고 프로젝트들을 성공적으로 수행해 온 비법이었다.

18.3 장고 템플릿 언어를 바꾸는 것에 대해

우리는 특별히 큰 크기의 데이터를 렌더링하는 경우를 제외하고는 장고 템플릿 언어(Django Template Language)를 고수하는 것을 지지한다. 하지만 다른 언어를 꼭 써야 한다면 장고에서는 대안 템플릿 시스템을 지원함을 상기하며 이를 이용하기 바란다. 해당 내용은 '15장 장고 템플릿과 Jinja2'에서 다루었다.

18.4 요약

항상 그 용도에 맞는 도구가 있다는 것을 잊지 말기 바란다. 아이스크림을 풀 때는 아이스크림용 주걱을 선호하는 것처럼 우리는 장고를 장고 있는 그대로 이용하기를 선호한다. 물론 다른 도구가 더 유용할 때도 있다.

  단지 아이스크림에 채소를 섞는 것과 같은 유행에 끌려가지 말기 바란다. 딸기, 초콜릿, 바닐라 같은 이미 검증된 아이스크림 토핑을 '고성능의' 브로콜리, 옥수수, 시금치 향으로 대체하지 않기를 바라는 것이다.

19장

장고 어드민 이용하기

사람들이 "다른 프레임워크와 비교해서 장고가 주는 장점은 무엇인가요?"라고 물을 때마다 장고의 '어드민' 기능이 머릿속에 가장 먼저 떠오른다.

　아이스크림 바구니마다 어드민 인터페이스가 같이 따라온다고 상상해 보라. 아이스크림 재료를 볼 수 있을 뿐 아니라 재료를 추가, 변경, 삭제까지 할 수 있을 것이다. 누군가가 여러분의 취향과는 정반대로 아이스크림을 이리저리 뒤죽박죽 섞어 놓을지도 모른다면, 여러분은 그 누군가가 여러분의 아이스크림을 함부로 건드릴 수 없게 그 누군가의 접근을 제약하거나 접근 권한을 취소할 수도 있을 것이다.

그림 19.1 어드민 인터페이스가 달린 초콜릿 칩 아이스크림

꿈 같은 이야기처럼 들리지 않는가? 다른 웹 프레임워크를 사용하다가 장고를 이용하기 시작한 사람들이 장고의 어드민 인터페이스를 처음 써 보고 느끼는 감정이 바로 이런 것이다. 거의 거저나 다름없이 최소한의 작업만으로 자신의 웹 애플리케이션에 엄청난 힘을 불어넣을 수 있게 되는 것이다.

19.1 어드민 기능은 최종 사용자를 위한 것이 아니다

장고의 어드민은 사이트 관리자를 위한 기능이지, 최종 사용자를 위한 기능은 아니다. 이는 사이트 관리 작업 차원에서 사이트 관리자에게 데이터를 추가, 수정, 삭제할 수 있는 권한을 제공하는 것이다.

물론 이러한 기능이 일반 사용자를 위한 기능으로까지 확장될 수도 있겠지만 그렇게 하는 것을 권장하지는 않는다. 장고의 어드민 기능은 사이트를 방문하는 모든 이를 위해 디자인되고 구현된 것은 아니기 때문이다.

19.2 어드민 기능의 커스터마이징 대 새로운 뷰 기능

일반적으로 장고의 어드민 기능은 깊은 수준까지 커스터마이징할 필요가 없다. 때때로 장고의 어드민 기능을 커스터마이징하기보다는 목적에 부합하는 단순한 뷰나 폼을 아예 새로 만드는 것이 일의 수고를 덜기도 한다.

고객을 위한 고객용 관리 대시보드를 구현하는 것이 어드민 기능을 수정하는 것보다 항상 고객의 요구를 더 충족시켰다.

19.3 객체의 이름 보여 주기

장고가 제공하는 기본 어드민 페이지는 다음과 같은 모습이다.

그림 19.2 아이스크림 바(bar) 앱의 어드민 리스트 페이지

이와 같이 보이는 이유는 IceCreamBar 객체의 이름을 문자열로 표현한 것이 'IceCreamBar object'이기 때문이다.

아마도 좀 더 나은 이름을 보여 주어야 사용자에게 훨씬 친근할 것이다. 우리는 이에 대해 다음과 같은 방법을 제시한다.

① 모든 장고 모델에 대해 항상 __str__() 메서드를 구현하자. 파이썬 2.7을 이용하고 있다면 모델 클래스에 django.utils.encoding.python_2_unicode_compatible이라는 데코레이터를 이용하자. 이는 좀 더 나은 문자열 표현을 어드민뿐 아니라 여러 곳에서 보여 줄 것이다.

② 어드민 리스트의 항목들이 해당 객체의 문자열 값(이름)을 보여 주는 것이 아니라면 list_display를 이용하기 바란다.

__str__()을 구현하는 것은 매우 단순한 작업이다.

√ 예제 19.1

```
from django.db import models
from django.utils.encoding import python_2_unicode_compatible

@python_2_unicode_compatible  # 파이썬 3.4와 2.7에 다 적용 가능
class IceCreamBar(models.Model):
    name = models.CharField(max_length=100)
    shell = models.CharField(max_length=100)
    filling = models.CharField(max_length=100)
    has_stick = models.BooleanField(default=True)

    def __str__(self):
        return self.name
```

구현 결과는 다음과 같다.

그림 19.3 객체에 대한 문자열 표현이 매끄럽게 처리된 어드민 리스트 페이지

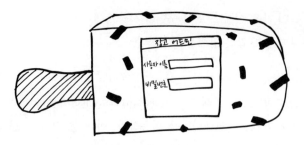

그림 19.4 뭐라고? 아이스크림 바에 어드민 인터페이스라고?

이뿐 아니라 셸에서 여러분은 더 나은 객체의 문자열 표현 처리를 경험할 수 있을 것이다.

✓ 예제 19.2

```
>>> IceCreamBar.objects.all()
[<IceCreamBar: Vanilla Crisp>, <IceCreamBar: Mint Cookie Crunch>,
<IceCreamBar: Strawberry Pie>]
```

객체에서 unicode()가 호출될 때마다 __str__() 메서드가 호출된다. 장고 셸과 템플릿에서도 그리고 어드민 셸에서도 동일하게 적용된다. 따라서 __str__()의 결과가 장고 모델 인스턴스의 이름을 대표할 수 있도록 잘 정하기 바란다.

파이썬 2.7 환경이라면 장고에서 __str__() 메서드가 추가되지 않았을 경우 __unicode__() 메서드를 기본으로 호출하게 된다.

또한 앱의 어드민 리스트 페이지에 추가적으로 다른 필드들을 보여주고 싶을 때는 list_display를 이용할 수 있다.

✓ 예제 19.3

```
from django.contrib import admin

from .models import IceCreamBar

class IceCreamBarAdmin(admin.ModelAdmin):
    list_display = ("name", "shell", "filling",)

admin.site.register(IceCreamBar, IceCreamBarAdmin)
```

필드를 특별히 추가한 결과는 다음과 같다.

그림 19.5 좀 더 개선된 어드민 리스트 페이지

19.4 ModelAdmin 클래스에 호출자 추가하기

함수와 메서드 같은 호출자를 이용해 장고의 django.contrib.admin.ModelAdmin 클래스에 기능을 추가할 수 있다. 이렇게 함으로써 아이스크림 프로젝트에 더 적합하도록 화면과 리스트를 수정할 수 있게 되는 것이다.

예를 들면 장고의 어드민에서 모델 인스턴스의 URL을 있는 그대로 보여 주는 것은 그리 자연스럽게 보이지 않는다. 여러분이 get_absolute_url() 메서드를 모델에 정의해 놓았다면 장고의 어드민 페이지에서 리다이렉션 뷰로 가는 링크가 보여 주는 URL이 실제 객체의 URL과 비교해서 상당히 다르게 보일 것이다. 또한 때때로 get_absolute_url() 메서드가 의미 없어질 때도 생긴다(REST API의 경우에 그럴 것이다). 다음 예제에서 타깃 URL의 링크를 제공하기 위한 호출자를 어떻게 구현하는지 간단히 표현해 보았다.

✓ 예제 19.4

```
from django.contrib import admin
from django.core.urlresolvers import reverse
from django.utils.html import format_html

from icecreambars.models import IceCreamBar

class IceCreamBarAdmin(admin.ModelAdmin):

    list_display = ("name", "shell", "filling",)
    readonly_fields = ("show_url",)

    def show_url(self, instance):
        url = reverse("ice_cream_bar_detail",
```

```
                    kwargs={"pk": instance.pk})
        response = format_html("""<a href="{0}">{1}</a>""", url, url)
        return response

    show_url.short_description = "Ice Cream Bar URL"
    # HTML 태그 보여주기
    # 사용자 입력 데이터의 allow_tags의 값을 절대 True로 하지 말 것!
    show_url.allow_tags = True

admin.site.register(IceCreamBar, IceCreamBarAdmin)
```

백문이 불여일견이라고 하지 않았는가. 호출자를 이용하여 어떻게 바뀌었는지 보자.

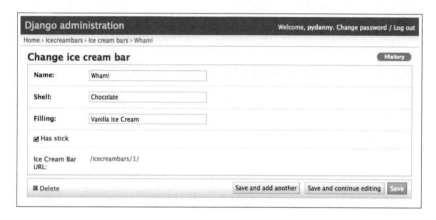

그림 19.6 장고 어드민에서 URL 나타내기

❗ allow_tags 속성을 쓸 때 주의를 기울이자

기본적으로 비활성화되어 있는 allow_tags는 보안 이슈를 일으킬 수 있다. allow_tags 가 True로 설정되어 있을 경우 HTML 태그가 어드민에서 보이게 된다. allow_tags는 프라이머리 키, 날짜, 연산된 값 등 오직 시스템이 생성한 데이터일 경우에만 이용하자는 우리만의 엄격한 법칙이 있다. 문자와 텍스트 필드 같은 데이터는 물론 사용자가 입력한 데이터에 allow_tags는 적용되지 않아야 한다.

19.5 다중 사용자가 이용하는 환경에서 list_editable 이용은 피하자

django.contrib.admin의 기능은 사용자가 여러 레코드를 한 번에 수정할 수 있게 하기 위해 기본 어드민 리스트 뷰를 폼으로 대체해 보여 주는 것이다. 그리고 불행하게도 레코드는 레코드의 프라이머리 키가 아니라 레코드의 순서로 식별된다. 단일 사용자가 어드민 레벨의 접근 권한을 가지고 이용하는 프로젝트의 경우라면 이것이 문제가 될 일은 없을 것이다. 하지만 다중 사용자가 이용하는 환경이라면 매우 심각한 문제가 발생한다. 다음 경우를 생각해 보자.

① 아이스크림 바들이 제조일자순(최근부터 오래된 순서)으로 정렬되어 있다.
② 대니얼이 아이스크림 바들의 리스트 필드를 가져와서 변경하기 시작한다.
③ 오드리가 '페퍼민트 선디' 아이스크림 바를 추가하기로 결정했다. 오드리의 '페퍼민트 선디' 아이스크림은 마지막으로 추가된 아이스크림이기 때문에 이제 첫 번째 IceCreamBar 객체가 되어 반환된다.
④ 대니얼이 작업을 마치고 변경 사항을 저장했다. 하지만 다음 화면에서 대니얼에게 보이는 레코드는 적어도 50개 이상 손상된 상태의 데이터들이었다 (장고의 기본 어드민 디스플레이 순서)

우리의 절친이자 장고 서커스(Django Circus) 2013의 공동 주최자인 토마시 파치코프스키(Tomasz Paczkowski)가 지적한 장고의 알려진 버그 중 하나다. 물론 우리는 이 버그가 추후 수정되기를 기대한다.[1] 어찌 되었든 이런 종류의 화면이 필요하다면 해결책은 여러분이 새로 제작한 리스트 업데이트 뷰를 이용하는 것이다.

관련 장고 티켓은 다음과 같다.

- https://code.djangoproject.com/ticket/11313
- https://code.djangoproject.com/ticket/17118

19.6 장고의 어드민 문서 생성기

장고에서 지원하는 기능 중 좀 더 흥미로운 기능으로 django.contrib.admindocs 라는 패키지가 있다. '23장 문서화에 집착하자'에서 우리가 다루는 문서화 도구들이 생기기 이전에 만들어진 패키지이지만 여전히 유용하게 쓰이는 도구다.

이 패키지는 모델, 뷰, 커스텀 템플릿 태그, 커스텀 필터 같은 프로젝트 컴포넌트의 독스트링(docstring)을 보여 주기 때문에 프로젝트 리뷰 차원에서 매우 유용하다. 프로젝트 컴포넌트들이 독스트링을 포함하고 있지 않더라도 이상하게 이름 지어진 커스텀 템플릿 태그나 커스텀 필터들의 리스트를 한번 살펴볼 기회

---

1 (옮긴이) 다행히 이 버그는 현재 2016년 여름을 기준으로 수정이 되어 있다. 장고 티켓 11313/17118의 링크를 통해 수정 사실을 확인할 수 있다.

가 생긴다는 것은 복잡한 애플리케이션의 구조를 다시 한번 살피고 이해하는 데 큰 도움이 된다.

django.contrib.admindocs는 손쉽게 이용할 수 있는 구조로 되어 있다. 단 공식 문서에 나와 있는 순서를 약간 바꾸어서 적용하기를 바란다.

① 여러분 프로젝트의 virtualenv에서 pip install docutils를 실행한다.
② INSTALLED_APPS에 django.contrib.admindocs를 추가한다.
③ (r'^admin/doc/', include('django.contrib.admindocs.urls'))를 루트 URLConf에 추가한다. 단 r'^admin/' 이전 엔트리에 포함시켜서 /admin/docs/ 디렉터리가 이후 엔트리에 영향을 받지 않게 해야 한다.
④ 선택 사항: 템플릿에 연결하기 위해서는 ADMIN_FOR 세팅이 설정되어 있어야 한다.
⑤ 선택 사항: admindocs의 북마클릿을 이용하기 위해서는 XViewMiddleware가 설치되어 있어야 한다.

일단 이렇게 실행한 이후에는 /admin/doc/으로 가서 문서들을 살펴볼 수 있다. 아마도 여러분의 코드가 얼마나 문서화되어 있지 않은지 느낄 수 있을 것이다. django.contrib.admindocs 공식 문서 주소는 다음과 같다. http://2scoops.co/1.8-admindocs 그리고 이 책에서는 '23장 문서화에 집착하자'를 참고하면 된다.

19.7 장고 어드민과 장고 어드민 문서 안전하게 보관하기

어드민 기능은 강력한 기능을 제공하는 만큼 해커들이 어드민 기능에 접근하지 못하게 막는 몇 가지 추가적인 절차를 필요로 한다. '26장 장고 보안의 실전 방법론'에 좀 더 세부적인 내용이 나와 있으며 특히 '26. 17 장고 어드민 안전하게 관리하기'와 '26. 18 어드민 문서의 보안'을 참고하기 바란다.

19.8 장고 어드민에 커스텀 스킨 이용하기

지난 몇 년에 걸쳐 장고 어드민에 새로운 스킨이나 테마를 적용하려는 노력이 있었다. 안정적이고 나름 신뢰를 쌓았으며 인기 있는 django-grappelli부터 이제 갓 나온 것까지 다양한 스킨과 테마가 있다. 이러한 테마와 스킨들은 2005년식 장고 어드민 디자인을 현대적 감각에 맞추어 사용자에게 매우 친근한 스타일로 변경해 준다.

> **📦 커스텀 django.contrib.admin 스킨들**
>
> 파이썬 2와 파이썬 3 모두와 호환되는 일반적으로 잘 알려진 스킨들을 한데 모아 보았다.
>
> - **django-grappelli**는 장고 스킨의 할아버지에 해당한다. 안정적이고 튼튼하며 독특하지만 친근한 스타일을 제공한다.
> - **django-suit**는 다른 최신 장고 커스텀 스킨들처럼 최근에 생겨난 프로젝트로 트위터 부트스트랩 프론트엔드 프레임워크를 기반으로 만들어졌다.
> - **django-admin-bootstrapped**는 또 다른 트위터 부트스트랩 기반의 장고 어드민 스킨이다.
>
> 더 다양한 목록을 다음에서 찾을 수 있다. https://www.djangopackages.com/grids/g/admin-styling

장고의 거대한 커뮤니티 크기를 보면 왜 더 많은 스킨이 없는지 의아하지 않는가?

기본적인 CSS 기반의 수정 작업들에 덧붙여서 추가적으로 커스텀 장고 테마를 만든다는 것은 그렇게 쉬운 일이 아니기 때문이다. 장고 어드민 스킨 코드를 살펴본 사람이라면 누구나 커스텀 어드민 스킨을 제작하는 것이 django.contrib.admin의 그 특이한 구조에 맞는 신비로운 코드를 요구한다는 사실을 알게 될 것이다.

django-grappelli를 개발하고 있는 파트리크 크란츨뮐러(Patrick Kranzlmueller)는 'A Frontend Framework for the Django Admin Interface'라는 글에서 장고 어드민 인터페이스의 세부 사항에 대해 다루었다.

- http://sehmaschine.net/blog/django-admin-frontend-framework.

다음은 django.contrib.admin 스킨을 커스터마이징하는 데 필요한 약간의 팁이다.

19.8.1 평가 포인트: 문서가 최대 관건이다

앞서 이야기했듯이 django.contrib.admin의 커스텀 스킨을 제작하는 일은 쉬운 작업이 아니다. 개발된 스킨들을 프로젝트에 추가하는 것 자체는 상대적으로 쉽지만, 극단적인 경우에는(ModelAdmin 객체를 확장하는 일이 늘 그러하듯) 고통스러운 상황에 처할 수 있다.

따라서 프로젝트에 이를 추가할 때는 설치 절차부터 문서의 품질을 꼭 확인하기 바란다.

19.8.2 이용하는 모든 어드민 확장 시스템에 대해 테스트 케이스를 작성하라

고객들은 좀 더 현대화된 테마들에 만족을 표시한다. 하지만 이러한 어드민 스킨들을 어디까지 확장할 수 있는지는 주의 깊게 살펴보아야 할 것이다. 기본으로 제공되는 `django.contrib.admin`의 기능에서는 잘 작동하던 기능들이 커스텀 스킨에서는 깨지거나 제대로 작동하지 않을 수도 있다. 장고의 커스텀 스킨은 `django.contrib.admin`의 추상 객체를 흥미로운 방법을 통해 부분적으로 감싼 것으로 문제가 발생했을 때 이를 디버깅하는 것이 길고 지루한 악몽처럼 느껴질 수도 있을 것이다.

따라서 커스텀 스킨을 이용함에 있어 최고의 실천 방안은 어드민에 대한 테스트 케이스를 작성하는 것이다. 특별히 커스터마이징한 부분에 대해서는 두말할 필요도 없이 말이다. 그렇다. 이러한 작업이 초반에 꽤 많은 작업을 요하는 일이라는 것은 안다. 하지만 문제점들을 매우 빨리 발견할 수 있는 방법이기도 하다.

테스팅에 대해서는 22장에서 더 많이 다룰 것이다.

19.9 요약

이번 장에서는 다음 내용을 다루었다.

- 장고 어드민은 누구를 위한 것인가?
- 언제 장고 어드민을 이용할 것이며 언제 새로운 대시보드를 제작, 이용할 것인가?
- 객체의 문자열 표현
- 장고 어드민 클래스에 호출자 더하기
- `django.contrib.admin.ModelAdmin.list_editable`을 이용할 때 주의점
- 장고의 어드민 문서 이용하기
- 장고 어드민의 보안에 대한 권장
- 커스텀 장고 스킨에 대한 충고

20장

장고의 사용자 모델 다루기

장고 사용자 모델에 대한 방법론은 장고 1.5에서 큰 변화를 맞이하였다. 장고 1.5 이전에 '권장되던 방법'은 헷갈리기 쉬운 구조였고 1.5가 나오기 전까지 계속 그래왔다. 이 책에서 우리가 다룬 방법론은 적어도 장고 1.5나 그 이후 버전에 적용되는 방법들임을 밝힌다.

이제 장고 1.8에 최적화된 방법론을 알아보자.

20.1 장고 도구를 이용하여 사용자 모델 찾아보기

사용자 클래스는 다음과 같은 방법으로 찾을 수 있다.

✓ **예제 20.1**

```
# 기존 사용자 모델의 정의
>>> from django.contrib.auth import get_user_model
>>> get_user_model()
<class 'django.contrib.auth.models.User'>

# 프로젝트에 커스텀 사용자 모델 정의를 이용할 때
>>> from django.contrib.auth import get_user_model
>>> get_user_model()
<class 'profiles.models.UserProfile'>
```

프로젝트 설정에 따라 각기 다른 두 개의 User 모델이 존재할 수도 있다. 이는 프로젝트가 정말로 두 개의 다른 User 모델을 가질 수 있다는 의미는 아니다. 두 개의 서로 다른 모델은 프로젝트가 원래 있던 자신의 User 모델을 커스터마이징할 수 있음을 의미한다. 이 부분이 장고 1.5 이전 버전과 비교해서 크게 다른 점이다.

20.1.1 사용자의 외래 키에 settings.AUTH_USER_MODEL을 이용하기

장고 1.8에서 공식적으로 ForeignKey나 OneToOneField 또는 ManyToManyField를
생성하는 방법은 다음과 같다.

√ 예제 20.2

```
from django.conf import settings
from django.db import models

class IceCreamStore(models.Model):

    owner = models.OneToOneField(settings.AUTH_USER_MODEL)
    title = models.CharField(max_length=255)
```

이상하게 보일지는 몰라도 장고 공식 문서에서 추천하는 방식이다.

그림 20.1 좀 이상하게 보이긴 하는군.

❗ **settings.AUTH_USER_MODEL을 변경하지 말자**

일단 한번 프로젝트에 세팅되었는데 이후에 settings.AUTH_USER_MODEL을 변경하려면
데이터베이스 스키마를 이에 맞게 재수정해야 한다. 사용자 모델 필드에 추가나 수정을 하
는 것으로 그치는 작업이 아니라 완전히 새로운 사용자 객체를 생성하는 일이 되어 버린다.

20.1.2 사용자의 외래 키에 get_user_model()을 쓰지 말자

이는 임포트 루프를 발생시킬 수 있는 위험한 방법이다.

⚠️ **나쁜 예제 20.1**

```
# 이렇게 하지 말라!
from django.db import models
from django.contrib.auth import get_user_model

class IceCreamStore(models.Model):

    # 다음 행은 임포트 루프를 일으킨다.
    owner = models.OneToOneField(get_user_model())
    title = models.CharField(max_length=255)
```

20.2 장고 1.5 이전의 사용자 모델을 1.5 이후의 커스텀 사용자 모델로 이전하기

이전 작업 자체는 큰 용기를 필요로 한다. 늘 그렇듯이 이런 큰 작업을 하기 이전에 지속적 통합(continuous integration)을 포함하여 많은 양의 테스트 절차가 선행되어야 한다. 또한 여러분의 백업 시스템을 테스트해보기 바란다면 바로 여기서 테스트해 보게 될 것이다.

이에 대한 자세한 설명은 이 책의 범주를 벗어나는 것이므로 더 읽을 자료에 대한 링크를 남겨 놓겠다.

- 토비어스 맥널티(Tobias McNulty)의 튜토리얼

  http://www.2scoops.co/caktusgroup-migrating-custom-user-model
- django-authtool 튜토리얼

  http://www.2scoops.co/authtools-migrate-to-custom-user-model

20.3 장고 1.8 프로젝트의 커스텀 사용자 필드

장고 1.8에서는 규칙에 맞게 필요한 메서드와 속성 등을 구현함으로써 우리가 원하는 필드를 가지고 우리 스스로의 사용자 모델을 생성할 수 있다. 장고 1.5 이전 버전에서도 물론 가능한 일이지만 1.8에서는 User 모델이 단순히 email, first_name, last_name, username 필드만으로 키를 제한하는 제약을 벗어나게 된다.

📦 **커스텀 사용자 모델을 정의하기 위한 라이브러리들**

django-authtools는 커스텀 사용자 모델을 더 쉽게 정의하는 라이브러리다. Abstract EmailUser와 AbstractNamedUser 모델이 이용된다. django-authtools를 이용하지 않기로 했더라도 한번 살펴볼 만한 가치가 충분히 있는 소스다.

❗ **사용자 모델이 서드 파티 라이브러리에 의해 정의되는 경우는 피해야 한다**

프로젝트에서 커스텀 사용자 모델을 정의하는 데 있어서 특별한 목적이 있는 것이 아니라면(django-authtools와 같은 식으로) 서드 파티 라이브러리들은 다음에 설명할 '옵션 1'과 '옵션 2'를 이용하여 사용자 모델에 필드를 추가해서는 안 된다. 대신 '옵션 3'을 통해 사용자 모델에 필드를 추가해야 한다.

20.3.1 옵션 1: AbstractUser의 서브클래스 생성

장고 User 모델을 그대로 유지하면서 단지 몇몇 필드만 추가로 필요할 때 이용하는 방법이다. 우리가 새 프로젝트를 시작할 때 가장 먼저 고려하는 방법이다. django-authtools의 기본 모델, 폼, 어드민 객체를 이용할 때 커스텀 사용자 모델을 구현하는 가장 빠르고 손쉬운 방법이다.

AbstractUser 서브클래스를 생성하는 예제는 다음과 같다.

√ **예제 20.3**

```
# profiles/models.py
from django.contrib.auth.models import AbstractUser
from django.db import models
from django.utils.translation import ugettext_lazy as _

class KarmaUser(AbstractUser):
    karma = models.PositiveIntegerField(verbose_name=_("karma"),
                                        default=0,
                                        blank=True)
```

1.5 이전 버전보다 훨씬 간편하고 좋아 보인다.

세팅에서 추가적으로 해야 할 것은 다음과 같다.

√ **예제 20.4**

```
AUTH_USER_MODEL= "profiles.KarmaUser"
```

20.3.2 옵션 2: AbstractBaseUser의 서브클래스 생성

AbstractBaseUser는 password, last_login, is_active 필드만 가진 기본 형태의 옵션이다.

다음과 같은 경우라면 이용을 고려해보기 바란다.

- User 모델이 기본으로 제공하는 필드(first_name과 last_name)에 그리 만족하지 못할 때
- 기본 형태만 가진 가볍고 깨끗한 상태로부터 새로 서브클래스를 생성하기 원하면서 패스워드를 저장하기 위해 AbstractBaseUser의 기본 환경의 장점을 이용하고 싶을 때

이런 장점을 이용하고 싶을 때라면 다음 자료를 더 읽어보기 바란다.

- 공식 장고 문서의 예제
  http://2scoops.co/1.8-custom-user-model-example
- django-authtools의 소스 코드(특별히 admin.py, form.py, models.py 참고)
  https://github.com/fusionbox/django-authtools

20.3.3 옵션 3: 관련 모델로부터 역으로 링크하기

이 방법은 장고 1.5 이전에서 'Profile' 모델을 설정한 방법과 매우 비슷하다. 장고 1.5 이전부터 쓰인 이러한 방법이 앞으로는 사라질 수도 있겠지만, 어찌되었든 간에 다음의 이용 사례를 고려해보기 바란다..

이용 사례: 서드 파티 패키지 제작

- 파이썬 패키지 인덱스에 올릴 서드 파티 애플리케이션을 제작할 때
- 사용자당 추가로 저장해야 할 정보가 있을 때. 스트라이프(Stripe) ID 또는 다른 결제 대행사의 정보가 이에 해당할 것이다.
- 현재 코드들에 최대한 영향을 미치지 않기를 원할 때. 최대한 느슨하게 연관된 관계를 원할 때!

이용 사례: 내부적으로 필요할 경우

- 우리만의 장고 프로젝트를 작업하고 있을 때
- 각기 다른 필드를 가진 전혀 다른 사용자 타입을 원할 때
- 사용자 중 일부가 다른 사용자 타입을 가지는 사용자들과 섞여 있을 때
- 다른 레벨단이 아닌 모델 레벨에서 모든 것을 처리하고 싶을 때
- 앞에서 설명한 옵션 1과 2에서 다룬 커스텀 사용자 모델과 결합하여 이용하고 싶을 때

이런 경우 중 하나라고 한다면 이 '옵션 3'의 방법론을 계속 이용해야 할 이유로 볼 수 있다.

이러한 방법론을 적용하기 위해 우리는 (`django.contrib.auth.get_user_model()`을 통해 호출된) `django.contrib.models.User`를 이용하며 관련된 다른 필드들은 별도의 모델(예: `Profiles`)에 보관하고 있다. 여기 예제가 있다.

√ 예제 20.5

```
# profiles/models.py

from django.conf import settings
from django.db import models

from flavors.models import Flavor

class EaterProfile(models.Model):

    # 기본 사용자 프로파일
    # 이러한 방식을 이용한다면 post_save 시그널(signal)이나
    # 최초 로그인 시 profile_edit 뷰로 리다이렉팅하는 절차를 필요로 한다.
    user = models.OneToOneField(settings.AUTH_USER_MODEL)
    favorite_ice_cream = models.ForeignKey(Flavor, null=True, blank=True)

class ScooperProfile(models.Model):

    user = models.OneToOneField(settings.AUTH_USER_MODEL)
    scoops_scooped = models.IntegerField(default=0)

class InventorProfile(models.Model):
    user = models.OneToOneField(settings.AUTH_USER_MODEL)
    flavors_invented = models.ManyToManyField(Flavor, null=True, blank=True)
```

이러한 방법으로 우리는 어떤 사용자든지 간에 그 사용자가 가장 좋아하는 아이스크림을 ORM(user.eaterprofile.favorite_ice_cream)을 통해 손쉽게 구할 수가 있다. 또한 Scooper와 Inventor 프로파일은 해당 사용자에게만 해당하는 개인 데이터를 제공한다. 이 데이터들은 사용자 모델과는 독립된 정보이기 때문에 사용자 타입 사이에서 문제를 일으킬 확률이 매우 낮아진다.

이러한 방법론의 문제점으로는 프로파일 또는 그와 관련된 파일들이 너무 단순해져버릴 수 있다는 점을 들 수 있다. 어찌 되었든 코드를 단순하게 유지할 수 있다는 것이 꼭 나쁜 것만은 아닐 것이다.

> **user.get_profile() 메서드는 이제 더 이상 존재하지 않는다**
> 장고 1.6 또는 이전 버전으로부터 마이그레이션 중이라면 장고 1.7부터는 user.get_profile() 메서드가 더는 지원되지 않는다는 점을 알아 두기 바란다.

20.4 요약

장고의 새로운 User 모델이 장고 개발에 큰 힘과 재미를 가져다주었다. 우리는 이 새로운 모델을 매우 넓은 범위에 걸쳐 주요 기능으로 이용하고 있다. 이제 우리는 이 실용적인 방법론을 이용하고 적용하는 개척자가 된 것이다.

　이번 장에서 우리는 User 모델을 찾아 보았고 우리의 커스텀 모델을 정의하는 메서드를 알아보았다. 프로젝트의 성격과 요구 조건에 따라 현재 장고에 기본으로 내재되어 있는 방식을 그대로 쓸 수도 있고 또는 실제 사용자 모델을 우리의 방식에 맞게 커스터마이징할 수도 있게 되었다.

　다음 장에선 서드 파티 패키지의 세계로 들어가 보겠다.

21장

장고의 비법 소스: 서드 파티 패키지들

장고의 진면목을 단순히 https://djangoproject.com에서 다운로드할 수 있는 장고 프레임워크나 관련 문서라고 생각한다면 큰 오판일 것이다. 장고의 진정한 강력함은 바로 빠르게 성장하고 있는 오픈 소스 커뮤니티에서 제공하는 파이썬 패키지와 서드 파티 장고 패키지들이다. 엄청나게 다양한 서드 파티 패키지가 여러분의 수고를 덜어 주기 위해 존재하고 있으며, 이러한 패키지들은 여러 분야의 다양한 경험을 가진 사람들의 노력과 수고에 의해 작성되었다. 동시에 바로 이러한 패키지들과 제작자들의 기여가 오늘날 장고 세상을 떠받치고 있는 힘이기도 하다.

그림 21.1 장고의 비법 소스가 담긴 항아리. 대부분의 사람은 이게 뭔지 모른다.

장고와 파이썬 개발 과정에서 전문적으로 이루어지는 작업의 대부분은 바로 이 서드 파티 패키지들을 장고 프로젝트 안으로 이식시키는 것이다. 프로젝트를 수행하는 데 필요한 모든 도구를 스스로 처음부터 만든다고 하면 아마 주어진 과제를 처리하는 데 상당히 어려움을 겪을 것이다.

컨설팅을 하다 보면 많은 고객의 프로젝트들이 서로 비슷하거나 똑같은 구조와 기능을 이루고 있는 모습을 흔히 목격한다. 처음부터 일일이 혼자서 만들기보다는 이미 만들어진 것을 이용할 수 있다는 장점이 참으로 고맙지 않을까?

그림 21.2. 비밀이 밝혀졌다. 바로 비밀은 따뜻한 퍼지(설탕, 버터, 우유, 초콜릿으로 만든 물렁한 캔디)였다.

21.1 서드 파티 패키지의 예

'부록 A 이 책에서 언급된 패키지들'에는 이 책에 언급된 모든 패키지에 대한 설명이 실려 있다. 이 목록은 아마 여러분이 프로젝트를 구축할 때 매우 유용하게 고려해 볼 수 있는 패키지들의 우선 목록이 될 것이다.

여기에 있는 모든 패키지가 꼭 장고에만 적용되는 것은 아니다. 다시 말하면 다른 파이썬 프로젝트에도 이용 가능한 패키지가 있다(일반적으로 장고에만 적용되는 패키지의 경우 'django-'라는 접두어로 시작한다. 물론 예외적인 경우도 꽤 된다).

21.2 파이썬 패키지 인덱스

https://pypi.python.org/pypi에 위치한 **파이썬 패키지 인덱스**(Python Package Index, PyPI)는 파이썬 프로그래밍 언어를 위한 소프트웨어 저장소다. 이 글을 쓰는 현재 장고를 포함하여 5만 5000개 이상의 패키지가 있다.

파이썬 커뮤니티의 절대 다수는 파이썬 패키지 인덱스에 등록되어야 비로소 해당 오픈 소스 프로젝트가 공식적으로 릴리스되었다고 생각한다.

파이썬 패키지 인덱스는 단순한 디렉터리 이상의 의미이며 파이썬 패키지 정보와 파일들이 들어 있는 세상에서 가장 큰 집합소라고 생각하면 된다. 여러분이 pip로 장고를 설치할 때마다 pip는 파이썬 패키지 인덱스에서 파일을 다운로드한다. 대부분의 파이썬과 장고 패키지들이 pip를 통해서만 아니라 파이썬 패키지 인덱스에서 직접 다운로드할 수 있게 되어 있다.

21.3 djangopackages.com

djangopackages.com은 장고 앱을 위한 재사용 가능한 앱, 사이트, 도구 등을 모아 놓은 디렉터리다. 파이썬 패키지 인덱스와는 달리 djangopackages.com은 각 패키지를 자체적으로 저장하지 않고 파이썬 패키지 인덱스, 깃허브, 비트버킷(Bitbucket), ReadTheDocs 그리고 사용자로부터 직접 입력된 데이터들을 잘 정리하여 제공한다.

djangopackages.com은 각 패키지의 기능을 비교하기에 가장 좋은 사이트다. djangopackages.com은 패키지를 하나하나 선택하여 각각을 비교, 정리할 수 있게 해 준다.

많은 이들의 기여에 힘입어 우리는 djangopackages.com을 개발할 수 있었으며, djangopackages.com이 장고 사용자들에게 유용한 자료가 될 수 있도록 꾸준히 개선하고 관리해 나가고 있다.

21.4 다양한 패키지를 알아 두자

djangopackages.com과 파이썬 패키지 인덱스의 유용함을 아직 발견하지 못한 개발자들은 장고와 파이썬의 최대 장점을 간과하고 있는 것이다. 이런 도구들에 익숙하지 않다면 반드시 익혀 두도록 하자.

장고(파이썬) 개발자로서 필요할 때마다 바퀴(라이브러리)를 다시 만드는 대신에 서드 파티 라이브러리를 이용하는 것을 목표로 삼기 바란다. 최고의 라이브러리들은 세상에 있는 많은 능숙한 개발자들에 의해 이미 작성되어 있으며 문서화에 테스트까지 다 마쳤다는 사실을 알아주었으면 한다. 성공과 실패는 이러한 거대한 커뮤니티의 힘을 빌리느냐 그렇지 않느냐에 따라 갈리는 것이다.

다양한 패키지를 이용함에 따라 여러분은 그 패키지들의 코드를 공부하고 배울 수 있다. 이를 통해 자신을 더 나은 개발자로 만들어 줄 기술과 패턴들을 자연스럽게 익히는 것이다.

동시에 나쁜 패키지들로부터 좋은 패키지를 선별해 내는 능력 또한 매우 중요하다. 우리가 자신의 작업 내용을 냉정하게 평가하듯이 남들이 만든 패키지를 시간을 가지고 냉정하게 평가하는 것은 매우 중요한 덕목이다. 이에 대해서는 '21.10 좋은 장고 패키지의 요건'에서 다루겠다.

21.5 패키지 설치·관리를 위한 도구들

여러분의 프로젝트에 필요한 모든 패키지의 장점을 누리기 위해 virtualenv와
pip 설치는 선택 사항이 아니라 필수 요건이다.

더 자세한 내용은 '2장 최적화된 장고 환경 꾸미기'에 나와 있다.

21.6 패키지 요구 사항

앞서 '5장 settings와 requirements 파일'에서 다루었듯이 우리는 장고와 파이
썬 의존성을 requirements 파일로 관리한다. 이 파일들은 프로젝트 루트 아래
requirements/ 디렉터리에 존재한다.

> 💡 **서드 파티 패키지 이용 방법 찾아보기**
>
> 이번 장을 비롯해 이 책에서 우리가 언급하는 패키지들의 의존성에 대해 좀 더 알아보고자
> 한다면 '부록 A 이 책에서 언급된 패키지들'을 참조하기 바란다.

21.7 장고 패키지 이용하기: 기본

서드 파티 패키지를 이용하고자 한다면 다음 단계를 따르면 된다.

21.7.1 1단계: 패키지 문서 읽기

특정 패키지를 이용하려 한다면 패키지를 설치하기 전에 그 패키지에서 어떤 기
능을 얻게 될지 정확히 알아봐야 할 것이다.

21.7.2 2단계: 패키지와 버전 번호를 requirements에 추가하기

'5장 settings와 requirements 파일'을 다시 상기해 보면 requirements/base.txt
파일은 다음과 같이 생겼을 것이다(아마 실제로는 더 길 것이다).

√ **예제 21.1**

```
Django==1.8
coverage==3.7.1
django-extensions==1.5.2
django-braces==1.4
```

각 패키지에 특정 버전이 같이 표시되어 있다는 데 주의하기 바란다. 항상 패키
지 의존성에 세부 버전 번호를 표시해 주어야 한다.

버전 번호를 이렇게 자세히 밝히지 않는다면 무슨 일이 생길까? 단언컨대 장고 프로젝트를 다시 설치해야 하거나 변경할 때 반드시 문제가 생길 것이다. 새 패키지가 릴리스될 때 그 누구도 하위 호환에 대해 장담할 수 없기 때문이다.

우리의 경험담을 이야기하자면, 한 번은 우리가 어떤 SaaS(software-as-a-service) 플랫폼에서 제공한 설명에 따라 해당 라이브러리를 이용하고 있을 때였다. 당시 해당 서비스에는 파이썬 클라이언트가 없었지만 깃허브에 그 구현이 올라와 있었다. 거기에는 다음과 같은 내용을 우리의 requirements/base.txt에 추가하라고 나와 있었다.

⚠ 나쁜 예제 21.1

```
-e git+https://github.com/erly-adptr/py-junk.git#egg=py-jnk
```

그리고 그것을 그대로 따른 것은 우리의 실수였다. 정확한 깃 리비전 번호를 알았더라면 좋았을 거란 후회가 남는 순간이었다.

단순히 라이브러리를 깃허브로부터 직접 다운로드해 이용해 보고자 했던 얼리어댑터였기 때문에 겪어야 했던 문제라기보단 저장소에 망가진 코드가 커밋되어 있다는 것이 문제였다. 우리 사이트 자체의 문제를 고치기 위해 우리는 우리의 코드를 수정하고 로컬 환경에서 버그 수정과 그에 대한 테스트를 수행했다. 테스트는 통과되었고 운영 서버로 바로 배포했다. 동시에 모든 의존성의 변경도 같이 배포되었음은 두말할 나위 없다. 이렇게 문제를 안고 있는 커밋이 문제없는 것으로 간주되어 운영 환경으로 배포되어 나갔다. 간단히 말해 버그 하나를 고치려고 했다가 사이트 전체를 다운시켜 버린 것이었다.

그날은 확실히 우리에게 그다지 기쁜 날은 아니었다.

세부 버전 번호까지 포함한 릴리스 정보를 사용하는 이유는 우리의 작업 내용을 릴리스하는 데 약간이나마 형식을 갖추자는 것이 목적이다. 파이썬 세상에서 깃허브를 포함한 다양한 저장소는 상용 수준 프로젝트들이 이용하는 최종 안정 버전이 아니라 개발 중인 작업 내용을 실시간으로 바로바로 올리는 공간을 의미한다.

한 가지 더 추가하자면, 의존성을 정의할 때 가능하면 의존성의 의존성을 명확히 명시하자. 이렇게 함으로써 배포 환경과 테스트 환경에서 좀 더 많은 상황을 예측해 낼 수 있다.

21.7.3 3단계: virtualenv에 requirements 설치

물론 이미 virtualenv를 프로젝트의 〈repo_root〉에서 이용하고 있다고 믿는다. 그럼 이제 pip install을 해당 환경에 맞는 requirement 파일(예: requirements/dev.txt)에 대해 실행해 보자.

처음 실행하는 것이라면 해당 의존성 파일을 전부 가져다 설치해야 하기 때문에 시간이 좀 걸릴 것이다.

21.7.4 4단계: 패키지의 설치 문서를 그대로 따라 하라

해당 패키지에 익숙하지 않다면 패키지 문서를 읽지 않고 그냥 건너뛰거나 무시하지 말기 바란다. 장고 오픈 소스 개발자들은 스스로 만든 문서에 자부심을 느끼고 사람들이 자신의 패키지를 쓴다는 사실에 기뻐하기 때문에 설치 문서는 대부분 따르기 쉽고 편리하게 되어 있다.

21.8 서드 파티 패키지에서 문제가 생겼을 때

가끔은 서드 파티 패키지를 세팅하다가 문제에 봉착할 수도 있을 것이다. 이럴 때 어떻게 해야 할까?

우선 스스로 문제를 해결해 보려고 최선의 노력을 하기 바란다. 해당 문서를 숙지하고 혹시 빠뜨린 단계는 없는지 확인한다. 다른 사람들도 혹시 같은 문제를 겪고 있지 않는지 온라인 검색을 한다. 버그를 찾기 위해 소매를 걷고 앉아서 코드를 살펴보자.

해당 문제가 버그처럼 보인다면 패키지 저장소의 이슈 트래커에서 다른 누군가가 이미 해당 문제를 올려 두었는지 살펴보자. 종종 이슈 트래커에서 해당 문제와 그 문제를 우회하는 방안을 찾을 수도 있다. 그 누구도 이전에 올린 문제가 아니라면 버그를 보고해 주기 바란다.

문제가 계속 해결되지 않는다면 가능한 한 많은 곳에 도움을 청하자. 스택오버플로(StackOverflow), IRC #django 채널, 그리고 작업 중인 프로젝트의 IRC가 있다면 그곳에도 한번 알아보는 것이 좋다. 현재 겪고 있는 문제에 대해 가능한 한 많은 정보를 제공하는 것 또한 잊지 말자.

21.9 자신의 장고 패키지 릴리스하기

유용한 장고 앱을 제작했을 때는 다른 프로젝트에서 재사용할 수 있도록 패키징

하는 것을 고려하자.

장고 문서 'Advanced Tutorial: How to Write Reusable Apps'(https://docs. djangoproject.com/en/1.8/intro/reusable-apps)가 여러 자료를 얻는 데 가장 좋은 첫 시작 페이지가 될 것이다.

언급한 튜토리얼에 덧붙여서 다음 절차를 추천한다.

• 코드를 포함하는 공개 저장소를 생성하자. 요즘 대부분의 장고 패키지는 깃허브에 호스팅한다. 따라서 깃허브가 가장 손쉽게 공개 저장소를 생성하는 장소가 될 것이다. 물론 다른 대안으로 이용할 다양한 사이트도 있다(깃랩 (Gitlab), 소스포지(Sourceforge), 비트버킷, 론치패드(Launchpad), 어셈블라(Assembla) 등).
• 파이썬 패키지 인덱스에 패키지를 릴리스하자. 다음 방법을 참고하기 바란다. http://2scoops.co/submit-to-pypi
• 패키지를 https://www.djangopackages.com에 추가하자.
• Read the Docs(https://readthedocs.org)를 이용하여 스핑크스(Sphinx) 문서를 호스팅하자('23.2 reStructureText로부터 스핑크스를 이용하여 문서 생성하기' 참고).

어디에 공개 저장소를 만들어야 하는가?

오픈 소스 프로젝트에 코드 호스팅과 버전 컨트롤 기능을 무료로 제공하는 사이트들이 있다. '2장 최적화된 장고 환경 꾸미기'에서 이야기했듯이 깃허브와 비트버킷이 유명하다.

호스팅되는 버전 컨트롤 서비스를 선택할 때 pip가 깃, 머큐리얼(Mercurial), 바자 (Bazaar), 서브버전(Subversion)만 지원한다는 사실을 명심하기 바란다.

21.10 좋은 장고 패키지의 요건

새로운 오픈 소스 장고 패키지를 만들 때 고려해야 할 점을 알아보자. 대부분의 내용은 장고에 특화된 패키지뿐 아니라 파이썬 패키지 전반에도 동일하게 적용된다. 또한 이 내용은 여러분이 다른 장고 패키지 이용을 고려할 때도 유용하게 쓰일 수 있을 것이다.

21.10.1 목적

패키지 자체에 유용한 기능이 있어야 하며 그 기능이 잘 작동해야 함은 두말할 나위 없다. 패키지의 이름은 패키지의 목적, 기능을 잘 설명할 수 있는 것이어야 한다. 패키지 저장소의 루트 폴더는 'django-'라는 접두어로 시작하게 함으로써 찾기 편리하게 해야 한다.

패키지 기능 중 일부가 장고에 의존적인 것이 아니라 파이썬 패키지 기능에 더 가까운 것이라면, 독자적인 파이썬 패키지를 생성하여 해당 파이썬 패키지를 의존 패키지로 이용하자.

21.10.2 범위

파이썬 패키지 자체의 역할 범위는 해당 태스크에만 초점이 맞추어져야 한다. 다시 말하면 애플리케이션의 로직 자체를 매우 엄격하게 해당 태스크에 맞추어 제작함으로써 사용자가 훗날 해당 기능을 패치하거나 다른 패키지로 교체할 경우 이를 수월하게 해 주어야 한다.

21.10.3 문서화

문서가 없는 패키지는 프리 알파(pre-alpha) 상태의 패키지임을 잊지 말자. 독스트링(docstring)만으로 문서화가 충분히 되어 있다고 생각한다면 큰 오산이다.

'23장 문서화에 집착하자'에서 다룰 것이지만 문서는 ReStructuredText 형태여야 한다. 스핑크스를 이용하면 잘 정돈된 버전의 문서를 제작할 수 있다. 또한 이 문서는 공개적으로 제공되어야 한다. https://readthedocs.org와 해당 서비스의 웹훅(webhook) 기능을 이용할 것을 추천하며, 이를 통하면 문서의 변경 사항이 생길 때마다 새로 정리된 문서가 자동으로 생성되게 설정할 수 있다.

패키지에 의존성이 있다면 해당 관련 자료 역시 문서화되어야 하며 패키지 설치 관련 절차 또한 문서화해 제공해야 한다. 제공되는 설치 관련 자료는 누구나 따라 하기 쉽고 설치 중 문제를 일으키지 않도록 최대한 완벽하게 작성되어야 한다.

21.10.4 테스트

제작되는 패키지는 반드시 테스트를 거쳐야만 한다. 테스트는 패키지의 신뢰도를 향상시킬 뿐 아니라 앞으로 나올 파이썬, 장고 버전에도 도움이 된다. 또한 다른 사람들이 좀 더 효과적으로 패키지에 공헌할 수 있게 해 준다. 해당 패키지의 테스트를 실행하는 방법을 설명한 문서를 작성하자. 다른 기여자들이 풀 요청(pull request)을 하기 전에 여러분이 제작한 테스트를 손쉽게 실행해 볼 수 있게 해 둔다면 결국엔 여러분이 그 혜택을 받아 질적으로 더 나은 기여를 제공받을 수 있을 것이다.

21.10.5 템플릿

과거 일부 장고 패키지들은 실제 템플릿 파일을 제공하는 대신에 템플릿 생성 방법 설명을 문서 안에 포함해 제공하기도 했다. 하지만 요즘에는 장고 패키지에 기본 기능들을 구현해 둔 뼈대 역할을 하는 템플릿 세트를 제공하는 게 표준이 되었다. 일반적으로 이러한 템플릿들은 CSS는 제외한 상태로 최소한의 HTML, 반드시 필요한 자바스크립트를 제공한다. 예외라면 CSS 스타일이 요구되는 위젯을 포함하는 패키지 정도가 될 것이다.

21.10.6 유지 보수

개발된 패키지는 필요에 따라 여러분이나 기여자들이 주기적으로 업데이트해야 한다. 저장소에 코드를 업데이트할 때 해당 코드가 마이너 또는 메이저 릴리스일 경우 파이썬 패키지 인덱스에도 자동으로 업데이트할 수 있도록 고려해야 한다.

21.10.7 커뮤니티

장고를 포함하여 이름 있는 오픈 소스 패키지들은 오픈 소스 커뮤니티의 여러 개발자로부터 빈번하게 도움을 받는다. 모든 기여자에게 해당 작업에 대한 귀속 조건을 담은 CONTRIBUTORS.rst나 AUTHORS.rst 파일을 제공해야 한다.

패키지에 기여자들이 생겨남에 따라 활동적인 커뮤니티 리더 역할 또한 수행해야 한다. 다른 개발자들에 의해 패키지가 포크된다면 그들의 작업에 관심을 가져 주기 바란다. 다른 개발자들의 부분 또는 전체 작업이 여러분의 포크 안으로 머지될 수 있을지 고려해 봐야 한다. 포크된 패키지의 기능이 여러분 원본 패키지의 원래 기능에서 멀어지고 다른 방향으로 분기되어 가면 다른 개발자들에게 그들의 포크된 패키지에 새로운 이름을 정해 달라고 정중히 요청하는 것을 고려해 봐야 할 것이다.

21.10.8 모듈성

제작된 패키지는 장고 프로젝트의 원래 코어 컴포넌트(템플릿, ORM 등)를 다른 모듈로 교체하지 않고도 문제 없이 적용되어야 한다. 설치는 기존 장고 프로젝트에 최소한의 영향을 미쳐야 한다. 또한 동시에 이러한 모듈성을 극대화하기 위해 패키지 자체를 너무 과도하게 엔지니어링하는 우는 범하지 말아야 할 것이다.

21.10.9 파이썬 패키지 인덱스에 올리기

패키지의 모든 메이저, 마이너 릴리스는 파이썬 패키지 인덱스에서 다운로드할 수 있어야 한다. 개발자들이 문제없이 작동하는 버전을 찾기 위해 여러분의 저장소로 직접 찾아가는 일이 일어나지 않게 해야 한다. 뒤에 설명할 올바른 버전 번호의 규칙을 따르기 바란다.

21.10.10 가능한 한 세세하게 requirements 스펙을 작성하기 바란다

setup.py 파일 안에 정의되는 installed_requires 인자에는 제작된 서드 파티 라이브러리를 이용하기 위해 다른 어떤 종류의 패키지가 필요한지 정보가 담겨 있는데, 이를 가능한 한 다양한 환경과 호환되게 설정하기 바란다. 여기 패키지 requirements의 잘못된 예를 들어 보았다.

⚠ **나쁜 예제 21.2**

```
# 절대 따라하지 말자!
# django-blarg의 requirements

Django==1.7.2
requests==1.2.3
```

예제가 잘못된 이유는 의존성의 버전 번호가 단 하나의 버전에만 맞추어져 있고 호환 가능한 범위를 제공하지 않는 데 있다. 요구되는 라이브러리가 단 하나의 버전만으로 매우 좁게 정의되어 있으면 다른 개발자의 다른 사이트 프로젝트에서는 해당 패키지가 작동할 수 없는 상황이 발생한다. 우리 사이트가 icecreamratings.com이고 다음 파일이 우리의 requirements.txt 파일이라고 할 때 어떻게 django-blarg를 설치할 수 있겠는가?

✓ **예제 21.2**

```
# 전설적인 'icecreamrating.com'의 requirements.txt
Django==1.8
requests==2.6.0-
django-blarg==1.0

# 정확히 하나의 버전만 딱 찍어서 구성해 놓은 django-blarg 라이브러리와는
# 다르게 우리의 requirements는 다른 환경을 고려하고 구성했다.
```

icecreamratings.com의 requirements를 설치할 때 나쁜 예제 21.2가 예제 21.3의 requirements 위에 설치되면서 장고 1.7.2가 기존의 장고 1.8을 덮어썼다면 어떻게 되겠는가? 장고 1.7.2와 장고 1.8 사이에는 여러 비호환 요소가 있으며 django-blarg는 icecreamratings.com 사이트에 HTTP 500 에러들을 발생시킬 것이다.

따라서 서드 파티 패키지들의 requirements를 다른 패키지들의 라이브러리 호환성을 위해 가능한 한 넓게 기술해야 한다.

√ 예제 21.3

```
# django-blarg의 requirements

Django>=1.5,<1.9
requirements>=1.2.3,<=2.6.0
```

더 읽을 자료들은 다음과 같다.

- http://www.pip-installer.org/en/latest/logic.html#requirement-specifiers
- http://nvie.com/posts/pin-your-packages

21.10.11 버전 번호 붙이기

우리는 장고와 파이썬처럼 PEP 386의 이름 규약에 따라 버전 번호를 붙이는 방법을 선호한다. 좀 더 자세히 말하면 우리는 'A.B.C' 패턴을 선호하는 편이다. A, B, C 각각의 의미를 알아보자.

A는 메이저 버전 번호를 의미한다. 이전 메이저 버전에 대해 하위 호환을 지원하지 않을 정도로 크게 변할 때 해당 숫자가 바뀐다. 일반적으로 이 숫자가 변함에 따라 큰 API 변화를 보게 된다.

B는 마이너 버전 번호다. 해당 숫자가 바뀔 때는 상대적으로 비호환 문제가 크지 않고 향후 변경에서 어떤 기능이 없어지는지 알려 준다.

C는 버그 수정 릴리스를 의미하며 용어적으로 통일하자면 '마이크로' 릴리스를 의미한다. 일반적으로 개발자들이 메이저 또는 마이너 버전 릴리스가 이루어졌을 때 상용 서버에 바로 적용하기보다는 해당 마이크로 릴리스가 나올 때까지 기다리는 모습을 보는 것은 그리 낯설지 않다.

프로젝트에 대한 alpha, beta, rc(release-candidate) 접미사는 앞으로 릴리스될 버전에 대해 이용하는 것으로 다음과 같다.

- Django 1.8-alpha
- django-crispy-forms 1.4.0-beta

> ❗ **완성되지 않은 코드를 파이썬 패키지 인덱스에 올려서는 안 된다**
>
> 파이썬 패키지 인덱스는 안정적이고 신뢰할 수 있는 패키지만 모아 놓은 공간이다. 파이썬 패키지 인덱스는 절대 알파, 베타 또는 rc 코드를 위한 공간이 아니며 pip는 기본적으로 가장 최신 릴리스를 페치(fetch)하게 되어 있다.
>
> 파이썬 패키지 인덱스 규칙을 준수하여 다른 개발자들이 곤경에 처하는 일이 없도록 주의하기 바란다.
>
> **주의:** 최신 버전의 pip는 이전과 달리 프리 릴리스(pre-release)는 설치하지 않게 되어 있지만, 모든 사용자가 최신 pip를 이용하고 있다고 간주하는 것은 위험하다.

더 읽을 자료들은 다음과 같다.

- http://www.python.org/dev/peps/pep-0386
- http://semver.org

21.10.12 이름

프로젝트 이름은 상당히 중요하다. 프로젝트 이름을 잘 지으면 프로젝트를 필요로 하는 사용자의 눈에 더 잘 띄고 사용자가 기억하기 쉽다. 이름을 잘못 지으면 잠재적인 사용자가 프로젝트를 찾기 어렵고 어떤 개발 환경에서는 이용을 꺼리거나 심지어는 파이썬 패키지 인덱스나 장고 패키지 또는 다른 리소스 등으로 올리는 것이 거부될 수도 있다.

'4.2 장고 앱 이름 정하기'에서 우리는 이름 짓는 법에 대한 기본 내용을 살펴보았다. 오픈 소스 장고 패키지에 해당하는 팁은 다음과 같다.

- 파이썬 패키지 인덱스에 이미 등재된 이름인지 아닌지 확인해 보라. 확인해 보지 않고 이름을 정했다가는 pip로 설치할 때 심각한 문제를 초래하는 상황까지 갈 수도 있다.
- Djangopackages.com에 이름이 있는지 없는지 확인하라. 패키지가 오직 장고에서 이용 가능하게 디자인되었을 때 해당한다.
- 외설적이거나 문제가 될 만한 이름을 쓰지 말라. 여러분이 생각하기에는 재미있을지 모르겠지만 다른 이들에게는 그렇게 느껴지지 않을 수도 있다. 예를 들면, 한번은 잘 알려진 개발자가 미국 항공우주국(NASA)에서 이용할 수

없는 이름을 가진 라이브러리를 개발했고 미국 항공우주국은 그가 라이브러리 이름을 바꾸고 나서야 그 라이브러리를 이용할 수 있었다.

21.10.13 라이선스

완성된 패키지에는 라이선스가 필요하다. 개인이라면 MIT 라이선스를 이용하라고 권하고 싶다. 대부분의 상용 또는 비상용 환경 두 경우에 대해 일반적으로 허용되는 라이선스이기 때문이다. 특허에 대해 걱정하고 있다면 아파치 라이선스를 택하기를 권한다.

패키지 저장소의 루트에 LICENSE.rst 파일을 제작하라. 라이선스 이름을 최상단에 쓰고 해당 라이선스의 문구들을 다음에서 붙여 넣으면 된다. http://choosealicense.com

> **라이선스는 여러분뿐 아니라 우리 모두를 모두 보호해 준다**
>
> 요즘처럼 소송이 빈번하게 이루어지고 특허 괴물이 판치는 세상에 소프트웨어 라이선스는 단지 코드에 대한 소유권만 주장하는 것이 아니다. 그보다 더 많은 것을 의미하는 것이 되었다. 여러분의 코드에 라이선스를 달지 않거나 정식 변호사에 의해 검증되지 않은 라이선스를 쓴다면, 특허 괴물이 여러분을 공격할 수도 있고 금융 또는 의료 사고가 났을 때 여러분이 큰 책임을 져야 할 상황에 빠질 수도 있다.
>
> OSI(Open Source Initiative)에서 인증한 라이선스에는 모두 **저작권, 재배포, 보증에 대한 포기, 법적 책임에 대한 제한** 관련 내용이 포함되어 있다.

21.10.14 코드의 간결성

제작된 장고 패키지의 코드는 최대한 단순하고 간결하게 구성해야 한다. 이상하고 일반적이지 않은 파이썬이나 장고의 핵(hack)을 정확한 의도와 설명 없이 쓰지 말기 바란다.

21.10.15 URL 이름공간을 이용하라

'8.4 URL 이름공간 이용하기'에서도 이미 설명한 부분이다. '이용하라'는 의미는 프로젝트들 사이에서 서로 충돌이 나는 것을 막고, 더 나아가서 앞으로도 생길지 모르는 문제에 미리 대비하자는 의미다.

앞으로 있을지 모르는 충돌이 걱정된다면 설정에 기반을 둔 URL 이름공간 시스템을 이용할 수 있을 것이다. 이는 세팅으로 URL 이름공간을 정의하고 이를 적용 시에 장고 콘텍스트 프로세서와 자세한 절차를 제공한다. 구현 자체는 어렵지 않으나 프로젝트 자체를 유지 관리하기에 다소 부담이 되는 추상화 단계를 제공한다.

21.11 쉬운 방법으로 패키지 제작하기

여러분의 코드를 릴리스한다는 것은 상당히 가치 있는 경험을 제공한다. 모든 이들이 그런 경험을 할 수 있길 바라는 바이다.

또한 모든 작업 내용을 한곳에 모아 재사용 가능한 장고 패키지를 제작한다는 것은 많은 작업을 수반한다는 의미도 된다. 그리고 이런 작업 중에서 잘못되기 쉬운 부분들이 있는 것도 사실이다. 하지만 다행히도 쿠키커터(Cookiecutter)가 이러한 작업을 한결 쉽게 해 줄 수 있다.

🗃 쿠키커터로 프로젝트 템플릿을 쉽게 만들어 보자

오드리는 프로젝트 템플릿을 생성해 주는 유명한 유틸리티를 만들었다. 이용하기가 쉽고 동시에 매우 강력하기도 하다. 파이썬과 장고 패키지를 제작하기 위한 다양한 종류의 패키지들이 이 안에 포함되어 있다.

- https://github.com/audreyr/cookiecutter
- http://cookiecutter.readthedocs.org

다음에 예제로 든 쿠키커터 템플릿에 대해 우리는 장고와 파이썬 커뮤니티 리더들에게 공격적인 리뷰를 부탁하면서 템플릿에 대한 검증과 조사를 했다. 다음 배시 명령행을 따라 실행해보기 바란다.

✓ 예제 21.4

```
# 쿠키커터를 아직 설치하지 않은 경우에만 실행하라.
$ pip install cookiecutter

# 장고 프로젝트를 새로 생성하기
$ cookiecutter https://github.com/pydanny/cookiecutter-djangopackage.git

# 파이썬 패키지를 새로 생성하기
$ cookiecutter https://github.com/audreyr/cookiecutter-pypackage.git
```

여러 정보를 입력하라는 프롬프트를 보게 될 것이다. 해당 정보를 입력하고 나면 코드, 문서, 테스트, 라이선스, 기타 필요한 여러 파일을 포함한 장고, 파이썬, 그리고 여타 패키지 템플릿의 기본 구현체가 생성되어 있을 것이다.

21.12 오픈 소스 패키지 관리하기

> ❗ **너무나 과도한 부담과 피로로 오픈 소스에 질려 버리지 않도록 하자**
>
> 오픈 소스 작업에 대해 급여나 보상을 받는 상황이 아니라면 재미를 위한 자원봉사를 하고 있음을 늘 명심하기 바란다. 자신의 페이스만큼만 하기 바라며 최선을 다하는 것으로 충분히 만족하는 편이 좋다.

오픈 소스 패키지는 각자 패키지마다 생명이 있다. 시간이 지날수록 성숙해지며 필요에 따라 변화하기도 하고 개발 수준이 성숙해지기도 한다. 우리가 오픈 소스 프로젝트를 관리할 때의 팁은 다음과 같다.

21.12.1 풀 요청에 대한 보상

누군가가 풀 요청을 했고 해당 내용이 반영되었다면 공로를 충분히 인정해야 한다. CONTRIBUTORS.txt 또는 AUTHORS.txt 같은 프로젝트 저작자 문서를 만들고 공헌한 사람들의 이름을 반드시 넣어야 한다.

21.12.2 반영될 수 없는 풀 요청에 대해

때때로 거부해야만 하거나 거부할 수밖에 없는 풀 요청을 받기도 한다. 이에 대해 친절하고 긍정적인 자세로 임하기 바란다. 풀 요청을 매끄럽게 반려하면 평생의 친구를 얻을 수도 있다.

반려하거나 거부해야만 할 기계적으로 작성된 풀 요청을 모아보았다.

* 테스트 케이스를 통과하지 못한 풀 요청. 22장을 참고하라.
* 테스트 범위를 벗어난 코드들. 22장을 참고하라.
* 풀 요청은 가능한 한 최소의 범위에 대한 수정과 변경을 담고 있어야 한다. 광범위한 내용을 담은 수정 사항을 하나의 풀 요청으로 보내왔을 경우 각각의 변화에 대해 좀 더 세부적으로 나누고 독립적으로 처리해 달라는 메시지와 함께 풀 요청을 거부해야 한다.
* 너무 복잡한 코드를 제출했을 경우 좀 더 조심스럽게 고려해야 한다. 좀 더 단순하게 구성해 달라거나 주석을 좀 더 자세히 달아 달라고 요청하라. 코드가 너무 복잡해서 풀 요청을 거부하는 것은 절대로 이상한 일이 아니다.
* PEP 8 규약을 따르지 않은 코드는 수정을 요구한다. 장고 커뮤니티는 PEP 8을 매우 잘 준수하고 있고 여러분의 프로젝트 또한 그래야 한다. PEP 8 규약

을 따르지 않는 제출에 대해서는 개선을 요청해야 한다.

- 대부분이 빈 칸 정리로만 이루어진 코드. 누군가가 코드는 단지 두 줄 고치고 200줄의 빈 칸 이슈를 정리해서 풀 요청을 했다면 이는 거부해야 한다. 빈 칸 정리는 독립적인 빈 칸 정리 풀 요청에서 처리해야 한다.

❗ 상당량의 빈 칸 정리를 한 코드 변경

상당량의 빈 칸 정리를 포함한 코드 변경은 제3자에게 혼란을 가중시키기 때문에 이를 경고하고자 한다. 심지어 어떤 사람들은 이러한 변경에 대해 내재된 보안 문제라고 이야기한다. 풀 요청을 통한 방법보다 더 좋은 악성 코드 삽입이 또 어디에 있겠는가?

21.12.3 파이썬 패키지 인덱스에 정식으로 릴리스하기

파이썬 커뮤니티에서는 파이썬 패키지 인덱스의 버전이 오래된 예전 버전이라고 해서 개발자들에게 해당 오픈 소스 프로젝트 코드의 트렁크 브랜치나 '스테이블' 마스터를 이용하라고 하는 것은 무책임한 일로 간주된다. 오픈 소스 프로젝트의 저장소는 제품 품질을 지닌 코드로 볼 수 없으므로 여러 문제가 발생할 수 있기 때문이다. 예를 들면 프로젝트 저장소에서 어떤 커밋 또는 어떤 태그를 이용해야 하는가 하는 문제가 생길 수도 있는 것이다. 이와는 다르게 파이썬 패키지 인덱스는 설치 가능한 패키지를 안전하게 제공하는 리소스로 설계되어 있는 곳이기 때문이다.

파이썬 세계에서는 확연히 보이는(심지어는 작은 마이너) 변경 또는 버그 수정이 트렁크 또는 마스터에서 일어날 때마다 릴리스하는 것이 정통한 방법으로 알려져 있다. 사실 마이너 버그 수정 릴리스는 모든 진행 중인 소프트웨어 프로젝트의 한 부분이며 누구도 그 탓을 하지 않는다(단 미국 정부와의 IT 계약인 경우는 제외다. 하지만 이 경우는 이 책의 범위를 벗어나는 일이다).

명확하게 언제 어떻게 릴리스해야 하는지 아직 이해되지 않는다면 python-request의 변경 이력을 한번 살펴보기 바란다. python-request는 파이썬 프로젝트 중 매우 유명한 프로젝트다. http://2scoops.co/requests-history

이제 배포할 준비가 다 되었으면 다음 단계를 따라 하면 된다.

✓ 예제 21.5

```
$ pip install twine
$ python setup.py sdist
$ twine upload dist/*
```

> **트와인이란?**
>
> 트와인(Twine)은 파이썬 패키지 인덱스로 패키지를 올리는 데 선호되는 라이브러리다.
> `python setup.py`의 문제점은 SSH 연결을 이용하지 않는다는 것인데, 이 때문에 중간자
> (man-in-the-middle) 공격에 쉽게 노출되는 문제점이 있다. 반면에 트와인은 오로지 인
> 증된 TLS를 이용해 패키지를 업로드한다.
>
> 휠(다음에 설명할 내용이다)을 업로드할 때 setup.py를 실행할 필요가 없을 뿐 아니라
> 릴리스에 대해 사전 서명(pre-sign)을 진행한다는 점도 트와인이 더 나은 기능을 제공한다
> 는 예다. 보안 문제를 중시한다면 트와인을 이용하지 않을 이유가 없다.

21.12.4 휠을 생성하고 파이썬 패키지 인덱스로 배포하기

PEP 427에 따르면 휠(wheel)은 새로운 파이썬 배포 표준이다. 에그(egg)를 대
체하는 목적이며 더 빠른 설치와 안전한 디지털 서명을 포함한 여러 장점을 제
공한다. pip 1.4 이상, setuptools 0.8 이상에서 지원한다.

✓ 예제 21.6

```
$ pip install wheel
$ pip install twine
```

패키지를 파이썬 패키지 인덱스로 배포하고 나서 다음 명령을 따라해 보자.

✓ 예제 21.7

```
$ python setup.py bdist_wheel
$ twine upload dist/*
```

파이썬 2.7과 3.3 이상을 지원하기 위해서 트와인은 setup.cfg 옵션 파일이
setup.py 파일과 같은 레벨에 위치하고 있으며 다음의 코드를 포함하고 있을 때
유니버설 휠을 생성한다.

✓ 예제 21.8

```
# setup.cfg
[wheel]
Universal = 1
```

휠에 대한 참고 자료는 다음과 같다.

- PEP 427 상세 규약. http://www.python.org/dev/peps/pep-0427
- 파이썬 패키지 인덱스의 휠 패키지. https://pypi.python.org/pypi/wheel

- 문서. http://wheel.readthedocs.org
- 후원 페이지. http://pythonwheels.com

21.12.5 새 장고 버전으로 패키지 업그레이드하기

장고는 주기적으로 마이너 릴리스가 업데이트된다. 또한 약 1년에 한 번꼴로 메이저 장고 릴리스가 있다. 장고 업데이트가 있을 때마다 최신 장고 버전에 대해 패키지 테스트를 하는 것은 매우 중요한 일이다. 이때 virtualenv 환경을 이용하는 것을 잊지 않도록 하자.

이는 여러분의 프로젝트에 테스트 케이스를 포함시켜야만 하는 또 다른 중요한 이유이기도 하다.

21.12.6 보안 문제에 대해 항상 주의하라

'26장 장고 보안의 실전 방법론'에서 우리는 보안 문제를 중점적으로 다룬다. 코어 장고, 파이썬, PyPy 개발자인 알렉스 게이너(Alex Gaynor)는 어느 오픈 소스 프로젝트에서나 유용할 내용의 글을 발표했다. https://alexgaynor.net/2013/oct/19/security-process-open-source-projects

> **오픈 소스 프로젝트 보안을 위한 알렉스 게이너의 의견**
>
> "보안 취약성은 여러분의 사용자 또는 여러분의 사용자의 사용자까지 위험에 빠트릴 수 있다. 소프트웨어 제작자이자 배포자로서 여러분은 보안 취약성 문제로부터 여러분의 사용자들이 안전할 수 있도록 도와야 할 의무가 있다."

21.12.7 기본 예제 템플릿을 제공하라

제작된 프로젝트를 이용한 기본적인 예제 템플릿을 항상 제공하기 바란다. 우리는 매우 단순한 HTML이나 트위터의 부트스트랩 같은 대중적인 프론트엔드 프레임워크를 이용하는 방법을 선호한다. 이는 자신들의 문제를 해결하기 위해 여러분이 만든 패키지의 이용을 고려 중인 개발자들이 '테스트 주도' 프로젝트 진행을 하는 데 큰 도움이 된다. 패키지에서 제공하는 기본 예제 템플릿을 이용하여 패키지를 테스트해 볼 수 있기 때문이다.

물론 개발자들은 자신들의 templates 폴더 안에서 템플릿을 수정하겠지만 기본 예제 템플릿 제공만으로도 그들에게 큰 도움이 된다.

추가적으로 상호 운영성을 높이기 위해 templates/myapps/base.html을 패키지에 포함시키기 바란다. cookiecutter-djangopackage에서 제공하는 예제와 설명을 참고하기 바란다. http://2scoops.co/cookiecutter-djangopackage-base.html

21.12.8 패키지의 수명

때때로 여러분이 패키지에서 손을 떼야 할 때가 올 것이다. 가족과 관련된 일이 있을 수도 있고 새로운 직장 때문일 수도 있을 것이다. 물론 때때로 그 오픈 소스 프로젝트가 더는 필요 없어서일 수도 있다. 풀 요청을 리뷰하거나 새로운 기능에 대해 생각할 시간이 더 이상 나지 않을 수도 있다. 해당 특정 프로젝트를 여러분이 직접 시작했다면 쉽게 손을 놓기는 더 어려울 것이다.

하지만 현재 프로젝트에 활동적으로 참여하는 사람에게 권한을 넘겨 줌으로써 프로젝트는 다시 태어날 수 있고 그 유용성이 더 빛날 수도 있다. 또한 크게 보면 개발자 커뮤니티로부터 큰 존경과 주목을 받게 된다.

장고와 파이썬 커뮤니티에서 프로젝트를 활동적인 개발자에게 넘겨줌으로써 사람들에게 큰 주목과 존경을 받은 몇 가지 사례를 소개해 보면 다음과 같다.

- 이안 바이킹(Ian Bicking)의 pip/virtualenv
- 제이퍼 논(Japer Nohn)의 django-piston
- 대니얼 로이 그린펠드의 django-uni-form
- 롭 허드슨(Rob Hudson)의 django-debug-toolbar

21.13 더 읽어 보기

다음은 오픈 소스 라이브러리에 기여하거나 제작하거나 유지 보수하는 사람이라면 누구에게나 유용할 만한 글 모음이다.

- http://alexgaynor.net/2013/sep/26/effective-code-review
- http://2scoops.co/sharing-your-labor-of-love-pypi-quick-and-dirty
- http://2scoops.co/jeff-knupp-open-sourcing-a-python-project

21.14 요약

장고의 진정한 힘은 장고 사용자들과 사용자의 장고 프로젝트에서 사용 가능한 방대한 양의 서드 파티 패키지라 할 수 있다.

　pip와 virutalenv를 반드시 설치하고 어떻게 이용하는지 꼭 익혀 놓기 바란다. 이 도구들은 여러분의 시스템에 패키지를 설치하고 관리하는 데 최고의 도구들이 되어 줄 것이다.

　현재 존재하는 패키지들에 친숙해지기 바란다. 파이썬 패키지 인덱스와 django packages.com이 여러 패키지에 대한 정보를 얻는 데 좋은 출발점이다.

　특정 장고 패키지 이용을 고려하는 데 중요한 요소로 패키지 성숙도, 문서화 정도, 테스트, 코드 품질을 꼽을 수 있을 것이다.

　프로젝트 규모를 떠나 안정적인 패키지 설치는 장고 프로젝트의 가장 기본적인 조건이다. 장고 패키지를 이용할 수 있는 상태라는 말은 프로젝트의 트렁크나 마스터를 이용하는 것이 아니라 특정 릴리스를 정해 이용할 수 있게 되었다는 의미다. 특별한 릴리스가 없다면 최소한 특별한 커밋을 이용하는 것이라도 가능해야 한다. 프로젝트를 진행하는 과정에서 봉착하게 되는 패키지 자체의 문제는 그 해결 자체에 많은 시간과 노력을 요하게 된다. 난해한 문제에 봉착한다면 도움을 청할 수 있다는 사실을 늘 잊지 말자.

　자신만의 서드 파티 패키지를 어떻게 생성하는지도 다루었다. 그리고 쿠키커터를 이용하여 파이썬 패키지 인덱스로 패키지를 릴리스하는 방법을 간단히 다루었다. 새로운 휠 형식에 대한 설명도 포함했다.

　그리고 마지막으로 패키지를 어떻게 운영할지 가이드라인을 제시했다.

22장

테스트, 정말 거추장스럽고 낭비일까?

자, 드디어 테스트를 다루어야 할 차례다. (재미없더라도) 테스트에 대한 내용은 꼭 읽어 보길 바란다. 최대한 재미있게 설명해 보겠다.

22.1 돈, 직장, 심지어 생명과도 연관되어 있는 테스팅

'스모크 테스트'라고 들어 보았는가?

미국 항공우주국의 관리 및 프로그램 분석가인 그레첸 데이비디언(Gretchen Davidian)이 아직 엔지니어였을 때 테스터로서 그녀의 임무는 우주로 보낼 물건들을 극한의 환경에 처하게 함으로써 연기를 발생시키고 결국 불이 나게 하는 것이었다.

상당히 멋진 일이지 않나? 그녀의 세심한 주의력이 나사와 그에 연관된 회사 직원들의 직장, 나사의 우주 계획에 연관된 막대한 예산 그리고 심지어 과학자들과 우주인의 생명까지도 안전하게 지킨 것이다. 물론 그녀는 그 과정에서 다양한 종류의 하드웨어를 불태웠을 것이다.

우리 소프트웨어 엔지니어는 사실 나사에서 한 이러한 일에 버금가는 위험과 책임을 지고 있다. 나는 이 이야기를 듣자 소프트웨어 엔지니어로서 미국 항공우주국의 경우와 비슷한 위험을 감수해야 했던 기억이 떠올랐다. 2004년 마일과 킬로미터 단위의 오류만으로도 몇 시간 내에 수십만 달러를 손해 볼 수 있는 회사를 다닐 때의 일이다. 한 번은 품질 보증(quality assurance, QA) 스태프들이 해고된 적이 있었는데, 이는 해고된 사람들의 경제적인 손실뿐만 아니라 그들의 건강보험 혜택도 같이 사라졌단 의미이기도 했다. 다시 말해 충분한 테스트가 이루어지지 않는다면 직장, 돈 그리고 심하게 말하면 생명까지도 한순간에 사라지거나 위험에 처할 수 있다는 것이다. 전문 QA 스태프들이 있었는데도 당시에는 프로젝트의 모든 기능을 수작업으로 하나하나 클릭해 보면서 테스트했다. 그리고 자명하게도 인간의 실수가 테스트 과정에 영향을 미치기 매우 쉬운 구조였다.

오늘날 장고가 더 다양한 애플리케이션에 쓰이면서 자동화된 테스트에 대한 요구가 미국 항공우주국 그레첸의 역할처럼, 그리고 2004년의 그 QA 스태프의 역할처럼 중요한 문제로 대두되었다. 오늘날의 장고 프로젝트에 높은 수준의 품질을 요구하는 경우를 나열해 보았다.

- 의료 정보와 이에 관련된 업무를 처리하는 애플리케이션
- 사람들의 생명에 연관된 리소스를 제공하는 애플리케이션
- 사람들의 돈에 관련된 업무를 처리하거나 처리할 애플리케이션

📦 장고 프로젝트 테스팅을 위한 유용한 라이브러리

우리는 coverage.py를 선호한다.

이 도구는 코드의 어떤 부분이 테스트되었고 어떤 라인들이 테스트되지 않았는지 명확하게 나타내 준다. 또한 코드의 얼마나 많은 부분이 테스트되었는지 퍼센트로 편리하게 알려 준다. 물론 100% 테스트된 애플리케이션이라도 버그가 전혀 없다고 장담할 수는 없지만 많은 도움이 되는 것은 사실이다.

이 coverage.py를 개발, 관리하는 네드 배츨더(Ned Batchelder)에게 감사를 표한다. coverage.py는 대단히 훌륭한 프로젝트이며 모든 파이썬 관련 프로젝트에 유용하게 쓰이고 있다.

22.2 어떻게 테스트를 구축할 것인가

이제 막 새롭게 장고 앱을 생성했다고 하자. 우선 해야 할 일은 `django-admin startapp` 명령으로 기본 생성되었지만 사실상 불필요한 test.py 모듈을 지우는 것이다.

이제 대부분의 앱에서 필요로 하는 test_forms.py, test_models.py, test_views.py 모듈을 직접 새로 생성하자. 폼 테스트는 test_forms.py, 모델 테스트는 test_models.py, 이런 식으로 생성한다.

다음과 같은 구성으로 구조가 생성된다.

√ 예제 22.1

```
popsicles/
    __init__.py
    admin.py
    forms.py
    models.py
    test_forms.py
    test_models.py
    test_views.py
    views.py
```

물론 forms.py, models.py, views.py 말고 다른 종류의 파일들이 있다면 우리가 생성한 것과 같은 방식으로 해당 테스트 파일을 생성하자.

우리는 '파이썬의 도'의 '수평적인 것이 중첩된 것보다 낫다(Flat is better than nested)'는 철학에 기반을 두고 이런 식으로 구성한 것이다. 이렇게 구성하면 장고 앱을 훨씬 쉽게 살펴볼 수 있다.

> 💡 **테스트 모듈은 test_ 접두어를 붙여 생성하자**
>
> 테스트 모듈은 반드시 test_ 접두어를 붙여서 생성해야 한다. 그렇게 하지 않으면 장고의 테스트 러너가 해당 테스트 파일을 인지하지 못한다.

22.3 단위 테스트 작성하기

프로그래머들에겐 코드를 쓰고 있을 때가 가장 행복한 순간이다. 하지만 몇 달 후나 몇 주 후 또는 몇 시간 후에 자신이 쓴 그 코드를 다시 봤을 때, 같은 코드지만 그 코드의 수준이 형편없음을 느끼게 되는 것은 지극히 일반적인 이야기다.

같은 현상이 단위 테스트를 쓸 때도 나타난다.

우리는 수년간 프로젝트를 수행하면서 테스트 코드를 쓸 때마다 앞으로도 계속 필요할 테스트 방법론을 만들어 왔다. **단위 테스트**를 포함해서 말이다. 늘 그러하듯 우리는 최소한의 시간을 들여 가장 의미 있는 테스트 코드를 만드는 것을 목표로 했다. 여기 우리의 방법론이 있다.

22.3.1 각 테스트 메서드는 테스트를 한 가지씩 수행해야 한다

테스트 메서드는 그 테스트 범위가 좁아야 한다. 하나의 단위 테스트는 절대로 여러 개의 뷰나 모델 폼 또는 한 클래스 안의 여러 메서드에 대한 테스트를 수행해서는 안 된다. 대신 하나의 테스트에서는 뷰, 모델, 폼, 메서드 그리고 함수가 작동하는 데 있어서 단 하나의 기능에 대한 정의, 즉 뷰면 뷰, 모델이면 모델 식으로 하나의 기능에 대해서만 테스트가 이루어져야 한다.

하지만 바로 이 방법론 자체에 문제가 있다. 어떻게 뷰에 대한 테스트만을 딱 잘라서 하나의 테스트로 할 수 있단 말인가? 뷰 하나만으로도 모델, 폼, 메서드 그리고 함수가 줄줄이 연관 지어 호출되는데 말이다.

이에 대한 방법은 다음 예가 보여주듯이 특별한 테스트에 대한 환경을 완전히 최소한으로 구성하는 것이다.

✓ **예제 22.2**

```python
# flavors/test_api.py
import json

from django.core.urlresolvers import reverse
from django.test import TestCase

from flavors.models import Flavor

class FlavorAPITests(TestCase):

    def setUp(self):
        Flavor.objects.get_or_create(title="A Title", slug="a-slug")

    def test_list(self):
        url = reverse("flavor_object_api")
        response = self.client.get(url)
        self.assertEquals(response.status_code, 200)
        data = json.loads(response.content)
        self.assertEquals(len(data), 1)
```

예제 22.2는 '16.2 간단한 JSON API 구현하기'에서 설명했던 API에 대한 테스트를 구현해 본 것이다. 우리는 테스트를 실행하기 위한 최소한의 레코드를 setUp() 메서드를 이용하여 생성했다.

여기 좀 더 확장된 예제가 있다. 16장에서 제공한 REST API에 기반을 둔 것이다.

✓ **예제 22.3**

```python
# flavors/test_api.py
import json

from django.core.urlresolvers import reverse
from django.test import TestCase

from flavors.models import Flavor

class DjangoRestFrameworkTests(TestCase):
```

```
def setUp(self):
    Flavor.objects.get_or_create(title="title1", slug="slug1")
    Flavor.objects.get_or_create(title="title2", slug="slug2")
    self.create_read_url = reverse("flavor_rest_api")
    self.read_update_delete_url = \
        reverse("flavor_rest_api", kwargs={"slug": "slug1"})

def test_list(self):
    response = self.client.get(self.create_read_url)
    # 타이틀 둘 다 콘텐츠 안에 존재하는가?
    self.assertContains(response, "title1")
    self.assertContains(response, "title2")

def test_detail(self):
    response = self.client.get(self.read_update_delete_url)
    data = json.loads(response.content)
    content = {"id": 1, "title": "title1", "slug": "slug1",
                                            "scoops_remaining": 0}
    self.assertEquals(data, content)

def test_create(self):
    post = {"title": "title3", "slug": "slug3"}
    response = self.client.post(self.create_read_url, post)
    data = json.loads(response.content)
    self.assertEquals(response.status_code, 201)
    content = {"id": 3, "title": "title3", "slug": "slug3",
                                            "scoops_remaining": 0}
    self.assertEquals(data, content)
    self.assertEquals(Flavor.objects.count(), 3)

def test_delete(self):
    response = self.client.delete(self.read_update_delete_url)
    self.assertEquals(response.status_code, 204)
    self.assertEquals(Flavor.objects.count(), 1)
```

22.3.2 뷰에 대해서는 가능하면 요청 팩터리를 이용하자

django.test.client.RequestFactory는 모든 뷰에 대해 해당 뷰의 첫 번째 인자로 이용할 수 있는 요청 인스턴스를 제공한다. 이는 일반 장고 테스트 클라이언트보다 독립된 환경을 제공한다. 단지 생성된 요청이 세션과 인증을 포함한 미들웨어를 지원하지 않기 때문에 테스트를 작성할 때 약간의 추가적인 작업이 필요하다는 단점이 있다.

http://2scoops.co/1.8-request-factory를 한번 읽어 보기 바란다.

불행히도 이 문서는 싱글 미들웨어 클래스로 포장(wrap)된 뷰를 테스트하는 경우를 포함하고 있지 않다. 테스트하고자 하는 뷰가 세션을 필요로 할 때는 다음과 같이 작성할 수 있다.

✓ 예제 22.4

```
from django.contrib.auth.models import AnonymousUser
from django.contrib.sessions.middleware import SessionMiddleware
from django.test import TestCase, RequestFactory

from .views import cheese_flavors

def add_middleware_to_request(request, middleware_class):
    middleware = middleware_class()
    middleware.process_request(request)
    return request

def add_middleware_to_response(request, middleware_class):
    middleware = middleware_class()
    middleware.process_request(request)
    return request

class SavoryIceCreamTest(TestCase):
    def setUp(self):
        # 모든 테스트에서 이 요청 팩터리로 접근할 수 있어야 한다.
        self.factory = RequestFactory()

    def test_cheese_flavors(self):
        request = self.factory.get('/cheesy/broccoli/')
        request.user = AnonymousUser()

        # 요청 객체에 세션을 가지고 표식을 달도록 한다.
        request = add_middleware_to_request(request, SessionMiddleware)
        request.session.save()

        # 요청에 대한 처리와 테스트를 진행한다.
        response = cheese_flavors(request)
        self.assertContains(response, "bleah!")
```

22.3.3 테스트가 필요한 테스트 코드를 작성하지 말자

테스트는 가능한 한 단순하게 작성해야 한다. 테스트 케이스 안의 코드(또는 테스트를 실행하기 위해 필요로 하는 코드)가 복잡하거나 추상적이라면 문제가 있다는 이야기다. 사실 우리도 예전에 테스트가 필요할 정도로 복잡한 유틸리티 테스트 함수들을 제작했던 경험이 있다. 이런 경우 아마도 상상이 되겠지만 실제 테스트에 대한 디버깅은 끔찍한 일이었다.

22.3.4 같은 일을 반복하지 말라는 법칙은 테스트 케이스를 쓰는 데는 적용되지 않는다

setUp() 메서드는 테스트 클래스의 모든 테스트 메서드에 대해 재사용이 가능한 데이터를 만드는 데 큰 도움이 된다. 하지만 때론 비슷하긴 하지만 각 테스트 메서드에 대해 각기 다른 데이터가 필요하기도 하고 종종 이러한 이유로 기능이 화려한 테스트 유틸리티를 만드는 실수에 빠지기도 한다. 또는 스무 가지의 비슷한 케이스를 작성하는 대신에 인자를 몇 개 전달받아 우리가 필요로 하는 모든 경우를 만족시키는 하나의 메서드를 제작하기도 하는데, 이런 경우는 더 나쁜 길로 빠지고 있다는 이야기다.

이러한 경우에 우리가 선호하는 해법은 같거나 비슷한 코드를 여러 번 반복해서 쓰고 또 쓰라는 것이다. 사실 우리는 이때 테스트 코드 복사, 붙이기를 더 선호한다.

22.3.5 픽스처를 너무 신뢰하지 말자

경험적으로 우리는 픽스처(fixture)를 이용하는 것이 오히려 더 문제를 일으킬 수 있음을 배웠다. 문제는 프로젝트의 데이터가 바뀌어 감에 따라 픽스처 자체를 유지하기가 매우 어렵다는 것이다. 최신 데이터 마이그레이션에 맞추어 JSON 포맷의 파일을 수정하는 것 자체가 어려운 작업이다. JSON 파일이 손상되었거나 데이터베이스를 제대로 반영하고 있지 않는 상태라면 JSON 파일의 로드 프로세스 중에 매우 큰 어려움을 겪게 된다.

우리는 픽스처와 씨름하느니 ORM에 의존하는 코드를 제작하는 편이 훨씬 쉽다는 것을 발견했다. 서드 파티 패키지를 이용하기를 선호하는 사람도 있다.

테스트 데이터를 생성해 주는 도구

테스트 데이터를 생성해 주는 몇 가지 유명한 도구를 소개하면 다음과 같다.

- **factory boy**: 모델 테스트 데이터를 생성해 주는 패키지
- **model mommy**: 또 하나의 모델 테스트 데이터를 생성해 주는 패키지
- **mock**: 장고뿐 아니라 다른 환경에서도 이용 가능한 시스템의 일부를 대체할 수 있는 목(mock) 객체를 생성해 준다. 파이썬 3.3부터는 표준 라이브러리로 채택되었다.

22.3.6 테스트해야 할 대상들

물론 '전부 다'이다! 전부 다 테스트해야 하는 대상인 것이다. 테스트 가능한 것은 모두 다 테스트해야 한다. 다음을 포함해서 말이다.

- 뷰: 데이터의 뷰, 데이터 변경 그리고 커스텀 클래스에 기반을 둔 뷰 메서드
- 모델: 모델의 생성·수정·삭제, 모델의 메서드, 모델 관리 메서드
- 폼: 폼 메서드, clean() 메서드, 커스텀 필드

- 유효성 검사기: 본인이 제작한 커스텀 유효성 검사기에 대해 다양한 테스트 케이스를 심도 깊게 작성하라. 스스로가 사이트의 데이터를 부수러 온 악당이 됐다고 생각하고 최대한 다양한 케이스를 고민해 보라.
- 시그널: 시그널은 원격에서 작동하기에 테스트를 하지 않을 경우 문제를 야기하기 쉽다.
- 필터: 필터들은 기본적으로 한 개 또는 두 개의 인자를 넘겨받는 함수이기 때문에 테스트를 제작하기에 그리 어렵지는 않다.
- 템플릿 태그: 템플릿 태그는 그 기능이 막강하고 또한 템플릿 콘텍스트를 허용하기 때문에 테스트 케이스를 작성하는 것이 때론 매우 까다롭다. 다시 말해 정말 테스트해야 할 대상이라는 것이다. 테스트를 하지 않으면 매우 특이한 경우에 처할 수도 있기 때문이다.
- 기타: 콘텍스트 프로세서, 미들웨어, 이메일, 그리고 이 목록에 포함되지 않은 모든 것
- 실패: 만약 위의 경우 중 어느 하나라도 실패하면 어떻게 될까?

프로젝트 내에서 테스트가 필요 없는 부분은 장고 코어 부분과 서드 파티 패키지에서 이미 테스트되어 있는 부분 정도일 것이다. 모델 부분을 장고에서 제공하는 기본 상태 그대로 이용한다면 이에 대한 테스트는 필요하지 않을 것이다. 그러나 (FileField를 서브클래스로 하여 생성하는 것과 같이) 새로운 필드 타입을 생성하여 이용하는 경우라면 새로 정의된 필드에 의해 문제가 생길 수 있는 모든 부분을 테스트해야 할 것이다.

그림 22.1 아이스크림을 무료 시식할 때 사람들이 가능한 한
다양한 맛을 보고자 하듯이 최대한 다양한 테스트를 해야 한다.

22.3.7 테스트의 목적은 테스트의 실패를 찾는 데 있다

이용자들이 자신이 쓴 아이스크림 가게 평가를 수정하는 뷰가 있다고 가정하자. 고객의 로그인, 평가를 변경하고자 하는 고객의 시도, 그리고 실제로 평가를 수정했는지에 대한 확인 등이 명확한 테스트 케이스가 될 것이다. 자, 그리고 테스트를 실행했더니 전부 다 성공에 도달했다. 100% 확실하지 않은가?

물론 이는 테스트 시나리오의 일부에 불과한 것이다. 만약 사용자가 로그인하지 않는다면? 만약 사용자가 자신이 아닌 다른 사람의 리뷰를 수정하려 한다면? 해당하는 뷰가 에러를 발생시키고 사용자가 수정하려던 본인 아닌 다른 사람의 평가는 수정 변경 없이 그대로인가? 아마 앞의 테스트 시나리오보다 이러한 예외적인 경우에 대한 테스트가 더욱 중요할 것이다. 성공 시나리오에서의 실패는 사용자에게 불편을 야기 하겠지만 바로 보고되는 사항들이다. 반면 실패 시나리오에서의 실패는 인지하지도 못하는 보안상의 문제점을 만들어 내고, 이러한 문제들이 발견되었을 때는 이미 너무 늦은 경우가 허다하다.

우리가 미리 인지하지 못한 케이스에 대해 시스템에 문제가 발생했을 때 어떤 일들이 생길 수 있는지 몇 가지 예를 들어 봤다. 코드에 예외가 생겼을 때 어떻게 테스트할지는 전적으로 우리에게 달렸다.

- 2scoops.co/unittest-assert-raises-docs
- 2scoops.co/pytest-assertions-about-expected-exceptions

22.3.8 목(Mock)을 이용하여 실제 데이터에 문제를 일으키지 않고 단위 테스트 하기

단위 테스트는 단위 테스트 자체가 호출하는 함수나 메서드 이외의 것은 테스트하지 않도록 구성되어 있다. 이는 단위 테스트 중에는 외부 API에 대한 접속이나 이메일 수신, 웹훅을 비롯한 테스트 외적인 환경에 대한 액션이 이루어져서는 안 된다는 의미다. 이런 단위 테스트의 특성은 외부 API를 이용하는 기능들에 대해 단위 테스트를 작성하는 데 큰 난제로 나타나게 된다.

현재 이와 같은 경우에 대해서는 다음 두 가지 방법이 해법으로 제시된다.

- 선택 1: 단위 테스트 자체를 통합 테스트(Integration Test)로 변경한다.
- 선택 2: 목(Mock) 라이브러리를 이용하여 외부 API에 대한 가짜 응답(response)을 만든다.

마이클 푸드(Michael Foord)가 제작한 목 라이브러리는 우리가 테스트를 위한 특정 값들의 반환을 필요로 할 때 매우 빠르게 이용할 수 있는 멍키 패치 (monkey-patch) 라이브러리를 제공한다는 데 큰 장점이 있다. 이럴 경우 우리는 외부 API에 대한 유효성을 테스트하는 것이 아닌 우리 코드의 로직에 대한 검사를 하게 되는 것이다.

다음 예제 코드는 우리의 아이스크림 API 라이브러리에 멍키 패치 방식을 적용한 예다. 예제 코드는 애플리케이션에서 어떤 외부의 접근도 필요 없도록 이루어져 있다.

✓ 예제 22.5

```
import mock
import unittest

import icecreamapi

from flavors.exceptions import CantListFlavors
from flavors.utils import list_flavors_sorted

class TestIceCreamSorting(unittest.TestCase):

    # icecreamapi.get_flavors()의 멍키 패치 세팅
    @mock.patch.object(icecreamapi, "get_flavors")
    def test_flavor_sort(self, get_flavors):
        # icecreamapi.get_flavors()가 정렬되어 있지 않는 리스트를 생성하도록 설정
        get_flavors.return_value = ['chocolate', 'vanilla', 'strawberry', ]

        # list_flavors_sorted()가 icecreamapi.get_flavors() 함수를 호출
        # 멍키 패치를 했으므로 항상 반환되는 값은
        # ['chocolate', 'vanilla', 'strawberry', ]가 되며
        # 이는 list_flavors_sorted()에 의해 자동으로 정렬된다.
        flavors = list_flavors_sorted()

        self.assertEqual(
            flavors,
            ['chocolate', 'strawberry', 'vanilla', ]
        )
```

이제 아이스크림 API에 대한 접근이 불가능할 경우 어떻게 list_flavors_sorted() 함수가 작동하는지 테스트하는 방법을 구현해 보겠다.

✓ 예제 22.6

```
    @mock.patch.object(icecreamapi, "get_flavors")
    def test_flavor_sort_failure(self, get_flavors):
        # icecreamapi.get_flavors()가 FlavorError를 발생하도록 설정.
        get_flavors.side_effect = icecreamapi.FlavorError()
```

```
# list_flavors_sorted()가 icecreamapi.FlavorError()를 받아서
# CantListFlavors 예외를 발생시킴
with self.assertRaises(CantListFlavors):
    list_flavors_sorted()
```

다음에는 python-requests 연결에 문제가 생기는 두 가지 경우에 대해 어떻게 테스트를 구현하는지 예를 들어 보았다.

✓ 예제 22.7

```
@mock.patch.object(requests, "get")
def test_request_failure(self, get)
    """타깃 사이트에 접근이 안 될 때 테스트 실행"""
    get.side_effect = requests.exception.ConnectionError()

    with self.assertRaises(CantListFlavors):
        list_flavors_sorted()

@mock.patch.object(requests, "get")
def test_request_failure(self, get)
    """SSL 문제에 대해 이슈가 없을 때 테스트 실행"""
    get.side_effect = requests.exception.SSLError()

    with self.assertRaises(CantListFlavors):
        list_flavors_sorted()
```

22.3.9 좀 더 고급스러운 단언 메서드 사용하기

두 개의 리스트(또는 튜플)를 서로 비교하는 것은 매우 흔히 보는 테스트 케이스다. 하지만 두 리스트가 서로 다른 정렬 형식을 가지고 있다면 리스트들을 매치하기 위해 재정렬해야 한다. 이 경우 set.assertEqual(control_list, candidate_list)와 같이 이용하는 것이 옳을까?

unittest의 ListItemsEqual()이라는 단언(assertion) 메서드를 알고 있다면 "아니다"라고 쉽게 이야기할 수 있을 것이다. 파이썬과 장고의 단위 테스트 문서에는 우리가 유용하게 쓸 수 있는 유용한 단언 타입들의 링크가 포함되어 있다.

- https://docs.python.org/2/library/unittest.html#assert-methods
- https://docs.python.org/3/library/unittest.html#assert-methods
- https://docs.djangoproject.com/en/1.8/topics/testing/tools/#assertions

특히 다음 단언 메서드들을 매우 유용하게 쓴다.

- assertRaises
- 파이썬 2.7: ListItemEqual(), 파이썬 3 이상: assertCountEqual()

- assertDictEqual()

- assertFormError()

- assertContains(): response.content를 체크하여 상태 200을 확인한다.

- assertHTMLEqual(): 빈 칸을 무시하고 비교한다.

- assertJSONEqual()

22.3.10 각 테스트 목적을 문서화하라

각 클래스, 메서드, 함수에 대해 독스트링을 이용하여 문서화하는 것처럼 테스트에 대한 목적과 분석을 문서화하라. 문서화되지 않은 코드 때문에 프로젝트 관리가 어려워지는 것처럼 문서화되지 않은 테스트 코드는 테스트를 불가능하게 할 수도 있다. 이럴 경우 약간의 독스트링이나마 큰 도움이 될 것이다.

이러한 문서화에 그다지 흥미를 느끼지 못할 수도 있다. 하지만 디버그가 불가능한 문제를 해결하는 현명한 방법은 그 해당 문제에 관한 테스트를 문서화하는 것임을 명심하기 바란다. 테스트를 문서화함으로써 문서화하는 도중에 중요한 문제점을 발견하든지 아니면 적어도 문서화 작업이 남든지, 둘 중 하나는 해결할 수 있다.

22.4 통합 테스트(Integration Tests)란?

통합 테스트란 개별적인 소프트웨어 모듈이 하나의 그룹으로 조합되어 테스트되는 것을 의미한다. 단위 테스트가 끝난 후에 행하는 것이 가장 이상적이다. 통합 테스트의 예는 다음과 같다.

- 애플리케이션이 브라우저에서 잘 작동하는지 확인하는 셀레니움(Selenium) 테스트

- 서드 파티 API에 대한 가상의 목 응답을 대신하는 실제 테스팅. 예를 들면 깃허브, 비트버킷, 파이썬 패키지 인덱스 API를 이용한 주기적인 테스트를 하는 장고 패키지의 경우 해당 시스템들과의 연동이 문제가 없는지에 대한 실제 테스트

- 외부로 나가는 요청에 대한 유효성을 검사하기 위해 requestb.in이나 http://httpbin.org 등과 연동하는 경우

- API가 기대하는 대로 잘 작동하는지 확인하기 위해 runscope.com을 이용하는 경우

통합 테스트는 모든 부분이 잘 작동하는지 확인하기 위한 훌륭한 방법이다. 이를 이용하여 사용자들이 우리가 원하는 정보를 보고 있고 API가 정상으로 잘 작동하고 있는지 확인해 볼 수 있다.

통합 테스트의 문제점은 다음과 같다.

- 통합 테스트 세팅에 많은 시간이 소요될 수 있다.
- 단위 테스트와 비교하면 테스트 속도가 느리다. 이는 단위 테스트가 최소 단위의 컴포넌트를 테스트하는 반면 통합 테스트는 시스템 전체에 대한 테스트를 진행하기 때문이다.
- 통합 테스트로부터 반환된 에러의 경우, 에러 이면에 숨어 있는 에러의 원인을 찾기가 단위 테스트보다 어렵다. 예를 들면 데이터베이스 레벨에서 벌어진 유니코드 변환 문제가 브라우저상에서의 문제점으로 보일 수도 있다.
- 단위 테스트에 비해 통합 테스트는 좀 더 많은 주의를 요구한다. 컴포넌트나 세팅에서의 작은 변경으로도 통합 테스트 전반에 문제가 나타날 수 있다. 우리는 아직까지 통합 테스트를 진행해서 한 번에 성공한 사람이 있었던 프로젝트를 본 기억이 없다.

이러한 문제점에도 불구하고 통합 테스트는 유용하고 충분히 이용할 만한 가치가 있는 테스트이며 따라서 우리의 테스트 스택에 항상 포함되어 왔다.

22.5 지속적 통합

크든 작든 어떤 크기의 프로젝트든지 프로젝트 저장소에 새로운 코드가 커밋될 때마다 테스트를 실행하는 지속적 통합 서버를 세팅하기를 추천한다. '32장 지속적 통합'에서 좀 더 자세한 사항을 다룬다.

22.6 알 게 뭐람? 테스트할 시간이 어디 있다고!

> "테스트는 프로그래머들의 두려움을 사라지게 하는 마법의 돌과 같다."
> - 켄트 벡

이제 스스로의 코딩 기술에 대해 자신감이 있거나 개발 속도를 좀 더 끌어 올리려고 테스트 절차를 건너뛰기로 했다고 하자. 아마 게을러서일 수도 있을 것이다. 셸 대신 테스트 생성기로 테스트를 한다고 해도 테스트 절차들 때문에 일을 다 마치는 데 시간이 더 걸린다고 주장할 수도 있을 것이다.

어? 정말? 업그레이드해야 할 때가 되면 어떻게 될 것 같은가? 초기에 테스트를 추가하는 약간의 수고를 더함으로써 결국 많은 양의 일을 막을 수 있지 않겠는가.

2010년 여름 우리가 장고 패키지(http://www.djangopackages.com)를 시작할 때 장고 버전은 1.2였다. 그 이후로 우리는 최신 장고 버전을 유지해 왔고 최신 장고 버전을 유지함으로써 많은 장점을 얻을 수 있었다. 우리는 잘 작성된 테스트 커버리지 덕에 새로운 버전의 장고(또는 새로운 의존성)로 이전하는 데 더할 나위 없이 간단한 절차만을 필요로 했다. 우리의 업그레이드 절차는 다음과 같다.

- 장고 패키지의 로컬 인스턴스 버전을 업그레이드한다.
- 테스트를 진행한다.
- 테스트에서 발견된 에러들을 수정한다.
- 약간의 수작업 확인 절차를 진행한다.

장고 패키지에 테스트가 없었다면 아마 수십 개의 시나리오에 대해 수십 번의 클릭을 손으로 일일이 해야 했을 것이다. 물론 이런 수작업 절차에 따른 에러의 위험을 여전히 떠안으면서 말이다. 테스트를 한다는 것은 코드의 변경과 의존성 업그레이드에 대해 우리의 사용자(때론 장고 커뮤니티)들에게 불편한 경험을 겪지 않게 할 수 있다는 자신감을 의미하는 것이다.

바로 테스트가 주는 이득인 것이다.

22.7 테스트 범위 게임

최대한 많은 범위의 테스트를 하는 게임을 해 보길 바란다. 날마다 테스트 범위가 넓어질 때마다 이기는 것이고 테스트 범위가 줄어들 때마다 지는 것이다.

22.8 테스트 범위 게임 세팅하기

그렇다. 우리는 테스트 범위를 게임이라고 부른다. 개발자 스스로에게 매우 자극이 되는 방법이다. 또한 개발자와 고객, 고용자, 투자자에게 프로젝트의 상태를 보여 주는 데 매우 유용한 도구가 되기도 한다.

대부분의 경우 우리가 원하는 것은 장고 프로젝트 자체와 우리의 프로젝트를 구성하는 무수히 많은 장고 서드 파티 라이브러리가 아닌 우리의 프로젝트 앱들에 대한 테스트이기 때문에 다음의 단계를 따라 주기를 바란다. 우리의 프로젝트를 구현하고 있는 장고 라이브러리들과 그 구성 요소에 대한 테스트는 많은 시간을 요구하기도 하고 사실 대부분 이미 테스트된 결과물이다. 또한 그러한 것들에 대한 세팅을 위해 여분의 리소스를 쓴다는 것이 낭비이기도 하다.

22.8.1 1단계: 테스트 작성 시작하기

이미 다 되어 있는 것들이다. 그렇지 않은가?

22.8.2 2단계: 테스트 실행하기 그리고 커버리지 리포트 작성하기

자, 이제 한번 테스트를 실행해 보자! 〈project_root〉에서 다음과 같은 명령을 입력하자.

√ **예제 22.8**

```
$ coverage run manage.py test —settings-twoscoops.settings.test
```

앱 두 개에 대해 기본 테스트 케이스 이외에 아무것도 없다면 다음과 같은 결과를 볼 것이다.

√ **예제 22.9**

```
Creating test database for alias "default"...
..
-------------------------------------------
Ran 2 tests in 0.008s

OK

Destroying test database for alias "default"...
```

많은 내용을 담고 있진 않지만 우리가 원하는 테스트만 우리 애플리케이션에서 실행되도록 만든 것이다. 이제 우리의 테스트 커버리지에 대해 살펴볼 차례다.

22.8.3 3단계: 리포트 생성하기

coverage.py는 테스트가 얼마만큼 커버하는지에 대한 정도를 퍼센트로 제공할 뿐 아니라 코드의 어떤 부분이 테스트되지 않았는지까지 보여 주는 매우 유용한 도구다. 〈project_root〉에서 다음 명령을 실행하면 된다.

✓ **예제 22.10**

```
$ coverage html —omit="admin.py"
```

⟨project-root⟩를 개발 머신의 구조에 맞게 수정하는 것을 잊지 말기 바란다! 여러 환경에 따라 다음과 같이 각기 다른 ⟨path-to-project-root⟩를 고려할 수 있다.

- /Users/audreyr/code/twoscoops/twoscoops
- /Users/pydanny/projects/twoscoops/twoscoops
- C:\twpscpps

커버리지를 실행한 후에 ⟨project_root⟩ 디렉터리에 htmlcov/라는 새로운 디렉터리가 생성되었을 것이다.

htmlcov/ 디렉터리 안의 index.html을 브라우저로 열어 보면 테스트 실행으로 생성된 테스트 결과를 볼 수 있다. 특별히 다른 테스트를 추가하지 않았다면 첫 페이지에서의 합계는 0%가 아니면 한 자릿수의 결과를 보여 줄 것이다. 여러 모듈을 클릭해 보면 여러 코드가 빨간색으로 되어 있음을 볼 수 있을 것이다. 빨간색이란 건 좋다는 의미는 아니다.

현재 우리 프로젝트는 매우 낮은 테스트 커버리지를 가지고 있다. 프로젝트의 커버리지가 낮다는 것을 인정하고 이제 이 커버리지를 높여 나가면 된다.

공개적으로 (현재 프로젝트 커버리지가 낮음을 인정하고) 프로젝트의 커버리지를 높이는 작업 중이라고 이야기하자. 많은 개발자들(우리를 포함하여)이 힘을 북돋아 줄 것이다!

22.9 테스트 범위 게임 시작하기

이 게임은 한 가지 규칙을 가지고 있다.

> 테스트 커버리지를 낮추는 그 어떤 커밋도 허용하지 않기

우리가 새로운 기능을 추가하거나 버그 수정을 시작했을 때 테스트 커버리지가 65%였다고 하자. 그러면 이제 테스트 커버리지가 최소 65%가 되지 않는 한 코드를 병합하지 않는 것이다. 날마다 우리의 테스트 커버리지가 조금이라도 올라갈 때마다 게임에서 승리하는 것이다.

한번에 급속도로 증가한 테스트 커버리지보다 날마다 조금씩 증가하는 테스트 커버리지가 더 좋다는 것을 명심하기 바란다. 점진적으로 꾸준히 증가하는

테스트 커버지리는 개발자들이 단지 커버리지 숫자를 늘리기 위한 의미 없는 가
짜 테스트를 넣고 있지 않다는 것을 의미하며 동시에 정말 프로젝트 품질이 상
승하고 있음을 나타내는 것이다.

22.10 unittest의 대안

이 장의 모든 예제는 unittest 라이브러리를 이용하고 있다. 물론 모든 이들이
unittest가 강력하고 유용한 도구라는 데 동의한다 하더라도 모두 다 unittest를
좋아한다고 볼 수는 없을 것이다. 우리 또한 unittest를 선호하지 않는 사람들을
충분히 이해한다. 너무 많은 코드를 필요로 한다는 번거로움이 있기 때문이다.

다행히도 너무 복잡한 절차를 필요로 하지 않는 대안이 몇 개 있다.

- https://pypi.python.org/pypi/pytest-django
- https://pypi.python.org/pypi/django-nose

이 두 가지 라이브러리는 pytest와 nose 라이브러리에 대한 래퍼다. 약간의 추
가적인 셋업으로 이 라이브러리들을 이용하여 unittest 기반의 테스트뿐 아니라
어떤 함수(클래스, 디렉터리, 모듈)든지 'test_'가 붙은 것이라면 테스트를 실행해
볼 수 있다. 간단하게 예제를 들어 보면 다음과 같다.

✓ 예제 22.11

```python
# test_models.py
from pytest import raises

from cones.models import Cone

def test_good_choice():
    assert Cone.objects.filter(type='sugar').count() == 1

def test_bad_cone_choice():
    with raises(Cone.DoesNotExist):
        Cone.objects.get(type='spaghetti')
```

예제가 pytest에 기반을 두고 있지만 비슷한 기능을 nose를 이용해도 구현할 수
있다. `nose.tools.raises` 데코레이터를 이용하면 된다.

이러한 함수 기반의 단순화된 테스트 방안의 단점으로는 테스트 간 상속이 불
가능하다는 것을 들 수 있다. 프로젝트에서 비슷한 기능이 서로 다른 테스트에
서 빈번하게 쓰인다고 할 경우 이러한 방식의 테스트를 이용하는 것은 지양해야
할 것이다.

22.11 요약

이번 장에서 이야기한 모든 내용이 어리석게 보일 수도 있겠지만 테스팅은 매우 중요한 분야다. 이 주제에 대해 많은 개발자 그룹이 이를 게임으로 만들어 하면서까지 매우 진지하게 여기고 있다. 프로젝트에서 안정성이 빠져 있다는 것은 고객과 계약 그리고 개발자들의 직장까지도 한번에 잃을 수 있다는 것을 의미한다.

다음 장에서는 많은 파이썬 개발자들이 집착하고 있는 바로 '문서화'에 대해 다룰 것이다.

23장

문서화에 집착하자

파이썬 개발자에게 아이스크림 먹기와 문서 작성, 둘 중에서 하나를 선택하라고 한다면 무엇을 선택할 거 같은가? 물론 파이썬 개발자라면 당연히 문서 작성을 택할 것은 두말할 나위 없을 것이다.

reStructuredText나 **스핑크스** 같은 도구와 함께라면 한결 더 편하게 프로젝트를 문서화할 수 있을 것이다.

> **스핑크스를 시스템 전역에 설치하기**
>
> 간단히 스핑크스 패치(Sphinx fetches)를 설치하게 되면 해당 장고(또는 파이썬) 프로젝트에만 필요한 파일이 설치된다. 반면 pip를 이용하여 스핑크스를 설치하면 특정 프로젝트에 한정하지 않고 시스템 어디에서든지 이용 가능하게 설치할 수 있다. 여러 장고 프로젝트에서 이용할 수 있게 시스템 전역에서 이용할 수 있게 설치하기를 바란다.

23.1 파이썬 문서에 reStructuredText 이용하기

파이썬 표준에 맞는 문서화 방법을 익히고 따르기 바란다. 최근 경향을 보면 reStructuredText(RST)가 파이썬 프로젝트를 문서화하는 데 가장 일반적으로 이용되는 마크업 언어다.

다음은 reStructureText 스펙과 유용한 참고가 될 몇몇 샘플 프로젝트 링크다.

* http://2scoops.co/restructured-text-specification
* https://docs.djangoproject.com/en/1.8
* http://docs.python.org

reStructuredText 공식 문서를 차근차근 기초부터 공부하는 것도 좋지만, 일단 반드시 알아야 할 핵심 명령을 간추려 보았다.

√ 예제 23.1

```
각 섹션의 헤더
=============

**강조(볼드/스트롱(strong))**

*이탤릭체*

기본 링크: http://django.2scoops.org
구문에 링크 달기: 'Two Scoops of Django'_

.. _Two Scoops of Django: https://django.2scoops.org

서브 섹션의 헤더
----------------

#) 번호를 가진 리스트 아이템

#) 두 번째 아이템

* 첫 번째 목록 기호

* 두 번째 목록 기호

  * 들여 쓴 목록 기호

  * 들여 쓴 상태에서 줄 바꾸기

코드 블록::

    def like():
        print("I like Ice Cream")

    for i in range(10):
        like()

파이썬 코드 블록(색깔 표시를 위해서는 pygments가 필요):

code-block:: python

    # "pip install pygments"가 필요

    for i in range(10):
        like()

자바스크립트 코드 블록(색깔 표시):

code-block:: javascript

    console.log("Don't use alert()");
```

23.2 reStructuredText로부터 스핑크스를 이용하여 문서 생성하기

스핑크스는 .rst 파일을 보기 좋게 꾸며진 문서로 변환해 주는 도구다. 출력 포맷에는 HTML, 레이텍(LaTeX), 매뉴얼 페이지, 평문(plain text)이 있다.

스핑크스 문서 생성에 대한 방법은 다음을 참고하기 바란다. http://sphinx-doc.org

> **적어도 매주마다 스핑크스 문서를 빌드하기**
>
> 주기적으로 스핑크스 문서를 빌드하지 않고 한참 만에 한 번 스핑크스 문서를 빌드할 경우 스핑크스 문서 빌드에서 상호 참조 항목 또는 잘못된 포맷 등으로 문제가 생겼을 때 해당 문제가 언제 어떻게 추가되었는지 이를 역추적하는 것은 여간 귀찮은 일이 아니다. 급한 순간 이러한 문제를 겪기보다는 주기적으로 스핑크스 문서를 빌드하는 습관을 들여 문제를 미연에 방지하기 바란다.

23.3 어떤 문서들을 작성해야 하는가?

개발 문서라 함은 개발자들이 프로젝트를 셋업하고 관리하는 데 필요한 설명과 가이드라인을 의미한다. 여기에는 설치, 개발, 아키텍처 노트, 테스트 케이스를 실행하는 방법, 코드의 풀 요청(pull request)을 제출하는 방법 등이 포함된다. 공개 프로젝트이든 비공개 프로젝트이든 간에 개발 문서를 모든 프로젝트에 포함시키는 습관은 누구에게나 큰 도움이 된다. 우리가 생각하기에 최소한 필요한 내용이라고 생각하는 문서들을 표에 모아 보았다.

파일 이름 또는 디렉터리	문서 성격	주의
README.rst	모든 파이썬 프로젝트 소스 저장소 루트에는 README.rst 파일이 있어야 한다.	이 프로젝트가 무엇인지 적어도 짧은 문장으로라도 설명을 제공해야 한다. 이 문서 안에는 docs/ 디렉터리 안의 설치 방법에 대한 링크를 제공해야 한다.
docs/	프로젝트 문서들이 이곳에 있게 된다. 파이썬 커뮤니티 표준이다.	디렉터리
docs/deployment.rst	이 문서 덕에 하루 정도 쉬는 날을 누릴 수 있을 것이다.	어떻게 프로젝트를 설치, 업데이트하는지에 대한 단계별 정리를 제공한다. 루비, 셰프(Chef), 패브릭(Fabric) 또는 makefile 등을 이용한다고 하더라도 이 문서를 꼭 제공하라.

docs/installation.rst	프로젝트를 처음 접하는 사람들에게 유용하다. 또는 새 노트북 컴퓨터를 장만하여 새로 프로젝트를 세팅해야 할 경우 매우 유용할 것이다.	프로젝트 소프트웨어 셋업을 어떻게 하는지에 대해 다른 개발자들과 자기 자신을 위한 단계별 정리를 제공한다.
docs/architecture.rst	프로젝트가 진행되고 시간이 흐르면서 확장되어 감에 따라 각 요소가 어떻게 구성되어 있는지에 대한 이해를 돕는 가이드	프로젝트를 간단 명료하게 표현하는 문서. 최대한 명료하게 또는 최대한 세세하게 상황에 맞게 작성하기 바란다. 프로젝트 초창기부터 관심을 가지고 작성하면 좋다.

표 23.1 장고 프로젝트에 반드시 포함되어야 할 문서들

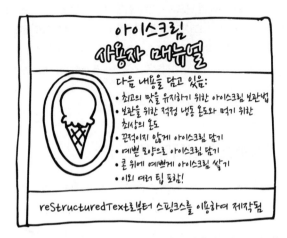

그림 23.1 문서화를 통해서라면 아이스크림일지라도 그에 대한 많은 정보를 제공할 수 있다.

23.4 문서화에 대한 여러 자료

- 독스트링에 대한 공식 스펙 문서

  http://www.python.org/dev/peps/pep-0257
- 스핑크스 문서를 무료로 호스팅해 주는 서비스

  https://readthedocs.org/
- 문서를 호스팅해 주는 또 다른 무료 서비스

  http://pythonhosted.org

23.5 마크다운

마크다운(markdown)은 reStructuredText와 크게 다르지 않은 텍스트 포맷 문법이다. reStructuredText와 같은 내장된 기능을 가지고 있진 않지만 배우기 쉽

다는 장점이 있다. 파이썬과 장고 커뮤니티에서 빈번하게 쓰이지는 않지만 자바 스크립트와 여러 기술 서적을 작성하는 커뮤니티에서 매우 인기 있다.

reStructuredText가 아닌 마크다운을 오픈 소스 프로젝트에서 이용할 때는 다음 사항을 유념해 두기 바란다.

- 파이썬 패키지 인덱스는 reStructuredText를 제외한 다른 포맷의 문서에선 `long_description`을 지원하지 않는다.
- 많은 파이썬·장고 개발자들이 마크다운으로 제작된 문서를 찾기 이전에 reStructuredText로 제작된 문서를 먼저 찾을 것이다.

23.5.1 README.md를 README.rst로 변환하기: 파이썬 패키지 인덱스로 업로드된 문서에 팬독 이용하기

팬독(Pandoc)은 한 마크업 포맷을 다른 포맷으로 변환해 주는 명령행 도구다. 마크다운으로 작성된 README 파일을 파이썬 패키지 인덱스로 올리기 위해 이용할 수 있다. setup.py 모듈에서 팬독을 이용하여 마크다운을 변환하는 방법은 다음과 같다.

√ 예제 23.2

```
# setup.py
import subprocess
import sys

if sys.argv[-1] == 'md2rst':
    subprocess.call('pandoc README.md -o README.rst', shell=True)
...
```

README.md를 README.rst로 변환하려면 setup.py md2rst라고 실행만 하면 된다. 이후엔 일반적으로 우리가 파이썬 패키지 인덱스에 패키지를 올리는 절차를 따르면 된다.

23.5.2 마크다운 참고 자료

- https://en.wikipedia.org/wiki/Markdown
- 마크다운으로 이루어진 정적 사이트 생성기
  http://www.mkdocs.org
- 마크다운으로 작성된 README 파일을 호스팅할 수 있다
  http://documentup.com

- 마크다운 문서를 스핑크스와 비슷한 포맷으로 보여 주고 정리해 준다. 무료 호스팅 기능도 제공한다.
  http://progrium.viewdocs.io
- 마크다운을 다른 포맷으로 변환하는 도구. 100% 완벽하진 않다. 앞에서 잠깐 이야기했듯이 README.md를 README.rst로 변환하는 데 유용하다.
  http://johnmacfarlane.net/pandoc

23.6 위키와 다른 문서화 방법들

어떤 이유에서 개발자를 위한 문서를 프로젝트 안에 포함시킬 수 없을 경우 다른 방법으로라도 문서를 제공해야 한다. 위키나 온라인에 문서를 저장하는 방식 또는 버전 컨트롤을 이용할 수 없는 워드 프로세스 문서 형식이라도 문서가 아예 없는 것보다는 낫다는 것을 명심하라.

앞서 우리가 제시한 표에서 나열했던 문서와 같은 이름으로 문서를 작성하는 방법을 고려해보기 바란다.

23.7 요약

이번 장에서는 다음 내용을 다루었다.

- reStructuredText를 이용하여 평문 형식으로 문서 쓰기
- 스핑크스를 이용하여 HTML이나 EPUB 형식으로 문서를 렌더링하기. 레이텍을 설치했다면 문서를 PDF로도 렌더링할 수 있다. 윈도우와 리눅스에서 레이텍 설치는 그다지 어렵지 않다. 맥 OS X에서는 약간 까다롭다.
- 장고 프로젝트를 진행할 때 반드시 작성해야 하는 문서들
- 마크다운을 이용한 문서 작성과 README.md를 README.rst로 변환하기

이제 다음 장에선 장고 프로젝트에서 우리가 겪을 수 있는 병목 현상과 이에 대한 해결 방안을 알아보자.

24장

장고 성능 향상시키기

이 장에서는 병목 현상을 찾아내 장고 프로젝트를 좀 더 빠르게 만드는 방법을 다루어 보겠다.

24.1 정말 (성능이란 것이) 신경 쓸 만한 일일까?

서툰 최적화는 오히려 해가 될 수 있다. 여러분의 사이트가 아직 중소규모이고 페이지 로딩 속도에 문제가 없다면 이 장을 건너뛰어도 무방하다.

하지만 그런 경우가 아니라 사이트 사용자가 빠르게 증가하고 있다거나 조만간 널리 알려진 브랜드 사이트와 제휴를 맺을 예정이라면 계속 읽기 바란다.

24.2 쿼리로 무거워진 페이지의 속도 개선

이 절에선 너무 많은 쿼리 때문에 생겨난 병목 현상을 줄이는 방안과 예상과는 달리 느리게 반응하는 쿼리 때문에 생긴 문제를 해결하는 방안을 다루겠다.

이에 앞서 장고 공식 문서에 나와 있는 데이터베이스 접속 최적화 부분을 한 번 읽어 보기를 바란다. http://2scoops.co/1.8-db-optimization

24.2.1 django-debug-toolbar를 이용하여 문제가 되는 쿼리 찾아내기

django-debug-toolbar를 이용하면 쿼리의 출처를 대부분 찾아낼 수 있다. 그리고 다음과 같은 병목 구간을 발견할 수 있을 것이다.

- 페이지에서 중복된 쿼리들
- 예상한 것보다 많은 양의 쿼리를 호출하는 ORM 호출(call)
- 느린 쿼리

아마 이미 여러분의 장고 프로젝트에서 대강 어느 URL부터 해볼지 머릿속에 감이 올 것이다. 페이지를 로드할 때 특별히 느린 페이지를 떠올려 보자.

아직 django-debug-toolbar를 설치하지 않았다면 로컬 환경에 설치해 보자. 웹 브라우저에서 프로젝트를 실행해 놓고 SQL 패널을 보기 바란다. 지금 웹 브라우저의 장고 페이지에서 얼마나 많은 쿼리가 실행되는지 나타날 것이다.

> 📦 **프로파일링과 성능 분석을 위한 패키지들**
>
> **django-debug-toolbar**는 각 페이지를 분석할 때 매우 유용한 핵심적인 도구다.
>
> **django-cache-panel** 또한 프로젝트에 추가하기를 추천한다. 단 settings/dev.py가 호출될 때만 실행되도록 설정하기 바란다. django-cache-panel은 장고에서 캐시의 이용을 시각화해 보여 준다.
>
> **django-extensions**는 장고의 프로파일링 도구를 활성화해 run-server 명령을 시작하는 RunProfileServer라는 도구를 제공한다.
>
> **silk**(https://github.com/mtford90/silk)는 사용자에게 인터페이스를 보여 주기 이전에 HTTP 요청과 데이터베이스 쿼리를 낚아채 저장함으로써 실시간 프로파일링을 가능하게 해 준다.

24.2.2 쿼리 수 줄이기

일단 어떤 페이지에서 원치 않는 쿼리들이 호출되고 있음을 찾았다면 이제 호출되는 쿼리 수를 줄일 방법을 알아내야 할 것이다. 다음 방법들을 시도해 볼 수 있다.

- ORM에서 여러 쿼리를 조합하기 위해 select_related()를 이용해 본다. select_related()는 ForeignKey 관계를 추적하여 좀 더 많은 관계 정보를 담고 있는 큰 크기의 쿼리세트를 생성한다. 클래스 기반 뷰를 이용하고 있다면 django-braces가 SelectRelatedMixin을 이용하여 이러한 일을 하는 것을 볼 수 있다. 특별히 필요한 관계들만 고려하고 이용하고자 하는 필드만 넘겨줌으로써 쿼리가 너무 방대해지는 것을 방지하기 바란다. 반드시 충분한 테스트를 마치고 쿼리를 조합하자!
- 다대다 대응(many-to-many)과 다대일 대응(many-to-one) 관계에서는 select_related()로 최적화할 수 없다. 대신 prefetch_related()를 사용하자.

- 템플릿 하나당 하나 이상의 같은 쿼리가 호출된다면 해당 쿼리를 파이썬 뷰로 이동시켜서 콘텍스트(context) 자체를 변수(variable)로 처리하고 이 콘텍스트 변수(context variable)에서 템플릿 ORM이 호출될 수 있도록 해 보라.
- 키/값 형식을 이용할 수 있는 캐시를 구현하거나 Memcached 등을 이용해 보라. 뷰 단에서 쿼리들을 실행해 볼 수 있는 테스트를 작성해 보라. http://2scoops.co/1.8-test-num-queries에 방법이 나와 있다.
- `django.utils.functional.cached_property` 데코레이터를 이용하여 객체 인스턴스의 메서드 호출 결과를 메모리 캐시에 저장해 보라. 이는 매우 유용한 방법이다. '29.3.5 django.utils.functional.cached_property'를 참조하기 바란다.

24.2.3 일반 쿼리 빠르게 하기

개별 쿼리 속도 또한 병목 지점이 되기도 한다. 개별 쿼리 속도를 높이는 데 시작점으로 삼기 좋은 몇 가지 팁이 있다.

- 일반적으로 느린 쿼리들의 대부분은 인덱스로 최적화할 수 있다. 해당 쿼리들에 대한 SQL(실제 데이터베이스에서 실행되는 SQL 문법의 쿼리문)을 살펴보기 바란다. 쿼리에서 가장 빈번히 필터되고 정렬되는 항목에 대해 인덱스를 설정한다. 생성된 SQL 문에서 `WHERE` 절과 `ORDER_BY` 절을 세심하게 살펴보기 바란다.
- 실제 상용 환경에서 생성된 인덱스들이 정확히 어떤 역할을 하는지 살펴본다. 개발 머신의 환경이 상용 머신의 환경과 완벽히 일치되는 경우는 없다. 실제 여러분의 데이터베이스에서 어떤 일이 생기는지 이해하고 분석해 보라.
- 쿼리에서 생성된 쿼리 계획(query plan)을 살펴보라.
- 데이터베이스에서 느린 쿼리 로깅(slow query logging) 기능을 활성화하고 빈번히 발생하는 느린 쿼리를 확인하라.
- django-debug-toolbar를 이용하여 상용 환경에 실제 적용되기 이전에 느려질 가능성이 있는 쿼리를 찾아낸다.

인덱스를 최적화하여 설정했고 페이지 분석을 통해 수정해야 할 특정 쿼리를 찾아냈다면, 이제 다음 방법으로 쿼리를 다시 작성해 보자.

① 가능한 한 작은 크기의 쿼리 결과가 반환되도록 로직을 재구성해 보자.
② 인덱스가 좀 더 효과적으로 작동할 수 있도록 모델을 재구성해 보자.

③ SQL이 ORM에 의해 생성된 쿼리보다 더 효과적일 수 있는 부분에 SQL을 직접 이용해 보자.

EXPLAIN ANALYZE/EXPLAIN 이용

PostgreSQL을 이용하고 있다면 EXPLAIN ANALYZE를 이용하여 세부적인 쿼리 계획과 SQL 문에 대한 분석 자료를 얻을 수 있다. 더 자세한 정보는 다음과 같다.

· http://www.revsys.com/writings/postgresql-performance.html
· http://2scoops.co/craig-postgresql-perf2

MySQL에서는 EXPLAIN 명령이 PostgreSQL에서만큼은 아니지만 그래도 상당히 유용한 정보를 제공한다. 자세한 내용은 다음과 같다.

· http://dev.mysql.com/doc/refman/2.6/en/explain.html

django-debug-toolbar의 장점 중 하나는 SQL 패널에서 EXPLAIN 기능을 제공한다는 것이다.

24.2.4 ATOMIC_REQUESTS 비활성화하기

절대 다수의 장고 프로젝트 사이트에서는 ATOMIC_REQUESTS 설정 값을 True로 설정해도 구동하는 데 전혀 문제가 없다. 모든 데이터베이스 쿼리를 트랜잭션으로 처리함에 따라 나타나는 부하 문제는 거의 인지할 수 없는 수준이다. 다만 병목 지점을 분석한 결과 트랜잭션에서 너무 많은 지연이 나타나는 것이 확인되었다면 ATOMIC_REQUESTS의 True 세팅을 변경하는 것을 고려해 봐야 한다. '7.7.2 명시적인 트랜잭션 선언'에서 해당 세팅에 대한 가이드라인을 참고하기 바란다.

24.3 데이터베이스의 성능 최대한 이용하기

데이터베이스 접근 최적화에 대해 좀 더 세부적으로 고려해 볼 수 있다. 데이터베이스 자체 최적화는 이 책 이외의 다른 여러 책에서 다루므로 여기서 세부적으로 다루지는 않겠다.

24.3.1 데이터베이스에서 삼가야 할 것들

레절루션 시스템(Resolution Systems)의 프랭크 와일스(Frank Wiles)에 따르면 규모가 큰 사이트의 관계형 데이터베이스에 포함되어서는 안 되는 두 가지가 있다.

- 로그: 데이터베이스에 로그 데이터를 저장하지 말라. 개발 환경에서는 로그 데이터를 데이터베이스에 저장해도 큰 문제가 보이지 않는다. 하지만 로그 데이터가 커지면서 많은 양의 로그 데이터가 데이터베이스에 추가됨에 따라 데이터베이스 성능이 전체적으로 느려짐을 경험하게 될 것이다. 여러분의 로그에 대해 여러 복잡한 질의를 수행해야 할 경우라면, Splunk(https://www.splunk.com)나 Loggly(https://www.loggly.com) 같은 서드 파티 서비스를 이용하거나 도큐먼트 기반의 NoSQL 데이터베이스를 추천한다.

- 일시적 데이터: 일시적 데이터를 데이터베이스에 저장하지 않기를 바란다. 다르게 말하면 빈번하게 리라이팅(rewriting)이 이루어지는 데이터의 경우 관계형 데이터베이스 이용을 피해야 한다는 의미이기도 하다. django.contrib.sessions, django.contrib.messages, metrics 데이터가 이에 해당할 것이다. 관계형 데이터베이스를 이용하는 대신에 이러한 데이터는 Memcached, 레디스(Redis), 리악(Riak) 등 다른 비관계형 스토리지 시스템을 이용하는 것이 좋다.

💡 **데이터베이스에 바이너리 데이터를 담는 것에 대한 프랭크 와일스(Frank Wiles)의 의견**

프랭크는 원래 데이터베이스에 포함되어서는 안 되는 데이터가 세 가지라고 했다. 그중 세 번째가 바로 바이너리 데이터다. 바이너리 데이터를 데이터베이스에 저장하면 `django.db.models.FileField`에 의해 처리되는데 이는 AWS 클라우드프론트(CloudFront)나 S3처럼 일종의 파일 서버에 파일을 저장하는 것과 같은 작동을 하게 된다. 예외적으로 바이너리 데이터를 저장해야 하는 경우에 대한 자세한 사항은 '6.2.5 언제 BinaryField를 이용할 것인가?'에서 다루었다.

24.3.2 PostgreSQL 최대한 이용하기

PostgreSQL을 이용한다면 상용 서비스 환경 세팅에 주의를 기울이기 바란다. 해당 사항은 이 책의 범위를 넘어서는 것이므로 다음 문서들을 추천한다.

- http://wiki.postgresql.org/wiki/Detailed_installation_guides
- http://wiki.postgresql.org/wiki/Tuning_Your_PostgreSQL_Server
- http://www.revsys.com/writings/postgresql-performance.html
- http://2scoops.co/craig-postgresql-perf
- http://2scoops.co/craig-postgresql-perf2

더 자세한 정보는 『PostgreSQL 9.0 High Performance』(http://amzn.to/1fWctM2)를 읽어 보기 바란다.

24.3.3 MySQL 최대한 이용하기

MySQL은 상대적으로 이용하기 쉬운 서버 중 하나다. 하지만 상용 서비스 환경에서 최적화해 설치하는 데는 경험과 시스템에 대한 깊은 이해가 필요하다. 해당 사항은 이 책의 범위를 넘어서는 것이기에 도움이 될 만한 책의 링크를 남겨두겠다.

- 『High Performance MySQL』(http://amzn.to/188VPcL)[1]

24.4 Memcached나 레디스를 이용하여 쿼리 캐시하기

간단한 세팅만으로 장고의 내장 캐시 시스템을 Memcached나 레디스와 연동할 수 있다. 동시에 이런 간단한 세팅으로 엄청난 성능 향상을 꾀할 수 있다. Memcached나 레디스와 바인딩할 수 있는 파이썬 패키지를 설치하고 프로젝트에서 해당 설정을 하면 된다.

사이트 전반에 적용되는 캐시를 설정할 수도 있고 각 뷰나 템플릿별로 캐시를 할 수도 있다. 파이썬 객체를 장고의 로우 레벨 캐시 API를 이용하여 캐시할 수도 있다.

관련 참고 자료는 다음과 같다.

- https://docs.djangoproject.com/en/1.8/topics/cache
- https://github.com/sebleier/django-redis-cache

24.5 캐시를 이용할 곳 정하기

어느 곳에 캐시를 이용할지 결정하는 것은 마치 미국의 아이스크림 회사 벤 앤 제리(Ben and Jerry's)의 무료 시식 행사에 가서 무료 시식을 기다리고 있는 길고 긴 열성적인 손님들 사이에서 첫 번째 순서로 줄을 서 있는 것과 같다. 길게 늘어선 뒷줄의 행렬이 주는 부담감 때문에 어떤 아이스크림이 있는지 제대로 둘러보지도 못하고 시식할 아이스크림을 재빨리 골라야 하는 처지와 같은 상황인 것이다.

---

1 (옮긴이) 한국어판은 『MySQL 성능 최적화』(이성욱 · 한정민 · 최재훈 · 정태영 옮김, 위키북스 펴냄)이란 제목으로 발간되었다.

그럼에도 불구하고 고려해야 할 몇 가지 상황을 나열해 보았다.

- 가장 많은 쿼리를 포함하고 있는 뷰와 템블릿은 어떤 것인가?
- 어떤 URL이 가장 많은 요청을 받는가?
- 캐시를 삭제해야 할 시점은 언제인가?

자, 이제 이런 상황에 도움이 될 만한 도구들에 대해 이야기해 보겠다.

24.6 서드 파티 캐시 패키지

서드 파티 캐시 패키지는 다음과 같은 기능을 제공한다.

- 쿼리세트(QuerySet) 캐시
- 캐시 삭제 세팅과 메커니즘
- 다양한 캐시 백엔드
- 기존 캐시 시스템에 대한 대안과 실험적이며 과도기적 방법론

몇몇 인기 있는 장고 캐시 패키지는 다음과 같다.

- django-cache-machine
- johnny-cache

더 다양한 옵션은 http://www.djangopackages.com/grids/g/caching을 참고하기 바란다.

> **!** **서드 파티 캐시 라이브러리를 너무 신뢰하지는 말라**
>
> 다양한 서드 파티 장고 캐시 라이브러리를 이용해 본 결과, 독자들에게 해주고 싶은 말은 신중을 기해 해당 라이브러리를 테스트해 보고 해당 라이브러리를 언제든지 포기할 준비를 하라는 것이다. 부분적으로 또는 단기적으로 보면 괜찮을 수도 있지만 최악의 경우에는 해당 라이브러리를 디버깅하기 위해 머리털이 쭈뼛 설 정도로 고단한 작업이 수반될 수도 있을 것이다.
>
> 캐시 삭제(cache invalidation)는 어려운 작업이다. 우리의 경험으로 보면 정적 콘텐츠가 많은 프로젝트의 경우 캐시 라이브러리의 기능이 큰 도움이 되었다. 수작업을 통한 캐시는 많은 작업을 요구했지만 길게 보면 좀 더 나은 성능을 가져다주었고 예기치 못한 상황의 위험을 줄여 주었다.

24.7 HTML, CSS, 자바스크립트 압축과 최소화하기

브라우저가 웹 페이지를 렌더링할 때 일반적으로 HTML, CSS, 자바스크립트, 이미지 파일들이 로드된다. 이런 파일 각각은 이용자의 네트워크를 잡아먹고 페이지를 느리게 한다. 네트워크 이용을 줄이는 방법으로는 압축과 최소화 (minification)가 있다. 장고에서는 GZipMiddleware와 {$spaceless$} 템플릿 태그를 지원한다. 장고뿐 아니라 좀 더 확장하여 파이썬 커뮤니티 전체를 살펴보면 WSGI 미들웨어를 이용하여 이와 같은 작업들을 처리할 수도 있다.

장고와 파이썬 자체에 압축과 최소화 작업을 처리시킬 때의 문제점은 해당 작업을 하느라 시스템 리소스를 너무 많이 사용하여 시스템 병목 지점이 될 수 있다는 것이다. 좀 더 나은 방안으로는 아파치나 Nginx 같은 웹 서버를 이용하여 외부로 나가는 콘텐츠를 압축하는 것이다. 웹 서버를 직접 관리하는 상황이라면 반드시 이런 방법을 사용하길 바란다.

일반적인 미들웨어를 통한 방법 중 우리가 지지하는 방법은 서드 파티 장고 라이브러리를 이용하여 CSS와 자바스크립트에 대한 압축과 최소화를 미리 처리하는 것이다. 우리가 선호하는 방법은 장고 코어 개발자인 야니스 라이델(Jannis Leidel)의 django-pipeline을 이용하는 것이다.

라이브러리와 도구들에 대한 참고 자료는 다음과 같다.

- 아파치와 Nginx의 압축 모듈
- django-pipeline
- django-compressor
- django-htmlmin
- 장고에 내장된 spaceless 태그. http://2scoops.co/1.8-spaceless-tag
- http://www.djangopackages.com/grids/g/asset-managers

24.8 업스트림 캐시나 CDN 이용하기

바니시(Varnish) 같은 **업스트림 캐시**(upstream cache)는 매우 유용하다. 웹 서버 앞단에서 구동하며 웹 페이지나 콘텐츠를 눈에 띄게 빠르게 사용자에게 제공한다. http://varnish-cache.org/를 한번 보기 바란다.

패스틀리(Fastly), 아카마이(Akamai), 아마존 클라우드프론트 같은 CDN (content delivery network)은 이미지, 비디오, CSS, 자바스크립트 같은 정적 미디어를 서비스해 준다. 일반적으로 전 세계에 걸쳐 서버를 구성하고 있으며 사용자에게 가장 가까운 지역의 서버에서 정적 콘텐츠를 서비스해 준다. 여러분의 애플리케이션에서 정적 콘텐츠를 서비스하는 것보다 CDN을 이용함으로써 프로젝트 속도를 향상시킬 수 있다.

24.9 기타 다른 참고 자료들

스케일링, 성능, 튜닝, 최적화에 대한 좀 더 깊이 있는 기술들은 이 책의 범위를 벗어나는 내용이다. 하지만 몇 가지 출발점을 제시해 보았다.

일반적인 환경에서 웹 성능에 대한 최적 방법론은 다음과 같다.

- Yslow의 Web Performance Best Practices and Rules. http://developer.yahoo.com/yslow

- 구글의 Web Performance Best Practices. https://developers.google.com/speed/docs/best-practices/rules_intro

- 장고의 스케일링에 중점을 맞추어 쓴 'High Performances Django'에는 다양하고 훌륭한 방법론이 소개되어 있다. 많은 양의 유용한 정보와 해법, 그리고 각 섹션마다 실려 있는 질문거리는 여러분의 프로젝트를 다시 돌아보는 계기를 마련해 줄 것이다. https://highperformancedjango.com

- 데이비드 크래머(David Cramer)는 디스커스(Disqus), 드롭박스(Dropbox), 센트리(Sentry)에서 장고를 스케일링하는 방법에 대한 여러 글을 썼고 이에 대한 여러 강연을 했다. 그의 블로그를 읽어 보고 그의 강연을 찾아 보기 바란다. 그가 쿼라(Quora)에 올리는 글과 코멘트 등을 주의 깊게 보기 바란다. http://justcramer.com

- DjangoCon과 PyCon에 올라온 다른 개발자들의 경험에 대한 슬라이드와 비디오를 보기 바란다. 스케일링에 대한 방법론은 시대에 따라 그리고 회사에 따라 다양하다. http://lanyrd.com/search/?q= django+scaling

그림 24.1 여러분의 사이트가 아무런 문제없이 부드럽게 잘 돌고 있다면
아이스크림 콘처럼 시원하게 여름을 보내게 될 것이다.

> **고성능 장고**
>
> 반복해서 말하면 '고성능 장고(high performance Django)'는 여러분의 사이트가 문제
> 가 될 만큼 커졌을 때 생각해 볼 문제다. 피터 바움가트너(Peter Baumgartner)와 얀 말렛
> (Yann Malet)이 쓴 책을 추천한다.
>
> • https://highperformancedjango.com
> • amazon.com/High-Performance-Django/dp/1508748128

24.10 요약

이번 장에서는 병목 현상을 줄일 몇 가지 전략을 살펴보았다.

- 병목 현상에 대해 프로젝트 초기 단계부터 고민할 것인가?
- 페이지와 쿼리 프로파일링하기
- 쿼리 최적화
- 데이터베이스 잘 이용하기
- 쿼리 캐시하기
- 어떤 것들을 캐시할 것인가?
- HTML, CSS, 자바스크립트 압축하기
- 기타 다른 참고 자료 살펴보기

다음 장에서는 병목 현상을 해결하는 데 도움이 될 **비동기 태스크 큐**와 관련된
다양한 방법을 알아보겠다.

25장

비동기 태스크 큐

비동기 태스크 큐(asynchronous task queue)란 태스크가 실행되는 시점이 태스크가 생성되는 시점과 다르고 태스크의 생성 순서와도 연관 없이 실행되는 작업을 의미한다. 다음은 일상생활에서 우리가 겪는 비동기 태스크 큐의 예다.

① 오드리와 대니얼은 여가 시간에 친구와 가족의 주문을 받아 아이스크림 케이크를 만든다. 그들은 이슈 트래커를 이용하여 아이스크림 뜨기, 케이크에 넓게 바르기, 케이크 꾸미기 등의 작업을 관리한다.

② 여가 시간이 날 때마다 그들은 작업 목록을 살펴보고 작업할 내용을 고른다. 오드리는 아이스크림 뜨기와 꾸미기를 좋아하고 언제나 이 두 가지 작업을 먼저 한다. 대니얼은 케이크 꾸미기 이전 작업인 아이스크림 뜨기와 케이크에 넓게 바르는 일을 좋아한다. 비동기적으로 케이크 만드는 작업이 완성되는 것이다.

③ 케이크 만들기 작업이 완료되고 케이크가 배달되면 그들은 이슈를 닫는다.

> 💡 **태스크 큐 vs. 비동기 태스크 큐**
> 장고에서는 이 두 가지 다 비동기 태스크 큐를 의미한다. 장고를 다루면서 태스크 큐(task queue)라고 썼다면 일반적으로 이는 비동기 태스크 큐를 의미하는 것이다.

비동기 태스크 큐의 모범 사례를 알아보기 전에 몇 가지 용어 정의를 살펴보자.

• 브로커(broker): 태스크들이 보관되어 있는 장소. 데이터를 지속적으로 보관할 수 있는 도구라면 무엇이든지 이용할 수 있으나 장고에서는 RabbitMQ와 레디스가 가장 일반적으로 쓰인다. 앞서 일상생활 예에서는 온라인 이슈 트래커가 이에 해당된다.

- 프로듀서(producer): 나중에 실행될 태스크를 큐에 넣는 코드. 장고 프로젝트를 구성하는 애플리케이션 코드다. 일상생활 예에서는 오드리와 대니얼, 그리고 이 둘을 도와주는 이들이 여기에 해당된다.
- 워커(worker): 태스크를 브로커에서 가져와 실행하는 코드. 일반적으로 하나 이상의 워커가 있다. 각 워커는 데몬 형태로 실행되며 관리를 받는다. 일상생활 예에서는 오드리와 대니얼이 이에 해당한다.

25.1 태스크 큐가 정말로 필요한가?

상황에 따라 다르다. 태스크 큐를 도입하면 구조가 복잡해지긴 하지만 사용자 경험(user experience) 측면에서 봤을 때 매우 큰 도움이 된다. 특별한 코드에서 병목 현상이 나타날 경우 더 많은 CPU가 가능할 때까지 해당 코드 실행을 잠시 미뤄 둘 수 있다.

태스크 큐가 정말 필요한지 가늠해 볼 수 있는 규칙은 다음과 같다.

- **결과에 시간이 걸린다**: 태스크 큐를 이용해야 한다.
- **사용자에게 바로 결과를 제공해야 한다**: 태스크 큐를 이용하지 말아야 한다.

좀 더 다양한 경우를 생각해 보자.

태스크 큐를 이용할 것인가?	작업 내용
이용한다	단체 이메일 보내기
이용한다	파일 수정 작업(이미지 포함)
이용한다	서드 파티 아이스크림 API로부터 다량의 데이터 적용하기
이용한다	테이블에 많은 양의 레코드를 추가하거나 업데이트하기
이용하지 않는다	사용자 프로파일 변경
이용하지 않는다	블로그나 CMS 엔트리 추가
이용한다	긴 시간을 요하는 연산
이용한다	웹훅(webhook)을 보내거나 받기

표 25.1 프로젝트에 태스크 큐를 이용할 것인가, 말 것인가?

모든 케이스에 대해 항상 사이트 트래픽에 따른 예외가 있다는 점을 늘 명심하자.

- 트래픽이 적거나 중간 정도인 사이트의 경우, 이러한 여러 작업 내용에 상관 없이 태스크 큐를 이용할 필요가 없다.
- 트래픽이 많은 사이트의 경우 모든 작업 내용에 대해 태스크 큐가 필요하다.

사이트나 특정 작업에 태스크 큐가 필요한지 결정하는 데는 많은 기술적 경험과 노하우가 필요하다. 하지만 이러한 태스크 큐를 어떻게 이용하는지 익혀 두면 매우 효과적인 도구가 될 것이다.

25.2 태스크 큐 소프트웨어 선택하기

셀러리(Celery), 레디스 큐(Redis Queue), 장고 백그라운드 태스크(django-background-tasks) 중 어느 것을 택할까? 장점과 단점을 알아보자.

소프트웨어	장점	단점
셀러리	사실상 장고의 표준으로 저장 형식이 다양하고 유연하며 기능이 풍부하고 대용량에 적합하다.	세팅 절차가 까다롭고 트래픽이 적은 사이트의 경우 오히려 낭비적인 측면이 발생한다.
레디스 큐	레디스를 기반으로 한다. 유연하고 셀러리에 비해 적은 메모리를 이용한다. 대용량에 적합하다. django-rq를 이용할 수도 있다.	셀러리에 비해 기능이 적다. 세팅의 어려움은 중간 정도에 해당한다. 저장소로 오직 레디스만 가능하다.
django-background-tasks	셋업 절차가 매우 쉽다. 이용이 간편하다. 작은 크기나 배치 작업에 적합하다. 장고 ORM을 백엔드로 이용한다.	장고 ORM을 백엔드로 이용함으로써 중간 이상의 볼륨을 처리하는 데 문제가 된다.

표 25.2 태스크 큐 소프트웨어 비교

그간의 경험을 통해 우리는 다음과 같은 규칙을 세웠다.

- 용량이 작은 프로젝트부터 용량이 큰 프로젝트까지 대부분 레디스 큐를 추천한다.
- 태스크 관리가 복잡한 대용량 프로젝트에는 셀러리를 추천한다.
- 특별히 시간이 주기적인 배치 작업(batch job)을 위한 소규모 프로젝트에는 django-background-tasks를 추천한다.

물론 여러분의 경험과 지식에 기반을 두고 프로젝트를 위해 어떤 태스크 큐 소프트웨어를 이용할 것인지 결정해야 한다. 예를 들면, 여러분이 셀러리를 다룬 경험이 많고 셀러리 이용에 문제가 없다면 소규모 프로젝트나 장난감 프로젝트라도 셀러리를 이용하기 바란다.

25.3 태스크 큐에 대한 실전 방법론

각 태스크 큐 패키지에는 저마다의 특성이 있지만 이러한 태스크 큐 패키지 전체에 공통으로 적용할 수 있는 일반적인 방법론을 이야기해 보겠다. 이 방법론의 장점은 각 태스크 기능이 이식성과 독립성을 갖게 하는데 큰 도움을 준다는 것이다. 또 django-background-tasks로 구동되는 소규모 트래픽의 사이트가 대규모 트래픽의 사이트로 성장했을 때 셀러리나 레디스 큐로 이전이 쉬워진다.

25.3.1 태스크를 뷰처럼 다루자

이 책을 통해 우리는 코드상에서 메서드와 함수들을 다른 곳에서 호출함으로써 뷰를 가능한 한 작게 구성하기를 지속적으로 권장했다. 이와 같은 방법론을 똑같이 태스크에 적용하도록 하자.

태스크 큐는 사용자에게 노출되는 코드가 아니라는 점 때문에 태스크 함수 안의 코드들이 길어지고 복잡해지기도 한다. 사실 우리 또한 그랬음을 부정할 수 없다. 이를 피하기 위해 태스크 코드를 함수 안으로 밀어 넣고 이 함수를 헬퍼 모듈에 위치시킨 후 해당 함수를 태스크 함수로부터 호출하기를 추천한다.

모든 태스크 큐 패키지는 태스크 함수와 함수 인자에 대해 일종의 직렬화와 추상화를 진행한다. 이러한 절차 때문에 태스크 큐에 대한 디버깅이 복잡해지는데, 태스크 함수를 좀 더 쉽게 테스트할 수 있는 보통의 함수로 만들어 호출하면, 코드 자체에 대한 디버깅이 쉬워지는 장점이 생긴다. 또한 이렇게 구성된 함수는 재사용이 한결 수월해지기도 한다.

25.3.2 태스크 또한 리소스를 이용한다

태스크를 실행하는 프로세스에 대한 메모리와 리소스 또한 (시스템의) 어디선가 가져와야 한다는 점을 명심하기 바란다. 너무 과도하게 리소스를 이용하는 태스크들을 숨길 수는 있겠지만 결국엔 사이트에 문제를 야기한다.

리소스가 많이 필요한 코드를 태스크로 실행한다고 하더라도 코드는 가능한 한 단순 명료해야 하며 리소스를 낭비하지 않는 쪽으로 작성해야 한다. 최적화와 프로파일링 기술을 이용하자.

25.3.3 JSON화 가능한 값들만 태스크 함수에 전달하라

뷰와 같은 태스크 함수의 인자는 JSON화 가능한 값만으로 제한하기 바란다. 정

수, 부동 소수점, 문자열, 리스트, 투플, 딕셔너리 타입만 허용할 수 있다는 이야 기다. 복잡하게 얽힌 객체를 인자로는 이용하지 말아야 한다. 그 이유는 다음과 같다.

① ORM 인스턴스와 같은 영속적 데이터 객체를 함수의 인자로 이용하는 것은 경합 상황을 유발한다. 이는 태스크가 실행되기 전에 영속적 데이터의 내용 이 변경되었을 때 나타난다. 대신 프라이머리 키나 다른 구분자를 함수에 넘 겨줌으로써 호출 시점의 최신 데이터를 불러올 수 있다.
② 복잡한 형태의 객체를 함수의 인자로 태스크 큐에 넘겨주는 경우 시간과 메 모리가 더 많이 든다. 이는 태스크 큐를 이용함으로써 우리가 얻으려던 장점 에 정면으로 대치되는 것이다.
③ 복잡한 형태의 객체보다는 JSON화된 값들을 디버깅하기가 더 쉽다.
④ 사용 중인 태스크 큐에 따라 JSON화된 형식만 허용되는 경우도 있다.

25.3.4 태스크와 워커를 모니터링하는 방법을 익혀 두라

태스크 함수를 디버깅하기 위해 태스크와 워커의 상태를 시각적으로 확인할 수 있는 방법을 반드시 익혀 두어야 한다. 이를 위한 몇 가지 유용한 도구가 있다.

- 셀러리. https://pypi.python.org/pypi/flower
- 레디스 큐. https://pypi.python.org/pypi/django-redisboard 레디스 큐에 직접 이용할 수 있다.
- 레디스 큐. https://pypi.python.org/pypi/django-rq django-rq를 이용할 수 있다.
- `django.contrib.admin`을 django-background-tasks 모니터링에 이용할 수 있다.

25.3.5 로깅!

태스크 큐가 '무대 뒤편'에서 진행되는 관계로 정확하게 어떠한 상태로 어떻게 진행되고 있는지 알기는 매우 어렵다. 이런 문제에 대해서는 로깅(27장) 또는 센 트리(Sentry) 같은 도구들이 유용하게 쓰일 수 있다. 에러가 일어나기 쉬운 태스 크의 경우 각 태스크 함수 내에 로그를 남기는 방법을 추천한다. 상용 운영 코드 를 훨씬 더 쉽게 디버깅할 수 있을 것이다.

25.3.6 백로그 모니터링하기

트래픽이 점점 증가하는데 충분한 수의 워커가 제공되지 못한다면 태스크가 점점 쌓일 수밖에 없다. 이런 현상이 발생하면 워커 수를 늘리는 것을 고려해야 한다. 오직 하나의 워커만이 가능한 상황이라면(django-background-tasks), 셀러리나 레디스 큐로 업그레이드를 고려해야 할 시기인 것이다.

25.3.7 죽은 태스크들 주기적으로 지우기

때때로 태스크가 큐로 전달되었는데 어떤 이유에서 사이트가 해당 큐에 대해 아무런 반응을 하지 않을 때가 있다. 버그 때문일 수도 있고 태스크가 이용하던 리소스가 더 이상 존재하지 않아서일 수도 있다. 어찌 됐든 이러한 현상은 발생하곤 한다. 이러한 현상은 시간이 지남에 따라 점점 늘어날 수 있고 시스템 공간을 차지하게 된다.

죽은 태스크들을 지우는 방법과 올바른 운영을 하는 방법을 확인해보기 바란다.

25.3.8 불필요한 데이터 무시하기

태스크가 완료되면 브로커는 태스크 성공과 실패를 기록하게 설계되어 있다. 이는 통계 정보를 추출하는 데 유용한 반면 exit 결괏값 자체는 우리의 태스크를 실행함으로써 나오는 결과물이 아니다. 이러한 exit 상태를 보관하면 시간을 잡아먹고 저장소를 차지한다. 따라서 이런 기능은 일반적으로 비활성화한다.

25.3.9 큐의 에러 핸들링 이용하기

태스크가 실패하면 어떻게 될까? 네트워크나 서드 파티 API의 문제 또는 예상치 못한 여러 이유 때문에 태스크가 실패하는 경우도 있다. 이럴 경우 이용하고 있는 태스크 큐 소프트웨어는 어떻게 작동하는지 살펴보고 다음 값들을 어떻게 세팅하는지 익혀 두기 바란다

- 태스크에 대한 최대 재시도 횟수(Max retries for a task)
- 재시도 전 지연 시간(Retry delays)

재시도 전 지연 시간 설정에는 상당히 주의하기 바란다. 우리는 태스크가 실패했을 경우 해당 태스크를 다시 시도하기 전에 적어도 10초 이상 기다리기를 선호한다. 태스크 큐 소프트웨어에 해당 기능이 있다면 재시도할 때마다 점진적으

로 이 간격이 커지게 해 주기 바란다. 이러한 방법으로 우리는 실패 원인이 자연스럽게 복구될 수 있는 여유를 주는 것이다.

25.3.10 태스크 큐 소프트웨어의 기능 익히기

셀러리와 레디스 큐는 여러 개의 큐를 처리할 수 있는 반면 django-background-tasks는 그렇지 못하다. 셀러리는 다양한 라우팅 기능을 제공하는 반면 다른 두 소프트웨어에는 이와 같은 기능이 없다.

이러한 다양한 기능을 살펴보고 이 기능들을 익히지 않거나 이용하지 않는다면 태스크 큐 소프트웨어가 제공하는 비법 소스를 그냥 버리는 것과 같다. 태스크 큐 소프트웨어가 제공하는 여러 기능을 무시하는 것은 마치 우리가 이용하는 패키지의 기능을 자세히 익히지 않고 이용하여 결국 패키지가 이미 제공하는 기능을 다시 구현하여 쓰는 실수를 범하는 것과 같은 결과를 초래한다.

25.4 태스크 큐에 대한 참고 자료

일반적인 참고 자료는 다음과 같다.

- http://www.fullstackpython.com/task-queues.html
- 발표 슬라이드: http://www.2scoops.co/why-task-queues
- 트랜잭션 후 커밋 훅(post-transaction-commit hook)을 지원하는 장고 데이터베이스 백엔드. https://pypi.python.org/pypi/django-transaction-hooks

셀러리는 다음을 참고하라.

- 셀러리 홈페이지. http://celeryproject.com
- 셀러리를 익히는 데 필독서. https://denibertovic.com/posts/celery-best-practices/
- 셀러리 클러스터 관리를 위한 웹 기반 도구. https://pypi.python.org/pypi/flower
- http://wiredcraft.com/blog/3-gotchas-for-celery/
- https://www.caktusgroup.com/blog/2014/06/23/scheduling-tasks-celery/

레디스 큐는 다음을 참고하라.

- 레디스 큐 홈페이지. http://python-rq.org
- http://racingtadpole.com/blog/redis-queue-with-django

django-background-tasks는 다음을 참고하라.

- https://pypi.python.org/pypi/django-background-tasks

25.5 요약

이번 장에서는 태스크 큐를 다루는 방식을 전반적으로 살펴보았다. 추상화를 통해 큐가 처리되기 때문에 비즈니스 로직을 최소화하여 뷰처럼 큐를 관리하기를 추천했다.

다음 장에서는 장고 프로젝트의 보안에 대해 알아보겠다.

26장

장고 보안의 실전 방법론

보안에 대해서 장고는 그동안 괜찮은 평판을 쌓아 왔다. 이는 장고에서 제공하는 보안 도구, 잘 정돈된 보안 관련 문서들, 보안 이슈에 대해 강한 책임감을 느끼는 훌륭한 개발자들 덕분이었다. 하지만 장고 기반 애플리케이션의 진정한 보안은 장고의 보안 도구도, 보안 문서도, 장고 오픈 소스 개발자도 아닌 우리와 같은 장고 프로젝트 개발자에게 달려 있다.

이번 장에서는 여러분의 장고 애플리케이션에 도움이 될 만한 보안 이슈를 다루어 보겠다. 여기에 언급한 내용은 장고 보안에 대한 완벽한 내용이라기보다는 장고 보안에 대한 좋은 시작점 정도라고 생각하기 바란다.

26.1 여러분의 서버를 견고하게 하라

서버를 더욱 견고히 하는 방법과 주의 사항들을 온라인에서 검색해 보라. 서버를 견고히 한다는 것은 서버의 SSH 포트를 변경하고 불필요한 서비스들을 제거하거나 중지하는 것 이상을 의미한다.

26.2 장고의 보안 기능에 대해 알아보자

장고 1.8의 보안 기능은 다음과 같다.

- XSS(cross-site scripting) 보안
- CSRF(cross-site request forgery) 보안
- SQL 인젝션 보안
- 클릭재킹(clickjacking) 보안

- 보안 쿠키(secure cookie)를 포함한 TLS, HTTPS, HSTS 지원
- 기본 설정으로 SHA256과 PBKDF2 알고리즘을 이용한 안전 패스워드 저장
- 자동 HTML 이스케이핑
- expat 파서를 통한 XML 폭탄 공격 대비
- 강력해진 JSON, YAML, XML 직렬화/역직렬화 도구

장고 보안 기능의 대부분은 특별한 추가 설정 없이 장고 기본 환경만으로도 바로 이용할 수 있다. 하지만 몇몇 기능은 개별적인 추가 설정이 필요하다. 이번 장에서는 이러한 설정의 세부적인 항목에 대해 다루어 보겠다. 물론 보안에 대한 장고 공식 문서도 반드시 읽어 보기 바란다. https://docs.djangoproject.com/en/1.8/topics/security

26.3 상용 환경에서 DEBUG 모드 끄기

상용 환경에서 DEBUG 모드로 장고를 운영해서는 안 된다. DEBUG 모드의 스택 트레이스 페이지에서 제공되는 프로젝트 정보를 통해 공격자들은 그들에게 공개된 정보 이상을 습득할 수 있기 때문이다. 자세한 정보는 http://www.2scoops.co/1.8-settings-debug에서 더 찾아볼 수 있다.

DEBUG 모드를 비활성화했을 때 ALLOWED_HOSTS 또한 반드시 설정해야 하는 것을 잊지 말기 바란다. 그렇게 하지 않으면 디버그가 까다로운 500 에러를 생성하는 SuspiciousOperation 에러가 발생활 확률이 높아진다. ALLOWED_HOSTS에 대한 설정과 디버그에 대해서는 다음에서 더 읽을 수 있다.

- 26.6 ALLOWED_HOSTS 설정 이용하기
- 33.2.4 고질적인 ALLOWED_HOSTS 에러

26.4 보안 키 안전하게 보관하기

SECRET_KEY가 안전하게 보관되지 않으면 원격으로 코드가 실행되는 것부터 패스워드가 통째로 해킹당하는 것까지 전반적인 보안 위협에 처할 수 있다. API 키를 비롯한 다른 비밀 키(패스워드) 또한 주의 깊게 관리해야 한다. 이러한 키들은 버전 컨트롤로 관리해서는 안 된다.

'5.3 코드에서 설정 분리하기'와 '5.4 환경 변수를 이용할 수 없을 때'에서 SECRET_KEY를 버전 컨트롤로 다루지 않는 메커니즘을 다루었다.

26.5 HTTPS 이용하기

사이트 전체를 HTTPS로 배포하기 바란다. HTTPS를 이용하지 않는다는 것은 악의적인 네트워크 사용자가 여러분의 사이트와 여러분의 사용자 사이에서 인증에 필요한 정보를 훔쳐볼 수 있음을 의미한다.

또한 사용자가 여러분이 의도하는 내용을 보고 있다는 보장을 해주지 않음도 의미한다. 악의적인 공격자가 사용자의 요청이나 그에 대한 응답 사이에 그 어떠한 것이라도 위변조할 수 있다. 따라서 설령 여러분 사이트의 내용이 외부에 전부 공유되는 것이라 할지라도 사이트의 신뢰성을 위해 HTTPS를 이용하는 것이 맞다.

사이트의 모든 부분이 HTTPS로 서비스되어야 한다. 사이트의 정적 리소스 또한 HTTPS를 통해 서비스되어야 한다. 그렇지 않을 경우 사이트 방문자들은 'insecure resource' 경고 메시지를 보게 될 것이고 이에 놀란 사용자들은 사이트를 떠날 것이다. 이 경고는 사용자들이 중간자 공격 위험에 노출되어 있을 수 있다는 의미다.

> 💡 **제이콥 캐플런모스가 말하는 HTTPS vs. HTTP**
>
> 장고의 공동 리더인 제이콥 캐플런모스(Jacob Kaplan-Moss)는 다음과 같이 말했다. "사이트 전체가 HTTP는 전혀 없이 HTTPS로만 서비스되어야 한다. 이렇게 하면 (서버가 HTTP로 서비스될 때 세션 쿠키를 훔칠 수 있는) '파이어십(firesheep)'을 예방할 수 있다. 이에 따른 자원의 추가적 부하는 거의 최소라고 볼 수 있다."

방문자들이 HTTP로 접속했다면 HTTPS로 리다이렉트되어야 한다. 이는 웹 서버나 장고의 미들웨어를 통해 처리할 수 있다. 성능 측면에서는 웹 서버 레벨에서 처리하는 것이 더 좋지만 웹 서버 접근이 어렵다면 장고 미들웨어에서 리다이렉트해도 무리가 없다.

> 💡 **django.middleware.security.SecurityMiddleware 이용하기**
>
> 장고 1.8 이상에서는 전체 사이트를 HTTPS/SSL로 작동시키는 기능이 기본으로 내장되어 있다. 이 미들웨어를 활성화하려면 다음과 같이 하면 된다.
>
> ① settings.MIDDLEWARE_CLASSES 지시자에 django.middleware.security. SecurityMiddleware를 추가한다.
> ② settings.SECURE_SSL_HOST를 True로 설정한다.

> **❗ django.middleware.security.SecurityMiddleware는 정적 미디어를 포함하지는 않는다.**
>
> 일반적으로 자바스크립트, CSS, 이미지, 그리고 다른 여러 정적 애셋은 웹 서버(nginx, 아파치)에 의해 서비스된다. 해당 콘텐츠들이 HTTPS로 서비스될 수 있도록 설정되었는지 확인하기 바란다. 아마존 S3 같은 정적 애셋 제공자들은 기본적으로 이를 지원한다.

자체 서명(self-signed) 인증서를 이용하는 대신 공인된 지명도 높은 기관에서 SSL 인증서를 구매하자. 해당 설정을 위해서는 여러분이 이용하는 웹 서버나 PaaS 제공자가 제공하는 설명을 참고하기 바란다.

26.5.1 안전한 쿠키 이용하기

여러분의 사이트는 어떤 경우에도 HTTPS가 아니면 브라우저가 쿠키를 전송하지 못하게 해야 한다. 세팅에 다음과 같은 설정이 필요하다.

✓ 예제 26.1

```
SESSION_COOKIE_SECURE = True
CSRF_COOKIE_SECURE = True
```

더 자세한 사항은 https://docs.djangoproject.com/en/1.8/topics/security/#ssl-https를 참고하기 바란다.

26.5.2 HSTS 이용하기

HSTS(HTTP strict transport security)는 웹 서버 레벨에서 설정할 수 있다. 웹 서버나 PaaS, 장고(settings.SECURE_HSTS_SECONDS를 통해)에서 제공하는 문서를 참고하기 바란다.

> **❗ HSTS 규칙의 기한을 주의 깊게 선택하기 바란다**
>
> HSTS는 단방향 스위치라는 것을 명심하기 바란다. 다음 N초 동안 여러분의 사이트가 HTTPS로만 작동한다는 것을 정의하게 된다. HSTS 규칙의 max-age를 필요 이상으로 설정하지 말라. 한번 설정되면 브라우저에서 재설정하기 어렵기 때문이다.

독립적인 웹 서버를 세팅하여 이용 중이라면 위키백과에 나와 있는 간단한 HSTS 설정 구문을 참고하면 많은 도움이 될 것이다. https://en.wikipedia.org/wiki/HTTP_Strict_Transport_Security

HSTS가 설정되면 여러분 사이트의 웹 페이지는 HSTS 호환 브라우저에게 오직 안전한 연결을 통해서만 사이트에 연결하라고 알려 주는 HTTP 헤더를 포함하게 된다.

- HSTS 호환 브라우저는 HTTP 링크들을 HTTPS로 리다이렉트한다.
- 안전한 연결이 불가능할 때(인증서가 자체 서명되었거나 만료되었을 때)는 에러 메시지를 나타내며 사이트 접근이 불가능하게 된다.

어떻게 작동하는지 좀 더 쉽게 이해하기 위해 HSTS가 반환하는 헤더의 예를 살펴보자.

√ **예제 26.2**

```
-Strict-Transport-Security: max-age=31536000; includeSubDomains
```

HSTS를 설정할 때 몇 가지 유의 사항이 있다.

① 가능하면 HSTS의 includeSubDomains를 이용하기 바란다. 이는 안전하지 않은 하위 도메인이 상위 도메인으로 쿠키를 쓰는 것을 방지해 준다.
② 서비스의 일부를 HTTPS로 할 때 잊은 부분이나 문제가 생겼을 때를 대비하여 초기 배포 시에 max-age를 3600(한 시간)과 같이 짧게 잡아 둔다. 이렇게 짧은 값을 추천하는 이유는 한번 설정되면 사용자 브라우저의 만기 기한을 여러분이 재설정할 수 없기 때문이다.
③ 일단 사이트가 안전하게 작동하고 있다는 것이 확인되면 이제 max-age의 값을 크게 31536000(12개월) 또는 6307200(24개월)과 같이 잡는다. 물론 이렇게 크게 잡는 것이 문제가 없다면 말이다.

HSTS는 앞에서 이야기한 모든 페이지를 HTTPS로 리다이렉트하는 세팅에다 추가로 HSTS 활성화 설정이 되어 있어야 한다.

> **!** **includeSubDomains에서 유의할 점**
>
> 앞에서 우리는 모든 사용자에게 HSTS 설정을 길게 잡고 includeSubDomains를 이용하라고 추천했다. 그런데 프로젝트가 여러 가지 레거시(legacy) 구성을 가지고 있는 경우라면 설정에 더 많은 주의를 기울여야 한다.
>
> 예를 들어, example.com이라는 새로운 장고 웹 사이트를 만든다고 생각해 보자. 사이트는 HSTS 설정을 가진 HTTPS일 것이다. 우리는 HSTS 설정을 테스트할 것이고 설정이 잘 작동하는 것을 확인하고 나서는 해당 설정의 기간을 1년으로 늘릴 것이다. 자, 이제 한

달 뒤에서야 누군가가 상용 서비스 상태의 legacy.example.com이 HTTPS를 지원하지 않는다는 사실을 알아냈다고 한다면 어떻게 해야 할까? includeSubDomains 설정을 헤더에서 삭제해야겠지만 이미 그러기엔 너무 늦었다. 회사 내의 모든 클라이언트가 이미 예전 HSTS 헤더를 저장하고 있기 때문이다.

요약하자면 includeSubDomains 설정을 고려하기 전부터 HSTS로 설정된 도메인에는 어떤 것들이 호스팅되어야 하는지 확실히 이해하고 있어야 한다는 것이다.

26.5.3 HTTPS 설정 도구

모질라(Mozilla)에서는 SSL 설정의 초기 구조를 잡는 데 이용할 수 있는 SSL 설정 생성 도구(2scoops.com/Mozilla-ssl-config-generator)를 제공하고 있다. 물론 완벽하지는 않지만 HTTPS 설정을 빠르게 구성하는 데 도움이 된다. "일반적으로 HTTPS는 암호화되지 않은 일반 HTTP보다 좋다!" 우리의 보안 리뷰어가 한 말이다.

일단 서버가 세팅되면(개발 서버에서 먼저 해 보길 바란다) 설정이 얼마나 잘 되었는지 확인하기 위해 퀄리스 SSL 랩(Qualys SSL Labs) 서버 테스트(https://www.ssllabs.com/ssltest)를 해보기 바란다. 이 테스트에서 A+를 받는 것을 목표로 해보자.

26.6 ALLOWED_HOSTS 설정 이용하기

상용 서비스에서는 SuspiciousOperation 예외를 피하기 위해 허용된 호스트·도메인 이름 목록을 가지고 반드시 ALLOWED_HOSTS 설정을 이용해야 한다. 이는 가짜 HTTP 호스트 헤더를 가지고 요청하는 경우에 대한 보안 방어 수단이 된다.

여기서 와일드카드(모든 경우를 허용) 값을 이용하는 것은 피해야 하며, ALLOWED_HOSTS와 get_hosts() 메서드에 대한 더 자세한 정보는 장고 문서를 읽어 보기 바란다.

- http://2scoops.co/1.8-allowed-hosts
- http://2scoops.co/1.8-get_host

26.7 데이터를 수정하는 HTTP 폼에 대해서는 항상 CSRF 보안을 이용하자

장고에는 매우 쉽게 이용할 수 있는 CSRF 보안 기능이 내장되어 있으며 기본 기능으로 미들웨어를 통해 사이트 전체에 적용되어 있다. '11.3 데이터를 변경하는 HTTP 폼은 언제나 CSRF 보안을 이용해야 한다'에서 다루었듯이 우리는 이 기능을 매우 강력하게 권장한다.

26.8 XSS 공격으로부터 사이트 방어하기

XSS 공격은 일반적으로 이용자가 템플릿에서 렌더링 가능한 악성 자바스크립트 코드를 직접 입력함으로써 발생한다. 물론 이러한 방법 이외에 여러 가지 다른 방법이 있지만 가장 일반적인 경우를 보면 그렇다. 다행히 장고에서는 HTML 이스케이핑을 위해 필요한 〈, 〉, ', ", &에 대한 처리를 기본적으로 해 준다.

장고 보안 팀에서는 다음과 같은 방법을 추천한다.

26.8.1 mark_safe보다는 장고 템플릿을 이용하자

장고에서는 개발자들이 콘텐츠 문자열을 안전한 것으로 간주하고 이를 있는 그대로 처리할 수 있는 기능을 제공한다. 이 기능을 이용한다는 것은 장고가 제공하는 자체 안전 보호막을 개발자 스스로가 제거해버리는 것과 같다. 아주 작은 HTML 코드 한 토막이라도 mark_safe가 아닌 장고 템플릿 렌더링 시스템을 이용하기 바란다.

26.8.2 사용자가 개별적인 HTML 태그 어트리뷰트를 이용하지 못하게 하자

사용자들이 개별적인 HTML 태그 어트리뷰트를 이용할 수 있다는 것은 사용자들에게 악의적인 자바스크립트 인젝션 기회를 주는 것이다.

26.8.3 자바스크립트에서 이용되는 데이터에는 항상 JSON 인코딩을 이용하자

파이썬 구조체를 템플릿에 직접 넣기보다는 JSON 인코딩을 이용하라. 이는 클라이언트 사이드의 자바스크립트와 통합할 때 좋을 뿐 아니라 보안적으로 더 안전한 방법이기도 하다.

26.8.4 더 읽을거리

보안 관점에서 보면 여러 종류의 다양한 공격이 있으며 이러한 위험이 무엇인지 늘 익혀 두는 것은 매우 중요한 일이다.

- http://2scoops.co/1.8-docs-on-html-escaping
- http://en.wikipedia.org/wiki/Cross-site-scripting

26.9 파이썬 코드 인젝션 공격으로부터 사이트 방어하기

한번은 보안 문제가 있는 프로젝트를 돕기 위해 고용된 적이 있었다. 해당 프로젝트는 사이트로 오는 요청들을 django.http.HttpRequest 객체에서 str() 함수를 이용하여 전부 문자열로 변환해 전달하는 아주 창의적인 방법으로 이루어졌으며, 이렇게 전달된 문자열은 데이터베이스에 저장되었다가 주기적으로 호출되어 eval() 함수를 통해 파이썬 딕셔너리 형식으로 변환되었다. 이런 방식은 어떤 파이썬 코드라도 언제든지 시스템 내에서 실행이 가능함을 의미한다.

말할 것도 없이 우리는 이러한 문제점이 발견되자마자 바로 해당 문제점과 그 원인을 삭제하는 일을 시작했다. 아무리 파이썬과 장고가 보안적으로 우수하더라도 특정 방법에 대해서는 보안적으로 매우 위험한 요소들을 가질 수밖에 없음을 보여 주는 좋은 예였다.

26.9.1 코드를 실행하는 파이썬 내장 함수들

기본 내장 함수인 eval(), exec(), execfile()은 매우 주의해서 이용하기 바란다. 프로젝트에서 임의의 문자열이나 파일을 이러한 함수에 전달해 실행한다면, 이는 여러분의 시스템을 공격에 무방비 상태로 열어 두는 것과 같다.

더 많은 정보는 네드 배츨더(Ned Batchelder)가 쓴 'Eval Really Is Dangerous'를 읽어 보기 바란다. http://nedbatchelder.com/blog/201206/eval_really_is_dangerous.html

26.9.2 코드를 실행할 수 있는 파이썬 표준 라이브러리 모듈

> "절대로 신뢰할 수 없거나 인증되지 않은 않은 소스를 가진 데이터를 언피클(unpickle)해서는 안 된다."
>
> - http://docs.python.org/2/library/pickle.html

파이썬 표준 라이브러리의 pickle 모듈을 사용자에 의해 수정된 데이터를 역직렬화(deserialize)하는 데 이용하지 말기 바란다. 일반적인 규칙은 사용자로부터 그 어떤 피클화된(pickled) 값도 받지 않는 것이다. pickle과 그에 따른 보안 관련 주의점들은 다음과 같다.

- https://lincolnloop.com/blog/playing-pickle-security
- https://blog.nelhage.com/2011/03/exploiting-pickle

26.9.3 코드를 실행할 수 있는 서드 파티 라이브러리들

PyYAML을 이용한다면 safe_load()만을 이용하기 바란다. 파이썬과 장고 커뮤니티에서 YAML 형식을 이용하는 것 자체가 흔한 일은 아니지만, 다른 서비스로부터 YAML 형식의 데이터를 받는 경우도 있을 것이다. 따라서 YAML 문서를 처리해야 할 경우라면 항상 yaml.safe_load() 메서드를 통해서만 로드하기 바란다.

yaml.load() 메서드는 파이썬 객체를 생성하는데 이것이 문제가 될 수 있다. 심지어 네드 배츨더는 yaml.load()의 이름을 yaml.dangerous_load()라고 바꾸어야 한다고까지 했다. http://nedbatchelder.com/blog/201302/war_is_peace.html

26.9.4 쿠키 기반 세션을 조심하자

일반적으로 대부분의 장고 사이트는 데이터베이스 기반 세션이나 캐시 기반 세션 중 하나를 이용한다. 이 방법은 실제 세션값의 키로 쓰일 랜덤 해시값을 쿠키에 넣어 이 쿠키를 데이터베이스나 캐시에 보관하는 것이다. 이 방법의 장점은 클라이언트에 세션 데이터의 키값만 전달된다는 것이고, 이는 악의적인 사용자가 장고의 세션 메커니즘을 뚫고 들어가기 매우 어렵게 만든다.

하지만 장고 사이트는 사용자 기기에 직접 세션 데이터를 전부 저장하는 쿠키 기반 세션을 이용하여 구성할 수도 있다. 서버 측에서 보면 스토리지를 아주 약간 덜 쓴다는 이점이 있겠지만 다음과 같은 특별한 보안 문제 이슈를 생성하게 된다.

① 사용자가 직접 쿠키 기반 세션의 내용을 볼 수 있다.
② 공격자가 프로젝트의 SECRET_KEY에 접근할 수 있고 세션이 JSON 기반으로 직렬화되었다면 공격자는 세션을 위조할 수 있다. 사용자에 대한 인증이 이루어지는 사이트라면 공격자는 어떤 사용자로라도 위장하여 시스템에 접근할 수 있다.

③ 공격자가 프로젝트의 **SECRET_KEY**에 접근할 수 있고 세션이 피클 기반으로 직렬화되었다면, 세션을 위조할 수 있을 뿐 아니라 임의의 코드를 실행할 수도 있다. 다시 말해 공격자가 새로운 권한을 획득할 수 있을 뿐 아니라 특정 파이썬 코드를 업로드하는 것까지도 가능하다. 피클 기반 세션을 사용하고 있다거나 사용하는 것을 고려하고 있다면 다음에 나오는 팁을 읽어 보기 바란다.

④ 이러한 세팅의 또 다른 단점은 쿠키 자신이 만기되는 경우를 제외하고는 쿠키를 삭제할 확실한 방법이 없다는 것이다. 새로 생성된 쿠키로 기존 브라우저 쿠키를 덮어 쓸 수 있겠지만 동시에 공격자가 이를 이용하지 못하게 할 방법이 없다. 공격자가 오래된 쿠키를 가지고 계속 요청을 보낸다면 세션 백엔드에선 공격자가 오래된 쿠키를 가지고 보내는 것인지 아닌지 가려낼 방법이 없다.

💡 **쿠키 기반 세션에서 JSON 이용하기**

장고에서 쿠키 직렬화의 기본 형식은 JSON이다. 이는 공격자가 프로젝트의 **SECRET_KEY**를 손에 넣더라도 임의의 코드를 실행할 수 없다는 의미다. 여러분이 자체적인 쿠키 직렬화 도구를 작성한다면 기존 포맷과 같이 JSON을 계속 이용하기 바란다. 절대 옵션으로 제공되는 `pickle` 직렬화 도구를 이용하지 않기 바란다.

　이 이슈에 대한 참고 자료는 다음과 같다.

- http://2scoops.co/1.8-http-session-serialization
- http://2scoops.co/1.8-settings-session-serializer

추가로 고려해야 할 점으로는 쿠키 기반 세션이 클라이언트 사이드에서 병목 현상을 일으킬 수도 있다는 것이다. 서버에서 클라이언트로 세션 데이터를 전송하는 것은 문제가 되지 않지만 클라이언트에서 서버로 데이터를 전송하는 것은 상대적으로 매우 느리기 때문이다. 이는 모든 인터넷 사용자의 다운로드/업로드 속도가 서로 달라 생기는 문제다.

　다시 말해 우리는 쿠키 기반 세션 이용을 권장하지 않는다.

　더 많은 읽을거리는 다음과 같다.

- http://2scoops.co/1.8-cookie-based-sessions
- http://2scoops.co/django-session-based-cookies-alert
- http://yuiblog.com/blog/2007/03/01/performance-research-part-3

26.10 장고 폼을 이용하여 모든 들어오는 데이터 검사하기

프로젝트로 오는 모든 데이터(웹에서 온 소스가 아닌 데이터까지 다 포함하여)
는 장고 폼을 통해 검사(validate)되어야 한다. 이렇게 함으로써 우리의 데이터
에 대한 무결성을 보호할 수 있고 이는 애플리케이션을 좀 더 안전하게 하는 방
법 중 하나다. '11.1 장고 폼을 이용하여 모든 입력 데이터에 대한 유효성 검사하
기'에서 이에 대해 다루었다.

26.11 결제 필드에서 자동 완성 기능 비활성화하기

브라우저에서 결제 부분의 HTML 필드에 대한 자동 완성 기능은 비활성화되
어 있어야 한다. 여기에는 신용 카드 번호, CVV(card verification value), PIN
(personal identification number), 신용 카드 만료일 등이 포함된다. 많은 사람
이 공공장소의 컴퓨터를 이용하기도 하고 개인 컴퓨터는 여러 사람에게 쉽게 노
출되기 때문이다.

장고 폼을 이용하면 다음과 같이 이를 매우 쉽게 구현할 수 있다.

√ 예제 26.3

```
from django import forms

class SpecialForm(forms.Form):
    my_secret = forms.CharField(
            widget=forms.TextInput(attrs={'autocomplete': 'off'}))
```

공공장소(예를 들면 공항 등)에서 이용될 수도 있는 사이트라면 폼 필드 자체를
PasswordInput으로 변경하는 것을 고려해보기 바란다.

√ 예제 26.4

```
from django import forms

class SecretInPublicForm(forms.Form):

    my_secret = forms.CharField(widget=forms.PasswordInput())
```

26.12 사용자가 올린 파일 다루기

사용자가 제공한 콘텐츠를 안전하게 서비스하는 유일한 방법은 서로 다른 도메
인을 이용하는 것이다. 좋든 싫든 파일 타입 확인 기능을 우회할 수 있는 수많은

방법이 있다. 보안 전문가들이 CDN 이용을 추천하는 이유이기도 하다. CDN을 잠재적 위험이 있을지도 모르는 파일들이 저장되는 장소로 이용할 수 있기 때문이다.

임의의 파일 타입에 대해 업로드와 다운로드를 이용해야만 하는 경우라면 서버에서 `Content-Disposition: attachement` 헤더를 이용하여 브라우저에서 콘텐츠를 인라인으로 보여 주지 못하게 하기 바란다.

26.12.1 CDN을 이용할 수 없을 경우

CDN을 이용할 수 없는 경우라면 업로드된 파일들을 실행이 불가능한 폴더 안으로 저장하기 바란다. 추가적으로 HTTP 서버가 적어도 이미지 콘텐츠 타입 헤더(image content type header)를 가지고 이미지를 서비스하며, 업로드의 경우 파일 확장자를 화이트 리스트에 넣어 해당 화이트 리스트로 필터를 해서 파일이 업로드되게 세팅하기 바란다.

CDN을 이용할 수 없는 경우 웹 서버 설정에 좀 더 주의를 기울이기 바란다. 악의적인 사용자가 실행 가능한 CGI나 PHP 스크립트를 업로드하고 URL을 통해 접근함으로써 해당 파일을 실행할 수 있기 때문이다. 여기서 제시한 방법이 이러한 문제를 모두 해결할 수는 없지만 기본으로 제공되는 설정보다는 훨씬 나은 환경을 제공한다.

해당 설정을 어떻게 세팅할 수 있는지 웹 서버 문서를 참고하기 바란다. 아니면 정적 애셋들과 사용자가 업로드한 파일들을 저장하는 방법에 대해 PaaS 제공자에게 문의해보기 바란다.

26.12.2 장고와 사용자 업로드 파일

장고는 사용자 업로드에 대해 `FileField`와 `ImageField`, 이 두 가지 모델 필드를 제공한다. 이 모델 필드 둘 다 내장된 검사(validation) 기능을 제공하긴 하지만 장고 문서에서도 이야기하듯이 "보안 문제를 피하기 위해 어디로 파일을 업로드하는지 그리고 업로드되는 파일이 어떤 것인지 항상 주의해야 한다."

특정 파일 타입만 업로드를 허용한다면 사용자들이 해당 파일 타입만 업로드할 수 있게 다양한 방법을 구현하기를 바란다. 다음과 같은 방법을 예로 들 수 있다.

- python-magic 라이브러리를 이용하여 업로드된 파일의 헤더를 확인하라. https://github.com/ahupp/python-magic

- 특정 파일 타입에만 작동하는 파이썬 라이브러리를 통해 파일을 확인하라. 문서화되어 있진 않지만 장고의 ImageField 소스 코드를 살펴보면 업로드된 파일이 진짜 이미지인지 PIL(Python Image Library)을 이용하여 확인하는 방법을 알아낼 수 있을 것이다.
- 네이티브 파이썬 XML 또는 lxml 대신에 defusedxml을 이용하자. 26.22를 참고하기 바란다.

> **！ 커스텀 유효성 검사기로는 충분하지 않다**
>
> 커스텀 유효성 검사기를 작성하고 업로드된 파일들을 이 커스텀 유효성 검사기로 전부 검사할 수 있을 것이라고 생각하지 말기 바란다. 커스텀 유효성 검사기는 이미 필드의 to_python() 메서드로 파이썬화된 후에 각 필드의 내용에 대해 실행되는 것이다.
>
> 업로드된 파일의 콘텐츠가 악의적인 것이라면 to_python() 이후 실행되는 어떤 검사도 너무 늦은 것이기 때문이다.

더 깊게 알아보려면 다음을 읽어 보기 바란다.

- https://docs.djangoproject.com/en/1.8/ref/models/fields/#filefield

26.13 ModelForms.Meta.exclude 이용하지 않기

ModelForms를 이용할 때는 언제나 Meta.fields를 이용하기 바란다. Meta.exclude는 절대 이용하지 않도록 하자. Meta.exclude는 **대량 매개 변수 입력 취약점**(mass assignment vulnerability)과 같은 심각한 보안 위협을 초래할 수 있다. 이 부분에 대해서는 아무리 강조해도 지나치지 않다. 다시 한번 말하는데 절대 이용하기 말기 바란다.

Meta.exclude 어트리뷰트를 피해야 할 또 다른 이유로는 모델 필드가 변경될 때 우리가 exclude로 지정한 필드를 제외한 부분들만 변경된다는 것이다. exclude 어트리뷰트를 이용하면 폼이 작성된 다음에 모델이 변할 경우, 모델 변화에 맞춰 폼도 변경해야 한다는 점을 잊지 말도록 하자. 모델 변경에 따라 폼을 변경해 주지 않을 경우엔 큰 재앙을 불러올 수도 있다.

이제 어떻게 이런 실수가 벌어질 수 있는지 예제를 통해 알아보자. 여기 간단한 아이스크림 가게 모델을 예로 들어 보았다.

✓ **예제 26.5**

```python
# stores/models.py
from django.conf import settings
from django.db import models

class Store(models.Model):
    title = models.CharField(max_length=255)
    slug = models.SlugField()
    owner = models.ForeignKey(settings.AUTH_USER_MODEL)
    # 이에 덧붙여 여기에 주소와 연락처에 관련된 열 개의 필드가 더 있다고 가정하자.
```

앞의 모델에 대해 ModelForm 필드를 정의한 잘못된 예는 다음과 같다.

⚠ **나쁜 예제 26.1**

```python
# 이렇게 하지 말자!
from django import forms

from .models import Store

class StoreForm(forms.ModelForm):

    class Meta:
        model = Store
        # 이렇게 하지 말자: 필드에 대한 이런 암시적 선언은
        # 문제를 일으킬 소지가 상당히 크다.
        excludes = ("pk", "slug", "modified", "created", "owner")
```

위의 같은 ModelForm의 필드들에 대해 바르게 정의된 예는 다음과 같다.

✓ **예제 26.6**

```python
from django import forms

from .models import Store

class StoreForm(forms.ModelForm):

    class Meta:
        model = Store
        # 필드에 대한 정의를 명확하게 해 준다.
        fields = (
            "title", "address_1", "address_2", "email",
            "usstate", "postal_code", "city",
        )
```

첫 번째 예를 보면 타자 양이 더 적어 보이기 때문에 더 바람직한 방법 같다. 하지만 새로운 데이터 필드를 추가할 때마다 여러 곳(모델 한 군데와 여러 폼에서)에서 해당 필드에 대한 변경을 지속적으로 고려해야 하기 때문에 절대 바람직한 선택이 아니다.

이제 그럼 이와 같은 구조들이 실제로 어떻게 작동되는지 한번 보자. 사이트를 연 후 소유자와 같은 권한을 가지는 공동 소유자에 대한 기록이 필요했다고 하자. 공동 소유자는 계정 정보에 대한 접근, 패스워드 변경, 주문, 은행 정보 등을 지정할 수 있다. 스토어 모델은 다음과 같은 새로운 필드를 가질 것이다.

✓ **예제 26.7**

```
# stores/models.py
from django.conf import settings
from django.db import models

class Store(models.Model):
    title = models.CharField(max_length=255)
    slug = models.SlugField()
    owner = models.ForeignKey(settings.AUTH_USER_MODEL)
    co_owners = models.ManyToManyField(settings.AUTH_USER_MODEL)
    # 이에 덧붙여 여기에 주소와 연락처에 관련된 열 개의 필드가 더 있다고 가정하자.
```

우리가 이용하지 말라고 충고한 첫 번째 폼 코드 예제의 경우 새로운 co_owners 필드를 추가하려면 전적으로 우리가 해당 사항을 기억해 두었다가 변경하는 방법에 의존하게 된다. 우리가 해당 사항에 대한 조치를 잊어버리고 아무런 액션도 취하지 않았다면 스토어의 HTML 폼에 접속하는 사용자는 누구라도 공동 소유자를 추가하거나 삭제할 수 있을 것이다. 설령 하나 정도의 폼이라 우리가 기억했다 치더라도 모델에 대해 하나 이상의 ModelForm을 가지고 있다면 어떻게 될까? 복잡한 애플리케이션에서는 절대로 일반적으로 적용해서는 안 되는 형식인 것이다.

반면에 Meta.fields를 이용한 두 번째 예에선 우리는 정확히 각 폼에서 어떤 필드가 처리되도록 구성되었는지 알 수 있다. 모델이 변경됨에 따라 어떤 폼이 노출되는지 고려하지 않아도 되며 우리 아이스크림 상점의 데이터들이 좀 더 안전하게 보호되고 있다는 편안함에 더 푹 잘 수 있을 것이다.

26.13.1 대량 매개 변수 입력 취약점

이제 대량 매개 변수 입력 취약점에 대해 다루겠다.

개발자에게 더 많은 권한을 주는 액티브 레코드(Active Record)와 같은 패턴들로 인해 웹 애플리케이션의 보안 위협이 발생하고 있다. 우리가 추천하는 방법은 수정 가능한 필드들에 대해 명확한 정의(explicit definition)를 이용하는 것이다.

https://en.wikipedia.org/wiki/Mass_assignment_vulnerability에 더 자세한 내용이 있다.

26.14 ModelForms.Meta.fields = "__all__" 이용하지 않기

`ModelForms.Meta.fields = "__all__"`은 모델 폼 안의 모든 모델 필드를 전부 지칭한다. 손쉽게 이용할 수 있는 지름길이긴 하지만 동시에 매우 위험한 방법이다. 26.13에서 우리가 이야기했던 것과 매우 비슷한 상황이 되며 커스텀 유효성 검사 코드와 함께 프로젝트 전체를 폼 기반의 대량 매개 변수 입력 취약점에 노출시킨다. 될 수 있으면 이러한 방법은 피해야 하며, 모든 입력값에 대해 적용될 수 있는 하나의 규칙은 존재할 수 없다고 우리는 생각한다.

26.15 SQL 인젝션 공격 피하기

장고 ORM은 이용자로부터 비롯된 임의의 악의적인 SQL 코드 실행을 막아 주는 기능을 제공한다.

또한 장고는 ORM을 우회하여 사용자가 직접 SQL 문을 이용하여 데이터베이스에 접속할 수 있는 방법도 제공한다. 이 기능을 이용할 때는 해당 SQL 문에 대해 좀 더 주의를 기울여서 SQL 인젝션 공격에 대비해야 할 것이다. 다음 장고 컴포넌트들에 대해 이와 같은 주의를 하기 바란다.

- `.raw()` ORM 메서드
- `.extra()` ORM 메서드
- 데이터베이스 커서에 직접 접근하는 경우

참고 자료는 다음과 같다.

- http://www.2scoops.co/1.8-sql-injection-protection

26.16 신용 카드 정보를 절대 저장하지 말라

PCI-DSS 보안 표준(https://www.pcisecuritystandards.org)에 대한 충분한 이해와 지식이 있거나 PCI 규약을 확인할 수 있는 충분한 시간, 자원, 자금이 확보되지 않았다면 신용 카드 정보를 저장하는 것은 너무나 큰 위험이 따르고 피해야 할 일이다.

대신 스트라이프(Stripe), 브레인트리(Braintree), 아이덴(Adyen), 페이팔 (Paypal)처럼 관련 정보를 대신 보관해 주며 특별한 토큰을 통해 레퍼런스 데이터를 제공하는 서드 파티 서비스를 이용하는 것을 추천한다. 이런 서비스들은 대부분 잘 정리된 튜토리얼 자료를 제공하며 파이썬과 장고에서 이용하기 매우 쉽게 되어 있다. 또한 여러분의 프로젝트에서 이용하기에 충분히 시간적, 노력적인 측면에서도 가치가 있는 서비스들이다.

💡 **PCI 규정에 대해 알아 두기 바란다**

켄 코크레인(Ken Cochrane)은 그의 블로그에 PCI 규정에 대해 유용한 글을 남겨 두었다. http://2scoops.co/guide-to-pci-compliant-web-apps를 읽어 보기 바란다.

💡 **오픈 소스 전자 상거래 솔루션의 소스 코드를 읽어 보자**

오픈 소스 장고 전자 상거래 솔루션을 이용할 계획이라면 해당 솔루션이 어떻게 결제 시스템을 처리하는지 확인하기 바란다. 신용 카드 정보가 데이터베이스에 저장된다면 그 정보가 암호화된다 하더라도 다른 솔루션을 고려해 보기 바란다.

26.17 장고 어드민 안전하게 관리하기

장고 어드민은 일반 사용자에겐 없는 사이트 어드민만의 특별한 기능들을 제공하기 때문에 특별히 보안에 더 신경을 써야 할 것이다.

26.17.1 기본 어드민 URL 변경하기

기본 설정으로 어드민 URL은 yoursite.com/admin으로 되어 있다. 이를 좀 더 길고 유추해 내기 어려운 것으로 변경하기 바란다.

💡 **어드민 URL 변경에 대한 제이콥 캐플런모스의 의견**

장고 프로젝트의 공동 리더인 제이콥 캐플런모스에 따르면 어드민에 다른 이름(또는 다른 도메인)을 이용하는 것은 손쉽게 또 하나의 보안 레이어를 추가하는 것이다.

이는 또한 공격자들이 여러분의 사이트를 쉽게 프로파일링하지 못하게 막아 준다. 예를 들면, 공격자들은 여러분이 어떤 버전의 장고를 이용하는지 때론 릴리스 레벨의 세세한 부분까지도 admin/ 페이지의 콘텐츠를 통해 알아낼 수 있다.

26.17.2 django-admin-honeypot 이용하기

특별히 여러분의 장고 사이트에 누군가 침입할까 봐 크게 우려한다면 django-admin-honeypot을 고려해보기 바란다. django-admin-honeypot은 가짜 장고 어드민 화면을 admin/에 만들어 두고 누군가 로그인하려고 하면 해당 로그인에 대한 정보를 기록해 준다.

https://github.com/dmpayton/django-admin-honeypot에 더 자세한 정보가 있다.

26.17.3 어드민 접근에 HTTPS만 허용하기

이미 앞에서 이야기한 내용이다. 하지만 특별히 여기에서 어드민은 반드시 SSL 암호화가 필요하다고 한 번 더 강조하고 싶다. 여러분의 사이트가 일반 HTTP 접근을 지원한다면 사이트를 배포할 때 복잡한 설정을 추가함으로써 어드민은 따로 적합하게 암호화된 도메인에서 서비스되게 해야 한다. 따로 추가적인 배포 절차가 필요할 뿐 아니라 어드민 접근을 HTTP 접근으로부터 제외하기 위해 해당 로직을 URLConf에 추가해야 한다. 우리 경험으로 보면 사이트 전체를 SSL/HTTPS로 서비스하는 것이 훨씬 더 간단한 일이었다.

SSL 없이 장고 어드민을 공개된 와이파이 네트워크에서 접속하면 누군가가 간단하게 여러분의 어드민 사용자 이름과 패스워드를 훔쳐 낼 것이다.

26.17.4 IP 기반으로 접속 제한하기

특별한 IP 주소에서만 장고 어드민 앱으로 접속할 수 있게 웹 서버에서 설정할 수 있다. 여러분이 이용하는 웹 서버 설정을 참고하기 바란다.

• Nginx 설정: http://tech.marksblogg.com/django-admin-logins.html

이에 대한 대안으로 미들웨어에서 해당 로직을 추가할 수도 있다. 미들웨어를 이용하는 방법은 각 뷰에 추가적으로 여분의 레이어를 추가하기 때문에 웹 서버 레벨에서 이를 처리하는 것이 훨씬 좋긴 하지만 때론 미들웨어를 이용하는 것이 유일한 대안일 수도 있다. 예를 들면 PaaS 모델의 경우 웹 서버 설정에 대해 세세한 부분까지 제어를 허용하지 않을 수도 있기 때문이다.

26.17.5 allow_tags 어트리뷰트 주의해서 쓰기

기본 설정에서 False로 비활성화되어 있는 allow_tags 어트리뷰트는 이용할 때 보안 문제를 야기할 수도 있다. `allow_tags`가 True로 설정되어 있다면 `django.utils.html.format_html`과 함께 HTML 태그들이 어드민에서 보이게 된다.

`allow_tags`는 프라이머리 키, 날짜 그리고 연산된 값 같은 시스템에서 생성된 데이터에서만 이용해야 한다는 것이 우리의 규칙이다. 문자나 텍스트 필드 같은 사용자들이 입력한 데이터의 경우에는 철저히 제외해야 한다.

26.18 어드민 문서의 보안

장고의 어드민 문서는 사이트 어드민에게 프로젝트가 어떻게 구성되어 있는지에 대한 뷰를 제공하기 때문에 장고 어드민과 같이 특별히 보안에 신경을 써야 한다. 앞서 장고 어드민에서 다루었듯이 다음과 같은 방법을 추천한다.

- 어드민 문서 URL을 yoursite.com/admin/doc이 아닌 다른 것으로 변경한다.
- 어드민 문서에는 HTTPS 접속만 허용한다.
- IP에 기반을 두고 어드민 문서에 접속을 제한한다.

26.19 사이트 모니터링하기

여러분 웹 서버의 접근과 에러 로그를 주기적으로 확인하기 바란다. 모니터링 도구를 설치하고 주기적으로 확인하며 의심이 가는 활동에 대해 항상 주의하기 바란다.

26.20 의존성 최신으로 유지하기

여러분의 프로젝트가 장고 최신 안정화 버전과 최신 서드 파티 의존성에 호환되도록 항상 업데이트해야 한다. 특히 새로운 릴리스가 보안 패치 등을 담고 있을 때 최신 버전들과 호환이 중요한 문제가 된다. 이를 위해 우리는 파이썬 패키지 인덱스에서 제공하는 최신 버전의 requirements 파일을 자동으로 체크해 주는 requires.io를 추천한다.

> "requires.io를 이용하는 이유는 다음과 같다. 각 프로젝트에서 새로운 버전이 나와 오래된 버전이 되어 버린 의존성들에 대해, 그리고 깃허브에서 보안 문제로 인해 풀 요청된 버전에 대해 매주 발송되는 이메일로 해당 내역을 알려 준다. 이를 기반으로 테스트를 자동으로 실행할 수 있고 또한 빠르게 새로운 버전을 배포할 수 있게 되었다."
>
> - 에릭 로메인(Erik Romijn), 이 책의 장고 코어 부분과 보안 부분의 리뷰어

장고 업데이트에 대한 유용한 링크들은 다음과 같다.

- 공식 장고 블로그. https://www.djangoproject.com/weblog
- 공식 장고 공지 메일링 리스트. http://2scoops.co/django-announce

26.21 클릭재킹 예방하기

클릭재킹이란 악의적인 사이트에서 숨겨진 프레임이나 아이프레임 등에 다른 사이트를 로드해서 사용자가 숨겨진 엘리먼트를 클릭하게 하는 것을 의미한다. 예를 들면 가짜 소셜 미디어의 로그인 버튼을 만들어 두고 실제 해당 버튼은 다른 사이트의 구매 버튼으로 작동하게 하는 것이다.

장고에서는 이러한 일이 발생하는 것을 예방하는 컴포넌트와 방법을 제공하고 있다.

- https://docs.djangoproject.com/en/1.8/ref/clickjacking

26.22 defusedxml을 이용하여 XML 폭탄 막기

XML 라이브러리를 이용한 공격 방법은 더 이상 새로운 것이 아니다. 예를 들면, 그 재미난 이름에도 불구하고 엄청난 피해를 일으켰던 'Billion Laughs' 공격(http://en.wikipedia.org/wiki/Billion_laughs)은 2003년에 발견되었다.

불행히 다른 여러 프로그래밍 언어들처럼 파이썬도 이와 비슷한 XML 공격에 대해 자세히 다루고 있지는 않다. 게다가 lxml 같은 서드 파티 파이썬 라이브러리들은 적어도 네 개 이상의 잘 알려진 XML 기반 공격에 취약하다. 파이썬과 파이썬 라이브러리의 취약점에 대해서는 http://2scoops.co/python-xml-vulnerabilities를 참고하기 바란다.

다행히도 크리스티안 하이메스(Christian Heimes)가 defusedxml이라는 파이썬 코어 XML 라이브러리(lxml을 포함한)와 서드 파티 라이브러리들을 패치하기 위한 라이브러리를 제작했다.

자세한 정보는 다음을 읽어 보기 바란다.

- https://pypi.python.org/pypi/defusedxml

26.23 이중 인증 살펴보기

이중 인증(two-factor authentication)은 사용자들에게 서로 다른 두 개의 식별 수단을 조합하여 이용하게 하는 방법이다.

최신 웹 애플리케이션에서 이중 인증을 이용한다는 것은 사용자들에게 패스 워드를 입력하게 하고 모바일 기기에서 제공하는 또 다른 값들을 또 한 번 입력하게 한다는 것이다. 이 또 다른 값들은 개인 휴대 전화로 전송된 값이거나 30초 마다 새로 갱신되는 번호다.

이중 인증의 장점은 빈번하게 변하는 값을 가진 또 하나의 보안 컴포넌트를 인증 절차에 추가했다는 것이다. 이는 개인 정보를 다루거나 금융 또는 의료 정보를 요구하는 사이트에서 매우 적절히 이용할 수 있다. 단점으로는 이용자들이 사이트 접속을 하려면 사용자의 모바일 기기가 네트워크에 접속되어 있으며 또한 기기가 충전되어 있어야 한다는 것인데, 모바일 기기를 항상 충전해 두지 않거나 네트워크 접속이 손쉬운 사용자가 아니라면 그다지 이상적인 방법은 아니다.

- http://en.wikipedia.org/wiki/Two_factor_authentication
- https://pypi.python.org/pypi/django-two-factor-auth

> **패키지 TOTP(Time-based One-time Password Algorithm)**
>
> TOTP(2scoops.co/time-based-one-time-password-algorithm)는 구글 인증과 여러 서비스의 인증에 이용되는 공개 표준 규약으로 TOTP는 네트워크 접속을 필요로 하지 않는다. 따라서 일부 장고 프로젝트에 매우 유용하게 쓰일 수 있다. 반면 SMS 기능을 추가하게 되면 당연히 무선 네트워크 접속을 필요로 하게 된다.

26.24 SecurityMiddleware 이용하기

이미 여러 번에 걸쳐 장고 1.8의 새로운 내장 기능인 `django.middleware.security.SecurityMiddleware`에 대해 이야기했다. 이 미들웨어는 기존 django-secure 패키지의 많은 부분을 대체했다. 우리는 장고의 이 새로운 기능을 사용자들이 좀 더 친근하게 이용하기를 바란다.

26.25 강력한 패스워드 이용하게 만들기

강력한 패스워드라는 것은 단지 문자들의 리스트 이상을 의미한다. 이는 여러 기호, 문자, 숫자들을 적절한 수준의 복잡도를 이루게 구성한 것을 의미한다. 사이트 사용자들이 이러한 패스워드를 이용하도록 함으로써 사용자들을 좀 더 보호할 수 있게 해보자.

📦 **강력한 패스워드를 위한 도구**

이러한 기능을 찾아보려 한다면 우리는 코어 장고 개발자이자 pip/PyPI 메인테이너이며 『Two Scoops of Django 1.5』의 보안 부분 리뷰를 해 주었던 도널드 스터프트(Donald Stufft)의 django-passwords를 이용해 볼 것을 추천한다.

강력한 패스워드가 이용되어야 할 또 다른 부분은 바로 설정 관리 도구를 통해 자동으로 생성된 장고 사이트다. 이런 경우 슈퍼 사용자가 생성되지 않기 때문에 우리는 항상 이에 대한 해결 방안을 고민해야 했다. 하지만 로베르토 로사리오(Roberto Rosario)가 만든 django-autoadmin을 통해 자동으로 생성되는 어드민 사용자가 패스워드를 생성할 수 있게 해 줄 수 있다.

- https://github.com/dstufft/django-passwords
- https://github.com/rosarior/django-autoadmin

26.26 사이트 보안 검사하기

에릭 로메인(Eric Romijn)은 장고 웹 사이트에 대해 자동으로 보안 검사를 해 주는 포니 체크업(http://ponycheckup.com)이란 사이트를 만들었다. 장고 사이트의 보안 이슈를 외부에서도 검사할 수 있는 몇 가지 방법이 있는데 이 사이트에선 그런 것들을 확인해 준다. 보안 감사까지는 아닐지라도 매우 유용한 도구임에 틀림없고, 여러분의 상용 사이트에 커다란 보안 문제가 있는지 없는지 무료로 알아볼 수 있다.

지금 상용으로 서비스되는 사이트가 있다면 한번 시도해보기를 권한다.

26.27 취약점 보고 페이지 만들기

사이트 이용자들이 보안 취약점을 발견했을 때 이를 알려주는 방법을 제공해보자.

깃허브의 'Responsible Disclosure of Security Vulnerabilities' 페이지가 이

에 대한 좋은 예이며 문제를 보고한 사용자의 이름을 사이트에 나타내 줌으로써 감사에 보답할 수 있을 것이다. http://2scoops.co/responsible-disclosure-of-security-vulnerabilities

26.28 django.utils.html.remove_tag 이용하지 않기

장고 프로젝트에서 이 함수의 잠재적인 위험을 강조하기로 결정하고 나서 몇 달 후 비슷한 문제로 remove_tags() 함수와 관련된 템플릿 태그가 폐지됐다. 장고 1.8에서 remove_tags()를 여전히 쓸 수는 있지만 우리는 이를 이용하지 않기를 권한다. 장고 코어 팀도 우리와 같은 의견이며 장고 2.0에서는 제거된다. 대신 블리치(bleach)라는 HTML 처리 도구를 이용하기 바란다.

- 장고의 remove_tags() 문서
  https://docs.djangoproject.com/en/1.8/ref/utils/#django.utils.html.remove_tags
- 장고 프로젝트 블로그에 실린 'Security advisory: remove_tags safety'.
  https://www.djangoproject.com/weblog/2014/aug/11/remove-tags-advisory/
- 파이썬 패키지 인덱스의 bleach 라이브러리.
  https://pypi.python.org/pypi/bleach

26.29 문제가 일어났을 때의 대응 방법을 마련해 두자

보안 문제가 발생했을 때 이를 처리하는 것은 매우 스트레스 받는 일이다. 좀 더 명확한 판단을 위해, 무분별한 '버그 수정'을 피하기 위해, 문제를 더 악화시킬 소지가 있는 외부 알림 메시지가 제공되는 것을 막기 위해, 급박하게 돌아가는 상황의 부담과 공황 상태를 극복할 감각이 필요하다.

따라서 사이트를 관리하는 사람들에게 필요한 프로젝트의 기술적이지 않은 부분까지도 포함한 사항들을 정리한 문서와 계획이 반드시 필요하다. 여기에 간단한 예가 있다.

① 모든 것을 정지하거나 읽기 전용 모드로 변경한다.
② 정적 HTML 페이지를 띄운다.
③ 백업을 시작한다.

④ 설사 여러분의 실수로 발생한 문제라도 security@djangoproject.com으로 메일을 보낸다.

⑤ 문제를 살펴보기 시작한다.

자, 이제 이러한 절차를 따라서 한번 해보자.

26.29.1 모든 것을 정지하거나 읽기 전용 모드로 변경한다

우선 해야 할 일은 보안 문제가 계속 발생할 가능성을 제거하는 것이다. 이렇게 함으로써 더 많은 피해를 멈출 수 있기를 바라기 때문이다.

허로쿠에서는 다음과 같이 한다.

√ 예제 26.8

```
$ heroku maintenance:on
Enabling maintenance mode for myap... done
```

여러분이 자체적인 배포를 하거나 배포 자동화 도구를 이용하는 프로젝트의 경우 이와 같은 기능을 만들어야 할 것이다. 다행히도 다른 사람들이 미리 이런 경우에 직면했고 참고 자료를 남겨 두었다.

- 503 관리 중 페이지를 나타내는 방법.
  http://2scoops.co/nginx-http503-page
- django-db-tools는 프로젝트의 데이터베이스를 쉽게 읽기 전용 모드로 변환하는 기능을 제공한다.
- 다른 여러 도구를 다음에서 찾을 수 있다.
  http://2scoops.co/emergency-management

26.29.2 정적 HTML 페이지 띄우기

프로젝트가 시작될 때 '보수 중' 페이지 또한 준비되어 있어야 한다. 이럴 경우 문제가 발생했을 당시 그리고 사이트를 정지해야 할 때 이 '보수 중' 페이지를 사용자에게 보여 줄 수 있어야 한다. 이런 '보수 중' 페이지를 띄우면 사용자들의 이해를 구할 수도 있고 또한 사용자들이 문제를 해결할 때까지 여유 시간을 줄 수도 있을 것이다.

26.29.3 백업을 시작한다

코드 복사본을 만들어 두고 서버로부터 데이터를 분리해 로컬 하드 드라이브나 SSD에 저장한다. 저장 장치 전문 회사의 제품을 고려할 수도 있을 것이다.

왜 이런 백업이 필요할까? 이러한 상황에서 데이터를 백업함으로써 후에 감사에 대한 자료를 남길 수 있다. 이를 통해 언제 어디서 무엇이 잘못되어 문제가 일어났는지 알 수 있다.

그다음으로는 그다지 듣기 좋은 소리는 아니지만, 악의적인 직원에 의해 일어나는 문제가 어떤 버그나 내부 직원에 의해 일어나는 문제보다 많을 수도 있다. 무슨 말인가 하면, 아무리 최고의 소프트웨어 기반 보안 시스템이라 할지라도 백도어를 만들어 놓은 개발자나 문제를 일으키기로 작정한 비기술 직원에 의해 무용지물이 될 수 있다는 이야기다.

26.29.4 설사 여러분의 실수로 발생한 문제라도 security@djangoproject. com으로 메일을 보낸다

사실 누구의 실수 때문인지는 크게 염려하지 말고 문제에 대한 요약을 재빨리 이메일로 보내는 것이 중요하다. 필요하다면 도움을 요청할 수도 있을 것이다. 왜 이런 메일이 중요한지 다음에 몇 가지 이유를 들어 보겠다.

- 재빨리 간략한 요약을 씀으로써 여러분의 생각을 정리하게 되고 이를 위한 해당 정보를 모으는 데 도움이 될 것이다. 문제가 생겼을 때 여러분은 엄청난 스트레스를 받게 되는데 이 스트레스와 급박한 상황 때문에 문제를 더 심각하게 만드는 엉뚱한 판단을 내릴 수도 있기 때문이다.
- 장고 보안 팀이 좋은 충고나 심지어 질문에 대한 답을 이미 가지고 있을지도 모르는 일이다.
- 장고 자체의 문제일 수도 있다! 만약 이런 경우라면 장고 보안 팀이 이를 알아야 하고 해당 문제가 공개적으로 확대되기 전에 장고 팀에서 문제에 대한 조치를 취해야 할 것이다.

💡 **장고 프로젝트에 보고하는 것에 대한 제이콥 캐플런모스의 의견**

장고의 공동 리더이자 허로쿠의 보안 디렉터인 제이콥 캐플런모스(Jacob Kaplan-Moss)는 다음과 같이 말했다. "사람들이 공개된 장고 버전에서 보안 문제를 정말로 우연히 발견해서 security@djangoproject.com에 메일을 보내는 것보다는 사람들이 장고에 대해 잘 몰라서 장고의 문제라고 생각하고 메일을 보내는 게 차라리 낫다."

26.29.5 문제를 살펴보기 시작한다

시스템을 중지하고 모든 것을 백업하고 정적 HTML을 게시하고 security@
djangoproject.com으로 이메일을 보내고 나서 이제 문제를 살펴보고 있다고 가
정해 보자. 이 절차들을 따르는 동안 여러분 스스로와 여러분의 팀에 일단 한숨
쉴 기회는 주어졌을 것이고 이제 정말 무슨 문제가 일어났는지 찾아야 한다.

매우 스트레스 받는 시간이 될 것이다. 사람들은 공황의 정점에 서 있게 될 것
이다. 무슨 일이었는지, 무엇이 원인이었는지 알아보기 위해 조사할 것이며 해
결 방안을 찾기 위해 이 책의 '34장 장고에 관련된 도움을 받는 방법'을 보고 있
을지도 모른다.

문제를 수정하기 전에 급한 나머지 모든 것을 다 날려 버릴 수도 있는 성급한
패치를 하시 않도록 문제에 대한 정말 올바른 수정 사항인지 확인해 보라. 그렇
다. 바로 이때가 테스트와 지속적 통합이 빛을 발할 때다.

긍정적으로 생각하라. 문제를 해결하기 위해 모두가 한자리에 모일 시간이다.
노트를 적기도 하고 도움을 요청할 만한 사람들에게 물어보기도 하고 스스로에
게 그리고 팀에 이 문제를 해결할 의지가 있으며 반드시 문제에 대한 현명한 해
법이 있으며 이를 잘 헤쳐 나갈 거라고 서로 독려하기 바란다.

❗ 제로 데이 공격의 악몽

제로 데이(zero-day) 공격이란 아직 패치되지 않은, 공개적이거나 비공개적인 보안 취약
점에 대한 공격을 의미한다. 예를 들면 다음과 같다.

- 소프트웨어 업데이트 릴리스 당일에 모든 사람이 소프트웨어를 업데이트하는 시점에 하
  는 공격
- 보안 취약점이 발견되어 사람들이 블로그에 이를 올리자마자, 하지만 패키지 개발자들이
  아직 릴리스에 대한 패치를 하기 전에 하는 공격
- 내부적으로 이용되는 보안 관련 메일링 리스트에서 논의된 보안 취약점을 목표로 하는
  공격

제로 데이 공격은 해당 보안 이슈에 대한 원인을 찾거나 패치를 할 시간적인 여유가 없는 경
우가 대부분이며 이러한 점으로 말미암아 특히나 대응하기가 더 힘들다. 보안 문제가 발생
했을 때 대처 방안에 대한 계획을 세울 이유를 찾으라고 한다면 바로 이런 상황일 것이다.

- https://en.wikipedia.org/wiki/0day를 읽어 보기 바란다.

26.30 UUID를 이용한 난해한 프라이머리 키

장고 1.8은 models.UUIDField라는 매우 유용한 기능을 제공한다. 거대한 분산 시스템에서 이를 프라이머리 키로 이용하는 사례가 있긴 하지만, 이런 경우를 제외하고는 이 기능을 이용함으로써 오히려 부담만 가중된다. 예를 들면 User.objects.get(id=1)와 같이 간편하게 기억할 수 있는 것을 User.objects.get(id='0b0fb68e-5b06-44af-845a-01b6df5e096')처럼 복잡하게 구성함으로써 복사/붙이기를 이용할 수밖에 없게 만든다. 물론 사용자들에게 우리의 프라이머리 키가 무엇인지 숨기려고 한다면 models.UUIDField가 매우 유용할 것이다. 모델을 예로 들어 보면 다음과 같다.

√ 예제 26.9

```
import uuid as uuid_lib
from django.db import models
from django.utils.encoding import python_2_unicode_compatible

@python_2_unicode_compatible
class IceCreamPayment(models.Model):
    uuid = models.UUIDField(
        db_index=True,
        default=uuid_lib.uuid4,
        editable=False)

    def __str__(self):
        return str(self.pk)
```

그리고 어떻게 모델을 호출하는지 나타내면 다음과 같다.

√ 예제 26.10

```
>> from payments import IceCreamPayment
>> payment = IceCreamPAyment()
>> IceCreamPayment.objects.get(id=payment.id)
<IceCreamPayment: 1>
>> payment.uuid
UUID('-b0fb68e-5b06-44af-845a-01b6df5e0967')
>> IceCreamPayment.objects.get(uuid=payment.uuid)
<IceCreamPayment: 1>
```

26.31 부록으로 제공된 '보안 관련 세팅'을 참고하라

장고와 보안 관련 이슈를 전부 챙긴다는 것은 매우 어려운 일이다. 이 장만도 수십 쪽이 넘는 양이며 처음에 명확히 밝혔듯이 이 책은 절대적인 참고 자료가 아니다.

좀 더 명확한 도움을 주기 위해 우리는 책의 후반부에 '부록 G: 보안 관련 세팅'을 실었다. 어떻게 하면 장고 프로젝트의 보안 관련 설정을 더 안전하게 할 수 있는지에 대한 유용하고 중요한 정보다.

26.32 보안 사항 일반에 대해 늘 최신 정보를 유지하라

상식적인 충고로 이 장을 마무리할까 한다.

첫째, 보안 관련 업무는 장고 커뮤니티와 그 외 다른 여러 부분에서 항상 꾸준히 새로운 것이 생기고 이를 통해 진화하는 부분이라는 것이다. http://2scoops.co/django-announce를 구독하고 트위터와 해커 뉴스(https://news.ycombinator.com) 그리고 다른 여러 보안 관련 블로그를 주기적으로 확인하기 바란다.

둘째, 보안 관련 업무는 비단 장고에만 국한된 것이 아니라 장고를 벗어난 다양한 분야에 걸쳐 있다는 것이다. 웹 애플리케이션 스택 전반에 걸쳐 보안 이슈를 연구해야 하며 해당 부분에 대해 항상 최신 정보를 유지해야 한다.

> **보안 관련 추천 글과 책**
>
> 장고 코어 개발자이자 보안 전문가이면서 이 책의 리뷰를 해 준 폴 맥밀런(Paul McMilan)은 다음 책들을 추천해 주었다.
>
> • 『The Tangled Web: A Guide to Securing Modern Web Applications』: http://amzn.to/1hXAAyx
> • 『The Web Application Hacker's Handbook』: http://amzn.to/1dZ7xEY
>
> 이에 덧붙여 우리는 다음 참고 자료 사이트를 추천한다.
>
> • https://wiki.mozilla.org/WebAppSec/Secure_Coding_Guidelines

26.33 요약

이번 장을 장고 보안에 대한 절대적인 참고 가이드가 아닌 시작점으로 삼길 바란다. 장고 프로젝트 문서에 나와 있는 추가적인 보안 주제를 읽어 보기 바란다. http://2scoops.co/1.8-additional-security-topics

장고 커뮤니티의 근면성과 세심성 덕분에 보안 측면에서 장고는 늘 좋은 점수를 받아 왔다. 보안 관련 분야에 대해 도움을 청하는 것은 전혀 부끄럽거나 문제를 야기하는 행동이 아니라 오히려 권장되는 것이다. 그 어떤 부분이라도 미심쩍은 부분이 남아 있다면 장고 커뮤니티에 질문을 남기고 도움을 요청하기 바란다.

27장

로깅: 누구를 위한 것인가?

로깅(logging)은 마치 공기와 같다. 이것 없이는 절대 살 수 없거나 아니면 그 존재 자체를 잊어버리고 때때로 이게 뭐지 하며 의아해하는 그런 것이다.

요구 조건이 다양하고 규모가 큰 상용 프로젝트에서 작업해 본 사람이라면 그 누구라도 서로 다른 로그 레벨을 적절히 사용하고, 모듈별 로거를 만들고, 중요한 이벤트에 대한 정보를 꼼꼼하게 로깅하고, 이벤트를 로깅할 때 애플리케이션 상태에 대한 자세한 정보를 포함하는 것이 얼마나 중요한지 이미 경험했을 것이다.

로그를 남기는 것 자체가 그다지 멋지거나 화려해 보이지는 않겠지만 평소와 다른 부하를 안정적으로 처리하고 사이트 처리량을 손쉽게 확장할 수 있는 강력하고 안정적인 웹 애플리케이션을 만드는 비법 중 하나임을 명심하기 바란다. 로깅은 애플리케이션 에러를 디버깅할 때 쓸 수 있을 뿐 아니라 성능에 관련된 정보를 수집하는 역할도 한다.

평소와는 다른 변화를 로그로 기록하고 주기적으로 로그를 확인하는 것은 서버 보안을 좀 더 확실히 하는 매우 중요한 절차이기도 하다. 앞 장에서 서버에 대한 접근을 확인하고 에러 로그를 주기적으로 확인하는 것이 얼마나 중요한지 다루었다. 애플리케이션 로그 또한 이와 비슷하게 로그인 실패나 일반적이지 않은 애플리케이션 레벨의 여러 활동을 추적하는 데 이용할 수 있다는 것을 기억하기 바란다.

27.1 애플리케이션 로그 대 기타 로그

이번 장에서는 애플리케이션 로그에 초점을 맞추기로 한다. 파이썬 웹 애플리케이션에서 발생하는 데이터를 담은 파일이라면 모두 애플리케이션 로그라고 간주하자.

애플리케이션 로그 외에도 여러 종류의 로그가 있음을 주지하기 바라며, 이러한 로그 또한 그냥 넘어가서는 안 된다. 서버 로그, 데이터베이스 로그, 네트워크 로그 등이 이에 해당하며 상용 시스템의 상태를 보여 주는 모든 로그를 똑같이 다 중요한 요소로 다루기 바란다.

27.2 왜 로깅에 신경을 쓰는가?

로깅은 스택 트레이스나 디버깅 도구로는 충분하지 못할 때 이용할 수 있는 도구다. 독립적으로 움직이는 여러 모듈이 상호 연동된 상태에서 예기치 못한 상황을 발생시키는 부분들에 대한 로깅은 무슨 일이 어떻게 일어나고 있는지 재빨리 분석하고 이해할 수 있도록 해 준다.

로그는 DEBUG, INFO, WARNING, ERROR, CRITICAL 레벨로 구성된다. 각 로그 레벨이 어떻게 쓰이는지 알아보자.

27.3 각 로그 레벨을 어떤 경우에 이용할 것인가?

상용 서비스에서는 서비스 환경 이외에 별도로 로그 레벨을 이용할 수 있다. 로그 레벨은 프로젝트의 세팅 모듈에서 설정되며 부하 테스트 또는 대규모 사용자 테스트 등의 목적에 따라 권장되는 설정을 이용할 수 있다.

상용 환경에서는 DEBUG 레벨을 제외한 모든 로그 레벨을 이용하기를 추천한다.

그림 27.1 아이스크림 상황에 빗댄 CRITICAL, ERROR, WARNING, INFO 로그 레벨

상용 환경과 개발 환경 둘 다에서 동일한 CRITICAL, ERROR, WARNING, INFO 로그가 남기 때문에 어느 한 환경에서 발생한 로그로 다른 환경에서의 문제를 손쉽게 처리할 수 있다. 해당 로그에 대한 문제를 해결하기 위해 각 환경을 따로 고려하지 않아도 되어 편리하다. 한 가지 문제를 해결하기 위해 추가된 디버그 코드가 다른 새로운 버그를 생성할 수 있음을 잊지 말기 바란다.

이번 절에서는 각 로그 레벨이 어떻게 쓰이는지 다루어 보겠다.

27.3.1 급한 주의를 요구할 때 이용되는 CRITICAL

CRITICAL 로그 레벨은 무언가 심각한 참사가 일어날 만하여 급하게 주의가 요구될 때 이용된다.

예를 들면, 여러분의 코드가 내부적으로 구동하는 웹 서비스에 의존하고 있고 해당 웹 서비스가 여러분 사이트의 핵심 기능일 경우, 만약 웹 서버에 접근이 불가능한 상황이라면 CRITICAL 레벨의 로그를 기록할 수 있다.

CRITICAL 로그 레벨은 코어 장고 코드에서는 쓰이지 않으며 여러분이 장고를 개발하면서 매우 심각한 문제가 일어날 수 있는 코드에서 이용하기 바란다.[1]

27.3.2 상용 환경의 에러는 ERROR를 이용하라

언제 ERROR 레벨의 로그가 합당한지 알아보기 위해 코어 장고 모듈을 예로 살펴보자. 코어 장고에서는 ERROR 로그 레벨은 드물게 쓰이는데 매우 중요하게 이용될 때가 바로 코드에서 발생한 예외가 처리되지 않았을 때다. 장고에서는 다음 코드를 이용하여 해당 이벤트를 로그로 남긴다.

√ 예제 27.1

```
# 코어 장고 코드를 그대로 인용했다.
# 예를 들기 위해 인용한 것이니 절대로
# 여러분의 프로젝트에선 이용하지 말기 바란다.
logger.error("Internal Server Error: %s", request.path,
    exc_info=exc_info,
    extra={
        "status_code": 500,
        "request": request
    }
)
```

---

1 (옮긴이) 장고 내부적으로 CRITICAL 에러를 이용하지 않는다. CRITICAL 에러의 경우 사용자의 프로그램상에서 '중대한' 문제에 대한 로깅의 의미로 그 이용을 양보한 것이라고 볼 수 있다.

장고는 이 코드를 어떻게 이용할까? 세팅에서 DEBUG=False로 설정되어 있을 때 ADMINS에 등록된 모든 사람은 다음 내용을 이메일로 받을 것이다.

- 에러에 대한 설명
- 에러가 발생한 시점에서 파이썬의 트레이스백 내용
- 에러를 발생시킨 HTTP 요청 정보

이런 메일을 한 번이라도 받아 보았다면 ERROR 로그가 얼마나 유용한지 알 것이다.

비슷한 이유로 우리는 사이트 어드민에게 유용한 에러 로그가 필요할 때 ERROR 로그를 쓰는 방법을 추천한다. 여러분의 코드가 예외를 일으켰을 때 문제를 해결하기 위한 최대한의 로그 정보를 남겨 두기를 바란다.

예를 들면, 서드 파티 API에 필요한 뷰 중 하나에 접근이 안 될 때 해당 예외가 발생할 것이다. 이러한 예외가 발견되었을 때 문제 해결을 위해 도움이 될 만한 메시지와 API의 실패 응답이 있다면 이 응답 결과 또한 같이 남겨 줄 수 있겠다.

27.3.3 중요도가 낮은 문제에 대해서는 WARNING 이용하기

이 로그 레벨은 일반적이지 않은 문제를 초래할 가능성을 가지고는 있으나 ERROR 레벨만큼 심각하지 않은 경우에 적합하다.

예를 들면, 가짜 admin/ 로그인 폼을 만들기 위해 django-admin-honeypot을 이용하고 있다면 외부 불법 침입자의 로그인 시도는 이 레벨에서 처리할 수 있을 것이다.

장고는 CsrfViewMiddleware의 여러 부분에서 403 Forbidden 에러를 발생시키는 경우에 이 레벨의 로그를 쓴다. 예를 들면 외부에서 전달된 POST 요청이 csrf_token을 포함하고 있지 않으면 다음과 같은 이벤트 로그를 발생시킨다.

√ **예제 27.2**

```
# 코어 장고 코드를 그대로 인용했다.
# 예를 들기 위해 인용한 것이니 절대로
# 여러분의 프로젝트에선 이용하지 말기 바란다.
logger.warning("Forbidden (%s): %s",
                REASON_NO_CSRF_COOKIE, request.path,
    extra={
        "status_code": 403,
        "request": request,
    }
)
```

27.3.4 유용한 상태 정보에 대해서는 INFO를 이용

이 로그 레벨은 특별한 분석이 필요한 부분에 세부 정보를 남기는 데 이용하기를 추천한다. 이러한 경우는 다음과 같다.

- 다른 부분에서 로그를 남기지 않는 중요 컴포넌트의 시작과 종료
- 중요한 이벤트에 대한 응답으로 일어난 상태의 변화
- 권한 변화 시(일반 사용자가 어드민 권한을 획득했을 때)

이에 덧붙여, INFO 레벨은 성능에 대한 분석을 위한 일반적인 정보를 남기는 용도로 쓰기에 적합하다. 문제가 되는 병목 지점을 발견하고 프로파일링하는 데 좋은 레벨이다.

27.3.5 디버그 관련 메시지는 DEBUG로

개발 환경에서 디버깅을 목적으로 print 문을 통해 로그를 남기고 싶을 때 DEBUG 로그 레벨이나 INFO 로그 레벨 정도를 이용하기를 추천한다.

　다음의 잘못된 예와 같은 방식이 아니라

⚠ **나쁜 예제 27.1**

```
from django.views.generic import TemplateView

from .helpers import pint_counter

class PintView(TemplateView):

    def get_context_data(self, *args, **kwargs):
        context = super(PintView, self).get_context_data(**kwargs)
        pints_remaining = pint_counter()
        print("Only %d pints of ice cream left." % (pints_remaining))
        return context
```

다음 방법으로 로깅을 남기는 습관을 들이기 바란다.

✓ **예제 27.3**

```
import logging

from django.views.generic import TemplateView

from .helpers import pint_counter

logger = logging.getLogger(__name__)

class PintView(TemplateView):
```

```
def get_context_data(self, *args, **kwargs):
    context = super(PintView, self).get_context_data(**kwargs)
    pints_remaining = pint_counter()
    logger.debug("Only %d pints of ice cream left." % pints_remaining)
```

print 문을 프로젝트 이곳저곳에서 빈번하게 이용하면 결국에는 문제를 일으키는 동시에 기술적 부채가 된다.

- 웹 서버의 종류에 따라 print 문이 사이트를 다운시킬 수도 있다.
- print 문은 기록으로 남지 않는다. 로그를 그냥 지나쳤다면 print 문이 이야기하는 것을 다시 확인할 방법이 없다.
- 창고가 파이썬 3으로 이전함에 따라 예전 스타일의 print IceCream.objects.flavor() 같은 print 문은 에러를 일으킬 것이다.

print 문과는 다르게 로깅은 각기 다른 레벨의 보고와 응답 메서드를 제공한다. 이 말의 의미는 다음과 같다.

- DEBUG 레벨에서만 적용되는 로그를 이용할 수 있다. 해당 문장을 코드에 남겨 둔 상태에서 코드가 상용 환경에 이용된다고 해도 걱정할 필요가 없다.
- 응답 메서드는 이메일, 로그 파일, 콘솔, stdout 형태로 이용될 수 있다. 센트리와 같은 애플리케이션으로 HTTP 요청 푸시를 발생시킬 수도 있다.

디버그 레벨의 로그를 그렇다고 너무 과용할 필요는 없음을 알아 두기 바란다. 디버그할 때 logging.debug()를 추가하는 것은 문제 될 것이 없지만 그렇다고 코드의 매 라인마다 로그를 남길 필요는 없다.

그림 27.2 아이스크림에 빗댄 적당량의 DEBUG 로그 이용하기

27.4 예외를 처리할 때 트레이스백 로그 남겨두기

예외에 대한 로그를 남길 때 해당 예외에 대해 스택 트레이스 정보를 로그로 남기는 것이 큰 도움이 된다. 파이썬의 로깅 모듈은 다음을 지원한다.

① Logger.exception()은 ERROR 레벨에서 자동으로 트레이스백과 로그를 포함한다.

② 다른 로그 레벨에 대해서는 exec_info 옵션 키워드를 이용하라.

WARNING 로그 레벨에서 트레이스백을 남기는 예는 다음과 같다.

√ 예제 27.4

```python
import logging
import requests

logger = logging.getLogger(__name__)

def get_additional_data():
    try:
        r = requests.get("http://example.com/something-optional/")
    except requests.HTTPError as e:
        logger.exception(e)
        logger.debug("Could not get additional data", exc_info=True)
        return None
    return r
```

27.5 한 모듈당 한 개의 로거 쓰기

다른 모듈에서 로깅을 쓸 때 다른 곳에서 로거를 임포트해서 재사용하지 말기 바란다. 대신 새로운 로거를 모듈에 정의해서 다음과 같이 쓰기 바란다.

√ 예제 27.5

```python
# 이 코드 블록을 models.py, views.py
# 그리고 로그를 필요로 하는 다른 파일들에
# 이용하면 된다.
import logging

logger = logging.getLogger(__name__)
```

이렇게 하면 여러분이 지금 필요로 하는 해당 로그에 대해 그 기능을 켜거나 끌수 있다. 로컬 환경에서는 재현되지 않고 운영 환경에서만 발생하는 이상한 문제를 겪고 있다면 문제가 되는 특별한 모듈에 대해서만 DEBUG 로그를 남길 수 있는 것이다. 그런 다음 문제의 원인을 발견했을 때 운영 환경의 로그를 원래대로 돌려놓으면 된다.

27.6 로컬에 로그 남기기와 로그 파일 로테이션하기

장고의 startproject 명령으로 새 장고 프로젝트를 만들었을 때 기본으로 생성된 설정은 ERROR나 그 이상의 로그를 ADMINS 리스트에 지정되어 있는 사람에게 이메일로 보내는 것이며 이는 장고의 AdminEmailHandler를 통해 이루어진다.

이에 추가적으로 INFO나 그 이상의 로그를 디스크에 저장하기를 추천한다. 디스크에 로그를 저장하는 것은 어떤 이유에서 네트워크가 제대로 작동하지 않거나 어드민에게 이메일을 보낼 수 없을 때 도움이 된다. 이때 로그 로테이션(log rotation)은 늘어나는 로그들이 디스크를 다 써 버리는 것을 막아 주는 기능을 제공한다.

일반적으로 logging.handlers.WatchedFileHandler를 통해 유닉스 logrotate 유틸리티를 이용하는 방법을 쓰는데, 여러분이 PaaS를 이용하고 있다면 로그 파일 로테이션이 허용되지 않을지도 모른다. 이럴 경우에는 로글리(http://loggly.com) 같은 외부 로깅 서비스를 이용해 볼 수도 있다.

27.7 기타 로깅 팁

- 장고 문서의 로깅 부분에 나와 있는 세팅 파일에서 로그 컨트롤하기.
  https://docs.djangoproject.com/en/1.8/topics/logging/
- 디버깅할 때는 파이썬 로거를 DEBUG 레벨로 세팅하여 이용한다.
- DEBUG 레벨에서 테스트를 끝낸 이후 해당 로그들을 INFO나 WARNING 레벨로 변경한다. 특별히 더 관심을 가져야 할 로그의 종류를 줄임으로써 서드 파티 라이브러리가 보내는, 해당 기능이 앞으로 더 이상 지원되지 않을 것이라는 등의 더 중요한 메시지를 인지하는 데 도움이 된다.
- 로깅 기능을 더 늦기 전에 추가하라. 사이트에 문제가 생겼을 때는 정말로 로그에 감사하게 될 것이다.
- ERROR나 그 이상의 로그에 대해 이메일을 받는 것은 매우 현명한 일이다. 예를 들면 페이저듀티(http://www.pagerduty.com) 같은 서비스는 여러분과 여러분의 팀원에게 해당 문제에 대해 어떤 조치가 이루어지기 전까지 지속적으로 알람을 보내게 해 준다.

> **유용한 기능을 제공하는 logutils**
>
> 비네이 사집(Vinay Sajip)의 logutils는 로그를 처리하는 데 필요한 다양한 기능을 제공한다. 해당 기능은 다음과 같다.
>
> - 윈도우, 리눅스, 맥 OS X에서 콘솔에 여러 색을 적용할 수 있다.
> - 큐에 로그를 남길 수 있게 해 준다. 이는 SMTPHandler와 같이 시간이 걸리는 핸들러에 대해 로그를 큐로 설정해서 보낼 수 있게 해 준다.
> - 로그 메시지에 대해 단위 테스트를 할 수 있는 클래스를 지원한다.
> - 암호화된 HTTPS를 지원하는 개선된 HTTPHandler를 제공한다.
>
> logutils의 몇 가지 기본 기능은 그 유용성으로 말미암아 파이썬 표준 라이브러리로 포함되었다!

27.8 좀 더 읽어 볼 만한 자료들

- https://docs.djangoproject.com/en/1.8/topics/logging
- http://docs.python.org/2/library/logging.html
- http://docs.python.org/2/library/logging.config.html
- http://docs.python.org/2/library/logging.handlers.html
- http://docs.python.org/2/howto/logging-cookbook.html

27.9 유용한 서드 파티 도구들

- 센트리(https://www.getsentry.com)는 에러를 수집해 주는 서비스를 제공한다.
- 앱 인라이트(https://appenlight.com)는 앱에 대한 에러와 성능 문제를 보고해 준다.
- 로글리(http://loggly.com)는 로그 관리를 쉽게 해 주며 훌륭한 쿼리 도구를 제공한다.

27.10 요약

장고 프로젝트는 파이썬에서 제공하는 다양한 로그 기능의 장점을 손쉽게 이용할 수 있게 해 준다. 로깅 핸들러와 로그 분석 도구를 조합함으로써 로그의 진정한 힘을 이용해 볼 수 있다. 로그는 프로젝트의 안정성을 높이고 성능을 개선하는 데 도움이 된다.

　다음 장에서는 로깅 덕분에 훨씬 쉬운 추적과 디버그, 그리고 이에 대한 분석
이 가능하게 된 시그널에 대해 다루어 보겠다.

28장

시그널: 이용 사례와
시그널을 피할 수 있는 기술들

간단히 답하면 다음과 같다. 시그널은 최후의 수단이다.

길게 답하면 다음과 같다. 초보 장고 개발자가 시그널을 처음 접했을 때 종종 행복하다는 신호(signal-happy)를 보내곤 한다. 그리고 마치 장고 전문가가 된 듯이 이곳저곳에 시그널을 도배하기 시작한다.

이런 식으로 코딩을 하다 보면 어느 순간 프로젝트는 너무 난해해지고 단단히 얽혀 풀리지 않는 실타래처럼 되어 버린다. 이곳저곳에 덕지덕지 붙은 시그널들은 어디에선가 다행히 수신되고 처리될 순 있겠지만, 이 정도 상황이라면 시그널들이 정확히 어떤 역할을 수행하고 있는지 쉽게 이야기하긴 어려운 상황이 되었다는 의미일 것이다.

많은 개발자들이 셀러리(http://www.celeryproject.org)가 제공하는 비동기 메시지 큐와 시그널을 서로 혼동하기도 한다. 시그널은 동기화되고 블로킹을 일으키는 무거운 프로세스를 호출하며 확장과 성능 측면에서 그 어떤 장점도 찾아볼 수 없다. 사실 그다지 그럴 필요가 없는 코드들에 시그널을 이용하면 코드가 오히려 더 복잡해질 뿐이다.

시그널이 유용한 건 사실이지만 최후의 수단으로 고려해야 하며 시그널을 이용하는 것보다 더 나은 방법이 없을 때 마지막으로 고려해야 할 수단이다.

28.1 시그널을 이용해야 할 때와 시그널 이용을 피해야 할 때

다음과 같은 경우 시그널을 이용하지 말기 바란다.

- 시그널이 하나의 특별한 모델에 연관되어 있으며 모델 메서드 중 하나로 이 전 가능할 때. save()로 호출 가능한 경우
- 커스텀 모델 매니저 메서드를 시그널 대신 이용할 수 있을 때
- 특정 뷰에 연관된 시그널이 해당 뷰 안으로 이동될 수 있을 때

다음과 같은 경우 시그널 이용을 고려해 볼 수 있을 것이다.

- 시그널의 리시버가 하나 이상의 모델을 변경할 때
- 여러 개의 앱에서 발생한 한 종류의 시그널을 공통으로 이용되는 리시버로 받아 동일한 방법으로 처리할 때
- 모델이 저장된 이후에 캐시를 지우고 싶을 때
- 콜백이 필요하나 시그널을 제외하고는 이를 이용할 수 없는 특별한 경우. 예를 들어, 서드 파티 앱의 모델에서 save()나 init()에 기반을 둔 트리거를 이용하고 싶으나 해당 서드 파티의 코드를 수정할 수도, 확장할 수도 없는 경우. 이럴 경우 트리거를 구성함으로써 콜백을 구현할 수 있다.

💡 **시그널에 대한 애머릭 어거스틴(Aymeric Augustin)의 의견**

장고의 코어 개발자인 애머릭은 다음과 같이 말했다. "일반 함수로 해결할 수 있는 한 시그널을 이용하지 말라고 말하고 싶다. 시그널은 프로그램 구조의 흐름을 역으로 만들어 컨트롤의 흐름을 이해하기 어렵게 만든다. 이는 코드가 실제로 어떻게 작동하는지 이해하는 데 큰 방해가 된다. 시그널을 보내는 코드에서 해당 시그널을 받는 리시버가 어떤 것인지조차 알 필요가 없는 경우라면 그때 시그널을 이용하라."

28.2 시그널을 이용하지 않기 위한 기법

코드를 좀 더 단순히 함으로써 필요 없는 시그널을 없앨 수 있는 몇 가지 상황을 알아보자.

28.2.1 시그널 대신 커스텀 모델 매니저 메서드 이용하기

사이트에서 사용자가 제출한 아이스크림 테마 이벤트를 처리하는데 각 아이스크림 이벤트는 그 이벤트에 대한 승인 절차를 거친다고 하자. 생성된 이벤트들은 우선 'Unreviewed'(리뷰 전)란 상태를 가지게 된다. 사이트 관리자는 이벤트가 입력될 때마다 이메일을 받음으로써 바로 검토를 하고 해당 이벤트를 사이트

에 게시할 수 있다.

시그널로도 이러한 절차를 구현할 수 있긴 하지만 post_save() 코드에 여분의 로직을 넣는 대신에 관리자가 설정한 이벤트로도 이메일을 생성할 수 있다.

이런 상황을 손쉽게 처리할 수 있는 방법은 커스텀 모델 매니저 메서드를 생성하고 이를 뷰에서 이용하는 것이다. 또한 관리자가 생성한 이벤트에 대해서는 리뷰 프로세스를 거치지 않도록 할 수 있다.

천 마디 말보다 코드 예제가 더 명료하기에 우리가 해당 메서드를 어떻게 구현했는지 나타내 보았다.

✓ **예제 28.1**

```python
# events/managers.py
from django.db import models

class EventManager(models.Manager):

    def create_event(self, title, start, end, creator):
        event = self.model(title=title,
                           start=start,
                           end=end,
                           creator=creator)
        event.save()
        event.notify_admins()
        return event
```

이제 커스텀 매니저 메서드를 가진 커스텀 매니저를 구현했다. 이를 notify_admins() 메서드를 가진 모델에 붙여 보겠다.

✓ **예제 28.2**

```python
# events/models.py
from django.conf import settings
from django.core.mail import mail_admins
from django.db import models

from model_utils.models import TimeStampedModel

from .managers import EventManager

class Event(TimeStampedModel):

    STATUS_UNREVIEWED, STATUS_REVIEWED = (0, 1)
    STATUS_CHOICES = (
        (STATUS_UNREVIEWED, "Unreviewed"),
        (STATUS_REVIEWED, "Reviewed"),
    )

    title = models.CharField(max_length=100)
```

```
        start = models.DateTimeField()
        end = models.DateTimeField()
        status = models.IntegerField(choices=STATUS_CHOICES,
                                        default=STATUS_UNREVIEWED)

        creator = models.ForeignKey(settings.AUTH_USER_MODEL)

        objects = EventManager()

        def notify_admins(self):
            # 제목과 본문 메시지 작성
            subject = "{user} submitted a new event!".format(
                            user=self.creator.get_full_name())
            message = """TITLE: {title}
START: {start}
END: {end}""".format(title=self.title, start=self.start,
                            end=self.end)

            # 어드민에게 보낸다!
            mail_admins(subject=subject,
                message=message,
                fail_silently=False)
```

이와 같은 방법을 User 모델에 적용해 보자. 이벤트를 생성하기 위해 create()를
호출하는 대신 create_event() 메서드를 호출하기로 하자.

√ 예제 28.3

```
>>> from django.contrib.auth import get_user_model
>>> from django.utils import timezone
>>> from events.models import Event
>>> user = get_user_model().get(username="audreyr")
>>> now = timezone.now()
>>> event = Event.objects.create_event(
...     title="International Ice Cream Tasting Competition",
...     start=now,
...     end=now,
...     user=user
...     )
```

28.2.2 시그널을 통하지 않은 모델 검사

특정 모델에 대한 입력값을 처리하기 위해 pre_save 시그널을 이용하고 있었다
면 해당 필드에 대한 커스텀 유효성 검사기를 대신 이용해볼 수 있다.

ModelForm을 통해 검사하고 있었다면 모델의 clean() 메서드를 오버라이딩하
는 방법을 대신 이용해보기 바란다.

28.2.3 모델의 save나 delete 메서드를 오버라이딩하기

어느 특정 모델에 대한 pre_save 시그널이나 post_save 시그널을 이용하고 있는 경우라면, 이에 대해선 시그널을 이용하지 않아도 될 것이다. 시그널로 처리하는 로직을 모델의 save() 메서드로 이전함으로써 말이다.

같은 맥락으로 pre_delete과 post_delete 시그널의 경우 delete()를 오버라이딩할 수 있을 것이다.

28.2.4 시그널 대신 헬퍼 함수 이용하기

다음 두 가지 상황이라면 시그널 대신 헬퍼(helper) 함수를 이용하는 편이 더 유용하다는 것을 발견했다.

① 리팩터링: 일단 해당 코드가 시그널로 인해 너무 난해해지지 않기를 원하고 따라서 리팩터링을 생각하게 되면, "시그널이 있던 자리에 뭘 넣지?"라는 질문이 떠오르게 된다. 모델 매니저나 커스텀 유효성 검사기 또는 오버로드된 모델 메서드가 아니라면 어떻게 해야겠는가?

② 아키텍처: 때때로 개발자들은 모델이 너무 무거워져서 코드를 위한 또 다른 공간이 필요하다고 느끼기 때문에 시그널을 이용한다. 거대 모델(fat model) 방식의 유용함에도 불구하고 우리 또한 500줄 또는 2000줄의 코드를 파싱하고 처리하는 게 그다지 재미있는 일이 아니란 건 인정한다.

장고 코어 개발자인 애머릭 어거스틴은 이에 대한 해법으로 헬퍼 함수를 제시했다. 제대로 쓴다면 이 헬퍼 함수는 코드를 좀 더 깔끔하고 재사용 가능한 형태가 되도록 만드는 데 도움이 된다.

시그널로부터 헬퍼 함수로 이전하는 과정에서 다음과 같은 절차를 통해 테스트해 볼 수 있다.

① 기존 시그널 호출에 대한 테스트 케이스를 작성한다.

② 시존 시그널 호출에 대해 비즈니스 로직이 별도의 함수에 구현되어 있다면 이 비즈니스 로직에 대해서도 테스트 케이스를 작성한다.

③ 시그널의 비즈니스 로직을 그대로 구현한 헬퍼 함수를 작성한다. 두 번째 단계로부터 작성된 테스트 코드의 단언문(assertion)과 그대로 매칭되는 테스트 케이스를 작성한다.

④ 테스트를 실행한다.

⑤ 시그널로부터 헬퍼 함수를 호출한다.

⑥ 테스트를 다시 한 번 실행한다.

⑦ 시그널을 제거하고 헬퍼 함수를 적절한 곳으로부터 다시 호출한다.

⑧ 테스트를 한 번 더 실행한다.

⑨ 코드를 정리하고 문제가 없을 때까지 절차를 반복한다.

이런 방법으로 우리는 기존 시스템에 문제를 일으키지 않고 주의 깊게 시그널을 제거할 수 있었다. 또한 이러한 절차는 기존 시그널이 어떤 특정 프로세스를 이용하는지 좀 더 쉽게 알아내는 데 도움이 된다.

28.3 요약

장고 개발자들에게 시그널은 매우 강력한 도구다. 하지만 오용되기 쉽기 때문에 언제 어떻게 이용해야 하는지 연구하는 절차가 필요하다.

29장

유틸리티들에 대해

29.1 유틸리티들을 위한 코어 앱 만들기

프로젝트를 진행하면 공통적으로 이용되는 클래스나 다양한 목적으로 시스템 전반에 이용되는 작은 유틸리티들을 제작하게 된다. 이러한 부분들은 특정 앱 하나에만 종속적으로 속해 있는 것이 아니다. 조금이라도 연관이 있는 앱 하나를 찾아 그곳에 무작위로 몰아 넣었다가는 훗날 이 유틸리티가 필요할 때 어디로 밀어 넣었는지 찾기 어려운 상황에 봉착하게 된다. 물론 그냥 프로젝트 루트 아래의 무작위 모듈 안으로 전부 넣어 버리는 것 또한 그다지 보기 좋은 방법은 아닐 것이다.

우리는 프로젝트 전반에 걸쳐 쓰이는 함수들과 객체들을 넣어 두는 코어 (core)라는 장고 앱을 이용해 이러한 유틸리티들을 보관한다(다른 개발자들 또한 비슷한 패턴으로 common, generic, util, utils란 이름의 앱을 이용한다).

여러 앱에서 공통으로 이용하는 커스텀 모델 매니저와 커스텀 뷰 믹스인이 있다고 하자. 다음과 같이 코어 앱이 구성될 것이다.

✓ 예제 29.1

```
core/
    __init__.py
    managers.py # 커스텀 모델 매니저 포함
    models.py
    views.py # 커스텀 뷰 믹스인 포함
```

> 💡 **코어 앱의 구조는 일반 장고 앱의 구성을 따르자**
>
> 우리는 늘 core 디렉터리 장고 앱을 만들며 다음 중 하나의 구성을 선택하여 이용한다.

- 코어는 비추상화(non-abstract) 모델을 가지게 된다.
- 코어에 어드민 자동 발견(admin auto-discovery)을 적용한다.
- 코어에 템플릿 태그와 필터를 위치시킨다.

코어 앱 안에 위치한 커스텀 모델 매니저나 뷰의 믹스인을 임포트하는 것은 다른 일반 장고 앱을 임포트하는 방법과 같다.

√ **예제 29.2**

```
from core.managers import PublishedManager
from core.views import IceCreamMixin
```

29.2 유틸리티 모듈들을 이용하여 앱을 최적화하기

헬퍼와 같은 의미로 utils.py와 helpers.py가 쓰이기도 한다. 이 utils.py 또는 helpers.py 파일 안에는 일반적인 패턴들을 좀 더 쉽고 간결하게 만들 수 있는 함수와 클래스가 위치하게 된다. 이제 이런 구성이 왜 유용한지 좀 더 알아보자.

29.2.1 여러 곳에서 공통으로 쓰이는 코드를 저장해 두기

여러 곳에서 공통으로 쓰이는 함수와 클래스지만 models.py, forms.py, 또는 다른 특별한 이름의 모듈에 이를 넣을 수 없을 때가 있다. 이러한 로직들을 utils.py 모듈에 위치시키면 된다.

29.2.2 모델을 좀 더 간결하게 만들기

아마 다음 예가 잘 설명해 줄 것이다.

Flavor 모델을 빈번히 이용한다고 하자. 필드들을 연이어 그리고 메서드들을 연이어, 클래스 메서드들을 연이어 붙여 가면서 코드를 시작할 것이다. 그러다가 어느 날 갑자기 우리의 모델이 너무나 비대해지고 수천 줄이 넘는 상태가 되었음을 인지할 것이다. 이런 거대한 코드는 이젠 디버그하기도, 지속적으로 관리하기도 쉽지 않다. 어떻게 하겠는가?

프로퍼티나 클래스 메서드를 포함한 여러 메서드에서 flavors/utils.py 안으로 쉽게 캡슐화해 넣을 수 있는 부분을 찾아보자. 기존의 (프로퍼티나 클래스 메서드를 포함한) 메서드들을 flavors/utils.py에서부터 호출되는 간단한 메서드들로 만들 수 있을 것이다. 이렇게 함으로써 코드를 좀 더 분산시킬 수 있을 것이고 재사용과 테스팅이 한결 수월해지는 효과를 볼 수 있을 것이다.

29.2.3 좀 더 손쉬운 테스팅

복잡하게 얽힌 로직들로부터 함수들을 떼어 내서 독립적인 모듈로 이전함으로써 얻는 부수적 효과로 좀 더 손쉬운 테스트가 가능해짐을 들 수 있다. 우리가 이야기한 독립적이란 의미는 하나의 앱 안에서 독자적으로 임포트되는 것만으로도 기능을 충분히 발휘할 수 있다는 것이다. 프로젝트 전반에 걸쳐 여러 부분에 임포트되어야 하는 경우가 아니고 말이다. 이렇게 함으로써 비즈니스 로직은 덜 복잡해지고 해당 모듈의 테스트가 한결 수월해지는 효과를 가져오게 된다.

> 💡 **유틸리티 코드들은 가능한 한 자신의 주어진 역할에만 집중하도록 한다**
>
> 될 수 있는 한 함수나 클래스들에 여러 기능이나 동작을 넣지 말자. 각 유틸리티 함수는 각각 자기가 맡은 한 가지 기능만 수행하게 하며 반복적인 작업이나 중복되는 기능을 피하도록 하자. 모델의 기능과 중복되는 유틸리티 함수를 만드는 것은 피하자.

29.3 장고 자체에 내장된 스위스 군용 칼

스위스 군용 칼은 작지만 매우 유용한 다목적 도구를 이야기한다. 장고는 다수의 유용한 헬퍼 함수를 django.utils 패키지에 내장하고 있다. 아마 지금 바로 django.utils 코드를 뒤져서 이를 이용해 보고 싶은 사람도 있을 것이다. 하지만 참기 바란다. 이 안의 모듈들은 대부분 장고 내부적인 이용을 목적으로 제작되었고 장고 버전이 바뀜에 따라 그 용도와 내용도 바뀌기 때문이다.

대신 https://docs.djangoproject.com/en/1.8/ref/utils를 읽어 보고 어떤 모듈들이 안정화 상태인지 살펴보기 바란다.

> 💡 **장고 utils 패키지에 대한 말콤 트레디닉의 조언**
>
> 장고 코어 개발자인 말콤 트레디닉은 django.utils를 배트맨의 유틸리티 벨트처럼 생각하기를 좋아한다. 내부적으로 어떤 곳에서나 사용 가능한 필수불가결한 도구들이니 말이다.

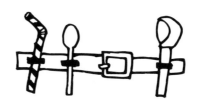

그림 29.1 아이스크림 애호가에게 필요한 유틸리티 벨트

이 패키지를 살펴보면 실제 프로젝트를 진행할 때 최고의 실전 이용 사례로 꼽히기도 하는 보물 같은 도구들이 있기도 하다.

29.3.1 django.contrib.humanize

사용자들에게 좀 더 '인간' 친화적인 기능들을 제공하는 템플릿 필터다. 예를 들면 intcomma라는 필터는 정수를 세 자리마다(자릿수는 로캘에 따라 다르게 설정된다) 쉼표가 찍힌 문자열 형태로 변경하는 기능을 제공한다.

django.contrib.humanize의 필터들을 템플릿에서 효과적으로 이용할 수도 있지만 필터들을 함수로 따로 임포트해서 이용할 수도 있다. REST API를 구성할 때 이러한 텍스트 프로세싱 기능들을 매우 유용하게 사용할 수 있다.

29.3.2 django.utils.decorators.method_decorator(decorator)

장고에는 매우 유용한 함수 데코레이터들을 가지고 있다. 우리는 장고 프로젝트를 진행하면서 여러 가지 데코레이터를 제작해 왔는데 특히 함수 기반 뷰를 작업하면서 많은 데코레이터를 제작하고 이용했다. 그중에서 메서드 데코레이터는 우리가 뽑은 최고의 함수 데코레이터였으며, 다행히도 장고에서 자체적으로 method_decorator를 지원한다.

29.3.3 django.utils.decorators.decorator_from_middleware (middleware)

미들웨어는 매우 유용한 도구로 프로젝트 전반에 걸쳐 광범위하게 이용하기 위한 것이다. 미들웨어는 추가적인 쿼리를 생성하거나 더 복잡한 일들을 수행할 수 있다. 뷰 데코레이터를 이용하면 미들웨어를 뷰에 한정시켜 독립적으로 이용할 수 있다.

decorator_from_middleware_with_args 데코레이터 또한 살펴보기 바란다.

29.3.4 django.utils.encoding.force_text(value)

이 함수는 장고의 무엇이든지 파이썬 3의 일반 str 형태 또는 파이썬 2의 unicode 형태로 변환시킨다. 이는 django.utils.functional.__proxy__ 객체를 더 이상 보여주지 않아도 되게 해 준다. 더 자세한 사항은 부록 D에 나와 있다.

29.3.5 django.utils.functional.cached_property

레이나우트 판 레이스(Reinout van Rees) 덕에 우리는 장고 1.5에서 처음 소개된 이 메서드 데코레이터를 접하게 되었는데, 이는 self 인자만을 단독으로 가진 메서드의 결과를 프로퍼티로 메모리에 캐시해 주는 기능을 한다. 프로젝트의 성능 최적화라는 관점에서 매우 유용한 기능이며 우리의 모든 프로젝트에서 리소스를 많이 요구하는 연산의 결과를 캐시하는 역할로 빈번히 이용하고 있다.

cached_property 데코레이터를 이용하는 방법에 대한 설명은 장고 공식 문서에 자세히 나와 있다. http://2scoops.co/1.8-cached_property

우리는 이 데코레이터로 성능 면에서 혜택을 볼 뿐 아니라, 이 데코레이터를 해당 객체가 존재하는 동안 메서드의 값이 항상 일정한지 확인하는 용도로도 쓴다. 이는 외부 서드 파티 API 또는 데이터베이스 트랜잭션 관련 작업을 할 때 매우 유용하게 쓰이는 기능이다.

> **⚠ 장고 외부에서 cached_property를 이용할 때는 특별한 주의를 요한다**
>
> 장고 외부의 다른 기능으로 cached_property를 이용해 보려고 해당 소스 코드를 복사/붙이기 하려고 한다면, 웹 프레임워크 밖에서 이를 이용할 때 멀티 스레드 환경에서 문제가 발생한다는 것을 알아 두기 바란다. 따라서 장고 외부에서 이와 같은 기능을 이용하려고 생각한다면 다음 서드 파티 cached_property 라이브러리를 고려해 보기 바란다.
>
> · https://github.com/pydanny/cached-property
> · http://www.pydanny.com/cached-property.html

29.3.6 django.utils.html.format_html(format_str, args, **kwargs)

이 메서드는 HTML을 처리하기 위해 제작되었다는 점을 빼고는 파이썬의 str.format() 메서드와 비슷하다고 보면 된다. 모든 args와 kwargs는 str.format()으로 전달되기 전에 처리되며 그 이후 처리된 값들 각각이 서로 연결된다.

http://2scoop.co/1.8-format_html에서 더 자세한 이용 방법을 볼 수 있다.

29.3.7 django.utils.html.remove_tags(value, tags)

'26.28 django.utils.html.remove_tag 이용하지 않기'에 나왔듯이 보안상의 이유로 더는 지원되지 않는다.

29.3.8 django.utils.html.strip_tags(value)

사용자로부터 받은 콘텐츠에서 HTML 코드를 분리할 필요가 있을 때 이 함수를 씀으로써 태그 사이의 텍스트는 그대로 둔 채 태그만 제거할 수 있다.

> **⚠ strip_tags에 대한 보안**
>
> strip_tags 함수나 striptags 템플릿 태그를 이용할 때 적용되어 나온 결과에 대해 보안 문제가 없다고 생각하는 실수를 범하지 말기 바란다. 더군다나 여러분의 템플릿에서 자동 이스케이핑 기능이 비활성화되어 있다면 더욱 그러하다. 참고 자료는 다음과 같다. https://djangoproject.com/weblog/2014/mar/22/strip-tags-advisory

29.3.9 django.utils.six

six는 벤자민 피터슨(Benjamin Peterson)이 제작한 파이썬 2와 파이썬 3 호환 라이브러리로 장고(바로 django utils 라이브러리에 포함되어 있다)에 번들되어 배포된다. 하지만 다른 여러 프로젝트에서 독자적 패키지 형태로 찾아볼 수도 있다.

- 파이썬 패키지 인덱스에서의 six. https://pypi.python.org/pypi/six
- six 문서. http://pythonhosted.org/six
- 비트버킷에 있는 six 저장소. https://bibucket.org/gutworth/six
- 장고의 six. https://github.com/django/django/blob/master/django/utils/six.py

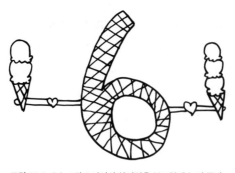

그림 29.2 six는 2와 3 사이의 차이점을 부드럽게 녹여 준다.

29.3.10 django.utils.text.slugify(value)

무엇을 하든 간에 자체적인 slugify() 함수를 만드는 것은 자제하기 바란다. 장고 프로젝트의 비일관성으로 말미암아 종국에는 개별적으로 만든 자신만의

slugify()가 데이터에 큰 문제를 초래할 수 있기 때문이다. 대신 우리는 장고가 이용하는 slugify()를 사용해 왔다.

물론 django.templates.defaultfilters.slugify()를 우리의 파이썬 코드 안에서 호출하여 이용하는 방법도 있었으나, 직접 장고의 utils 디렉터리 안의 것을 가져다 쓰기를 선호했고 장고의 utils를 이용함으로써 임포트 경로의 모양이 좀 더 나아 보이기도 했다.

이 함수를 프로젝트 전반에 걸쳐 지속적으로 이용하기로 결정하였음에도 불구하고 해당 함수가 아닌 다른 패키지를 이용해야 했던 경우도 있었다. 다음에 나오는 패키지 팁에 나온 경우와 같을 때다.

📦 **영어 이외의 언어들과 slugify에 대해**

토마시 파치코프스키(Tomasz Paczkowski)는 slugify()가 현지화(localization) 과정에서 문제가 될 수 있음을 지적해 주었다.

√ 예제 29.3
```
>>> from django.utils.text import slugify
>>> slugify(u"straße") # 독일어
U"strae"
```

다행히도 모질라 재단이 지원하는 프로젝트인 unicode-slugify가 해당 문제를 해결해 주었다.

√ 예제 29.4
```
>>> from slugify import slugify
>>> slugify(u"straße") # 독일어
u"straße"
```

또한 unicode-slugify와 비슷하지만 장고에 의존성이 없는 awesome-slugify라는 것도 있다.

· https://github.com/mozilla/unicode-slugify
· https://github.com/dimka665/awesome-slugify

29.3.11 django.utils.timezone

시간대를 활성화하여 이용하는 것은 좋은 전략이다. 사용자들이 늘 한 시간대에서만 사는 법은 없으니 말이다.

장고의 시간대 지원 기능을 이용할 때 데이터베이스에는 UTC 포맷 형태로 저장하고 필요에 따라 지역 시간대에 맞게 변형하여 이용하자.

29.3.12 django.utils.translation

비영어권 세계의 사람들에게 환영받을 기능이며 장고에서는 국제화(i18n) 기능
이 제공된다. 더 자세한 사항은 부록 D를 참고하기 바란다.

29.4 예외

장고는 여러 가지 예외를 지원한다. 대부분은 내부적으로 이용되지만 몇 가지는
외부로 노출되어 있기도 하다. 이렇게 외부로 노출된 예외는 창의적이고 흥미로
운 방법으로 이용됨으로써 장고 코드와 함께 더 큰 효과를 낼 수 있다. https://
docs.djangoproject.com/en/dev/ref/exceptions에 많은 내장 장고 예외에 대
해 뮤서화되어 있는 것을 볼 수 있다.

29.4.1 django.core.exceptions.ImproperlyConfigured

이 모듈의 목적은 장고를 이용하고자 할 때 설정상의 문제를 알려주는 데 있다.
장고 세팅 모듈을 임포트하는데 세팅 모듈이 문제가 없는지 검사를 이행하는 장
고 코드로 작동하게 된다. 5장과 부록 E에서 해당 내용을 다룬다.

29.4.2 django.core.exceptions.ObjectDoesNotExist

이는 모든 DoesNotExist 예외가 상속하는 기본 Exception 모듈이다. 기본 모델
(generic model) 인스턴스를 페치(fetch)해서 그것을 이용하는 유틸리티 함수의
경우 매우 유용하게 쓰일 수 있다. 다음은 간단한 예다.

√ 예제 29.5

```python
# core/utils.py
from django.core.exceptions import ObjectDoesNotExist

class BorkedObject(object):
    loaded = False

def generic_load_tool(model, pk):
    try:
        instance = model.objects.get(pk=pk)
    except ObjectDoesNotExist:
        return BorkedObject()
    instance.loaded = True
    return instance
```

이 예외를 이용하여 404 대신 HTTP 403 예외를 발생시키는 자신만의 django. shortcuts.get_object_or_404 함수를 만들 수도 있다.

✓ **예제 29.6**

```python
# core/utils.py
from django.core.exceptions import MultipleObjectsReturned
from django.core.exceptions import ObjectDoesNotExist
from django.core.exceptions import PermissionDenied

def get_object_or_403(model, **kwargs):
    try:
        return model.objects.get(**kwargs)
    except ObjectDoesNotExist:
        raise PermissionDenied
    except MultipleObjectsReturned:
        raise PermissionDenied
```

29.4.3 django.core.exceptions.PermissionDenied

이 예외는 인증된 사용자가 허가되지 않는 곳에 접속을 시도할 때 이용된다. 뷰에서 해당 예외를 발생시킴으로써 뷰가 django.http.HttpResponseForbidden을 유발하게 할 수 있다.

이 예외는 보안이 매우 중시되는 프로젝트의 컴포넌트들과 민감한 데이터를 조작하는 함수에서 유용하게 쓰일 수 있다. 무언가 예기치 않은 일이 발생했을 때 단순히 500 에러를 반환하는 대신 'Permission Denied(접근 거부)' 화면을 보여주면서 사용자에게 경고를 보낼 수도 있다.

✓ **예제 29.7**

```python
# stores/calc.py

def finance_data_adjudication(store, sales, issues):

    if store.something_not_right:
        msg = "Something is not right. Please contact the support team."
        raise PermissionDenied(msg)

    # 다른 비즈니스 로직들이 계속 이 아래에 위치한다.
```

이 경우, 뷰에서 이 함수가 호출됐거나 무언가 '제대로 작동하지 않고' 있을 때 PermissionDenied 예외가 프로젝트의 403 에러 페이지를 표시하게 만들어 줄 수 있다. 403 에러 페이지는 어떤 뷰에서든지 우리가 원하는 대로 이용할 수 있게 설정할 수 있다. 프로젝트 루트 디렉터리 URLConf에서 다음을 추가하면 된다.

✓ 예제 29.8

```
# urls.py

# 커스텀 거부 뷰를 이용하는 방법을 나타내고 있다.
# 기본 뷰는 django.views.defaults.permission_denied다.
handler403 = 'core.views.permission_denied_view'
```

예외 처리 뷰에서는 모든 HTTP 메서드가 서로 종속 관계 없이 동일하게 처리되며 이와 같은 이유로 예외 처리 뷰에서는 함수 기반 뷰를 선호한다.

29.5 직렬화 도구와 역직렬화 도구

데이터 파일을 생성할 때나 단순한 REST API를 제작할 때를 위해 장고에서는 JSON, 파이썬, YAML, XML 데이터를 위한 유용한 직렬화 도구와 역직렬화 도구를 제공한다. 이 기능들은 모델 인스턴스를 직렬화된 형태의 데이터로 변환한 후 다시 이를 모델 인스턴스로 변환하는 기능을 포함한다.

어떻게 데이터를 직렬화하는지 예를 들어 보았다.

✓ 예제 29.9

```
# serializer_example.py
from django.core.serializers import get_serializer

from favorites.models import Favorite

# serializer 클래스 생성
# 'json'을 'python'이나 'xml'로 바꾸어 이용해도 된다.
# pyyaml이 설치되어 있을 경우 'pyyaml'을 'json' 대신 써도 된다.
JSONSerializer = get_serializer("json")
serializer = JSONSerializer()

favs = Favorite.objects.filter()[:5]

# 모델 데이터의 직렬화
serialized_data = serializer.serialize(favs)

# 다음 예제를 위해 직렬화된 데이터를 저장하기
with open("data.json", "w") as f:
    f.write(serialized_data)
```

이제 다음은 해당 데이터를 역직렬화하는 예제다.

✓ 예제 29.10

```
# deserializer_example.py
from django.core.serializers import get_serializer
```

```
from favorites.models import Favorite

favs = Favorite.objects.filter()[:5]

# serializer 클래스 생성
# 'json'을 'python'이나 'xml'로 바꾸어 이용해도 된다.
# pyyaml이 설치되어 있을 경우 'pyyaml'을 'json' 대신 써도 된다.
JSONSerializer = get_serializer("json")
serializer = JSONSerializer()

# 직렬화된 데이터 파일 열기
with open("data.txt") as f:
    serialized_data = f.read()

# 'python_date'로 역직렬화된 모델 데이터 넣기
python_data = serializer.deserialize(serialized_data)

# python_date 처리
for element in python_data:
    # 'django.core.serializers.base.DeserializedObject' 출력
    print(type(element))

    # 엘리먼트들은 모델 인스턴스에서 생성된 객체들을 가지고 있게 된다.
    # 이 경우 favorites.models.Favorite가 element에 들어 있다.
    print(
        element.object.pk,
        element.object.created
    )
```

장고에선 이러한 직렬화와 역직렬화를 위한 dumpdate와 loaddate라는 명령행 도구를 이미 제공하고 있다. 이러한 관리 명령을 이용할 수도 있지만 이러한 도구들은 위의 직렬화 방법이 제공하는 것만큼 직접적인 데이터 컨트롤 기능을 제공하지는 않는다.

장고의 내장 직렬화 도구와 역직렬화 도구를 이용할 때 주의할 점은 언제나 문제가 발생할 소지가 있다는 것이다. 우리의 지난 고통스러운 경험을 통해 보면 복잡한 형식의 데이터인 경우 그렇게 썩 잘 작동하지 않는 때도 있었음을 이야기해 두고 싶다.

따라서 우리는 다음과 같은 가이드라인에 따라 프로젝트에 임하고 있다.

- 간단한 데이터에 대해서만 직렬화를 한다.
- 데이터베이스 스키마의 변화는 언제라도 직렬화된 데이터와 문제를 일으키거나 일으킬 수 있다.
- 그냥 단순히 직렬화된 데이터를 임포트하지 말고 언제나 장고 폼 라이브러리를 이용하여 해당 데이터에 대한 확인 작업을 해당 데이터를 저장하기 이전에 꼭 한다.

이제 몇몇 특별한 포맷에 대해 장고가 제공하는 기능들을 알아보자.

29.5.1 django.core.serializers.json.DjangoJSONEncoder

파이썬에 내장되어 있는 JSON 모듈 자체에는 날짜, 시간이나 소수점 데이터를
인코딩하는 기능이 빠져 있다. 장고를 어느 정도 해 왔다면 아마 이러한 문제에
여러 번 봉착해 보았을 것이다. 물론 다행히도 장고는 JSONEncoder 클래스라는
유용한 기능을 제공한다. 다음은 그 예제다.

√ 예제 29.11

```python
# json_encoding_example.py
import json

from django.core.serializers.json import DjangoJSONEncoder
from django.utils import timezone

data = {"date": timezone.now()}

# DjangoJSONEncoder 클래스를 추가하지 않는다면
# json 라이브러리가 TypeError를 일으킬 것이다.
json_data = json.dumps(data, cls=DjangoJSONEncoder)

print(json_data)
```

29.5.2 django.core.serializers.pyyaml

서드 파티 라이브러리인 pyyaml의 도움을 받는 장고의 YAML 직렬화 도구는
pyyaml이 지원하지 않는 Python-to-YAML로부터 시간 변환을 처리할 수 있다.

역직렬화를 위해서는 내장된 yaml.safe_load() 함수를 이용하면 되고 이를 통
해 코드 인젝션 문제를 걱정하지 않아도 된다. 좀 더 자세한 사항은 '26.9.3 코드
를 실행할 수 있는 서드 파티 라이브러리들'에서 찾을 수 있다.

29.5.3 django.core.serializers.xml_serializer

장고 XML 직렬화는 기본적으로 파이썬의 내장 XML 핸들러를 이용한다. 또한
XML 폭탄 공격을 방지하기 위해 크리스티안 하이메스(Christian Heimes)의
defusedxml 라이브러리를 포함하고 있다. 더 자세한 정보는 '26.22 defusedxml
을 이용하여 XML 폭탄 막기'를 읽어 보기 바란다.

29.6 요약

빈번하게 재사용되는 파일들을 유틸리티 패키지로 넣는 방법을 알아보았다. 우리가 자주 쓰는 코드들을 어디에 두어야 해당 위치를 좀 더 쉽게 기억할 수 있는지에 대해 다루었다. 여러 개의 core 모듈과 common, util, utils 폴더가 한데 뒤섞인 프로젝트는 그 구조를 살펴보기가 정말 어렵다.

장고 자체에 포함된 '유틸리티 벨트'에는 유용한 함수들, 예외, 직렬화 도구를 포함한 유용한 패키지가 다양하게 들어 있다. 이러한 도구들로부터 최대한 도움이 되는 기능들을 끌어냄으로써 숙련된 장고 개발자들은 프로젝트 개발 속도를 높이고 장고의 여러 기능이 서로 얽혀서 생기는 문제점들을 피해 갈 수 있다.

지금까지 우리는 문제를 해결하는 도구들에 대해 다루어 봤다. 이제 다음 장에서는 어떻게 외부 세상과 프로젝트를 공유할 수 있을지 다루어 보겠다.

30장

배포: PaaS

규모가 작은 프로젝트이거나 스타트업을 직접 운영하는 경우라면 PaaS(Platform as a Service)를 이용함으로써 많은 이득을 얻을 수 있다. 물론 규모가 큰 프로젝트라도 PaaS를 이용하여 그 장점을 충분히 누릴 수 있다.

우선 다음 내용을 확실히 해 두고 싶다.

> **절대 PaaS에 종속되지 않도록 하자**
>
> PaaS를 이용함으로써 다양한 서비스를 통해 코드, 데이터베이스, 미디어 파일을 호스팅하게 된다. 또한 매우 유용한 부가 서비스를 제공받게 되며 이러한 호스팅과 서비스의 성능과 기능은 여간 훌륭한 게 아니다. 하지만 이러한 서비스들이 다양한 변화를 거치면서 여러분의 프로젝트를 망칠 수도 있다는 것을 명심하기 바란다. 이런 변화에는 급격한 가격 인상, 성능 퇴보, 용납하기 힘든 계약 사항의 변경, 라이선스 관계 변경, 서비스 자원의 급격한 감소, 서비스 종료가 포함된다.
>
> 그렇다는 것은 호스팅 제공사에 따라 구조 변경이 생길 수 있는 아키텍처를 최대한 피하는 데 좀 더 관심을 두어야 한다는 이야기다. 한 호스팅 제공사에서 다른 제공사로 이전할 때 프로젝트의 주요 구성 자체를 변경하지 않고 이전할 수 있도록 준비해야 한다.
>
> 우리는 프로젝트들이 어떤 호스팅 여건에도 종속적이지 않도록 늘 노력한다. 다시 말하면 어느 특정 벤더의 가격, 약정, 기능에 매이지 않도록 하자는 것이다.

많은 PaaS 서비스 업체가 WSGI 호환 프레임워크로 장고를 지원한다. 가장 일반적인 서비스 업체로 이 책에서 언급되는 곳은 다음과 같다.

- 허로쿠(http://heroku.com)는 파이썬 커뮤니티에서 인기 있는 PaaS로 훌륭한 문서와 애드온 시스템으로 잘 알려져 있다. 허로쿠를 선택했다면 랜덜 데

기스(Randall Degges)의 http://www.theherokuhackersguide.com을 읽어 보기 바란다.

- 파이썬애니웨어(https://www.pythonanywhere.com)는 파이썬 기반의 PaaS로 처음 프로젝트를 시작하는 사용자에게 매우 유용하게 구성되어 있다.

전적으로 우리의 필요에 기반을 두고 여러 서비스를 평가해서 이 두 가지 서비스를 선택했다. 아마 여러분의 요구 조건은 우리와 다를 수도 있을 것이다. 따라서 어떻게 어떠한 PaaS를 선택할지는 다음에 나오는 내용을 잘 읽어 보기 바란다.

30.1 PaaS 선택하기

일단 특정 PaaS를 이용하기로 선택하고 해당 PaaS 시스템에서 애플리케이션을 구동하려면 어쩔 수 없이 해당 PaaS에서 제시하는 아키텍처를 따라야 한다. 따라서 이번 장 앞부분에서 이야기했던 것과 달리, 어쩔 수 없이 해당 PaaS 시스템에 맞게 우리 시스템을 변형시켜야 할 수도 있고 이를 위한 시간과 노력이 필요하게 될 것이다.

프로젝트를 위한 특정 PaaS를 선택해야 한다면 해당 PaaS를 이용하기 위해 다음 조건들을 고려해 보자.

30.1.1 법적 제약

PaaS를 선택할 때 다른 여러 가지 부분을 고려하기 전에 우선 해당 PaaS 시스템이 각 지역별, 국가별 법적 요구 조건을 충족하는지 확인해야 한다. 예를 들면 다음과 같다.

- 미국 내의 의료 정보 기반 프로젝트들은 HIPAA(Health Insurance Portability and Accountability Act) 표준을 충족해야 한다. 해당 PaaS가 HIPAA 표준을 충족하지 않는데 사용자의 의료 정보를 담고 있는 프로젝트가 해당 PaaS에 배포되었다면 HIPAA 2호에 의거하여 민형사상 고소를 당할 위험에 처하게 된다. https://en.wikipedia.org/wiki/HIPAA#Security_Rule을 보라.
- 대부분의 전자 상거래 프로젝트는 최소한 SSL을 필요로 하며 신용 카드 정보 관련 처리를 하기 위해서는 PCI(https://www.pcisecuritystandards.org)를 만족해야 한다. 물론 스트라이프(https://stripe.com) 같은 서비스를 통해 이

러한 문제를 피해 갈 수 있긴 하지만 여전히 많은 프로젝트들이 내부적으로 신용 카드 처리 로직을 필요로 한다. 해당 PaaS가 PCI 규정을 따르는지 확인 해보기 바란다. http://2scoops.co/wikipedia-PCI-standard를 참고하라.

- 유럽연합(EU)에서는 어떤 종류든지 간에 개인 식별이 가능한 데이터를 다룰 경우 해당 계정의 개인 정보 데이터를 보호하기 위한 유럽연합 기준 95/46/ EC를 따를 것을 요구한다. 특히 해당 PaaS 시스템이 US-EU 세이프 하버(Safe Harbor)[1] 밖에 위치한다면 이러한 개인 데이터를 유럽 밖으로 반출하는 것에 대한 금지를 어기는 것이다. 이 부분에 대해 확실하지 않다면 법률 자문이 필 요하다.

30.1.2 가격

대부분의 PaaS 옵션은 처음 시작하는 사용자나 장난감 프로젝트에 대해 무료로 서비스를 제공한다. 허로쿠와 파이썬애니웨어 또한 이런 추세를 반영하여 무료 서비스를 제공한다. 우리는 이런 무료 서비스 티어로부터 많은 혜택을 받았다. 이에 더하여 추가적인 서비스를 합리적인 가격에 공급받을 수도 있다. 하지만 프로젝트와 서비스에 대한 주의를 게을리하다가는 이런 '합리적인' 가격이 바로 어마어마한 월 사용 요금으로 커질 수도 있다. 따라서 서비스 비용과 요금 명세 표에 늘 주의를 기울이자.

이와는 반대로, 사이트에 많은 트래픽이 발생한다면 해당 PaaS 세팅을 기반으로 사이트에 얼마나 많은 요금이 발생하는지 미리 산정해 보는 것도 중요하다. 예를 들면 허로쿠의 경우 dynos와 엔터프라이즈 PostgreSQL의 최대 이용 가격은 월 4만 달러다. 물론 이 정도로 매달 요금이 나올 확률은 매우 희박하긴 하지만 허로쿠에서 이런 요금제를 제시하고 있다는 말은 이런 경우가 벌어질 수 있다는 의미이기도 하다.

이런 여러 상황뿐 아니라 PaaS 업체 자체도 서비스 가격을 늘 똑같이 유지할 법적, 도덕적 책임이 없다는 것을 명심하자. 사실 개발자들은 프로젝트 아키텍 처를 구성할 때 간편하게 PaaS 회사에서 요금을 청구하는 방식에 기반을 두고 구축하곤 한다. 그리고 나서 PaaS 회사에서 내부 약관을 갑자기 변경했을 때 요 금 폭탄을 맞는다. PaaS 회사는 내부 인프라스트럭처와 요금 시스템을 긴밀하게 연결하여 구축하기 때문에 특별한 옵션의 경우 해당 기능만 이용하지 않을 수 있게 하는 등의 선택 사항을 제공하지는 않는다.

---

1 (옮긴이) 미국-유럽 법령을 준수하는 지역.

20.1.3 가동 시간

가동 시간이란 PaaS 업체에 매우 까다롭고 민감한 사안이다. 업체는 99.999999%
(숫자 9가 아홉 개여서 'nines'라고 칭하기도 한다)의 가동 시간을 제공하길 바라
지만 사실 최고의 엔지니어와 함께 일한다고 해도 원하는 대로 그렇게 쉽게 가
능한 일은 아니다.

- 허로쿠와 파이썬애니웨어를 비롯한 PaaS 업체는 대부분 AWS나 랙스페이스
  (Rackspace) 같은 업체로부터 공간을 빌려 이용한다. 따라서 해당 업체에 문
  제가 생겼을 경우 PaaS 업체들도 똑같이 문제를 겪게 된다.
- 모든 시설은 물리적 인프라스트럭처에 기반을 둔 인터넷에 존재한다. 자연재
  해나 산업 사고 때문에 모든 것이 중지될 수도 있다.

이러한 요소들을 제외하고도 PaaS 인프라스트럭처를 제공한다는 것은 매우 어
려운 사업 분야다. PaaS 사업은 단지 리눅스 서버를 구동하거나 리눅스 컨테이
너를 제공하는 것 이상을 의미한다. 요금 청구 시스템을 구성, 운영해야 하고,
사용자에게 도구를 제공해야 하며, 고객 응대 시스템을 구축해야 하고, 다른 여
러 연계 시스템을 호스팅해야 한다. 이런 방대한 양의 작업과 도전적인 과제를
수행하고 고객 시스템을 구동하며 고객이 원하는 만큼 확장성을 제공해야 하는
과정에서 여러 충돌과 문제가 발생하기 마련이다.

지속적인 서비스를 공급하는 것은 PaaS 업체에 핵심 과제이기 때문에 업체는
가능한 한 높은 수준의 안전성을 목표로 한다. 일반적으로 PaaS 회사들은 대부
분 높은 수준의 가동 시간을 제공하고 있고 지속적인 시스템 개선을 통해 이 수
치를 꾸준히 높여 가고 있다. 또한 신뢰할 만한 PaaS 회사들은 서비스 정지와 문
제점들에 대해 보고서를 제공하고 시스템 상태를 나타내는 페이지들을 제공한
다. 이러한 실시간 상태 페이지와 보고 덕에 우리는 더 이상 현재의 엔지니어링
상황과 관련 없는 과거 몇 달 전에 발생한 장애 보고나 살펴봐야 하는 일을 겪지
않아도 된다.

물론 최근에 여러 번 서비스 정지 보고가 있거나 허용 범위를 초과한 긴 시간
의 서비스 정지 사고가 있었다면 다른 PaaS 업체를 고려해 봐야 할 것이다.

> **!** **매우 높은 수준의 가용성을 필요로 한다면**
>
> 실제 사람의 생명과도 연관되는 프로젝트의 경우, 예를 들어 시스템이 즉각 반응하지 않으
> 면 사람의 목숨이 위험해지는 경우 등에 PaaS는 그다지 추천할 만한 방안은 아니다. 이런

경우 PaaS를 이용하는 대신, 일반적인 사용자 이용 약관을 제공하는 인프라스트럭처 서비스를 이용하길 바란다.

30.1.4 PaaS 회사의 인력 배치

그렇다. 해당 PaaS 회사가 얼마나 수준 높은 인력 배치가 가능한지 알아 두는 것이 매우 중요하다.

- PaaS 회사가 충분한 인력을 확보하고 있지 않다면 24x7의 엔지니어링 지원을 제공할 수 없을 것이다. 특히 연휴나 명절에는 더욱 그럴 것이다. PaaS 회사에서 제공하는 기능들의 완성도가 얼마나 높은지, 회사의 정예 인력이 얼마나 열정적이며 자기 일에 대한 확신에 차 있는지와는 상관없이 PaaS 회사는 엔지니어링 스태프들이 잠들어 있는 도중에 발생한 문제를 해결할 수는 없을 것이다.
- 해당 업체에 이메일이나 이슈 티켓에 대응할 전담 인력이 있는가? 엔지니어들이 이러한 이메일과 티켓 이슈를 직접 관리하고 있다면 언제 시스템을 유지, 관리, 발전시키겠는가?

우리는 해당 PaaS 업체를 선택하기 전에 지원 티켓을 직접 만들어 봄으로써 해당 PaaS 업체의 지원 수준을 테스트해보기를 추천한다. 그리고 해당 PaaS 업체의 문서에서 명확하게 다루지 않은 부분이나 업체로부터 도움을 필요로 하는 부분에 대해 심도 있는 질문을 할 수 있는 기회로 이를 이용해 보자.

30.1.5 스케일링

얼마나 쉽게 스케일 업이 가능한가? 전자 상거래 사이트가 CNN이나 전국 방송에 언급되었을 경우 해당 전자 상거래 사이트가 재빨리 스케일 업할 수 있는가?
정반대의 경우로 얼마나 쉽게 스케일 다운할 수 있는가? 때로는 트래픽이 잠깐 동안만 급증할 수도 있다. 이럴 경우 재빨리 원래 상태로 돌아오는 능력도 중요하다.
마지막으로 이러한 프로세스를 자동화할 수 있는가?

30.1.6 문서화

'23장 문서화에 집착하자'에서 이미 우리가 얼마나 문서화를 중요하게 여기는지 다루었다. 물론 문제가 발생하거나 의문이 생겼을 때 이에 대한 해결 방법을 찾기 위한 스스로의 다양한 방안('34장 장고에 관련된 도움을 받는 방법' 참고)이 있을 수도 있겠지만 역시나 잘 정리되고 꾸준히 관리되는 문서를 제공하는 서비스가 그렇지 않은 서비스보다 더 반갑게 느껴지고 더 선호되는 것이 사실이다. 쉽게 검색 가능한 참고 자료를 제공한다는 것은 매우 중요한 요소다. 동시에 이러한 문서를 제공한다는 것은 PaaS 업체가 자신들의 업무를 얼마나 진지하게 생각하고 있는지를 나타내는 증거이기도 하다.

왜 각 PaaS 업체를 비교한 문서를 싣지 않았는가

모든 PaaS 업체는 자신들의 API와 문서를 꾸준히 업데이트한다. 어떤 업체는 다른 업체보다 매우 빈번한 업데이트를 제공한다. 현재 장고를 지원하는 PaaS 업체들이 나날이 매우 빠르게 성장하고 있어서 특정 PaaS 명령어와 인프라스트럭처를 항목별로 나열한다고 한들 그 기능이 빨리 업데이트되거나 빈번히 변화하기 때문에 여러분이 이 책을 읽는 시점에서는 크게 유효하지 않을 수도 있다. 따라서 우리는 특정 PaaS 업체들의 기능을 비교한 목록을 싣지 않기로 했다. 우리는 독자들 스스로 각 PaaS 제공업체의 사이트에서 해당 문서를 읽어 보기를 권한다.

30.1.7 성능 저하

꾸준히 지속적인 수준의 부하 이하를 보여 주며 문제 없이 잘 작동하던 프로젝트가 갑자기 느려지기 시작할 때가 있을 것이다. 일반적으로 이는 하나 또는 여러 가지 복합적인 문제가 원인으로 작용한다. 우리는 이럴 때 다음과 같은 절차대로 문제를 짚어 본다.

① 성능이 저하될 만한 변경 사항에 대해 프로젝트의 커밋 이력을 확인해 본다. 때로는 큰 버그가 뒤에 숨어 있을 수도 있다.

② 발견되지 않은 병목 현상을 조사해 보자. '24장 장고 성능 향상시키기'를 읽어 보자.

③ PaaS 지원 팀에 해당 문제에 대한 질문을 해 본다. 때로는 지원 팀이 빠른 대답을 해 줄지도 모른다.

④ 프로젝트가 구동되고 있는 물리적 하드웨어 자체의 문제일 수도 있다. '클라우드'라는 것은 사실 하드웨어이고 하드웨어라는 것은 문제를 일으키거나 노후되는 것이다. 새로운 프로젝트 인스턴스를 띄우고 데이터를 이전한 후 문제가 해결되었다면 해당 설정에 맞게 DNS를 업데이트하자.

⑤ PaaS 지원 팀에 좀 더 자세한 도움을 요청하자. 도움을 요청한다고 손해 볼 것은 전혀 없으니 말이다. 특히 유료 고객이라면 더욱 더 도움을 요청하는 데 주저해서는 안 된다.

위의 어떤 방법도 문제에 도움이 되지 않는다고 한다면 프로젝트를 다른 PaaS 업체에서 구동해 보거나 여러분의 서버에 직접 구동해 보자. 전혀 다른 환경에서는 문제없이 잘 작동한다고 하면 시스템을 이전할 때가 되었다는 것이다.

> 💡 **무료, 초보자용 서비스는 성능이 떨어진다**
>
> 모든 PaaS 업체에서 제공하는 무료 서비스의 경우, 수준 이상의 로드나 속도 면에서 그리 적합하지 않다. 수준 이상의 성능이나 빠른 속도는 늘 요금을 내야 한다. IT 업계의 대형 투자자로부터 거대한 투자를 받은 곳일지라도 무료 서비스가 수준 이상의 로드를 처리하거나 빠른 속도를 가져다주지는 않는다. PaaS 업체가 무료 또는 매우 싼 가격의 서비스를 제공한다고 하면 다음에서 논할 '회사의 안정성'에 대해 생각해 보기 바란다.

30.1.8 지리적 요건

PaaS 서비스가 위치한 지리적 위치와 서비스가 주로 사용될 장소를 고려하기 바란다. 예를 들어 중국 사용자를 주 대상으로 하는 서비스인데 미국에 기반을 둔 데이터센터에 위치한 PaaS를 써야 한다면 그리 좋은 옵션이라고 이야기할 수는 없을 것이다. 네트워크 지연 이슈는 바로 사용자와 고객에게 프로젝트에 대한 불만족으로 작용할 것이다.

30.1.9 회사의 안정성

PaaS 서비스를 한다는 것은 해결해야 할 문제가 한두 가지가 아니란 의미다. 이 문제들을 잘 해결하려면 많은 자본을 필요로 한다. 엔지니어, 서버, 고객 응대, 회계, 마케팅 등 사업 경비 말이다. PaaS 솔루션이 처음 도래했을 때부터 우리는 여러 PaaS 업체가 실패하는 모습을 봤다. 판매 부진, 펀딩 이상의 지출 그리고 너무 과하게 달려온 스태프들의 탈진 등이 그 이유였다. 다행히도 그들 모두 서비스가 완전히 서비스를 중지하기 전에 유예 기간을 제공하여 사용자들이 다른 곳으로 이전할 수 있게 해 주었지만 어쨌거나 그다지 반길 만한 일은 아니었다.

따라서 PaaS 업체를 고려할 때는 가격 정책을 유심히 살펴보기 바란다. 일단 PaaS 업체가 베타 기간이나 초기 시작 기간을 지났는데도 이익을 낼 수 없다면 해당 PaaS를 이용하는 것은 위험한 일이다.

30.2 PaaS로 배포하기

30.2.1 동일한 환경을 목표로 잡는다

배포의 핵심은 바로 개발 환경과 상용 환경을 완전히 똑같이 맞추는 것이다. 하지만 일단 PaaS를 이용하기로 결정한 순간부터 상용 환경의 시스템 설정은 여러분의 범위 밖의 일이 되어 버린다. 하지만 그럼에도 불구하고 가능한 한 개발 환경과 상용 환경을 최대한 동일하게 유지함으로써 프로젝트를 좀 더 잘 관리할수 있다.

일부 PaaS 업체는 비슷한 운영 프로세스를 제공하기 위해 허로쿠의 포맨(Foreman) 같은 도구를 제공하기도 한다. 하지만 이런 도구가 있더라도 운영 환경의 문제를 재현하는 최선의 방법은 로컬 환경에서 직접 운영 환경에 준하는 리눅스를 돌려 보는 것이다. 이에 대해서는 '2.5 선택 사항: 동일한 환경 구성'에서 다루었다.

30.2.2 모든 것을 자동화하기!

상용 인스턴스에 업데이트를 푸시할 때 모든 단계를 손수 하는 것은 절대 좋은 방법이 아니다. 이는 너무나 쉽게 실수를 유발하는 환경이다. 우리는 다음 도구들을 이용하여 간단한 자동화를 이용하라고 추천한다.

- **Makefiles**는 간단한 프로젝트에는 매우 유용하다. 기능이 제한되어 있으므로 너무 복잡하게 시스템을 꾸미는 것을 방지해 주기도 한다. 좀 더 강력한 기능을 필요로 한다면 바로 다음에 다루는 인보크 같은 도구를 이용하면 된다.
- **인보크**(Invoke)는 이미 잘 알려진 **패브릭**(Fabric) 라이브러리의 대를 잇는 도구다. 패브릭과 매우 비슷하지만 원격 서버가 아니라 로컬 환경에서 태스크를 실행하는 기능을 가지고 있다. 태스크들은 파이썬 코드로 정의되어 있고 복잡한 구성까지도 구현할 수 있다. 또한 파이썬 3.4를 지원한다.

30.2.3 스테이징 인스턴스 관리하기

자동화를 사용하면 프로젝트의 스테이징 서버를 저렴한 서비스 레벨의 자원을 이용하여 손쉽게 구성할 수 있다. 이 스테이징 환경은 상용 환경에서의 배포를 테스트할 수 있는 최적의 장소일 뿐 아니라 기능 변경에 따른 데모 환경으로도 더할 나위 없이 좋은 장소다.

30.2.4 백업과 롤백으로 장애 대비하기

우리가 언급한 여러 주의사항에도 불구하고 때로는 배포로 인해 모든 것을 날릴 수도 있다. 따라서 변경 사항을 상용으로 반영하기 전에 다음 기능을 어떻게 해당 PaaS 시스템에서 이용할 수 있는지 꼭 주지하기 바란다.

- 백업으로부터 데이터베이스와 사용자 업로드 파일들을 복구하기
- 이전 코드 푸시로 롤백하기

30.2.5 외부 백업 유지하기

PaaS의 최대 장점은 배포와 운영 이슈로부터 좀 더 자유로워져서 프로젝트 코드를 작성하는 데 좀 더 집중할 수 있다는 것이다. 물론 PaaS 자체도 현실적인 여러 문제에 직면하게 된다. (허로쿠를 포함하여) 일부 PaaS의 경우 백업을 생성하는 기능을 제공하는데 이에 추가해서 외부 서비스로 주기적인 백업을 하는 것을 고려해보도록 하자. 이러한 백업에는 데이터베이스 파일과 사용자가 올린 이미지들이 포함되어야 할 것이다.

드롭박스(Dropbox), 크래시플랜(Crashplan), 아마존 S3, 랙스페이스 클라우드 파일을 포함한 여러 외부 서비스에 데이터를 보관하기 바란다. 어떤 서비스를 택할 것인지는 아키텍처에 달려 있는데 PaaS 서비스의 지역들이 그 고려 대상이 될 것이다(예를 들면 허로쿠 기반 프로젝트의 경우 아마존 서비스를 이용하면 될 것이다).

30.3 요약

PaaS는 신속하게 프로젝트를 배포하는 데 최상의 도구다. PaaS 서비스는 숙련된 운영 팀이 유지, 관리해 주는 시스템 리소스를 개발자들이 좀 더 손쉽게 이용하도록 도와준다. 동시에 PaaS 업체는 서비스 요금을 청구하며 PaaS 업체만의 몇 가지 제약을 따라야만 하기도 한다. 따라서 PaaS 서비스 이용 결정은 개인 취향이 아니라 전적으로 프로젝트에 따라 그리고 이용 가능한 기술 세트에 따라 결정되어야 한다.

우리가 이 장에서 이야기한 점들에 덧붙여 주변 동료들로부터 PaaS 서비스에서 얻은 혜택이 무엇인지 주의 깊게 듣고 결정하기 바란다.

다음 장에서 우리는 좀 더 높은 수준에서의 배포에 대해 좀 더 자세히 다루겠다.

31장

장고 프로젝트 배포하기

장고 프로젝트 배포를 자세히 다루고자 한다면 이 책 한 권을 꽉 채우고도 모자랄 정도다. 여기서 우리는 고차원적인 관점에서 배포에 대해 다루어 보려고 한다.

31.1 작은 프로젝트를 위한 단일 서버의 경우

단일 서버 구성은 장고 프로젝트를 서버에 올리는 가장 빠른 방법이며 또한 비용이 가장 적게 드는 배포 옵션이다.

단점이라면 여러분 웹 사이트 URL이 해커 뉴스(https://news.ycombinator.com)나 기타 유명 블로그에 인용되는 순간 사이트가 바로 다운된다는 것이다.

31.1.1 그럼 단일 서버 구성을 피해야 하나?

작은 프로젝트는 단독 서버로 구성해도 크게 문제가 되지 않는다. cookiecutter-django와 허로쿠의 조합을 이용함으로써 많은 작업 양을 줄일 수 있을 뿐 아니라 트래픽이 급격히 상승할 때도 안심할 수 있다.

다음과 같은 경우에 단일 서버에 장고를 배포하기를 추천한다.

- 장고 배포를 처음 해보는 경우. 경험을 쌓기 위해 단일 서버 구성으로 배포해 보는 것은 매우 중요하다. 단일 서버에 장고를 배포함으로써 파이썬 웹 프레임워크가 어떻게 구동되는지 좀 더 깊이 이해할 수 있을 것이다.
- 재미로 한번 해 보는 프로젝트 또는 실험적인 프로젝트인 경우. 유료 고객이라면 서비스 중지를 용납할 수 없겠지만 금전적인 관계가 없는 프로젝트라면

사용자가 급격히 몰릴 경우 서비스가 중지되는 위험에 대해 한결 관대할 것
이다.

- 사이트 트래픽이 단일 서버 용량으로 충분히 감당된다고 볼 때. 예를 들면 여
러분의 결혼 청첩장 사이트라면 단일 서버만으로 충분히 용량을 감당할 수
있을 것이다.

31.1.2 예: 우분투 + 구니콘을 이용한 셋업

다음 구성 요소를 이용하여 우리가 어떻게 장고 프로젝트를 단독 서버에 배포했
는지 예를 들어 보았다.

- 오래된 컴퓨터 또는 저가 클라우드 서버
- 우분투 서버 운영 체제
- PostgreSQL
- virtualenv
- 구니콘(Gunicorn)

집에 있는 컴퓨터를 이용한다든지 디지털오션(DigitalOcean), 랙스페이스,
AWS 같은 클라우드 서비스 업체의 값싼 클라우드 서버를 이용할 수도 있다.

일반적으로 우리는 최신 LTS 버전의 우분투 서버를 클라우드 서버에 설치함으
로써 배포를 시작한다. 많은 경우 클라우드 서버 회사에서는 클릭만으로 리눅스
서버 설치를 해결해 주는 디스크 이미지를 제공하기도 한다. 물론 http://www.
ubuntu.com/server에서 설치 프로그램을 직접 받아 설치해도 무방하다.

우분투 서버 설치 후 여러 우분투 구성 패키지를 설치한다. 여러 패키지가 있
지만 일반적으로 다음 패키지들은 꼭 설치해야 한다.

- pip와 virtualenv: python-pip, python-virtualenv
- PostgreSQL: postgresql, postgresql-contrib, libpq-dev, python-dev

여러분은 이 목록에서 구니콘과 장고가 빠져 있음을 알아챘을 것이다. 우분투
패키지와 파이썬 패키지 둘 다 설치 방법으로 선택할 수 있는 경우에는 항상 파
이썬 패키지를 통한 설치를 선택하도록 하자. 항상 최신 버전으로 설치하자.

다음으로 패키지 업데이트와 프로젝트를 위한 사용자 생성 등 일반적인 서버
세팅 절차를 진행한다.

이제 장고를 설치할 차례다. 장고 프로젝트 저장소를 사용자 홈 디렉터리에 클론하고 구니콘을 포함한 파이썬 패키지 의존성들을 virtualenv를 이용하여 설치한다. 장고 프로젝트를 위한 PostgreSQL 데이터를 생성하고 `python manage.py migrate` 명령을 실행한다.

그러고 나서 구니콘을 이용하여 장고 프로젝트를 시작한다. 명령어 한 줄로 구니콘을 이용하여 장고를 시작할 수 있다. https://docs.djangoproject.com/en/1.8/howto/deployment/wsgi/gunicorn/을 참고하기 바란다.

이제 서버 IP 주소를 웹 브라우저에 입력하면 작동 중인 장고 사이트를 볼 수 있을 것이다. 그런 다음 서버의 호스트 이름을 설정하고 도메인을 해당 IP에 연결해 준다.

중요한 세부 사항은 일단 내버려 두고 서버를 어떻게 배포하는지 간략히 이야기했다. 일단 단일 서버 구성으로 이렇게 간단히 서버를 구성해 보았다면 이제 '26장 장고 보안의 실전 방법론'으로 돌아가서 해당 내용을 읽어 본 후 여러분의 서버와 사이트를 좀 더 안전하게 설정하자.

이런 단일 서버 구성에서는 시스템 처리 용량이 금방 한계에 도달할 수 있다. 이럴 땐 nginx를 추가한다든지, 레디스 또는 memcached 또는 nginx 프락시 뒤에 구니콘을 설정한다든지 하는 추가 설정을 고려할 수 있다. 결국에는 PaaS 서비스를 이용하든지 다중 서버 구성으로 가게 될 것이다.

> **좀 더 세부적인 사항을 온라인에서 찾아보자**
>
> 여기서 우리의 목적은 세세한 가이드를 제공하기보다는 일반적인 아이디어를 제공하고 최소한의 장고 배포 설정이 어떻게 작동하는지 예를 제공하는 것이다.
>
> 명령어와 패키지 이름은 꾸준히 변하기도 하고 이 책이 튜토리얼이 아니기 때문에 특정 셋업 절차에 대한 링크를 제공하지는 않기로 했다. 좀 더 세부적인 설정 절차는 웹에서 충분히 찾을 수 있을 것이다.

31.2 중대형 프로젝트를 위한 다중 서버의 경우

기업이나 빠르게 성장하는 스타트업의 경우 PaaS 서비스를 이용할 생각이 없다면 일반적으로 다중 서버 구성을 하게 된다. 기본적인 구성이 어떻게 생겼는지 다음 그림에 그려 보았다.

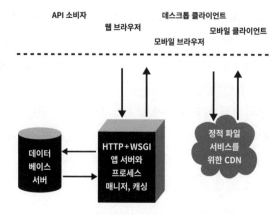

그림 31.1 다중 서버 구성의 예

기본적으로 다음 구성 요소들에 대한 이해가 필요하다.

- **데이터베이스 서버.** 선택의 여지가 있다면 우리는 일반적으로 PostgreSQL을 이용한다. 반면 이벤트브라이트(Eventbrite)에서는 MySQL을 이용한다.
- **WSGI 애플리케이션 서버.** 일반적으로 uWSGI나 구니콘에 Nginx를 연동하거나 아파치와 mod_wsgi를 이용한다.

추가적으로 다음 구성 요소들에 대해 알아 두기 바란다.

- **정적 파일 서버.** 자체적으로 구성하고 싶다면 Nginx나 아파치가 정적 파일을 빠르게 서비스할 수 있다. 하지만 아마존 클라우드프론트 같은 CDN 서비스가 기본 기능을 놓고 볼 때 상대적으로 저렴한 조건을 제시한다.
- **캐시 또는 비동기 메시지 큐 서버.** 레디스(Redis), Memcached 또는 바니시(Varnish)를 이용할 수 있다.
- **기타 여러 서버.** 여러분의 사이트가 특별히 CPU 집중적인 작업을 수행하거나 (트위터 API처럼) 외부 서비스 연동을 위해 대기해야 한다면 이러한 작업을 WSGI 앱 서버에서 분리하여 독립 서버로 구성할 수 있을 것이다.

이렇게 한 가지 일만 전담하는 전문 서버들을 구성함으로써 프로젝트 필요에 따라 각 서버에 대한 변경, 최적화 또는 서버 대수 변경 등을 할 수 있다.

> **모든 일시적 데이터에는 레디스를 이용하자**
>
> 레디스(Redis)는 Memcached와 비슷한 기능을 제공하며 추가로 다음 기능을 제공한다.
>
> · 인증 절차: Memcached에선 기본적으로 지원하지 않는다.
> · 상태 저장: 서버가 재시작되더라도 데이터가 손실되지 않는다.
> · 더 많은 데이터 타입: 더 많은 데이터 타입을 지원한다는 것은 비동기 메시지 큐로서 셀
>   러리나 rq 등과 함께 이용할 수 있다는 의미다.

마지막으로 각 서버에서 프로세스들을 관리해야 하는데 우리는 다음 방법들을
그 순서대로 선호한다.

① supervisord
② init 스크립트

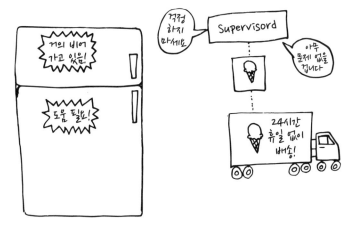

그림 31.2 supervisord를 이용한 아이스크림 공급 프로세스 관리

31.2.1 좀 더 발전된 다중 서버 구성

좀 더 큰 스케일의 다중 서버 구성의 예는 다음과 같다. 각 타입에 따른 다중 서
버를 구성하고 로드 밸런싱을 구성한다.

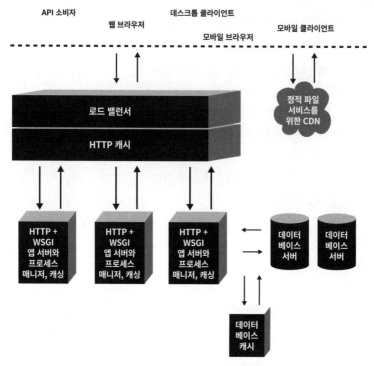

그림 31.3 발전된 다중 서버 셋업의 예

로드 밸런서는 하드웨어 또는 소프트웨어 기반으로 구성할 수 있다 일반적으로 다음 예가 적용된다.

- **소프트웨어 기반**. HA프록시(HAProxy), 바니시(Varnish), 엔진엑스(Nginx)
- **하드웨어 기반**. 파운드리(Foundry), 주니퍼(Juniper), DNS 로드 밸런서
- **클라우드 기반**. 아마존 ELB(Elastic Load Balancer), 랙스페이스 클라우드 로드 밸런서

💡 수평 스케일링과 수직 스케일링

앞의 예는 수평 스케일링의 경우에 대한 구성이었다. 이는 일반적으로 로드를 처리하기 위해 서버 여러 대를 추가하는 구성이다. 이런 수평 스케일링을 하기 이전에 각 서버의 하드웨어를 업그레이드하고 램을 늘리는 수직 스케일링을 먼저 고려해 보자. 수직 스케일링은 수평 스케일링에 비해 상대적으로 간단하며 대신 좀 더 많은 비용을 지불하여 문제를 해결하는 방법이다.

💡 수평 스케일링과 세션

수평 스케일링을 구성할 때 사용자들이 스티키 세션(sticky session)을 이용하지 않도록

구성해야 한다. 예를 들면 사용자가 서버 1에 파일을 업로드한 후 로드 밸런서를 통해 서버 2로 접속해도 전혀 문제가 생기지 않게 해야 한다. 이런 문제를 해결하는 방법으론 공통으로 이용되는 드라이브에 파일을 저장한다든지 아마존 S3 같은 클라우드 기반 시스템을 이용하는 방법이 있다.

31.3 WSGI 애플리케이션 서버

늘 장고 프로젝트를 WSGI와 함께 배포하자.

장고 1.8의 startproject 명령은 wsgi.py 파일을 설정해 준다. 이 파일은 장고 프로젝트를 WSGI 서버에 배포할 때 필요한 기본 설정 사항을 담고 있다. 우리가 '3장 어떻게 장고 프로젝트를 구성할 것인가'에서 추천한 샘플 프로젝트 템플릿에서 config/ 디렉터리 안의 wsgi.py가 바로 여기에서의 wsgi.py다.

가장 일반적인 WSGI 배포 구성은 다음과 같다.

① uWSGI와 Nginx
② 구니콘과 Nginx 프락시
③ 아파치와 mod_wsgi

여기 세 가지 구성을 비교해 보았다.

구성	장점	단점
uWSGI와 Nginx	기능과 옵션이 다양하다. 다양한 설정을 지원한다. 다른 구성 옵션에 비해 나은 성능을 보여 준다.	문서화가 진행 중이다. 아파치처럼 오랜 시간을 두고 검증되지는 않았다. 다른 구성에 비해 초보자에게는 어렵다.
구니콘 (Nginx와 함께 이용할 수도 있다)	파이썬으로 제작되어 있다. 좀 더 나은 메모리 관리가 가능하나 환경의 영향을 받는다.	Nginx에 대한 문서화가 상대적으로 약하다 (하지만 문서화된 정보가 늘어나고 있다). 아파치만큼 오랜 시간을 통해 검증되지 않았다.
아파치와 mod_wsgi	오랜 시간에 걸쳐 검증된 기술이다. 매우 안정적이다. 윈도우에서도 작동한다. 문서가 압도적으로 다양하고 수준이 높다.	환경 변수와 함께 작동하지 않는다. 아파치 설정 파일 자체가 매우 복잡해질 수 있다. conf 파일들이 복잡하다.

표 31.1 구니콘 vs. 아파치 vs. uWSGI

어떤 구성이 더 빠른지는 많은 논쟁이 있다. 단순히 벤치마크 결과만 신뢰하지 않기 바란다. 많은 벤치마크 결과는 사실 단순히 "Hello World" 페이지에 대한 테스트일 뿐이다. 실제 웹 애플리케이션에는 이보다 더 복잡한 경우의 수와 환경이 있음을 잊지 말자.

이 세 가지 구성 모두 대용량을 요구하는 다양한 장고 서비스에서 현재 이용 중이다. 대용량 상용 서비스 서버를 구성하는 것은 어찌 됐든 매우 복잡한 일이 며 사이트에 많은 접속이 이루어진다면 이 세 가지 옵션 중 하나를 집중적으로 익혀 둘 필요가 있다.

자체적으로 웹 서버를 구축할 때 단점은 추가적인 시스템 관리 작업이 요구된 다는 것이다. 아이스크림으로 비유하면 단순히 아이스크림을 사서 먹는 것이 아 니라 원재료를 가지고 아이스크림을 만들어 먹는 것과 같다. 때론 이것저것 너 무 복잡한 과정 없이 단순하게 아이스크림을 사서 그 아이스크림을 맛보는 즐거 움을 느끼고 싶은데 말이다.

31.4 성능과 튜닝: uWSGI와 구니콘

uWSGI와 구니콘은 장고 개발자들이 웹 서버에서 최대한 성능을 뽑아 내는 데 자주 이용한다. 현재 uWSGI가 좀 더 많은 설정을 제공하지만 구니콘 또한 매우 많은 설정을 제공하며 설정이 좀 더 쉽다.

다음의 링크에서 여러 유용한 읽을 거리를 찾을 수 있다.

- http://uwsgi-docs.readthedocs.org
- https://docs.djangoproject.com/en/1.8/howto/deployment/wsgi/uwsgi
- http://gunicorn.org
- http://cerebralmanifest.com/uwsgi-vs-gunicorn

31.5 안정성과 간편한 셋업: 구니콘과 아파치

단순히 단시간에 쉽게 장고 사이트를 설정, 구동하려고 한다면 구니콘과 아파치 조합이 최적의 옵션일 것이다. 과거 아파치 설정은 아주 기본적인 설정으로 충 분했고 구니콘 설정이 약간 더 복잡했지만 요즘엔 구니콘 설정도 장고에서 제공 하는 기본 wsgi.py 파일로 충분하다. 따라서 최소한의 디버깅 또는 제로 디버깅 으로 '충분히 작동' 가능한 시스템이 구축된다.

31.6 아파치 이용 시 주의해야 할 일반적인 사항들

> ⚠️ **mod_python을 이용하지 말 것**
>
> 공식 장고 문서를 보면 mod_python을 이용하지 말라고 경고하고 있다. 장고에서 mod_python 이용은 장고 1.3부터 지원이 중단된다고 예고되었고, 장고 1.5부터는 mod_python 요청 핸들러 자체가 아예 빠져 버렸다.
>
> 불행히도 아직까지 많은 온라인 자료에서 장고와 mod_python을 설정하는 방법을 이야기하고 있고 따라서 많은 사람이 혼동하기도 한다. mod_python을 이용하지 말자. 대신에 아파치와 mod_wsgi를 이용하도록 하자.

31.6.1 아파치와 환경 변수들

5장에서 다루었듯이 아파치에서는 환경 변수가 작동하지 않는다. 대신에 .ini, .cfg, .json 또는 .xml 포맷을 이용한 세팅 모듈에 비밀번호나 키 등의 정보를 담아 로컬 설정 파일을 로드함으로써 이용할 수 있다. '5.4 환경 변수를 이용할 수 없을 때'를 읽어 보자.

31.6.2 아파치와 virtualenv

매우 간단 명료하게 virtualenv를 아파치와 함께 이용할 수 있게 만들어 준 그레이엄 덤플턴(Graham Dumpleton)의 노고에 감사를 표한다.

- mod_wsgi 3.4 또는 이후 버전을 이용하고 있다면 다음 옵션을 `WSGIDaemon Process` 지시어로 추가하면 된다. `python-home=/some/path/to/root/of/virtualenv`(virtualenv의 디렉터리 경로)
- 임베디드 모드를 이용하고 있다면 다음과 같다. `WSGIPythonHOME /some/path/to/root/of/virtualenv`(virtualenv의 디렉터리 경로)
- mod_wsgi 3.3이나 이전 버전을 이용하고 있다면, `WSGIDaemonProcess`에 다음 옵션을 적용하기 바란다. `python-path=/some/path/to/root/of/virtualenv/lib/python.X.Y`(X.Y는 이용하고 있는 파이썬 버전. virtualenv의 디렉터리 경로에 /lib/python.X.Y를 덧붙여 이용)

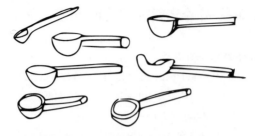

그림 31.4 어아이스크림을 콘과 컵에 어떻게 담는가에 대해

31.7 자동화된 반복 배포

서버를 설정할 때 우리는 SSH로 직접 서버에 접속해서 머리에 기억된 설정 명령어들을 입력하지는 않는다. 이렇게 서버에 직접 접속해서 명령어를 입력하면 우리가 어떤 절차를 진행했는지 잊어버리기 쉽다. 또한 응급 상황이 생겨 서버가 다운되었을 때 이전과 같은 상황으로 서버를 다시 똑같이 셋업하기가 거의 불가능하다.

여러 가지 구성 요소로 이루어진 환경이라면 이런 여러 가지 구성 요소를 다시 구성하고 연동하는 데 문제가 생기기 쉽다. 시스템 관리자가 기억하고 있는 1년 전 세팅 방법에 기반을 두는 것은 너무 위험하다.

대신에 서버의 셋업을 자동화하고 이를 전부 문서화함으로써 서버를 기초부터 다시 자동으로 설치하는 것이 그다지 복잡한 일이 아니게 만든다. 독자들의 경우라면 독자들 혹은 독자들의 시스템관리자가 일일이 한 대 한 대의 서버에 직접 접속하지 않고도 모든 것을 세팅할 수 있는 상태를 말할 것이다.

이것이 의미하는 바는 다음과 같다.

- 명령어를 실행함으로써 처음부터 서버의 모든 설정과 구동까지의 절차가 가능해야 한다. 모든 것은 자동으로 이루어지고 여러분은 단지 앉아서 구경만 하면 된다.
- 단 하나의 명령이라도 자세하게 문서화되어야 한다. 누군가가 여러분의 회사에 새로 고용되었다고 할 때 시스템 구성이나 웹 애플리케이션을 모르는 채로 deployment.rst 문서만 열어서 상용 서버를 세팅할 수 있어야 한다.
- 매번 우리가 명령을 실행할 때 의존성 문제나 사전 요구되는 서버의 조건들이 없어야 한다.
- 스크립트들은 한 번 실행되든 수백 번 실행되든 간에 상관없이 늘 같은 작업과 결과를 수행, 제공해야 한다.

이와 같은 조건을 충족하기 위해 일반적으로 PaaS를 이용하지 않는 회사라면 하나 또는 하나 이상의 인프라스트럭처 자동화·관리 도구를 이용하게 된다.

그림 31.5 인프라스트럭처 자동화는 매우 강력하다.

> **이번 장의 나머지 부분을 읽어 가면서 특별히 주의해야 할 사항들**
>
> 배포 자동화에 대한 글을 쓰는 데 다음 두 가지 어려운 점이 있다.
>
> - 장고는 웹 개발 프레임워크이지, 배포 시스템은 아니다.
> - 지금까지 우리가 썼던 내용조차도 이미 구시대적인 것이 되었다. 웹 애플리케이션 배포는 매우 빠르게 변하고 진화하는 기술이다.
>
> 따라서 우리는 고차원적인 관점에서 우리가 어떻게 실제 상황의 문제를 해결했는지 중점적으로 다루기로 했다.

31.7.1 빠르게 변하는 기술

앞서 잠깐 언급했듯이 자동화 배포 기술은 매우 빠르게 변화하고 있다. 얼마나 빠를까? 이 책을 기준으로 설정 관리 도구가 어떻게 변해 왔는지 한번 보자.

날짜	마일스톤	설정 관리 도구 상황
2011년까지	아주 멀고 먼 과거	셰프(Chef)나 퍼핏(Puppet) 선호. CFEngine 등 이용. 아이폰 이전 시대.
2012년	이 책 작업이 시작됨	셰프나 퍼핏 선호. 솔트(Salt)나 앤서블(Ansible)은 여전히 매우 실험적인 프로젝트.
2013년 1월	Two Scoops of Django 1.5 알파	셰프와 퍼핏이 여전히 강세. 솔트나 앤서블이 인기를 얻기 시작.
2013년 3월	Two Scoops of Django 1.5 최종 버전	도커(Docker)가 오픈 소스화됨

2014년 1월	Two Scoops of Django 1.6	솔트와 앤서블이 안정화되고 인기를 얻음. 셰프와 퍼핏은 그다지 주목받지 못함. 도커는 실험적인 프로젝트지만 빠르게 떠오름.
2015년 3월	Two Scoops of Django 1.8 얼리 릴리스	독립 환경 제공으로 도커가 많은 배포 환경으로 이용됨. 솔트와 앤서블이 강력해짐. 셰프와 퍼핏이 급격히 하락.
2015년 6월	Two Scoops of Django 1.8 최종 버전	도커의 성숙? 새로운 기술이 대두할 것인가?
2017년	장고 2.2 프로젝트 릴리스	어떤 도구가 새로 나타날지 아직 상상이 안 됨.
2019년	장고 2.6 프로젝트 릴리스	지금 우리가 이용하는 도구들이 CFEngine처럼 지루하고 오래된 주제가 되어 있을 것이다.

표 31.2 데브옵스 도구의 연대기

이 연대기에서 확실히 알 수 있는 사실은 프로젝트가 어떤 특별한 관리 도구에 종속되어서는 안 된다는 것이다. 불행히도 프로젝트가 시간이 지남에 따라 점점 커지면서 이 도구에서 저 도구로 옮기기가 점점 어려워진다. 따라서 어떤 도구를 쓸지 매우 신중하게 고려해야 한다.

31.8 어떤 자동화 도구를 이용해야 하는가?

파이썬 웹 애플리케이션 배포가 큰 문제로 대두되고 골치 아픈 문제로 인식되면서, 많은 도구가 생겨났고 이렇게 생겨난 도구들은 저마다 파이썬 웹 애플리케이션 배포가 지닌 문제를 해결하려고 시도했다. 우리는 이런 다양한 도구로부터 매우 긍정적인 방향을 가진 계획을 들어 왔지만 지금까지 그 어떤 도구도 독자적으로 운영 가능한 가장 쉬운 배포 방법을 제공하는 메인스트림 도구로 자리 잡고 있지는 못하다.

31.8.1 기업체의 이권 개입
지난 몇 년 동안 우리는 배포 자동화에 대해 기업 주도의 매우 활발한 생태계를 보아 왔다. 배포 자동화는 큰 돈이 되기도 한다.

그 결과 많은 좋은 도구가 개발되긴 했지만 동시에 기업체의 이권이 구석구석 존재하게 되었다. 여러 도구가 각 개발자가 속한 회사 이익을 염두에 둔 상태로 개발되었고, 이들은 이를 통해 투자자로부터 많은 투자를 받기를 바랐다. 이렇게 많은 금전적인 문제가 엮이자 각 도구는 마케팅 부서를 두고 자기 도구가 제공하는 기능을 사람들에게 홍보하기 시작했다.

물론 이런 것이 나쁘다는 것은 아니다. 하지만 이런 마케팅 전략들이 정말 우리에게 필요한 도구가 무엇인지 판별하는 데 큰 방해가 되는 것은 사실이다.

31.8.2 스스로 연구, 조사해 볼 것

이름난 프로젝트들은 훌륭한 도구를 기반으로 한다. 하지만 도구들이 좀 더 성숙해지기 전까지는 이 도구의 어떤 점이 정말 장점이고 어떤 점이 단지 회사 차원에서 광고로 이용하는 기능인지 판단하기가 어렵다. 어떤 점이 정말 여러분에게 필요한지 알아내는 유일한 방법은 직접 전부 시도해 보는 것이다. 그리고 나서야 도구에 대한 맹목적인 신봉이 깃든 마케팅 전략에 대해 "아니오"를 이야기할 수 있게 된다.

31.9 지금 현재 나와 있는 인프라스트럭처 자동화 도구

장고 사용자들 사이에서는 도커, 앤서블, 솔트스택(SaltStack), 퍼핏, 셰프가 가장 인기 있는 배포 자동화 도구다.

이 자동화 도구는 전부 셋업과 사용 방법이 복잡하고 학습 곡선이 가파르다. 이는 이러한 도구들이 단순히 한 대의 서버만 관리하는 것이 아니라 수천 또는 그 이상의 서버를 관리하기 위해 설계되었기 때문이다.

여기 이런 도구들이 큰 규모에서 어떤 기능을 할 수 있는지 나열해 보겠다.

원격 실행:

- 원격 서버에서 apt-get이나 다른 패키지 관리 도구를 이용하여 패키지를 설치할 수 있다.
- 원격 서버에서 명령을 실행할 수 있다. 예를 들면 -no-site-packages 옵션을 이용하여 virtualenv 명령어를 스테이징과 상용 서버에서 실행할 수 있다.
- 서비스를 시작하거나 특별한 조건을 주고 서비스를 재시작할 수 있다. 예를 들면 Nginx 서버의 설정 파일이 변경되었을 때 Nginx 웹 서비스를 재시작할 수 있다.
- 원격으로 명령이 실행될 때 로깅과 해당 서버로부터의 반응을 받아 볼 수 있다.

설정 관리:

- 서비스의 conf 파일을 생성하거나 업데이트할 수 있다. 예를 들어 지금 막 PostgreSQL을 설치한 인스턴스에 이용할 pg_hba.conf 파일을 생성할 수 있다.
- 각 서버의 IP 주소와 운영 체제에 종속적인 정보 등을 기반으로 하여 각각 다른 서버에 필요한 서로 다른 설정을 추출할 수 있다.

대상 서버 관리:

- 어떤 서버에 작업이 보내졌고 언제 보내져야 할지 조종할 수 있다.
- 다양한 구성을 관리하고 각기 다른 작업 흐름을 처리하기 위한 파이프라인을 생성할 수 있다.
- 푸시 모드에선 마스터 서버로부터 서버들에 작업을 푸시할 수 있다.
- 풀 모드에선 마스터 서버에 어떤 항목들이 풀될지 요청할 수 있다.

도커, 앤서블, 솔트스택, 퍼핏, 셰프 모두 비슷한 기능을 제공하며 앞의 기능을 모두 제공한다. 그럼 이제 각 도구의 차이점을 알아보자.

도구	장점	단점
도커	변경 내용만 적용하기 때문에 배포 속도가 빠르다. 컨테이너 기술. YAML 설정 파일. 커뮤니티가 크다. 오픈 소스	고(Go)로 작성됐다. 문제가 발생했을 때 해결 과정이 아직은 복잡하다.
솔트스택	푸시 모드로 주로 쓰인다. 0mq를 이용하면 매우 빠른 속도를 보여 준다. 온라인에서 많은 솔트 스테이트(Salt state)와 예제를 제공한다. 커뮤니티가 크다. 오픈 소스. 파이썬으로 작성됐다.	복잡하다. 문제가 생겼을 때 해결 과정이 아직은 복잡하다.
앤서블	푸시 모드로 주로 쓰인다. OpenSSH 이외에 원격 서버에 데몬을 필요로 하지 않는다. 배우기 쉽다. YAML 설정. 오픈 소스. 파이썬으로 작성됐다.	SSH를 이용할 경우 속도가 느리다. 하지만 파이어볼(Fireball) 모드라는 임시 0mq 데몬을 이용할 수 있다. 문제가 생겼을 때 해결 과정이 아직은 복잡하다.
셰프	다양한 레시피를 제공한다. 커뮤니티가 크다. 오픈 소스	학습 곡선이 가파르다. 루비로 작성됐다. 레시피들도 루비로 작성된다. 너무 복잡하다.
퍼핏	커뮤니티가 크다. 오픈 소스	학습 곡선이 가파르다. 루비로 작성됐다. 커스텀 DSL로 이루어진 설정. 때론 이 커스텀 DSL 때문에 문제가 생길 수 있다.

표 31.3 인프라스트럭처 자동화 도구 비교

> **패브릭과 인보크**
>
> 패브릭과 파이썬 3에서 잘 동작하는 인보크는 원격으로 명령을 실행하는 도구다. 앞의 도구들보다는 작은 범위를 다루며 한 번에 한 가지 맡은 작업을 잘하자는 주의다. 많은 경우 앞의 도구들과 함께 쓰인다.

몇 년 전까지만 해도 파이썬 커뮤니티 밋업(meetup)에서 가장 뜨거운 주제는 어떻게 퍼핏, 셰프, 패브릭을 써서 설정들을 배포할까였다. 오늘날까지도 많은 회사에서 이 조합이 매우 중요하게 쓰인다.

요즘 추세는 도커, 솔트스택, 앤서블로 바뀐 듯하다. 이것들은 모두 YAML을 설정에 이용한다. 솔트스택과 앤서블은 파이썬으로 작성되었기 때문에 파이썬 개발자들은 소스 코드를 들여다보기 훨씬 쉽다. 개발 과정의 현실은 어떤 도구를 쓰든지 간에 대규모 스케일링에서 지속적으로 쓰다 보면 결국엔 도구 자체의 버그와 예상치 못한 흥미로운 경우에 당면하게 된다는 것이다. 이럴 경우 이슈 트래커를 찾아보고 다른 이들도 같은 문제를 겪는지 조사해 봐야 한다. 그리고 결국 소스를 살펴보거나 필요하다면 해당 소스를 수정해야 한다.

해당 기술이 매우 빠르게 변한다는 사실을 명심하기 바란다. 여러분이 많은 시간을 데브옵스에 써야 한다면 여러 블로그를 읽어 보고 운영 엔지니어들의 트위터를 팔로우하기 바란다. 인프라스트럭처 관련 모임에 참석하고 새로운 개발 방법론에 항상 주의를 기울이길 바란다.

그림 31.6 언젠간 누군가가 버튼 하나로 장고 프로젝트를 배포하고 아이스크림까지 만드는 기계를 만들어 주기를 바란다.

31.10 여러 참고 자료

프로젝트 배포에 관한 여러 참고 자료를 소개해 보겠다.

- https://highperformancedjango.com
- http://www.fullstackpython.com/deployment.html

31.11 요약

이번 장에서는 고차원적인 관점에서 단일 서버 구성과 다중 서버 구성을 설명하고 장고 프로젝트 배포 방법을 다루어 보았다. 또한 세 가지 가장 일반적인 WSGI 애플리케이션 서버도 다루었다. 마지막으로 인프라스트럭처 자동화와 설정 관리 도구들을 서로 비교해 보았다.

32장

지속적 통합

지속적 통합(continuous integration, CI)의 개념을 설명하기 위해 지속적 통합 개념을 처음 제안한 사람 중 한 명의 말을 인용해 보면 다음과 같다.

> 지속적 통합은 소프트웨어 개발 방법론의 하나로 팀원들이 자신의 작업 내용을 적어도 하루에 한 번 이상 시스템에 적용하는 방법이다. 각 팀원이 하루에 한 번 이상이라는 것은 결국 시스템 전체로 보면 하루에 여러 번 코드가 적용됨을 의미한다. 각 개발자의 코드는 자동화된 (테스트를 포함한) 빌드 절차를 통해 검증되고 해당 코드의 문제점은 가능한 한 빨리 발견된다. 수많은 팀이 이러한 방법을 따름으로써 코드 통합 단계에서 문제점이 혁신적으로 줄었고 팀 안에서 좀 더 빠르게 구성원들의 소프트웨어를 통합할 수 있게 되었다.
>
> - 마틴 파울러(http://2scoops.co/martin-fowler-continuous-integration)

지속적 통합을 이용한 일반적인 개발 작업 과정은 다음과 같다.

① 개발자가 코드를 작성하고 해당 코드에 대한 로컬 테스트를 진행한다. 작성한 코드를 깃(Git)이나 머큐리얼(Mercurial) 저장소로 푸시한다. 적어도 하루에 한 번 이상 이런 코드 푸시를 진행한다.

② 코드 저장소는 새로운 코드가 들어오면 통합될 커밋이 있다고 자동화 도구에 알려준다.

③ 자동화 시스템이 코드를 프로젝트에 넣고 빌드한다. 빌드 과정 중 빌드 실패가 발생하면 해당 코드를 거부한다.

④ 개발자가 작성한 테스트 케이스를 새로 빌드된 시스템에 자동으로 적용해 본다. 테스트가 실패하면 해당 부분을 거절한다.

⑤ 개발자들은 자기 코드가 성공했는지 전달받거나 실패했다면 자세한 실패 내

용을 전달받는다. 전달 내용을 바탕으로 개발자들은 문제를 해결한다. 문제
점이 없다면 개발자들은 다음 태스크를 처리하게 된다.

장점이 명확하게 보이는 프로세스다. 지속적 통합이 주는 장점에 덧붙여 우리는
다음과 같은 효과를 볼 수 있다.

- 문제점이나 버그에 대한 조기 경고
- 코드 배포에 연관된 문제점이 좀 더 빠르게 발견될 수 있다.
- 메인 트렁크에 매일 병합되는 코드 때문에 그 누구의 코드도 코드 베이스에
  큰 문제를 초래할 정도로 큰 변화를 일시에 발생시키지 않는다.
- 긍정적이든 부정적이든 즉각적인 코드 피드백이 가능해진다.
- 이러한 절차를 가능하게 만드는 자동화 도구는 개발자와 매니저 둘 다에게
  도움이 되는 다양한 시스템과 코드의 상태 정보를 제공한다.

32.1 지속적 통합의 원칙

왜 지속적 통합이 중요한지 살펴봤다. 이제 이 작업 절차를 이용할 때 필요한 몇
가지 핵심 요소를 알아보자. 우리 또한 동의하는 지속적 통합 원칙에 대한 마틴
파울러(Martin Fowler)의 의견은 다음과 같다. http://2scoops.co/ci-practices

32.1.1 다양한 테스트 케이스를 작성하라!

지속적 통합의 장점 중 하나는 22장에서 우리가 이야기했던 것과 매우 밀접한
관련이 있다. 전체적으로 통합된 테스트가 없다면 지속적 통합에는 크게 날릴
만한 한 방의 주먹이 없는 것과 같다. 물론 어떤 사람들은 테스트 없이도 지속적
통합을 하면 배포가 성공적으로 이루어지며, 모두가 하나의 브랜치를 공유하게
됨으로써 그 효용이 충분하다고 이야기할지 모르겠지만 이는 정적 타이핑을 지
원하는 언어의 입장이다. 정적 타이핑을 지원하는 언어의 경우 컴파일이 성공했
다는 것은 기능상 해당 소프트웨어가 작동한다는 것을 보장하기 때문이다.

32.1.2 지속적이며 빠른 빌드를 한다

좀 난해한 주제이긴 한데 테스트 케이스는 상용 서비스 기계가 이용하는 것과
같은 데이터베이스를 이용하여 테스트해야 한다. 하지만 특정 경우에는 테스트
자체가 오래 걸릴 수도 있다. 테스트 절차가 그 정도로 오래 걸린다면 지속적 통

합의 장점은 사라지고 오히려 부담으로 작용하기 시작한다.

이럴 경우 우리를 비롯한 개발자들은 좀 더 빠른 테스트를 위해 메모리에 로드된 SQLite3를 이용하는 방법을 고려한다. 실제로 우리는 이러한 방법을 테스트 속도를 높이기 위해 이용했다. 불행히도 SQLite3는 PostgreSQL이나 MySQL과는 다르다. 따라서 문제가 발생할 수도 있다. 필드 타입이 상용 환경의 데이터베이스와 SQLite3 사이에서 다르게 처리되기도 하는 것을 예로 들 수 있다.

여기 규모가 큰 프로젝트에서 테스트 속도를 높이는 몇 가지 팁이 있다.

- 픽스처 이용을 자제한다. 우리가 픽스처를 꺼리는 또 다른 이유이기도 하다.
- 반드시 필요한 경우가 아니라면 TransactionTestCase 이용을 자제한다.
- 과도한 setUp() 메서드를 자제한다.
- 빠른 속도를 염두에 둔 작은 테스트를 주로 작성하고 모든 것을 통합하는 스타일의 큰 통합형 테스트를 몇 개 추가로 구성한다.
- 테스트를 위해 데이터베이스를 어떻게 최적화할지 익힌다. 스택오버플로 같은 공개 포럼에서 해당 주제에 대한 토론을 찾을 수 있다. http://stackoverflow.com/a/9407940/93270

32.2 지속적으로 프로젝트를 통합하기 위한 도구들

다음 도구들을 사용한다.

32.2.1 톡스

톡스(Tox, http://tox.readthedocs.org/)는 virtualenv 관리 도구로 셸에서 단일 명령을 이용하여 여러 버전의 파이썬과 여러 버전의 장고에 대해 프로젝트를 테스트하게 해 준다. 이와 더불어 다양한 종류의 데이터베이스 엔진을 테스트할 수 있게 해 준다. 톡스는 우리를 비롯해 전 세계 많은 개발자들이 자신의 코드가 여러 각기 다른 버전의 파이썬과 어떻게 호환되는지 검사하는 도구이기도 하다.

왜 톡스를 이용해야 하는지 여전히 충분히 납득되지 않았다면 다음 내용을 고려해 보라.

- 톡스는 각기 다른 파이썬과 인터프리터에 대해 패키지가 잘 작동하는지 점검해 준다. 파이썬 2.7, 3.4 그리고 파이파이(PyPy)에 대해 한번에 테스트해 볼 수 있다.

- 톡스는 여러분이 선택한 테스트 도구에서 설정을 해줌에 따라 각기 다른 환경에서 테스트를 실행할 수 있다.
- 톡스는 지속적 통합 서버의 프론트엔드로 이용됨으로써 지속적 통합과 셀 기반 테스트를 하나로 합칠 수 있으며 여러 가지 반복 코드에 드는 노력을 줄여 준다.

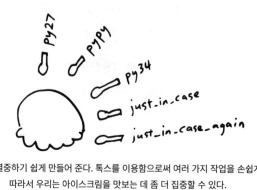

그림 32.1 한 가지에 열중하기 쉽게 만들어 준다. 톡스를 이용함으로써 여러 가지 작업을 손쉽게 해결할 수 있고 따라서 우리는 아이스크림을 맛보는 데 좀 더 집중할 수 있다.

32.2.2 젠킨스

젠킨스(Jenkins, http://jenkins-ci.org)는 확장 가능한 지속적 통합 엔진으로 프라이빗 소스와 오픈 소스의 노력이 같이 섞인 도구다. 젠킨스는 상당히 큰 커뮤니티와 생태계를 구축하고 있는 지속적 통합 자동화 도구의 표준이라고 할 수 있다. 젠킨스 이외의 다른 대안을 고려하고 있다면 매우 신중히 생각해야 할 것이다.

32.3 서비스로서 지속적 통합

젠킨스는 훌륭한 도구다. 하지만 때때로 다른 누군가가 젠킨스를 세팅하고 여러분을 위해 대신 돌려 주기를 바랄 때가 있다. 젠킨스 등을 이용하여 자동화 도구를 제공하는 다양한 서비스 업체가 있다. 일부는 깃허브나 비트버킷 같은 유명한 저장소 호스팅 사이트와 직접 연동하여 이용할 수도 있다. 대부분의 서비스들이 오픈 소스 저장소에는 무료 서비스를 제공한다. 우리가 좋아하는 몇 군데 서비스 업체를 들어 보면 다음과 같다.

서비스	지원하는 파이썬 버전	링크
트래비스-CI	3.3, 3.2, 2.7, 2.6, 파이파이	https://travis-ci.org
앱베이어(윈도)	3.4, 3.3, 2.7	http://www.appveyor.com/
CircleCI	3.4, 3.3, 2.7, 2.6, 파이파이, 그 외 다수	https://circleci.com
Drone.io	2.7, 3.3	https://drone.io/
코드십	3.4, 2.7	https://codeship.com

표 32.1 지속적 통합 서비스

32.3.1 서비스로서의 코드 커버리지

앞의 지속적 통합 서비스 중 하나를 이용하여 지속적 통합을 이용한다고 할 때 코드 커버리지를 다룰 수 없는 문제가 있다. 따라서 '22.7 테스트 범위 게임'을 하는 데 문제가 생기는데 다행히 codecov.io 같은 서비스를 통하면 커버리지 보고를 생성할 수 있으며 게임을 계속할 수 있다.

32.4 추가 참고 자료

- http://en.wikipedia.org/wiki/Continuous_integration
- http://jenkins-ci.org
- http://www.caktusgroup.com/blog/2010/03/08/django-and-hudson-ci-day-1
- http://ci.djangoproject.com
- http://docs.python-guide.org/en/latest/scenarios/ci

32.5 요약

이제 지속적 통합은 오픈 소스와 프라이빗 프로젝트 두 영역에서 모두 표준으로 자리 잡았다. 초기에 여러 가지 세팅과 작업을 요구하긴 하지만, 이러한 투자를 충분히 상쇄하고도 남는 좀 더 안전한 배포 결과와 프로젝트의 견고성 유지라는 장점을 얻게 된다. 게다가 이전보다도 빠르게 지속적 통합 환경을 구축할 수 있는 여러 레시피와 리소스를 쉽게 구할 수 있다.

마지막으로 덧붙여서 테스트 자체가 프로젝트를 위해 구축되지 않았더라도 지속적으로 프로젝트를 빌드한다는 자체만으로 지속적 통합을 구축한 값어치는 충분히 하고도 남는다.

33장

디버깅의 기술

지금 막 구성된 따끈따끈한 프로젝트든지, 아니면 10여 년이 넘은 레거시 장고 프로젝트든지 디버깅은 늘 필요하게 마련이다. 이번 장에서는 디버깅 프로세스를 좀 더 쉽게 잘하기 위한 팁들을 알아보겠다.

33.1 개발 환경에서의 디버깅

로컬 환경에서 일반적으로 이용되는 디버깅 방법들이다.

33.1.1 django-debug-toolbar 이용하기

이 귀중한 패키지는 이미 여러 번 다루었다. 의심할 여지없이 요청과 응답 주기에 대한 다양한 디버그 정보를 나타내는 데 가장 빠르고 쉬운 도구임에 틀림 없다. 얼마나 빠르게 템플릿이 렌더링되는지, 어떤 쿼리들이 생성되는지 그리고 어떤 변수들이 이용되었는지 이런 내용을 찾아보려면 바로 django-debug-toolbar가 정답이다.

아직 django-debug-toolbar를 설치하고 세팅하지 않았다면 모든 일을 중지하고 프로젝트에 django-debug-toolbar를 먼저 설치하기 바란다.

- https://pypi.python.org/pypi/django-debug-toolbar
- http://django-debug-toolbar.readthedocs.org

33.1.2 짜증 나는 클래스 기반 뷰 에러

클래스 기반 뷰를 이용하고 있다면 다음 에러를 콘솔이나 뷰 테스트 시에 보았을 것이다.

✓ 예제 33.1

```
twoscoopspress$ python discounts/manage.py runserver 8001
Starting development server at http://127.0.0.1:8001/
Quit the server with CONTROL-C.

Internal Server Error: /
Traceback (most recent call last):
  File "/Users/python/lib/python2.7/site-packages/django/core/handlers/base.py",
      line 132, in get_response response = wrapped_callback(request,
      *callback_args, **callback_kwargs)
  File "/Users/python/lib/python2.7/site-packages/django/utils/decorators.py",
      line 145, in inner
    return func(*args, **kwargs)
TypeError: __init__() takes exactly 1 argument (2 given)
```

이는 실력과 상관없이 대부분의 장고 개발자 코드에서 보게 되는 버그다.

　TypeError: __init__() takes exactly 1 argument (2 given)라는 문구를 콘솔에서 보게 되었을 때 가장 먼저 할 일은 urls.py 모듈을 확인하는 일이다. URL을 정의하는 부분에서 as_view() 메서드를 클래스 기반 뷰로 라우팅하도록 추가하는 것을 잊어버리는 경우가 있기 때문이다.

　TypeError를 만든 코드의 예는 다음과 같다.

⚠ 나쁜 예제 33.1

```
# 'as_view()' 메서드를 잊어버린 경우
url(r'^$', HomePageView, name="home"),
```

수정된 코드는 다음과 같다.

✓ 예제 33.2

```
url(r'^$', HomePageView.as_view(), name="home"),
```

33.1.3 파이썬 디버거 마스터하기

PDB라고도 하는 파이썬 디버거는 지정된 중단점에서 소스 코드와 상호 연동이 가능한 발전된 REPL을 제공한다. 또한 코드가 실행될 때 코드 내용이 어떻게 변하는지 관찰할 수 있게 해 준다. 장고에서는 다음 세 가지 경우에 PDB를 이용한다.

① 테스트 케이스 안에서
② 개발 환경에서 HTTP 요청 중에 중단점을 설정하면 요청 처리를 개발자의 페이스에 맞게 추적하는 데 도움이 된다.
③ 관리 명령을 디버그하기 위해

> **⚠ 배포 이전에 PDB가 코드에 남아 있는지 확인하자**
>
> PDB의 중단점을 코드에 남겨 놓은 상태에서 상용으로 배포하면 사용자의 요청을 다 처리
> 하기도 전에 해당 프로세스가 멈추는 장애를 일으키게 된다. 배포하기 전에 'pdb'를 가진
> 코드를 검색해야 하며 flake8 같은 도구를 이용하여 자동으로 pdb의 존재를(다른 여러 문
> 제 또한) 확인해야 한다.

PDB 자체도 매우 유용하지만 ipdb 같은 서드 파티 패키지와 함께 쓰면 더욱 강
력해진다. ipdb는 ipython 인터페이스를 PDB 인터페이스에 추가해 더욱 유용한
기능을 제공한다.

참고 자료는 다음과 같다.

- 파이썬의 pdb 문서. https://docs.python.org/2/library/pdb.html
- 장고와 PDB 이용하기. https://mike.tig.as/blog/2010/09/14/pdb

패키지는 다음과 같다.

- ipdb. https://pypi.python.org/pypi/ipdb
- pytest와 ipdb 이용하기. https://pypi.python.org/pypi/pytest-ipdb

33.1.4 폼 파일 업로드의 핵심 기억하기

파일 업로드 관련 프로그래밍을 할 때마다 파일 업로드를 소리소문없이 실패시
키는 다음 두 가지 사항을 항상 확인해 보자. 조용히 실패하는 경우이기 때문에
디버그가 어렵고 그만큼 큰 좌절감을 유발하기도 한다. 어찌 되었든 파일 업로
드에서 문제가 발생했다면 다음을 꼭 확인하고 넘어가자.

1. \<form> 태그에 인코딩 타입이 포함되어 있는가?

✓ 예제 33.3

```
<form action="{% url 'stores:file_upload' store.pk %}"
    method="post"
    enctype="multipart/form-data">
```

2. 함수 기반 뷰에서 뷰가 request.FILES를 처리하고 있는가?

✓ 예제 33.4

```
# stores/views.py

from django.shortcuts import render, redirect, get_object_or_404
```

```
from django.views.generic import View

from stores.forms import UploadFileForm
from stores.models import Store

def upload_file(request, pk):
    """간단한 함수 기반 뷰 예"""
    store = get_object_or_404(Store, pk=pk)
    if request.method == 'POST':
        # Don't forget to add request.FILES!
        form = UploadFileForm(request.POST, request.FILES)
        if form.is_valid():
            store.handle_uploaded_file(request.FILES['file'])
            return redirect(store)
    else:
        form = UploadFileForm()
    return render(request, 'upload.html', {'form': form, 'store': store})
```

아니면 클래스 기반 뷰에선 어떤가?

√ 예제 33.5

```
# stores/views.py
from django.shortcuts import render, redirect, get_object_or_404
from django.views.generic import View

from stores.forms import UploadFileForm
from stores.models import Store

class UploadFile(View):
    """간단한 클래스 기반 뷰 예"""
    def get_object(self):
        return get_object_or_404(Store, pk=self.kwargs['pk'])

    def post(self, request, *args, **kwargs):
        store = self.get_object()
        form = UploadFileForm(request.POST, request.FILES)
        if form.is_valid():
            store.handle_uploaded_file(request.FILES['file'])
            return redirect(store)
        return redirect('stores:file_upload', pk=pk)

    def get(self, request, *args, **kwargs):
        store = self.get_object()
        form = UploadFileForm()
        return render(request, 'upload.html', {'form': form, 'store': store})
```

> 💡 **폼 기반 클래스가 바탕이 된 일반 뷰**
>
> 뷰가 다음 중 하나로부터 상속되었다면 request.FILES가 뷰 코드 안에 들어 있는지 걱정하지 않아도 된다. 장고에서 해당 처리를 해 주기 때문이다.

- django.views.generic.edit.FormMixin
- django.views.generic.edit.FormView
- django.views.generic.edit.CreateView
- django.views.generic.edit.UpdateView

앞의 예제에서 우리는 store.handle_uploaded_file() 메서드에 대한 코드를 제공하지는 않고 해당 메서드가 호출될 만한 장소가 어디인지만 나타냈다.

33.1.5 텍스트 편집기나 통합 개발 환경의 힘을 빌리기

서브라임 텍스트(Sublime Text), 텍스트메이트(Textmates), 빔(Vim), 이맥스(Emacs) 같은 여러 **텍스트 편집기** 중 하나를 사용한다면 파이썬과 장고에 특화된 옵션이나 플러그인을 찾아 이용하기 바란다. 단순히 코드 강조와 PEP-8 규약 점검 등 기본 기능만 제공하더라도 당장 도움이 될 것이다.

파이참(PyCharm), 파이데브(PyDev), WingIDE, 코모도(Komodo) 등 **통합 개발 환경**(integrated development environment, IDE)을 이용한다면 해당 통합 개발 환경에 파이썬과 장고에 특화된 기능이 이미 내장되어 있고 활성화되어 있을 것이다. 이는 중단점과 다른 여러 고급 기능을 이용할 수 있다는 것을 의미한다. 통합 개발 환경의 모든 기능을 이용하지 않고 있다면 반드시 해당 기능을 비롯한 통합 개발 환경의 전 기능을 이용하기 바란다. 그렇지 않다면 통합 개발 환경을 세팅한 노력이 헛되지 않겠는가?

단, 통합 개발 환경(또는 텍스트 편집기)에 종속적으로 코딩을 하지 말기를 바란다. 1.7.2를 참고하라.

> 💡 **최고의 통합 개발 환경 또는 텍스트 편집기는 무엇인가?**
> "자신이 선호하는 것이 바로 최고다."
> 사람은 저마다 다르다. 어떤 맛의 아이스크림을 선호하는지 또는 어떤 소스 코드 편집기를 선호하는지는 각자 개인 취향이다. 굳이 정답을 꼽으라고 한다면 지금 여러분이 선택한 바로 그것이라고 이야기하고 싶다.
> 2015년 현재 오드리는 텍스트메이트를, 대니얼은 서브라임 텍스트를 선호한다.

33.2 상용 서비스 시스템의 디버깅

개발 환경에서는 도저히 재현되지 않고 상용 환경에서만 보이는 버그가 있을지도 모른다. 데이터 크기, 외부 API, 시스템 상태를 포함한 어떤 특별한 경우로 인해 로컬 환경에선 도저히 재현되지 않는 경우가 이에 해당할 것이다. 이러한 종류의 문제를 디버깅하는 것은 매우 난해하고 많은 시간을 요하는 작업이다. 이번 절에서는 이런 경우에 도움이 되는 팁들을 모아 놓아 보았다.

33.2.1 로그를 좀 더 편하게 읽기

상용 시스템의 로그 파일을 분석할 때 문제점은 로그 크기가 너무 방대해 문제의 원인을 찾아내기가 매우 난해하다는 것이다. 이럴 때 센트리 등의 로그 분석 시스템을 이용하여 좀 더 손쉽게 로그를 열람, 분석할 수 있으면 애플리케이션에 어떤 일들이 벌어지고 있는지 좀 더 쉽게 알 수 있다.

33.2.2 상용 환경 미러링

상용 환경 미러링은 편하게 디버깅할 수 있도록 작업자가 쉽게 접근할 수 있는 환경으로 상용 환경을 미러링하는 것을 말한다. 현대적인 배포 기법(PaaS, 데브옵스, 동일 환경 구성)이 이를 훨씬 수월하게 만들어 주었다. 일반적으로 상용 환경을 복제할 때 다음 절차를 따른다.

① 방화벽이나 어떤 보안 체계 안쪽에 상용 환경과 동일한 원격 서버를 세팅한다.
② 상용 환경의 데이터를 복사해 온다. 단 개인 정보에 관련된 데이터를 제거하고 이에 대해 특별한 주의를 기울인다. 개인 정보 관련 데이터란 이메일을 비롯해 개인을 식별하거나 유추할 수 있는 데이터를 다 포함한다.
③ 상용 환경 미러링 시스템에 접근이 필요한 사람에게 셸을 제공한다.

일단 이러한 절차가 실행되었으면 문제가 되는 버그를 재현해 보자. 상용 환경 미러링이 외부로부터(방화벽의 바깥쪽) 절대적으로 접근이 불가능한 경우라면 settings.DEBUG를 True로 변경하는 방법도 고려해 볼 수 있다.

⚠ 이메일 주소에 대해 특별히 주의를 기울이자

루드비그 바덴스테인(Ludvig Wadenstein)은 "개발 서버에 실제 사용자 이메일을 넣어 두는 것이 그리 큰 문제가 아닌 것처럼 보여도 그런 작은 사고를 통해 모든 사용자에게 전체 이메일을 발송하는 큰 사고가 나기도 한다"라고 말했다.

33.2.3 UserBasedExceptionMiddleware

seeings.DEBUG=True의 500 페이지를 특별한 슈퍼 사용자에게만 제공할 수 있다면 어떨까? 아마 디버깅이 훨씬 쉬워지지 않을까? 물론 문제는 seeings.DEBUG=True라는 세팅을 상용 환경에 하면 심각한 보안 문제를 초래할 수 있다는 것이다. 다행히 장고의 공동 창시자인 사이먼 윌리슨(Simon Willison) 덕분에 이 강력한 디버깅 도구를 상용 환경에서 사용할 방법이 생겼다.

✓ 예제 33.6

```python
# core/middleware.py
import sys

from django.views.debug import technical_500_response

class UserBasedExceptionMiddleware(object):
    def process_exception(self, request, exception):
        if request.user.is_superuser:
            return technical_500_response(request, *sys.exc_info())
```

33.2.4 고질적인 settings.ALLOWED_HOSTS 에러

> settings.ALLOWED_HOSTS 에러는 결국 내 인과응보였다.
>
> - 대니얼 로이 그린펠드

ALLOWED_HOSTS 세팅은 호스트/도메인 이름의 문자열 리스트로서 장고는 오직 이 리스트에 있는 호스트로만 서비스를 하게 된다. 이는 settings.DEBUG가 False로 설정되어 있을 때는 강력하고 유용한 보안 시스템이지만 일단 settings.DEBUG가 False로 세팅되는 순간 이 잘못 설정된 ALLOWED_HOSTS는 500 에러를 일으킨다. 로그를 확인해 보면 SuspiciousOperation 에러를 볼 수 있을 텐데 더 이상 자세한 에러 메시지를 동반하지는 않는다.

어떻게 이런 경우가 발생할까?

① settings.DEBUG가 False로 되어 있다.
② 장고가 서비스를 하기 위해 ALLOWED_HOSTS에 있는 호스트/도메인 이름에 매치되는 요청을 찾을 수 없다. 흔한 예로 ALLOWED_HOSTS가 빈 리스트로 되어 있을 때 우리가 example.com으로부터 페이지를 요청했을 경우다.
③ 장고는 뭔가 의심 가는 일이 벌어지고 있다고 판단하고 SuspiciousOperation 에러를 발생시킨다.

따라서 프로젝트가 처음 배포되었을 때 500 에러만 계속 발생한다면 settings.
ALLOWED_HOSTS를 확인해보기 바란다. 어떻게 설정되어야 하는지 기본이 되는
예를 들어 보면 다음과 같다.

√ 예제 33.7

```
# settings.py
ALLOWED_HOSTS = [
    '.djangopackages.com',
    'localhost',  # DEBUG = False가 적용되어 있는 것을 확인한다.
'127.0.0.1'  # DEBUG = False가 적용되어 있는 것을 확인한다.
]
```

참고 자료는 다음과 같다.

- https://docs.djangoproject.com/en/1.8/ref/settings/#allowed-hosts

33.3 기능 설정

기능 설정(feature flag)은 매우 강력한 기능으로 프로젝트 각각의 기능을 웹 기
반 인터페이스에서 설정하는 것이다.

> **기능 설정에 대한 사이먼 윌리슨의 조언**
>
> 장고 프로젝트의 공동 창시자인 사이먼 윌리슨은 다음과 같이 말했다. "기능 설정은 내가
> 작성한 코드 중에 최고의 효용성을 제공한다."

우리 사이트에 새로운 기능을 추가했다고 하자. 아이스크림을 서비스해 주는 로
봇의 원격 컨트롤 기능이다. 우리 노트북에서 문제없이 작동했고 QA 서버에서
도 전혀 문제가 없었다. 그래서 우리는 상용 환경으로 푸시했고 곧 수천 명의 사
용자가 아이스크림을 서비스해 주는 로봇에 명령을 내렸는데 갑자기 오류가 생
겨 로봇이 날뛰기 시작했다. 초콜릿 아이스크림이 바닐라 아이스크림 애호가들
에게 제공되는 재앙이 펼쳐졌다. 우리는 바로 모든 것을 정지시키고 이 혼란을
바로잡기 위해 며칠을 소비했다. 하지만 이 피해 때문에 전 세계 아이스크림 고
객들이 더 이상 우리의 아이스크림 서비스 로봇을 이용하지 않기로 했다.

바보 같은 예이긴 하지만 실제로 이와 같은 일들이 벌어진다. 상용 환경과 동
일한 환경이 도움이 될 수 있겠지만 완전한 해답이 되지는 않는다. 사용자가 새
로운 기능에서 제대로 작동하지 않는 부분을 발견한다든지 테스트에서 잡아내

지 못한 버그를 발견하는 경우는 흔하다. 상용 서버로 코드를 푸시하게 되면 가끔 이런 경우를 목격한다. 물론 QA나 스테이징 서버에서 먼저 이런저런 테스트를 해 달라고 사람들에게 요청할 수도 있다 하지만 실제 상황에서 상용 서버와 QA나 스테이징 서버가 완벽하게 똑같을 수는 없다. 그렇다면 실제 상용 서버의 모든 사용자에게 푸시되기 전에 우리가 어드민 인터페이스에서 정의한 일부 사용자(예: 베타 사용자)에게만 새로운 기능을 먼저 제공한다면 어떨까?

기능 설정이 하는 일이 바로 이것이다!

남들보다 앞서 새롭지만 버그나 문제가 일어날지도 모르는 기능을 맛보기 원하는 소수의 사용자들에게 기능을 먼저 공개하는 것이다. 이런 소수의 사용자들은 스태프 멤버, 스태프 멤버의 친구들로 남들에게 기능이 공개되기 이전에 기꺼이 베타 사용자가 되길 희망하는 사용자들일 것이다.

33.3.1 기능 설정 패키지

가장 널리 쓰이는 두 가지 기능 설정 패키지에는 django-gargoyle과 django-waffle이 있다. 이 둘은 서로 비슷한 기능을 제공하는데 gargoyle은 구성이 더 복잡한 반면에 커스텀 세그먼트에 대한 더 많은 옵션을 제공한다. 둘 다 모두 매우 유용한 도구이며 충분히 이용할 만한 가치가 있는 패키지다.

- https://github.com/disqus/gargoyle
- https://github.com/jsocol/django-waffle

33.3.2 기능 설정과 단위 테스트

기능 설정의 한 가지 단점은 기능 설정에 의해 그 기능의 해당 코드에 대한 테스트가 비활성화될 수 있다는 것이다. 기능 설정으로 해당 기능이 비활성화된 경우 그 비활성화된 기능은 테스트되지 않는 것이다. 이에 대한 해답은 기능 설정에 의해 해당 기능이 켜지거나 꺼졌어도 두 가지 경우에 대해 전부 테스트되게 하는 것이다. 이렇게 하기 위해서는 장고 테스팅 프레임워크 내에서 기능 설정을 끄고(off) 켜는(on) 방법을 알아 둘 필요가 있다.

- http://www.2scoops.co/testing-with-gargoyle
- http://www.2scoops.co/testing-with-waffle

33.4 요약

이러한 디버깅 절차를 통해서도 여전히 문제의 원인을 못 찾았다고 해도 너무 걱정하지 말기 바란다. 다음 장에서는 우리가 원하는 질문에 대해 유용한 팁을 얻는 방법을 다루어 보겠다.

34장

장고에 관련된 도움을 받는 방법

어떤 개발자든지 간에 결국 혼자서는 도저히 해결할 수 없는 문제에 결국은 봉착하게 된다. 그런 상황이 되었다고 해도 절대 포기하지 않도록 하자!

34.1 해결할 수 없는 문제에 봉착했을 경우 어떻게 해야 할까?

다음 과정을 통해 문제를 해결할 확률을 높일 수 있다.

① 문제를 가능한 한 스스로 해결하려고 노력해 본다. 예를 들어 방금 설치한 패키지에서 문제가 발생했다면 해당 패키지가 virtualenv에서 정상으로 잘 설치되었는지 확인해 보고 virtualenv가 잘 작동하고 있는지 확인한다.

② 문서를 정독해 빠진 것이 없는지 세세히 살펴본다.

③ 다른 사람들도 같은 문제를 겪고 있는지 살펴본다. 구글과 메일링 리스트, 스택오버플로를 살펴본다.

④ 그래도 아무것도 찾을 수 없다면? 스택오버플로에 질문을 해 본다. 문제를 설명하기 위한 작은 샘플을 작성한다. 여러분의 개발·상용 환경 정보, 설치한 패키지 정보, 패키지 설치 절차 등 가능한 한 자세한 설명을 첨부한다.

⑤ 며칠이 지나도 여전히 해답을 찾을 수 없는가? django-users 메일링 리스트나 IRC에 질문을 해 본다.

34.2 IRC에서 장고 질문을 어떻게 할 것인가?

프리노드(Freenode) IRC(internet relay chat)에는 다른 개발자과 만날 수 있고 또한 여러 질문을 할 수 있는 #python, #django 채널이 있다.

IRC를 처음 접하는 사용자를 위한 조언이 있다. 때때로 매우 바쁜 IRC에 질문을 하면 여러분의 질문이 무시되거나 짜증을 내는 개발자들에게 따돌림을 당할 수도 있다. 하지만 절대 실망하거나 마음에 담아 두지 않기 바란다!

IRC의 #python과 #django 채널은 전적으로 자원봉사자들이 운영한다. 시간이 된다면 여러분도 남에게 도움을 주거나 질문에 답할 수 있다.

① IRC에 도움을 요청할 때는 스스로 여러 가지 조사를 충분히 한 후에 하자. 스택오버플로에서도 아무런 도움을 받을 수 없을 때 최후의 수단으로 이용하기 바란다.

② 관련된 코드의 일부분이나 트레이스백을 https://gist.github.com(또는 http://pastebin.com)에 붙여 넣는다.

③ 될 수 있는 한 자세한 세부 사항과 콘텍스트를 가지고 질문을 한다. 코드의 일부분과 트레이스백의 링크를 붙여 넣는다. 숨김없고 친근하게 질문한다.

💡 **pastebin.com 이용하기**

IRC에 긴 코드를 붙여 넣지 않도록 한다. 정말로 그러지 말자. 코드를 함부로 붙여 넣는 것은 IRC 사람들에게 짜증을 유발한다. 대신 pastebin.com을 이용하자!

---

④ 다른 사람들로부터 도움이나 충고를 받았다면 감사를 표하고 정말 여러분이 감사하고 있음을 상대방이 느끼도록 하기 바란다. 작은 친절이지만 큰 효과를 발휘할 것이다. 이런 감사의 표시로 누군가를 종일 기쁘게 할 수도 있다. 여러분이 무료로 누군가를 위해 봉사했을 때 기분을 생각해 보자.

34.3 더 많은 지식 쌓기

여러분의 아이스크림 그릇을 유익한 장고·파이썬 정보로 가득 채우길 바란다. 유용한 최신 정보에 늘 관심을 가지기 바란다.

① 장고 프로젝트 피드. https://www.djangoproject.com/community

② 링컨 루프(https://lincolnloop.com)의 장고 라운드 업(Django Round Up)을 구독한다. 장고 프로젝트 패키지에 대한 새로운 문서를 다루는 메일링 리스트다.

③ 주간 파이코더(http://pycoders.com)와 주간 파이썬(http://www.python weekly.com)을 구독한다. 파이썬 프로그램 언어에 대한 새로운 문서를 다루는 훌륭한 보고다.

34.4 장고 커뮤니티 참여자의 팁: 커뮤니티 활동에 동참하라

도움이 필요할 때 도움을 얻을 수 있는 비밀은 의외로 단순하다. 파이썬과 장고 커뮤니티에 활동적으로 동참하는 것이다.

커뮤니티에서 다른 여러 사람에게 도움을 베풀수록 더 많은 사람이 여러분을 도와줄 것이다. 더 많은 것을 제공할수록 더 많은 것을 받을 것이다.

34.4.1 커뮤니티 참여를 위한 아홉 가지 방법

① 파이썬, 장고 사용자 모임에 참석한다. 지역 모임은 http://wiki.python.org/moin/LocalUserGroups에서 찾을 수 있으며 지역 모임에 참여한다. meetup.com에 python으로 검색해 여러분이 사는 곳 근처의 모임에 참가한다.

② 여러분의 지역이나 국가에서 열리는 파이썬, 장고 콘퍼런스에 참석한다. 전문가들로부터 배울 수 있는 기회다. 코드 스프린트 내내 참석해 보고 오픈 소스 프로젝트에 기여해 본다. 다른 개발자들을 만나는 기회이며 많은 것을 배울 수 있다.

③ 오픈 소스 장고 패키지와 장고 프로젝트 자체에 기여해 본다. 이슈를 찾아 해당 이슈를 해결하는 데 지원해 보라. 버그를 찾았다면 이슈를 보고한다.

④ IRC 프리노드의 #python, #django 채널에 들어가 도움을 받도록 한다.

⑤ 다른 소주제 파이썬 IRC 채널을 찾아보고 참여한다. #pyladies와 여러 외국어로 된 IRC 채널이 있다. http://www.python.org/community/irc

⑥ 스택오버플로에 올라온 장고 질문들에 답해 본다.

⑦ 트위터에서 다른 장고 개발자들을 만나 본다. 트위터에서 다양한 개발자를 만나고 그들과 친해지기 바란다.

⑧ 링크드인 장고 그룹에 가입한다. 올라온 글에 댓글을 달고 다른 이들에게 도움이 될 만한 것들을 쓰기도 한다.

⑨ 커뮤니티의 다양성을 위한 자원봉사를 한다. 장고 걸즈(https://djangogirls.org)나 파이레이디(http://www.pyladies.com)에 참여해 파이썬 커뮤니티에 좀 더 많은 여성이 참여할 수 있도록 도움이 되어 본다. 커뮤니티의 다양성을 위한 일에는 여러 방법이 있음을 상기하기 바란다. 사용자가 많지 않은 나라를 위한 PyCon을 돕는 것과 같은 작은 노력이 큰 변화를 이루어 낼 수 있다.

그림 34.1 아이스크림 고객 상담

34.5 요약

장고의 강점 중 하나는 바로 프레임워크 뒤를 받치고 있는 사람들과 커뮤니티의 힘이다. 가이드라인이 필요하거나 문제에 봉착했을 때 친근하고 열린 마음으로 커뮤니티를 대한다면 커뮤니티에서도 여러분을 돕기 위해 일어날 것이다. 물론 여러분의 일을 대신해 주지는 않는다. 하지만 문제의 해답에 도달할 수 있도록 도와줄 것이고 올바른 방향을 제시해 줄 것이다.

35장

맺으며

이번 3판에서는 최대한 다양한 주제를 다루려 했음에도 불구하고 우리가 다룬 양은 여전히 빙산의 일각에 그치지 않았나 한다. 글을 쓰기 시작하면서 우리는 좀 더 기술 중심의 책을 쓰려고 했고 그와 동시에 우리의 오픈 소스 프로젝트를 더불어 발전시킬 계획이었다.

이 책에 대한 현재 우리의 계획은 장고 2.2가 나올 때까지 새롭게 개정판을 쓰지 않고 기다리려고 한다. 장고 1.8은 장고의 장기 지원(long term support) 버전이라서 이 책의 내용이 당분간은 유용하게 쓰이리라 생각하기 때문이다.

우리는 독자들의 다양한 피드백을 기대하고 있으며 독자뿐 아니라 장고 커뮤니티에서도 많은 피드백이 있었으면 한다. 특별히 이 책에 관련된 피드백일 경우 깃허브의 이슈 시스템을 이용하여 독자들로부터 오는 여러 이슈와 코멘트를 다루고 있다. 다음 주제에 대해서는 https://github.com/twoscoops/two-scoops-of-django-1.8/issues에 의견을 남겨 주기 바란다.

- 명확하지 않거나 혼동되는 내용
- 이 책에서 우리가 알아야 할 오류나 누락된 부분
- 앞으로 나올 개정판에서 다루었으면 하는 주제

우리는 이 책이 여러분에게 유용하며 가치 있는 책으로 자리 잡기를 바란다. 여러분이 즐겁게 이 책을 읽었다면 긍정적인 서평을 통해 다른 이들과 유익한 경험을 공유해 주었으면 한다. 우리는 여러분의 그런 지지를 필요로 하며 동시에 그에 대해 깊은 감사를 드린다.

여러분의 장고 프로젝트에 건승을 기원하며!

대니얼 로이 그린펠드와 오드리 로이 그린펠드

- pydanny.com / audreyr.com / twoscoopspress.com
- 깃허브: @pydanny, @audreyr, @twoscoopspress
- 트위터: @pydanny, @audreyr, @twoscoopspress
- 페이스북: https://www.facebook.com/twoscoopspress

이 책에서 언급된 패키지들

이 책에서 언급했거나 소개했던 파이썬, 장고, 프론트엔드 서드 파티 패키지 목록이다. 책에서는 언급하지 않았지만 우리가 생각하기에 정말 유용한 도구들 또한 여기에 포함시켰다.

우리가 프로젝트에서 현재 이용하고 있는 패키지와 이 목록에는 중복되는 부분이 있으며 해당 내용은 유동적이다. 여기 이 목록을 여러분이 프로젝트를 진행할 때 반드시 사용해야 하거나 반드시 사용하지 말아야 하는 어떤 기준으로는 이용하지 않기 바란다.

코어

- Django https://djangoproject.com
  데드라인이 있는 완벽주의자를 위한 웹 프레임워크.

- django-debug-toolbar http://django-debug-toolbar.readthedocs.org
  장고 디버깅을 위한 디스플레이 패널

- django-model-utils https://pypi.python.org/pypi/django-model-utils
  시계열 모델(time stamped model)을 포함한 유용한 모델 유틸리티

- ipdb https://pypi.python.org/pypi/ipdb
  IPython을 이용할 수 있는 pdb

- Pillow https://pypi.python.org/pypi/Pillow
  파이썬 이미지 라이브러리를 위한 편리한 설치 프로그램

- **pip** http://www.pip-installer.org
  파이썬 패키지 설치 프로그램. 파이썬 3.4 이상부터 파이썬에 내장되어 있다.

- **Sphinx** http://sphinx-doc.org
  파이썬 프로젝트 문서화 도구

- **virtualenv** http://virtualenv.org
  파이썬 가상 환경 세팅 도구

- **virtualenvwrapper** http://www.doughellmann.com/projects/virtualenvwrapper
  맥 OS X과 리눅스에서 virtualenv를 좀 더 편리하게 쓰기 위한 도구

- **virtualenvwrapper-win** https://pypi.python.org/pypi/virtualenvwrapper-win
  윈도우에서 virtualenv를 좀 더 편리하게 쓰기 위한 도구

비동기

- **celery** http://www.celeryproject.org
  분산 태스크 큐

- **flower** https://pypi.python.org/pypi/flower
  셀러리 태스크 관리·모니터링 도구

- **rq** https://pypi.python.org/pypi/rq
  가벼우면서 간단한 백그라운드 작업 생성과 프로세싱 라이브러리

- **django-rq** https://pypi.python.org/pypi/django-rq
  RQ(Redis Queue)와 장고의 통합을 제공하는 간단한 앱

- **django-background-tasks** https://pypi.python.org/pypi/django-background-tasks
  데이터베이스 기반의 비동기 태스크 큐

데이터베이스

- **django-db-tools** https://pypi.python.org/pypi/django-db-tools
  데이터베이스를 읽기 전용으로 만들거나 반대로 읽기 전용 모드에서 일반 모
  드로 변경하는 데 큰 도움이 된다.

- **psycopg2** https://pypi.python.org/pypi/psycopg2
  PostgreSQL 데이터베이스 어댑터

배포

- **circus** https://pypi.python.org/pypi/circus
  다중 프로세스와 소켓을 실행하고 관리하는 프로그램. 모질라에서 이용한다.
  그 복잡성 때문에 작은 프로젝트에는 적합하지 않다.

- **dj-database-url** https://pypi.python.org/pypi/dj-database-url
  허로쿠 데이터베이스 접근을 간단하게 만들어 주는 장고 유틸리티

- **django-heroku-memcacheify** https://pypi.python.org/pypi/django-heroku-memcacheify
  허로쿠용 Memcached 설정

- **Fabric** https://pypi.python.org/pypi/Fabric
  원격 실행과 배포를 위한 간단한 도구

- **Invoke** https://pypi.python.org/pypi/invoke
  Fabric과 비슷하다. 파이썬 3에서도 작동한다.

- **Paver** https://pypi.python.org/pypi/invoke
  쉬운 빌드와 분산 배포를 위한 스크립트

- **Supervisor** http://supervisord.org
  사용자가 유닉스 계열 운영 체제에서 여러 프로세스를 컨트롤하고 모니터링
  하게 해 주는 클라이언트/서버 프로그램

폼

- **django-crispy-forms** http://django-crispy-forms.readthedocs.org
  장고 폼의 렌더링 조종 도구. 기본으로 트위터 부트스트랩(Twitter Bootstrap)
  을 이용하나 변경할 수 있다.

- django-floppyforms http://django-floppyforms.readthedocs.org
  django-crispy-forms와 함께 쓸 수 있는 폼 필드, 위젯, 레이아웃

- django-forms-bootstrap https://pypi.python.org/pypi/django-forms-bootstrap
  장고 폼과 트위터 부트스트랩을 이용하기 위한 간단한 폼 필터

- django-forms-builder https://github.com/stephenmcd/django-forms-builder
  어드민 인터페이스에서 어드민이 스스로의 폼을 만드는 기능을 제공하는 장
  고의 재사용 가능한 앱

프론트엔드

- JSCS http://jscs.info
  자바스크립트 코드 스타일 린터(linter)

- CSScomb http://csscomb.com
  CSS용 코딩 스타일 포맷 도구

로깅

- logutils https://pypi.python.org/pypi/logutils
  로깅에 여러 가지 유용한 핸들러를 추가해 준다.

- Sentry http://getsentry.com
  오픈 소스 기반의 훌륭한 에러 수집 서비스

- App Enlight https://appenlight.com
  프로젝트의 에러와 성능 이슈를 추적

- Newrelic http://newrelic.com
  실시간 로깅과 수집 플랫폼

프로젝트 템플릿

- cookiecutter-django https://github.com/pydanny/cookiecutter-django
  이 책의 3장에서 다룬 샘플 프로젝트 레이아웃

- **Cookiecutter** http://cookiecutter.readthedocs.org
장고에만 국한되지 않은 프로젝트와 앱 템플릿 생성용 명령행 유틸리티. 수
많은 테스트를 거쳤으며 문서화가 잘되어 있다. 이 책의 지은이 중 한 명이
제작했다.

- **django-kevin** https://github.com/imkevinxu/django-kevin
허로쿠 배포에 최적화된 장고 프로젝트 템플릿. 이전 버전의(1.5, 1.6) Two
Scoops 프로젝트 템플릿에서 포크(fork)되었다.

- **django-herokuapp** https://github.com/etianen/django-herokuapp
장고 사이트를 허로쿠에서 돌려 주는 유틸리티와 프로젝트 템플릿

REST API

- **django-rest-framework** http://django-rest-framework.org
실질적으로 장고의 메인 REST 패키지. 모델 리소스와 비모델 리소스 모두
RESTful API로 서비스할 수 있게 해 준다.

- **django-jsonview** https://github.com/jsocol/django-jsonview
파이썬 객체를 JSON으로 변환해 주는 간단한 데코레이터를 제공한다. 데코
레이터를 이용한 뷰가 언제나 JSON을 반환하는지 확인하라.

- **django-tastypie** http://django-tastypie.readthedocs.org
모델과 비모델 리소스를 RESTful API로 서비스해 준다.

보안

- **bleach** https://pypi.python.org/pypi/bleach
화이트리스트(whitelist, 안전 목록) 기반의 HTML 검사기

- **defusedxml** https://pypi.python.org/pypi/defusedxml
외부에서 온 XML을 처리할 때 반드시 필요한 파이썬 라이브러리

- **django-autoadmin** https://pypi.python.org/pypi/django-autoadmin
자동 생성된 패스워드로 장고 프로젝트 어드민 사용자를 생성해 준다. 자동
으로 생성된 사이트의 보안 문제를 해결한다.

- **django-admin-honeypot** https://pypi.python.org/pypi/django-admin-honeypot
  가짜 장고 어드민 로그인 스크린. 허용하지 않은 접근 시도에 대해 어드민에게 알려 준다.

- **django-axes** https://github.com/django-pci/django-axes
  장고 기반 사이트에 로그인 시도, 실패에 대한 감시를 해 준다.

- **django-ratelimit-backend** https://pypi.python.org/pypi/django-ratelimit-backend
  인증 백엔드 레벨에서 로그인의 접속 제한(rate-limit)을 한다.

- **django-passwords** https://pypi.python.org/pypi/django-passwords
  패스워드 안정성에 대한 검증 기능을 제공하는 재사용 가능한 장고 앱

- **django-secure** https://pypi.python.org/pypi/django-secure
  보안 전문가들의 실제 경험을 통해 축적한 사항들로 사이트를 더욱 안전하게 해 준다. 많은 기능이 장고 `SecurityMiddleware` 클래스에 포함되어 있다.

- **django-two-factor-auth** https://pypi.python.org/pypi/django-two-factor-auth
  장고용 이중 인증 기능

- **django-user-sessions** https://pypi.python.org/pypi/django-user-sessions
  장고 세션을 사용자의 외부 키로 연결한다.

- **peep** https://pypi.python.org/pypi/peep
  파이썬 패키지 인덱스로 업로드할 때 사용자의 민감한 정보를 보호하기 위해 인증된 TLS만 이용한다. 이외 여러 유용한 기능을 포함하고 있으며 한번 살펴보기를 추천한다.

- **Twine** https://pypi.python.org/pypi/twine
  파이썬 패키지 인덱스로 업로드할 때 사용자의 민감한 정보를 보호하기 위해 인증된 TLS만 이용한다. 이외 여러 유용한 기능들을 포함하고 있으며 한번 살펴보기를 추천한다.

테스팅

- **coverage** http://coverage.readthedocs.org
  얼마나 많은 코드가 테스트로 커버되고 있는지 체크해 준다.

- **django-test-plus** https://github.com/revsys/django-test-plus
  장고 기본 테스트에 유용한 추가 기능을 제공해 주는 패키지. 해당 패키지의
  제작자를 통해 이 패키지를 처음 접하게 되었으며 이 패키지를 처음 접한 순
  간부터 오늘날까지 꾸준히 애용하고 있다. 이용할 때마다 매번 고마움을 느
  끼고 있다.

- **factory boy** https://pypi.python.org/pypi/factory_boy
  모델 테스트 데이터를 생성해 주는 패키지

- **model mommy** https://pypi.python.org/pypi/model_mommy
  모델 테스트 데이터를 생성해 주는 또 다른 패키지

- **mock** https://pypi.python.org/pypi/mock
  장고뿐 아니라 여러 환경에서 이용할 수 있다. 시스템을 목 객체(mock
  object: 모형 객체)로 대체하여 이용하게 해 준다. 파이썬 3.4부터는 기본 라
  이브러리로 편입됐다.

- **pytest** http://pytest.org
  파이썬과 장고 프로젝트에서 매우 유용하게 쓰이는 검증된 다양한 기능의 파
  이썬 테스팅 도구

- **pytest-django** http://pytest-django.readthedocs.org
  장고 애플리케이션과 프로젝트를 테스트하는 유용한 도구를 지원하는
  py.test의 플러그인이다.

- **tox** http://tox.readthedocs.org
  셸에서 간단한 명령을 실행해 다양한 파이썬 버전으로 프로젝트를 테스트하
  게 해 주는 virtualenv 관리와 테스트 명령행 도구

사용자 등록

- **django-allauth** http://django-allauth.readthedocs.org
  범용 사용자 등록·인증 도구. 이메일, 트위터, 페이스북, 깃허브, 구글 등 다양한 방법을 지원한다.

- **python-social-auth** http://django-social-auth.readthedocs.org
  트위터, 페이스북, 깃허브, 구글 등 다양한 방법을 포함한 소셜 미디어 등록·인증 도구

뷰

- **django-braces** http://django-braces.readthedocs.org
  장고의 클래스 기반 뷰를 더욱 강력하게 만들어 주는 드롭인 믹스인

- **django-extra-views** http://django-extra-views.readthedocs.org
  장고에서 지원하는 것 이외에 여러 추가적인 클래스 기반 뷰를 지원한다.

- **django-vanilla-views** http://django-vanilla-views.org
  상속 관계를 간단히 함으로써 장고의 클래스 기반 뷰들을 간단하게 처리할 수 있도록 해 준다.

시간

- **python-dateutil** https://pypi.python.org/pypi/python-dateutil
  파이썬 datetime 모듈에 강력한 기능을 추가해 준다.

- **pytz** https://pypi.python.org/pypi/pytz
  올슨(Olson) tz 데이테베이스를 파이썬에서 이용하게 해 준다. 시간 계산이 정확하고 플랫폼에 구애받지 않고 이용할 수 있는 장점을 제공한다. 일광 절약 시간(summer time)의 마지막 날 등 여러 민감한 문제를 해결해 준다.

기타

- **awesome-slugify** https://pypi.python.org/pypi/awesome-slugify
  유연한 slugify(빈칸이나 특수 문자로 이루어진 문장을 대시 등을 이용하여
  한 단어로 이어 묶어 주는 것) 함수

- **dj-stripe** https://pypi.python.org/pypi/dj-stripe
  장고와 스트라이프를 쉽게 사용하게 해 준다.

- **django-compressor** http://django-compressor.readthedocs.org
  링크 또는 인라인 자바스크립트나 CSS 파일을 압축된 하나의 캐시된 파일로
  만들어 준다.

- **django-extensions** http://django-extensions.readthedocs.org
  셸에 추가적인 관리 명령과 여러 유틸리티를 제공한다.

- **django-haystack** http://django-haystack.readthedocs.org
  SOLR, 일래스틱서치(Elasticsearch) 등과 함께 이용 가능한 풀 텍스트 검색
  기능

- **django-pipeline** http://django-pipeline.readthedocs.org
  CSS와 자바스크립트를 압축해 준다. cssmin과 jsmin 패키지와 함께 이용
  한다.

- **django-htmlmin** https://pypi.python.org/pypi/django-htmlmin
  장고용 HTML 소형화 도구

- **django-reversion** https://pypi.python.org/pypi/django-reversion
  장고 웹 프레임워크의 종합적인 버전 관리 기능을 제공해 주는 확장 기능

- **django-watson** https://github.com/etianen/django-watson
  SQL 데이터베이스 기능을 이용한 다중 테이블에 대한 풀 텍스트 검색 애플리
  케이션

- **envdir** http://envdir.readthedocs.org
  daemontools의 envdir을 파이썬으로 이식한 것

- **flake8** https://pypi.python.org/pypi/flake8

  PyFlakes, pop8, 여타 도구들을 이용한 코드 체커

- **pathlib** https://pypi.python.org/pypi/pathlib

  객체 지향형 파일 경로. 파이썬 릴리스 3.4부터 파이썬에 합쳐졌다.

- **pip-tools** https://github.com/nvie/pip-tools

  원하는 파이썬 의존성 라이브러리, 도구들을 설치, 관리해 주는 도구 모음

- **pyyaml** https://pypi.python.org/pypi/PyYAML

  파이썬용 YAML 파서와 생성기

- **requests** http://docs.python-requests.org

  파이썬의 urlib2 라이브러리를 대체하는 쉽게 이용할 수 있는 HTTP 라이브
  러리

- **silk** https://github.com/mtford90/silk

  장고 프레임워크의 라이브 프로파일링과 인스펙션(inspection) 도구. HTTP
  요청과 데이터베이스 쿼리를 사용자에게 보여 주기 이전에 가로채 저장하여
  좀 더 자세한 분석을 가능하게 해 준다.

- **unicode-slugify** https://github.com/mozilla/unicode-slugify

  모질라에서 지원하는 유니코드 문자를 지원하는 slugifier

- **Unipath** https://pypi.python.org/pypi/Unipath

  os/os.path/shutil의 객체 지향형 대안

부록 B

설치 문제 해결하기

부록 B는 장고를 설치할 때 나타나는 일반적인 문제들을 푸는 팁을 담고 있다.

문제의 원인 확인하기

종종 다음 중 하나가 문제의 원인이 되기도 한다.

- 장고가 시스템 경로에 없을 때
- 잘못된 버전의 장고를 이용하고 있을 때

명령행에서 다음을 실행한다.

✓ **예제 B.1**

```
python -c "import django; print django.get_version()"
```

장고 1.8이 설치되어 있다면 다음과 같은 결과를 보게 된다.

✓ **예제 B.2**

```
1.8
```

이와는 다른 결과를 보았는가? 음, 적어도 이제 문제점은 찾은 것이다. 해결 방안을 찾기 위해 계속 읽어 보기 바란다.

문제를 해결하기 위해 추천하는 방법들

장고 설치 문제를 해결하는 데는 다양한 방법(예: 직접 손으로 PATH 환경 변수를 수정하는 방법)이 있다. 하지만 다음 방법들은 우리가 '최적화된 장고 환경 꾸미기'에서 이야기한 방법과 동일한 설정으로 문제를 해결하는 데 도움이 될 것이다.

virtualenv 설치를 확인하라

컴퓨터에 virtualenv가 제대로 설치되었는가? 명령행에서 테스트 가상 환경을 생성하고 활성화해 보라.

맥이나 리눅스 환경이라면 다음과 같이 확인할 수 있을 것이다.

✓ 예제 B.3

```
$ virtualenv testenv
$ source testenv/bin/activate
```

윈도우 환경이라면 다음과 같다.

✓ 예제 B.4

```
C:\code\> virtualenv testenv
C:\code\> testenv\Scripts\activate
```

virtualenv가 활성화되어야 하며 명령행 프롬프트에 virtualenv 이름이 보여야 한다.

맥과 리눅스에서는 다음과 같이 보인다.

✓ 예제 B.5

```
(testenv) $
```

윈도우에선 다음과 같다.

✓ 예제 B.6

```
(testenv) >
```

virtualenv 문제가 지속적으로 보이는가? 그렇다면 virtualenv 문서(http://virtualenv.org)를 좀 더 보고 virtualenv 설치 문제를 해결하기 바란다.

그렇지 않다면 다음으로 넘어가자.

virtualenv에 장고 1.8이 설치되어 있는지 확인하기

virtualenv가 활성화되어 있는 상태에서 장고 버전을 다시 한번 확인하자.

✓ **예제 B.7**

```
python -c "import django; print django.get_version()"
```

아직도 1.8이란 숫자를 보지 못했다면 pip를 이용하여 testenv 안에 장고 1.8을
설치해 보자.

✓ **예제 B.8**

```
(testenv) $ pip install Django==1.8
```

제대로 작동하는가? 다시 한번 장고 버전을 확인하자. 여전히 문제가 있다면
pip 공식 문서(http://pip-installer.org)를 보고 pip가 제대로 설치되어 있는지
확인해 보자.

다른 문제점 확인하기

django-admin.py를 구동하는 데 문제가 발생한다면 장고 공식 문서의 다음 내
용을 따라하자. https://docs.djangoproject.com/en/1.8/faq/troubleshooting

부록 C

추가 자료

부록 C에는 최신 장고와 파이썬에 적용할 수 있는 추가 자료들을 실었다. 여기 열거된 것보다 더 많은 내용이 있긴 하지만 대부분은 아직 최신으로 업데이트되어 있지 않다. 따라서 현재 장고 1.8, 파이썬 2.7.x 또는 파이썬 3.4.x에 적용 가능한 내용만 실었다.

파이썬 입문자들을 위한 자료

- Learn Python the Hard Way

  http://amzn.to/1OOYqYv

  아직 파이썬을 모른다면 이 책이 아마 최고의 입문서가 될 것이다. 지은이는 자신이 처음 암기와 반복을 통해 기타를 배웠을 때와 같은 방법으로 차근차근 하나하나 파이썬을 가르친다. 제목을 보고 너무 걱정할 필요는 없다. 파이썬을 배우기 가장 좋은 방법이 바로 이 제목과 같은 것이니 말이다. 한국어판은 『깐깐하게 배우는 파이썬』(정윤원 옮김, 인사이트 펴냄)이란 제목으로 발간되었다.

- Learn Python the Hard Way 온라인판

  http://learnpythonthehardway.org

  HTML 버전은 무료로 제공되며 비디오 자료는 유료다. 파이썬을 시작하기에 가장 좋은 방법이 될 것이다. 특히 비디오 자료가 매우 유용하다.

- **Automate the Boring Stuff with Python**

  http://www.2scoops.co/automate-boring-stuff-with-python

  지루한 컴퓨터 작업을 파이썬을 이용하여 자동화하는 방법을 가르쳐 주는 유용한 책이다. 파이썬으로 손쉽게 된다면 엑셀 표의 150칼럼을 하나하나 변경할 필요는 없지 않겠는가?

장고 입문자를 위한 자료

우리는 http://twoscoopspress.com/pages/django-tutorials에 장고 입문자를 위한 자료 목록을 항상 업데이트하며 운영하고 있다.

책

- **Test-Driven Development with Python**

  http://amzn.to/1Dky362

  해리 퍼시벌(Harry Percival)의 책은 장고의 튜토리얼을 다시 한번 상기하면서 동시에 애자일, TDD 프로세스를 배울 수 있는 최고의 방법이다. 한국어판은 『파이썬을 이용한 클린 코드를 위한 테스트 주도 개발』(김완섭 옮김, 비제이퍼블릭 펴냄)이란 제목으로 발간되었다. HTML 버전은 다음 링크에서 무료로 얻을 수 있다. http://chimera.labs.oreilly.com/books/1234000000754

웹

- **Real Python**

  http://www.realpython.com

  'Advanced Web Development with Django 1.8'은 장고 1.8의 실전 내용을 담은 교육 자료로 소프트웨어 장인이 되어 편리하고 우아한 운영이 가능한 혁신적인 제품을 만들어 내는 기술을 습득하는 방법을 다룬다.

- **Django Girls Tutorial**

  http://tutorial.djangogirls.org

  장고 걸즈 재단에 의해 제작되고 운영되는 자료다. 성별에 관계없이 매우 유용한 자료다.

- TaskBuster Django Tutorial

  http://www.marinamele.com/taskbuster-django-tutorial

  장고 프로젝트 제작에 관해 하나부터 열까지 모두 다룬 튜토리얼이다. 일반
  적인 튜토리얼과 달리 깊은 내용까지 파고들며 복잡한 프로젝트를 제작하는
  내용도 포함하고 있다.

- Tango with Django

  http://www.tangowithdjango.com

  장고 1.7을 기반으로 예제를 통해 빠르게 장고를 익힐 수 있게 구성된 온라인
  책이다. 최근 판은 장고 1.7 기준으로 내용이 구성되어 있고 현재 장고 1.9로
  내용을 업데이트 중이다.

- 공식 장고 1.8 문서

  https://docs.djangoproject.com/en/1.8

  장고 공식 문서로 매우 유용한 자료다. 이전 버전의 장고 문서를 이용 중이라
  면 반드시 새 버전으로 바꾸길 바란다.

비디오

- Try Django

  http://2scoops.co/try-django

  무료 시리즈로 장고를 이용하여 기본 기능의 랜딩 페이지(landing page, 스
  플래시 페이지(splash page)라고도 한다)를 작성하는 것을 다룬다. 랜딩 페
  이지를 통해 잠재적인 사용자에 대한 데이터를 모을 수 있다.

- Coding for Entrepreneurs

  http://www.codingforentrepreneurs.com

  Try Django를 만든 사람이 제작한 비디오로 프로젝트 기반 튜토리얼을 유료
  로 서비스한다. 파이썬, 장고 1.8, jQuery, 부트스트랩 등을 이용하여 기본적
  인 웹 페이지를 제작하는 방법을 비개발자 출신의 스타트업 창업자를 대상으
  로 가르쳐 준다. 비디오 다운로드, 온디맨드 스트리밍, 소스 코드 레퍼런스 파
  일을 포함하고 있다.

장고 심화 과정

책

- High Performance Django

  http://www.amazon.com/High-Performance-Django/dp/1508748128

  https://highperformancedjango.com(전자책)

  장고 스케일링에 초점을 맞추어 쓴 책으로 많은 실전 방법론을 포함하고 있다. 유용한 정보와 다양한 팁을 제공하며 각 장마다 독자들이 더 깊이 생각할 수 있는 질문들을 던져 준다.

- Lightweight Django

  http://2scoops.co/lightweight-django

  장고 베테랑인 줄리아 엘먼(Julia Elman)과 마크 래빈(Mark Lavin)이 쓴, 프론트엔드를 집중적으로 다룬 책이다. 여러 내용 중 특히 장고와 웹 소켓 부분이 매우 유용했다.

- Django Design Patterns and Best Practices

  http://www.amazon.com/Django-Design-Patterns-Best-Practices/dp/1783986646

  디자인 패턴에 대한 유용하고 재미있는 내용을 다룬 아룬 라빈드란(Arun Ravindran)의 책

- Two Scoops of Django: Best Practices for Django 1.6(종이책)

  http://amzn.to/1dpCoIt

  이 책의 2판으로 아마존에서 주문할 수 있다.

- Two Scoops of Django: Best Practices for Django 1.5(전자책)

  http://2scoops.co/two-scoops-1.5

  이 책의 1판으로 전자책 형태로 구할 수 있다.

- Two Scoops of Django: Best Practices for Django 1.5(종이책)

  http://amzn.to/188W07W

  이 책의 1판으로 아마존에서 주문할 수 있다.

웹

- Django Packages

  https://www.djangopackages.com

  우리가 운영하는 재사용 가능한 앱, 사이트, 도구 등의 목록을 제공하는 웹 사이트

- Classy Class-Based Views

  http://ccbv.co.uk

  장고의 클래스 기반 뷰에 대한 메서드들과 속성, 자세한 설명을 제공하는 웹 사이트

- Classy Django REST Framework

  http://www.cdrf.co

  장고 REST 프레임워크의 클래스 기반 뷰와 직렬화 도구에 대한 자세한 설명, 메서드와 속성 목록

- 대니얼의 블로그

  http://pydanny.com/tag/django.html

  최신 장고에 대한 다양한 정보를 제공한다. 이 책의 지은이 중 한 명인 대니얼이 운영하는 블로그로, 블로그와 이 책은 비슷한 스타일로 이루어져 있다.

- Getting Started with Django Rest Framework and AngularJS

  http://www.2scoops.co/kevin-stone-django-angular-tutorial

  케빈 스톤(Kevin Stone)의 매우 인상적인 장고+앵귤러(Angular) 튜토리얼이다. 인쇄 기준으로 25쪽 정도의 내용에 장고에 대한 이해를 포함하여 장고 REST 프레임워크 그리고 Angular.js를 이용한 개발을 시작하는 데 유용한 자료들을 포함하고 있다.

- Django Model Behaviors

  http://blog.kevinastone.com/django-model-behaviors.html

  케빈 스톤이 대규모 장고 프로젝트에서 어떻게 모델을 구성하고 코드를 작성하는지 설명한다.

- Lincoln Loop's Django Best Practices

  http://lincolnloop.com/django-best-practices

  이 책에서 설명한 내용과 같은 방향을 지향하는 유용한 참고 자료와 방법론을 제공하는 무료 웹 사이트

- Awesome-Django

  https://github.com/rosarior/awesome-django

  뛰어난 장고 앱, 프로젝트, 참고 자료를 선별한 목록

비디오

- GoDjango

  https://godjango.com

  매 편마다 장고를 이용한 과제들을 풀어 나가는 짧은 비디오 시리즈다. 최근 에피소드들은 장고 1.8에 관한 것이며 'going pro'를 통해 좀 더 깊은 내용을 볼 수 있다.

유용한 파이썬 자료들

- Effective Python

  http://amzn.to/1NsiqVr

  파이썬 프로그래밍을 할 때 필요한 유용한 방법과 기술들을 설명한다. 한국어판은 『파이썬 코딩의 기술』(김형철 옮김, 길벗 펴냄)이란 제목으로 출간되었다.

- Python Cookbook, 3rd Edition

  http://amzn.to/I3Sv6q

  파이썬 권위자 데이비드 비즐리(David Beazley)와 브라이언 존스(Brian Jones)의 명저다. 파이썬 3.3이나 이후 버전을 이용하는 개발자라면 누구에게나 유용할 내용을 포함하고 있다. 한국어판은 『Python Cookbook: Python 3을 정복하기 위한 보약 같은 레시피』(정승원 옮김, 인피니트북스 펴냄)라는 제목으로 출간되었다.

- Treading on Python Volume 2

  http://amzn.to/1kVWi2a

  좀 더 깊은 수준의 파이썬 구조를 다룬다.

- Writing Idiomatic Python 3.3

  http://amzn.to/1aS5df4

  제프 넙(Jeff Knupp)이 쓴 책으로 코드 최적화와 작업 내용을 명료하게 해 주는 다양한 팁을 포함하고 있다. 몇몇 부분에서 제프의 의견(특히 임포트 부분에서 가장 큰 차이를 보임)과 우리의 의견 간에 차이가 있으나 그의 방식 또한 동의한다.

- Writing Idiomatic Python 2.7

  http://amzn.to/1fj9j7z

  위 책의 파이썬 2.7 버전

자바스크립트 참고 자료

책

- Secrets of the JavaScript Ninja(종이책과 킨들)

  http://amzn.to/18QzT0r

  한국어판은 『자바스크립트 닌자 비급』(강대명 · 김광훈 · 이의호 옮김, 인사이트 펴냄)이란 제목으로 발간되었다.

- JavaScript: The Definitive Guide(종이책과 킨들)

  http://amzn.to/1cGVkDD

  한국어판은 『자바스크립트 완벽 가이드』(구경택·박경욱·변치훈·이의호 옮김, 인사이트 펴냄)란 제목으로 발간되었다.

- JavaScript: The Good Parts(종이책과 킨들)

  http://amzn.to/1auwJ6x

  한국어판은 『더글라스 크락포드의 자바스크립트 핵심 가이드』(김명신 옮김, 한빛미디어 펴냄)란 제목으로 발간되었다.

- JavaScript Patterns(종이책과 킨들)

  http://amzn.to/1dii9Th

  한국어판은 『자바스크립트 패턴』(김준기·변유진 옮김, 인사이트 펴냄)이란
  제목으로 발간되었다.

웹

- Mozilla Developer Network

  https://developer.mozilla.org/en-US/docs/Web/JavaScript

- Learning JavaScript Design Patterns

  http://addyosmani.com/resources/essentialjsdesignpatterns/book

- Stack Overflow

  http://stackoverflow.com/questions/tagged/javascript

W3C Schools는 피하기 바란다.

웹에서 자바스크립트(와 CSS)를 검색할 때 한 가지 문제점은 W3Schools의 내용이 검색
엔진 상위에 링크되어 나타나는 것이다. 불행히도 거기에서 다루는 많은 내용은 이미 예전
의 것들로 신뢰할 만하지 않다. 따라서 W3C Schools의 자료는 피하기 바란다.

우리는 일반적으로 검색 엔진 결과 중 모질라 개발자 네트워크(Mozilla Developer
Network, MDN)의 링크를 신뢰하고 이용한다. 일반적으로 세 번째로 링크되어 있는데 이
를 클릭하기 바란다.

부록 D

국제화와 현지화

장고와 파이썬은 **유니코드**(Unicode)를 포함한 **국제화**(internationalization)와 **현지화**(localization) 작업에 유용한 여러 도구를 제공한다.

이 책의 2판부터 추가된 이 부록에서는 비영어권 사용자와 미국 외 사용자를 위한 장고 애플리케이션을 구성하는 데 유용한 내용을 다룬다. 이 내용으로 완벽히 해결되지 않는 부분은 독자들의 피드백을 기대하겠다.

국제화, 현지화 작업은 가능한 한 빨리 시작하자

이미 구축되어 있는 기존 프로젝트에 국제화, 현지화 작업을 하는 것보다는 프로젝트 시작 단계부터 국제화, 현지화 작업을 동시에 진행하면서 프로젝트를 구축해 나가는 것이 언제나 훨씬 쉬운 해법이 된다.

파이썬 소스 코드의 인코딩 정의

PEP 263을 보면 파이썬 모듈의 인코딩을 정의하는 방법이 나와 있다. 이는 파이썬이 유니코드 문자를 다루는 데 영향을 미친다. 프로젝트 국제화를 위한 인코딩을 정의하려면 각 모듈 최상단에 다음과 같이 추가한다.

√ **예제 D.1**

```
# -*- coding: utf-8 -*-
```

또는 다음 코드 예제처럼 한다.

✓ 예제 D.2

```
#!/usr/bin/python
# -*- coding: utf-8 -*-
```

더 자세한 정보는 http://www.python.org/dev/peps/pep-0263에서 찾을 수
있다.

번역 함수를 이용하여 사이트의 문자열을 처리하기

최종 사용자에게 보이는 모든 문자열은 번역 함수에 의해 처리되어야 한다.
http://2scoops.co/1.8-translation에 있는 django.utils.translation에 관한 장
고 공식 문서에 자세한 사항이 나와 있다. 다양한 텍스트를 처리하기 위해 언제
어디서 어떤 목적으로 어떤 번역 함수를 써야 하는지 다음 표에 정리해 두었다.

함수	이용	링크
ugettext()	런타임에 실행되는 내용이다. 예: 폼 검사(validation) 에러	http://2scoops.co/33
ugettext_lazy()	컴파일 시에 실행되는 내용이다. 예: 모델의 verbose_name	http://2scoops.co/32
string_concat()	기본 str.join() 메서드를 대체하는 함수다. 매우 드물게 이용된다.	http://2scoops.co/37

표 35.1 django.utils.translation 함수

관례: 타자 수를 절약하기 위해 밑줄 이용하기

알다시피 우리는 축약어나 단어를 짧게 줄이는 것을 선호하지 않는다. 하지만
파이썬의 국제화 코드에 대해서는 밑줄(_)이 타자 수를 줄이기 위해 이용되고
있다.

✓ 예제 D.3

```
# -*- coding: utf-8 -*-
from django.utils.translation import ugettext as _
print(_("We like gelato."))
```

문장 안에서 동적으로 단어를 삽입하지 말자

> 정석은 문자열에 문법적인 내용을 최대한 포함시키는 것이다. 코드와 문법을 함께 조합하지 않
> 도록 하자. 일반적으로 동사가 가장 문제가 되는 부분이다.

> \- 패트릭 맥러플런(Patrick McLoughlan)

이 책의 1.5판까지는 변수를 이용하여 문자열을 동적으로 바꾸어 문장을 구성하
는 방법을 이용해 왔다. 코드의 동적 기능을 이용하여 다양한 파이썬 객체로부
터 문장을 조합해 가는 방법이다. 예제 8.7의 일부분을 예로 들어 보겠다.

⚠ **나쁜 예제 D.1**

```python
# 절대로 따라하지 말라!

# 임포트 구문은 코드의 간결성을 위해 생략하기로 한다.
class FlavorActionMixin(object):

    @property
    def action(self):
        msg = "{0} is missing action.".format(self.__class__)
        raise NotImplementedError(msg)

    def form_valid(self, form):
        msg = "Flavor {0}!".format(self.action)
        messages.info(self.request, msg)
        return super(FlavorActionMixin, self).form_valid(form)

# 해당 모듈의 나머지 부분은 코드의 간결성을 위해 생략하기로 한다.
```

유지 보수하기에 상당히 편해 보이는 믹스인 코드이긴 하지만 코드를 너무 똑똑
하게 구현해 버려서 self.__class__ 같은 것을 국제화할 수 없게 됐다. 달리 이
야기하자면 django.utils.translation을 번역 가능한 형태의 문장을 처리하기
위해 이용할 수 없게 됐다는 것이다.

⚠ **나쁜 예제 D.2**

```python
# 절대로 따라하지 말라!
from django.utils.translations import ugettext as _

# 임포트 구문은 코드의 간결성을 위해 생략하기로 한다.

    def form_valid(self, form):

        # 다음 코드는 번역이 불가능한 객체를 생성한다.
        msg = _("Flavor {0}!".format(self.action))
        messages.info(self.request, msg)
        return super(FlavorActionMixin, self).form_valid(form)

# 해당 모듈의 나머지 부분은 코드의 간결성을 위해 생략하기로 한다.
```

여러 파이썬 구조체로 문장을 생성하는 코드를 작성하는 대신 손쉽게 번역할 수 있는 다이얼로그를 이용하기로 하자. 이렇게 하면 약간의 작업이 더 요구되지만 번역이 가능한 프로젝트를 좀 더 쉽게 구축할 수 있다. 따라서 다음과 같은 패턴을 따르게 되는 것이다.

✓ 예제 D.4

```
# -*- coding: utf-8 -*-
# 임포트 구문은 코드의 간결성을 위해 생략하기로 한다.
from django.utils.translation import ugettext as _

class FlavorActionMixin(object):

    @property
    def success_msg(self):
        return NotImplemented

class FlavorCreateView(LoginRequiredMixin, FlavorActionMixin, CreateView):
    model = Flavor

    # 코드가 약간 길어지지만 다이얼로그의 내용이 좀 더 명확해진다.
    success_msg = _("Flavor created!")

# 해당 모듈의 나머지 부분은 코드의 간결성을 위해 생략하기로 한다.
```

각 문자열을 조합하여 의미 있는 긴 문장이나 다이얼로그를 제작할 수 있다. 하지만 여러 단어 조각을 조합하여 문장을 만드는 것은 피해야 한다. 다른 언어에서는 전혀 다른 어순을 이용할 수도 있기 때문이다. 이와 같은 이유로 구두점은 반드시 번역되는 문자열 안에 포함되어야 한다. 다음을 참고하기 바란다.

✓ 예제 D.5

```
# -*- coding: utf-8 -*-
from django.utils.translation import ugettext as _

class FlavorActionMixin(object):

    @property
    def success_msg(self):
        return NotImplemented

class FlavorCreateView(LoginRequiredMixin, FlavorActionMixin, CreateView):
    model = Flavor

    # 문자열을 조합하는 예
    part_one = _("Flavor created! ")
    part_two = _("Let's go try it!")
    success_msg = part_one + part_two

# 해당 모듈의 나머지 부분은 코드의 간결성을 위해 생략하기로 한다.
```

유니코드 주의 사항

우리가 유니코드 관련 이슈들을 다루면서 익힌 사항들을 정리해 보았다.

파이썬 3으로 유니코드를 한결 수월하게 처리할 수 있다.

경험으로 비추어 보건대 파이썬 3을 쓰면 유니코드 처리가 매우 쉬워진다. 이론적으로는 파이썬 2.7로도 파이썬 3과 비슷하게 유니코드를 처리할 수 있다고는 하지만 특정 문제가 파이썬 3에서는 전혀 나타나지 않는 것을 목격했다. 새로운 프로젝트를 시작하려고 한다면 파이썬 3을 고려해 볼 좋은 이유이기도 하다.

unicode() 대신 django.utils.encoding.force_text()를 이용하자

파이썬 2.7.x 또는 파이썬 3.3+을 이용 중이며 문자열 타입의 값들이 반환되어야 하는 상황이라면 기본 내장된 unicode()나 str()을 이용하지 않도록 한다. 특별한 경우 장고가 unicode나 str 객체를 반환하는 대신 무의미한 django.utils.functional.__proxy__를 반환할 수도 있다. django.utils.functional.__proxy__는 요청된 데이터의 지연 인스턴스(lazy instance)다.

대신에 우리의 친구 더글라스 미란다(Douglas Miranda)가 추천한 django.utils.encoding.force_text를 이용하기 바란다. 이럴 경우 프락시 객체나 지연 인스턴스를 처리해야 하는 경우에 맞닥뜨리더라도 이를 문자열로 알맞게 처리해 줄 것이다.

> 💡 **장고는 지연(lazy)을 이용한다**
>
> 장고는 최적화 방법 중 하나로 필요할 때까지 실체화(initialization)를 하지 않는 지연 로딩(lazy loading)을 이용한다. http://2scoops.co/1.8-querysets-are-lazy에서 설명했듯이 장고의 ORM이 지연 로딩을 확인할 수 있는 가장 쉬운 부분이다. 이러한 지연 로딩이 사이트 내용을 표시하는 데 문제를 일으킬 수도 있기 때문에 django.utils.encoding.force_text()가 필요한 것이다.

브라우저 페이지 레이아웃

장고 템플릿과 사이트 내용에 국제화와 현지화 적용을 다 하고 나서 사이트 레이아웃이 다 깨지는 모습을 발견할 때도 있을 것이다.

파이어폭스 같은 다양한 도구를 지원하는 모질라의 다양한 사이트가 좋은 예가 될 것이다. 모질라 사이트는 80여 개가 넘는 언어를 지원한다. 불행히도 영어 제목을 표시할 때는 딱 맞는 페이지가 좀 더 서술적인 형태인 독일어로 표시할 때는 해당 제목 부분이 깨지는 것을 볼 수 있다.

모질라의 해법은 제목을 담는 컨테이너 너비를 계산한 후에 해당 텍스트를 담고 있는 컨테이너 안에 제목이 다 들어갈 수 있도록 자바스크립트를 이용하여 제목 글꼴 크기를 줄이는 것이었다.

좀 더 손쉬운 방법은 다른 언어는 영어보다 두 배 이상의 공간을 더 차지할 수 있다고 가정하는 것이다. 영어는 타 언어에 비해 매우 간결한 언어이며 짧은 형태를 지니고 있어서 텍스트 래핑(wrapping) 처리가 쉬운 언어다.

부록 E

또 다른 설정 방법들

추천할 만한 세팅 관리 패턴의 몇 가지 대안을 이야기해 보겠다. 이 패턴들은 **local_settings 안티 패턴**을 피하면서 동시에 **환경 변수 패턴**(environment variable pattern)이나 **비밀 파일 패턴**(secrets file pattern)을 잘 지원하는 설정 관리를 제공한다.

❗ 기존 세팅 변경은 쉬운 일이 아니다

기존 세팅 모듈들을 이용한 프로젝트가 이미 있는데 이를 하나로 통합된 또 다른 세팅 스타일로 변경하려고 한다면 이를 한 번 더 고려해 보자. 세팅 방법을 변경하는 것은 언제나 복잡한 과정을 수반하며 넓고도 깊은 테스트 커버리지가 요구되는 일이다. 심지어는 최고의 테스트 커버리지를 가지고도 언젠가는 잘못될 가능성이 생기는 일이 바로 세팅 변경이다.

우리는 이러한 이유로 기존 세팅 방법을 새로운 것으로 변경하는 것에 대해 보수적으로 접근하기를 제안한다. 현재 세팅 방법을 정 바꿔야 한다면 현재 세팅 관리 방법이 정말 여러 고통을 가져다주는 문제가 되었을 때에 바꿔야지, 새로운 방법이 인기를 끌고 있다고 해서 바꿔서는 결코 안 된다.

12팩터 스타일 세팅

환경 변수를 이용한다면 settings.py를 가능한 한 단순하게 이용할 수 있지 않겠는가? django-floppyforms와 FeedHQ(https://feedhq.org)를 만든 브루노 레니(Bruno Renié)는 장고 세팅 파일 관리에 대한 대안으로 모든 환경에서 세팅 파일 하나만 이용하는 방법을 옹호한다.

세팅 파일을 여러 개 이용한다면 결국 개발자들은 환경에 의존적인 코드를 짤 수밖에 없다는 것이 이 접근 방식의 논리다. 예를 들면 로컬 개발 환경에서 개발할 때 상용 세팅으로 장고를 구동하지는 않는다. 상용 세팅을 코드 업데이트와 함께 업데이트하지 않으면 상용 환경에서만 나타날 수 있는 버그가 생성될 확률이 높아진다.

이 스타일은 세밀하게 구성된 기본 설정과 최소한의 환경 변수만 이용한다. 이러한 구성을 베이그런트(Vagrant)나 도커(Docker)와 함께 이용하면 상용 서버와 동일한(mirror) 환경을 구현하는 것이 매우 간단해진다.

결과적으로 이와 같은 구성으로 세팅 파일이 훨씬 더 단순해지고 12팩터 앱 (Twelve Factor App, http://12factor.net)의 팬에겐 더할 나위 없이 이상적인 구성이 되는 것이다.

이러한 구성에 대한 실제 예를 참고하려면 FeedHQ의 세팅 모듈을 확인해 보기 바란다. https://github.com/feedhq/feedhq/blob/master/feedhq/settings.py

우리는 이 방법을 새로 시작하는 작은 규모의 프로젝트에서 효과적으로 이용했다. 이 방법으로 프로젝트를 잘 설정하게 되면 정말 프로젝트가 우아할 정도로 간단하게 구성되는 것을 목격했다.

하지만 이 방법이 모든 문제에 대해 완벽한 해법은 아니라는 점을 명심하자.

- 개발 환경과 운영 환경 사이에 차이가 클 경우 이러한 세팅의 단순함으로 누릴 혜택이 그리 많지는 않다.
- 여러 종류의 운영 체제에 배포되는 프로젝트라면 문제가 발생할 수 있다.
- 규모가 큰 프로젝트에서 이용하는 복잡한 세팅의 경우 이 방법으로 더 단순해진다든지 설정이 더 줄어든다든지 하지는 않았다. 복잡하거나 큰 규모의 프로젝트에서 이용하기엔 부담이 따랐다.

이 방법에 대해 좀 더 알고 싶다면 다음 링크를 참고해 보자.

- http://bruno.im/2013/may/18/django-stop-writing-settings-files
- http://12factor.net/config

파이썬 3 환경에서 작업하기

공식 장고 문서를 보면 파이썬 3 환경에서 작업하는 것을 잘 설명한 페이지를 발견할 수 있다. 이에 추가로 특별히 더 주의해 보아야 할 부분 몇 가지를 나열해 보았다.

- **파이썬 3에 관한 장고 공식 문서** http://2scoops.co/1.8-python3
- **코딩 가이드라인** http://2scoops.co/1.8-python3-coding-guidelines
- **식스(Six)를 이용하여 호환되는 코드 작성하기** http://2scoops.co/1.8-python3-six

그리고 추가로 반드시 알아야 할 몇 가지 사항을 이야기해 보겠다.

중요한 패키지는 대부분 파이썬 3에서 잘 작동한다

이 글을 쓰는 현재 파이썬 3을 지원하는 장고 패키지는 205개가 넘는다. 다음은 파이썬 3을 지원하는 중요한 라이브러리의 예다.

- 장고
- 필로(Pillow)
- django-braces
- django-crispy-forms
- django-debug-toolbar
- django-floppyforms
- django-rest-framework
- django-requests

호환 장고 라이브러리들은 다음에서 찾을 수 있다. https://www.django packages.com/python3/

파이썬 3 호환성 검사하기

서드 파티 라이브러리들이 실제로 파이썬 3과 호환되는지 확인하는 절차를 간추려 적어 보면 다음과 같다.

- https://www.djangopackages.com/python3을 확인한다.
- 파이썬 패키지 인덱스에서 해당 패키지를 찾아보고 파이썬 3과 문제가 있는지 확인한다.
- 파이썬 3을 지원해 달라는 풀 요청이 해결되었는지 확인한다.
- 파이썬 3.4를 이용하여 테스트 스위트를 돌려 본다.
- 장고 프로젝트라면 __str__() 메서드의 존재를 모델에 대해 확인해 본다. 메서드가 있다면 파이썬 3.4에서 문제없이 작동한다는 신호다.

라이브러리를 파이썬 3.4에 호환되도록 변경하기

우리가 파이썬 2 코드를 파이썬 3으로 변경한 방법을 다음에 적어 보았다.

- 파이썬 3으로 동작할 테스트 환경을 구축한다.
- 최대한 django.contrib.six를 이용한다. 정 필요한 경우에만 compat.py 모듈을 추가한다.
- 코드에서 나타나는 문제들을 전부 해결한 후 코드를 최대한 단순하게 정리한다.
- 풀 요청을 제출한다.
- 풀 요청을 허가해 달라고 패키지 소유자(package owner)에게 정중히 요청한다.
- 일단 패키지 소유자가 풀 요청을 허가했으면 패키지 소유자에게 파이썬 패키지 인덱스로 업데이트를 요청한다.

> **진행 속도가 느린 관리자에 대해**
>
> 진행 속도가 더딘 관리자에게 불평을 하거나 고함을 지르는 것은 생산성에 절대 도움을 주지 않는다. 사람들에게는 오픈 소스 외에 개인의 삶과 각자의 직업이 있다. 참을성을 가지고 공손해야 하고 때로는 요청 빈도를 최소로 하거나 대안을 찾아 이용하는 것이 더 큰 생산성을 가져다준다.

파이썬 3.3.3 이후 버전을 이용하라

장고는 규모가 매우 큰 복잡한 시스템이다. 파이썬 3의 다양한 버전에서 다각도로 테스트되었다 하더라도 파이썬 최신 버전에서 더 잘 작동한다는 것을 발견했다. 예를 들면 migrate 기능은 어떤 이유에서인지 파이썬 3.3.0에서는 작동하지 않는다.

파이썬 2와 3에서 동시에 작업하기

장고 또는 파이썬에서 이용되는 서드 파티 패키지들을 작업할 때 흔하게 이런 경우에 맞닥뜨리게 된다. 장고 프로젝트의 경우가 바로 프로젝트 전체가 파이썬 2.7과 파이썬 3.3에 동시에 배포되는 좋은 예다. 물론 프로젝트 크기에 상관없이 다음 대부분의 방법들을 이용할 수 있다.

테스트와 지속적인 통합

테스트 케이스와 지속적 통합 환경이 준비되어 있지 않다면 이제 이를 구축할 때다. 주요 파이썬 버전에 대한 호환 테스트 자동화가 요구되는 것이다.

호환성 문제가 최대한 영향을 미치지 않도록 한다

마지막으로 각각의 복잡한 브랜치들이 각기 다른 버전의 파이썬에서 작동해야 한다는 것이다. 따라서 다음 파이썬 임포트 구문을 이용하여 코드들을 동일하게 유지해야 한다.

√ 예제 35.14

```
# 이 모듈에서 __future__ 임포트는 파이썬 2.7과 파이썬 3
# 또는 그 이상의 버전에서 동일하게 작동한다.

# 멀티라인과 절대/상대 임포트 문은 모든 파이썬 버전에서 동일하게 작동한다.
from __future__ import absolute_import

# 모든 나눗셈은 부동소수점 객체를 반환한다. 예: 3 / 2 = 1.5
from __future__ import division

# 파이썬 2와 3에서 정의된 모든 문자열은 파이썬 3의 name = 'django' 문법을
# 유니코드 친화적인 문자열을 정의하는 데 이용할 수 있다.
from __future__ import unicode_literals
```

이보다 더 복잡하거나 특별한 로직을 필요로 한다면 compat.py 모듈을 생성해야 할 때가 된 것이다.

모델에서 django.utils.encoding.python_2_unicode_compatible을 이용하라

__str__()과 __unicode__() 메서드를 이용하는 대신 django.utils.encoding. python_2_unicode_compatible을 이용하여 타자 수를 줄여 보자. '19.3 객체의 이름 보여 주기'를 참고하기 바란다.

참고 자료

다음은 파이썬 3에 대한 유용한 자료들이다.

- Porting to Python 3
  http://python3porting.com
  레나트 레게브로(Lennart Regebro)의 무료 HTML 또는 유료 전자책 번들로 파이썬 2에서 3으로 옮겨 가는 주제를 다루었다.

- Porting Django apps to Python 3
  http://youtu.be/cJMGvAYYUyY
  해당 주제에 대한 제이콥 캐플런모스(Jacob Kaplan-Moss)의 PyCON US 2013 비디오

- Python Cookbook, 3rd Edition
  http://amzn.to/I3Sv6q
  데이비드 비즐리(David Beazley)와 브라이언 존스(Brian Jones)가 쓴 파이썬 3에 대한 유용한 이야기들

- Writing Idiomatic Python 3.3
  http://amzn.to/1aS5df4
  제프 넙(Jeff Knupp)이 쓴 파이썬 3 코드를 바르게 쓰는 법에 대한 가이드

부록 G

보안 관련 세팅 참고 자료

장고에서 개발 환경과 상용 환경 간에 각각 어떤 세팅을 어떤 값으로 설정하는 지 다 알려면 매우 깊은 전문성이 요구된다. 이 부록에서는 개발 환경과 상용 환경에서 장고 프로젝트를 설정하는 방법을 더 잘 이해하는 데 도움이 되는 참고 자료를 살펴보겠다.

세팅	개발 환경	상용 환경
ALLOWED_HOSTS	어떤 리스트든지 가능	33.2.4 참고
CSRF 보안	다음 쪽 참고	다음 쪽 참고
DEBUG	True	False
DEBUG_PROPAGATE_EXCEPTIONS	False	False
이메일 SSL	다음 쪽 참고	다음 쪽 참고
MIDDLEWARE_CLASSES	Standard	SecurityMiddleware 추가
SECRET_KEY	암호 키 이용	5.3 참고
SECURE_PROXY_SSL_HEADER	None	다음 쪽 참고
SECURE_SSL_HOST	False	True
SESSION_COOKIE_SECURE	False	True
SESSION_SERIALIZER	다음 참고	다음 쪽 참고

표 35.2 보안 세팅

CSRF 보안 설정

대부분의 경우 장고 기본 설정으로 충분하다. 다음 목록은 특별한 경우나 문제가 생겼을 때 이를 완화하는 방법을 제공하는 CSRF 세팅 문서에 대한 내용이다.

- 인터넷 익스플로러와 CSRF 문제. scoops.co/1.8-csrf-cookie-age
- 하위 도메인 요청 예외(cross-subdomain request exclusion, 예: vanilla. twoscoopspress.com에서 chocolate.twoscoopspress.com으로 포스팅할 때). 2scoops.co/1.8-csrf-cookie-domain
- 기본 CSRF 실패 뷰 변경하기. 2scoops.co/1.8-scrf/failure-view

이메일 SSL

이제 장고에서도 SMTP 서버로 보안 연결을 지원한다. 발송하고자 하는 이메일에 사이트의 보안 관련 내용이 포함되어 있다면 이 기능을 이용할 것을 적극 추천한다. 다음 세팅 내용에 대해서는 https://docs.djangoproject.com/en/1.8/ref/settings/#email-use/tls에서 찾아볼 수 있다.

- EMAIL_USE_TLS
- EMAIL_USE_SSL
- EMAIL_SSL_CERTFILE
- EAMIL_SSL_KEYFILE

SESSION_SERIALIZER

26.9.4에서 다루었듯이 다음과 같다.

```
SESSION_SERIALIZER = django.contrib.sessions.serializers.JSONSerializer
```

SECURE_PROXY_SSL_HEADER

일부 특별한 경우, 예를 들면 허로쿠에서는 다음이 포함되어야 한다.

```
SECURE_PROXY_SSL_HEADER = ('HTTP_X_FORWARDED_PROTO', 'https')
```

감사의 글

이 책이 하늘에서 그냥 뚝 떨어진 것이라고 생각하는 이는 아무도 없으리라고 믿는다. 우리의 심심한 감사를 이 책을 만들기까지 참여해 준 모든 이에게 전한다.

파이썬과 장고 커뮤니티

파이썬과 장고 커뮤니티는 훌륭한 친구들과 멘토들이 환상적으로 모인 하나의 가족과 같다. 이 두 커뮤니티에서 만나서 존경해 마지 않게 되고 이 책을 쓰는 데 영감을 준 사람들에게 심심한 감사를 전한다.

1.8의 기술 리뷰를 해 준 사람들

- Bartek Ogryczak은 2004년부터 파이썬 사용자로 또한 파이썬 광신도로 활동해 왔다. 분산 시스템을 공부하던 대학 시절부터 투자 은행의 컴퓨팅 그리드를 거쳐 소셜 네크워크 서버, AWS 클라우드를 하면서 늘 파이썬 사용자이자 파이썬 광신도였다. 폴란드 바르샤바 출신으로 스페인 마드리드에서 5년 그리고 네덜란드 암스테르담에서 또다시 5년을 지낸 후 현재 캘리포니아 이스트 베이에 정착해 살고 있다.

- Barry Morrison은 자칭 긱(geek)이자 모든 기술을 사랑하는 사람으로 공공 분야와 민간 분야에서 윈도우, 리눅스 그리고 스토리지 시스템에 10년 이상의 경험을 가진 여러 시스템에 능한 시스템 관리자다. 또한 파이썬과 장고 마니아기도 하며 아두이노 팅커리(Arduino tinkerer)이기도 하다. 캘리포니아에서 살고 있다.

- Kevin Stone은 작은 스타트업 창업부터 수십억 달러의 시스템 디자인까지 다양한 경험을 가진 풀 스택 기술자다. 2008년부터 장고를 이용해 왔고 현재 이벤트브라이트(Eventbrite)에서 고용량 티케팅 플랫폼의 아키텍트를 맡고 있다. 세부적인 구현보다는 고객의 문제 해결에 초점을 맞춰 빠르게 개발할 수 있는 도구를 좋아하는 스타일이다. 지속적으로 장고의 여러 구현 방법에 대

해 블로깅하며 여러 모임과 콘퍼런스에서 강연자로 자주 모습을 보인다.

- Paul Hallett은 영국 런던에서 살며 웹 서비스와 RESTful API 개발에 열정적인 소프트웨어 엔지니어다. 가장 좋아하는 아이스크림은 솔티드 캐러멜 (salted caramel)이다.

- Saurabh Kumar는 뉴델리 출신으로 파이썬 전도사이자 웹 프로그래밍을 하고 있다. 고객의 일을 하지 않을 때는 오픈 소스 프로젝트를 하거나 학교와 대학생들을 위한 프로그래밍 워크숍을 기획한다. 프로그램에 대한 열정만큼이나 여행을 좋아하며 그의 삶 구석구석을 잡아내는 사진 찍기를 좋아한다. 디자인 관점에서의 기술과 기술적 관점에서의 디자인 둘 다를 사랑하는 사람이다.

1.8의 보안 관련 리뷰를 해 준 사람들

Erik Romijin은 장고 1.2 때부터 장고를 이용해 왔다. 그의 가장 유명한 기여로 장고의 GenericIPAddressField를 들 수 있으며 지금까지 쭉 패치를 해 오고 있다. 장고로 개발을 하면서 그는 장고에 대한 작은 불만이라도 늘 목록으로 적어 두고 후에 다른 개발자들이 같은 문제를 겪지 않도록 해당 문제를 심층적으로 연구하고 문제가 되었던 부분을 해결하려고 한다. 또한 다른 보통 개발자들이 좀 더 안전한 웹 앱을 만드는 데 도움이 되고자(물론 장고를 선택함으로써 이미 안전한 웹 앱을 시작하고 있는 것이긴 하지만) http://ponycheckup.com이란 사이트를 개발했다. 네덜란드 암스테르담에 살고 있다.

1.8에 공헌한 기여자들

다음 사람들이 이번 개정판이 한 단계 더 발전할 수 있도록 도움을 주었다. Kenneth Love, Patrick McLoughlan, Sebastián J. Seba, Kevin Campbell, Doug Folland, Kevin London, Ramon Maria Gallart Escolà, Eli Bendersky, Dan O'Donovan, Ryan Currah, Shafique Jamal, Russ Ferriday, Charles L. Johnson, Josh Wiegand, William Vincent, Tom Atkins, Martey Dodoo, Krace Kumar Ramaraju, Felipe Arruda Pontes, Ed Patrick Tan, Sven Aßmann, Christopher Lambacher, Colin O'Brien, Sebastien de Menten, Evangelos Mantadakis, Silas Wegg, Michal Hoftich, Markus Holterman, Pat Curry, Gaston Keller, Mihail Russu, Jean-Baptiste Lab, Kaleb Elwert, Tim Bell,

Zuhair Parvez, Ger Schinkel, Athena Yao, Norberto Bensa, Abhaya Agarwal, Steve Sarjeant, Karlo Tamayo, Cary Kempston, José Padilla, Konstantinos Faliagkas, Kelsey Gilmore-Innis, Adam Bogdał, Tyler Davis, Javier Liendo, Kevin Xu, Michael Barr, Caroline Simpson, John Might, Tom Christie, Nicolas Pannetier, Marc Tamlyn, Loïc Bistuer, Arnaud Limbourg, Alasdair Nicol, Ludvig Wadenstein

여러분의 이름이 여기 있어야 하는데 빠져 있다면 우리가 목록을 수정할 수 있도록 이메일을 보내 주기 바란다!

1.6의 기술 리뷰를 해 준 사람들

다음 사람들이 이 책의 1.6 버전에 중요한 지원을 해 주었다.

- Aymeric Augustin
- Barry Morrison
- Ken Cochrane
- Paul McMillan - 보안 리뷰어

1.5의 기술 리뷰를 해 준 사람들

다음 사람들이 귀중한 도움, 조력 그리고 응원을 이 책 초판을 제작하는 과정에서 보태 주었다. 이 책과 세상에 대한 Malcolm의 기여에 특별한 감사를 표하고 싶다.

Malcolm Tredinnick은 호주 시드니에서 살았으며 대부분의 시간을 세계를 여행하며 보냈다. 15년간 파이썬을 이용했고 2005년 중반 장고가 대중에게 공개된 이후로 장고를 이용했으며 2006년에 장고 코어 개발자가 되었다. 여러 프로그래밍 언어를 다루는 개발자로서 장고가 지난 수년 동안 다양한 범주에서 이용되는 것에 상당히 만족했으며 장고는 자신이 전문적으로 이용한 여러 웹 라이브러리와 프레임워크 중에서 매우 앞선 것이라고 생각했다. 2012년 우리가 필리핀에서 첫 번째 파이썬 콘퍼런스를 합동 개최하는 것을 알았을 때 즉시 자원봉사를 위해 날아와서 두 세션의 발표를 해 주었고 코드 스프린트를 같이 이끌어 주었다. 불행히도 이 책이 출판된 지 두 달 후인 지난 2013년 3월 세상을 떠났다. 파이썬과 장고 커뮤니티 안에서 그의 리더십과 관용은 늘 기억될 것이다.

또한 다음 사람들이 이 책의 1.5 에디션에 중요한 도움을 주었다.

- Kenneth Love
- Lynn Root
- Barry Morrison
- Jacob Kaplan-Moss
- Jeff Triplett
- Lennart Regebro
- Randall Degges
- Sean Bradley

1.5의 여러 장을 리뷰해 준 사람들

다음 사람들이 우리가 이 책의 1.5 버전을 쓸 때 각 장에 많은 도움과 큰 지원을 주었다. Preston Holmes는 사용자 모델 장에 큰 공헌을 해 주었고, Tom Christie는 REST API 장을 사려 깊게 검수해주었고 Donald Stufft는 보안 장에 큰 도움을 주었다.

1.5의 최종 리뷰를 해 준 사람들

마지막 단계에서 다음 사람들이 오타, 수정 사항, 정리 사항, 버그 수정 그리고 좋은 제안을 해 주었다. Chris Jones, Davide Rizzo, Tiberiu Ana, Dave Castillo, Jason Bittel, Erik Romijn, Darren Ma, Dolugen Buuraldaa, Anthony Burke, Hamish Downer, Wee Liat, Alex Gonzalez, Wee Liat, Jim Kalafut, Harold Ekstrom, Felipe Coelho, Andrew Jordan, Karol Bregu la, Charl Botha, Fabio Natali, Tayfun Sen, Garry Cairns, Dave Murphy, Chris Foresman, Josh Schreuder, Marcin Pietranik, Vraj Mohan, Yan Kalchevskiy, Jason Best, Richard Donkin, Peter Valdez, Jacinda Shelly, Jamie Norrish, Daryl Yu, Xianyi Lin, Tyler Perkins, Andrew Halloran, Tobias G. Waaler, Robbie Totten, Gabriel Duman, Nick Smith, Lachlan Musicman, Eric Woudenberg, Jim Munro, Larry Prince, Hamid Hoorzad, Matt Harrison, Aymeric Augustin, Khee Chin, Douglas Miranda, Saul Shanabrook

1.5의 베타 리뷰를 해 준 사람들

베타 과정에서 많은 사람이 수정 사항, 정리 사항, 버그 수정 그리고 좋은 제안을 주었다. Francisco Barros, Florian Apolloner, David Beazley, Alex Gaynor, Jonathan Hartley, Stefane Fermigier, Deric Crago, Nicola Marangon, Bernardo Brik, Zed Shaw, Zoltan Arokszallasi, Charles Denton, Marc Tamlyn, Martin B   achtold, Carlos Cardoso, William Adams, Kelly Nichols, Nick August, Tim Baxter, Joe Golton, Branko Vukelic, John Goodleaf, Graham Dumpleton, Richard Cochrane, Mike Dewhirst, Jonas Obrist, Anthony Burke, Timothy Goshinski, Felix Ingram, Steve Klass, Vinay Sajip, Olav Andreas Lindekleiv, Kal Sze, John Jensen, Jonathan Miller, Richard Corden, Dan Poirier, Patrick Jacobs, R. Michael Herberge, Dan Loewenherz.

1.5의 알파 리뷰를 해 준 사람들

알파 과정에서 많은 사람이 수정 사항과 정리 사항을 보내 주었다. Brian Shumate, Myles Braithwaite, Robert Weglarek, Lee Hinde, Gabe Jackson, Jax, Baptiste Mispelon, Matt Johnson, Kevin Londo, Esteban Gaviota, Kelly Nicholes, Jamie Norrish, Amar Sahinovic, Patti Chen, Jason Novinger, Dominik Aumayr, Hrayr Artunyan, Simon Charettes, Joe Golton, Nicola Marangon, Farhan Syed, Florian Apolloner, Rohit Aggarwa, Vinod Kurup, Mickey Cheong, Martin B   achtold, Phil Davis, Michael Reczek, Prahlad Nrsimha Das, Peter Heise, Russ Ferriday, Carlos Cardoso, David Sauve, Maik Hoepfel, Timothy Goshinski, Francisco Barros, Joao Oliveira, Zed Shaw, Jannis Leidel

조판

레이텍(LaTeX) 문제들을 해결하는 데 도움을 주고 책의 레이아웃을 크게 향상시켜 준 Laura Gelsomino에게 감사를 표한다.

- Laura Gelsomino는 컴퓨터를 무척 좋아하고 예술과 글쓰기에 조예가 깊은 경제학자로 처음 레이텍을 접한 날 그녀의 관심사와 레이텍 사이의 접점을 발견했다. 그때부터 그녀는 늘 습관적으로 그녀의 경제학 모델부터 그녀의

손이 닿은 문서엔 모두 그녀의 미적 감각을 불어넣는 취미를 가지게 되었다.

우리는 원래 아이워크 페이지(iWork Page)를 이용하여 1판의 알파 버전을 작성했다. 그 이후 판부터는 레이텍을 이용했다. 모든 판을 맥북 에어에서 집필했다.

찾아보기